中国信息经济学会电子商务专业委员会推荐教材

21世纪高等院校电子商务规划教材
21st Century University Series Textbooks of E-Commerce

网络营销

E-Marketing

赵玉明 杜鹏 主编
李艳 曹鹏 副主编

人 民 邮 电 出 版 社
北 京

图书在版编目（CIP）数据

网络营销 / 赵玉明，杜鹏主编. -- 北京 : 人民邮电出版社，2013.9（2020.8重印）
21世纪高等院校电子商务规划教材
ISBN 978-7-115-32348-4

Ⅰ. ①网… Ⅱ. ①赵… ②杜… Ⅲ. ①网络营销－高等学校－教材 Ⅳ. ①F713.36

中国版本图书馆CIP数据核字(2013)第203177号

内 容 提 要

本书共 11 章，将“网络”和“营销”结合起来，分别从原理、应用、技术 3 个方面对网络营销的各个环节做了分析阐述。全书先从网络营销理论方面介绍了网络营销的概念、特点、原理，网络营销环境以及常用的网络营销战略，网络营销市场调研和网络营销的消费者分析也是这部分的重要内容；然后从应用的方面介绍了网络营销基本策略和网络营销广告；最后从技术方面介绍了网络营销的相关技术和常用工具。

本书对于系统学习、研究网络营销以及从事网络营销实践的人员均有参考价值，可作为电子商务、市场营销、经济贸易以及工商管理等相关专业的教材和参考读物，也可作为网络营销爱好者和企业营销人员的参考或培训用书。

◆ 主　　编　赵玉明　杜　鹏
副 主 编　李　艳　曹　鹏
责任编辑　王小娟
责任印制　焦志炜
◆ 人民邮电出版社出版发行　　北京市丰台区成寿寺路 11 号
邮编　100164　　电子邮件　315@ptpress.com.cn
网址　http://www.ptpress.com.cn
北京九州迅驰传媒文化有限公司印刷
◆ 开本：787×1092　1/16
印张：16.75　　2013 年 9 月第 1 版
字数：418 千字　　2020 年 8 月北京第 7 次印刷

定价：34.00 元

读者服务热线：(010)81055256　印装质量热线：(010)81055316
反盗版热线：(010)81055315
广告经营许可证：京东市监广登字 20170147 号

网络营销是以互联网为核心平台，以网络用户为中心，以市场需求和认知为导向，利用各种网络应用手段去实现企业营销目的而进行的市场开拓、产品创新、定价促销、宣传推广等活动的总称。它是整体营销活动的组成部分。网络营销与网上销售密切相关，但网络营销并不是网上销售；网络营销也不仅仅是做网络广告，它实质是利用互联网发现、满足和创造顾客需求，进而取得市场竞争优势的活动。

本书在市场营销的基础架构上力求全面系统地介绍网络营销的整体框架及其所涵盖的主要原理、应用、技术等，使读者在阅读此书后能够对网络营销的理论、技术、应用、发展有一个清晰完整的了解。

本书共11章，由赵玉明和杜鹏任主编，负责全书的体系设计、质量控制和统编定稿。具体章节编写分工如下：杜鹏负责第1章和第4章的编写；张海枝、彭哨和田姗负责第2章与第3章的编写；徐刚和赵玉明负责第5章和第7章的编写；胡文静与张莹负责第6章的编写；周希林、赵玉明和李艳负责第8章和第9章的编写；黄科、何承和杜治波负责第10章的编写；曹鹏负责第11章的编写。

在本书的编写过程中，编者借鉴了部分国内外最新的出版物、数据库和网上资料，因为篇幅所限未能在文中一一注明，仅在最后的参考文献中列出。在此谨向各位专家学者表示由衷的感谢。由于网络营销的理论与实践在不断发展，且限于编者的水平，书中难免存在不当或错误之处，竭诚恳请同行与读者批评指正，以期改进。

编　者

2013年6月

Contents

目录

第 1 章　21 世纪市场营销

【本章要点】

➢ 市场营销的重要性

➢ 市场营销的核心概念

➢ 营销观念的演变

1.1　市场营销的重要性

营销无处不在，无论是有意识还是无意识的，出于何种目的和考虑，任何组织与个人都在从事着各种各样的营销活动。好的市场营销是企业成功的必备条件。而且，市场营销的各种手段和方式对人们的日常生活也产生了深刻的影响。

两个女孩来到星巴克，其中一个来到柜台购买咖啡，用星巴克会员俱乐部的“星享卡”积分，以便将来换取礼物。另一个找到位置坐下来，玩起了 iPad 平板电脑。在很短的时间内，她使用星巴克的无线网络进入互联网。接下来，她习惯性地到淘宝网，登录到自己的账户，然后通过淘宝的搜索引擎查找各种她喜欢的品牌服装。这时候，她朋友端着饮料回来了，坐下来后，就迫不及待地炫耀新买的 iPhone 手机，这是一款苹果公司通过长时间市场调研分析以后才设计出来的新手机产品。很快，她也通过网线网络进入互联网，登录到 App Store，查找着自己感兴趣的小说。这种情景在现代社会生活中比比皆是。

成功的市场营销绝非偶然，是科学规划和有效实施的必然结果。企业的营销能力是企业成功的根本保证。如果消费者对于公司的产品以及服务的需求不足，那么财务、运营等其他方面的努力都是白白地被浪费。因为只有通过消费者足够的需求实现，企业才能获得利润。

企业在长期发展过程中发现：首先，市场营销有着对于构建品牌和赢得顾客忠诚度的重要性，正是这些无形资产，在企业价值中占据了绝大部分比重；其次，由于顾客的更加强大（顾客的权力正在增加）和新的竞争对手不断出现，企业被迫要通过市场营销对市场变化做出及时的反应。

但是，对市场变化做出及时反应并非易事。营销经理必须及时设计出新产品，产品要体现新的属性，来满足顾客的需求。为顾客设定合适的价格、到哪里去销售产品、花多少钱做广告、如何促销和推广。对于企业而言，最大的风险就是没有及时地、持续性地改进自己的产品和服务。如果只是注重短期利益，在竞争者的压力下，会渐渐失去原有的市场。实际上成功的市场营销往往是永无止境的过程。

市场营销这门学科，是惯例化模式和创新的有机体。伴随着新技术的出现，市场营销也在不断地实践过程中进行着创新。面对互联网对人们日常生活的逐步深入，企业在市场营销过程中也必须适应这种变化和发展。

1.2 市场营销的核心概念

1.2.1 什么是市场营销

美国市场营销协会为市场营销下了一个定义：市场营销是一项有组织的活动，包括创造、沟通和交付顾客价值和管理顾客关系的一系列过程，从而使利益相关者和企业都从中受益。市场营销（Marketing）就是辨别并满足人类自身和社会需要，最简洁的定义就是满足别人的需求并获得利润。市场营销可以把社会需要和个人需要转变成商机。

早期的市场营销与推销几乎是同义语。如第二次世界大战前的英文词典即曾将 Marketing 释义为“推销”或“销售”，以致迄今国内外仍存在营销即推销的误解。实际上，营销与推销存在原则上的区别。营销重视买方的需要，认真考虑如何更好地满足消费需求，根据顾客的需要设计产品，讲求产品质量，增加花色品种；根据顾客需要定价，使顾客愿意接受；根据顾客的需要确定分销渠道，处处方便顾客；根据顾客的需要进行促销，及时传播消费者欢迎的市场信息。而传统的推销，还没有把促销当作营销的一个组成部分，以及重视买方的需要，而是以销售出现有的产品、实现企业赢利为主要目标。可见，营销的出发点是市场（需求），传统推销的出发点是企业（产品）；营销以满足消费者的需要为中心，传统推销以销售企业现有的产品为中心；营销采用的是整体营销手段，传统推销侧重于推销技巧。

推销观念认为，如果听其自然的话，消费者通常不会足量购买一个企业的产品，因此，有必要进行积极推销和进行大量促销活动，即认为销售数量和企业促销努力成正比。作为现代营销之父的菲利普·科特勒先生认为：“当顾客步入商品陈列室，企业推销员便开始揣摩来者的心思，如果有一位顾客喜欢某种式样的汽车，推销员就会马上告诉他，另一位顾客正好也打算买这辆汽车，因此要当机立断。如果顾客因为价格而犹豫不决，推销员马上又会提出他可以找经理商谈，把价格降得更低些。这位顾客等了 10 分钟，推销员就满面春风地出来说：‘老板起初不同意，但我好歹说服了他。’这样做的目的是为了激发顾客立即购买的热情。”显然，营销观念是与销售观念大相径庭的。

市场营销是一个涵义比推销更广的概念。现代企业的市场营销活动，包括：市场营销调研，选定目标市场，产品开发、定价、分销、促销，以及售后服务等。推销仅是市场营销活动的一部分。菲利普·科特勒先生指出：“推销不是市场营销的最重要部分，推销只是‘市场营销冰山’的尖端。推销是企业的市场营销人员的职能之一，但不是其最重要的职能。这是因为，如果企业的市场营销人员搞好市场营销研究，了解购买者的需要，按照购买者的需要来设计和生产适销对路的产品，同时合理定价，搞好分销、促销等市场营销工作，那么这些产品就能轻而易举地推销出去。”因为如此，著名管理学家彼得·德鲁克先生指出：“可以这样说，推销往往是需要的，然而，市场营销的目的却使推销成为多余。市场营销的目的就在于深刻地认识和了解顾客，从而使产品和服务完全适合特定顾客的需要，从而实现产品的自我销售。因此，理想的市场营销应该可以自动生成想要购买特定产品或服务的客户，而剩下的工作就是如何使顾客可以购买这些产品”。简单来说，营销以消费者为中心、以竞争为基础、以协调为手段，企业利润是营销的结果而不是企业的目的。

当索尼公司推出了 PS3 游戏机时，当苹果公司推出 IPod 音乐播放器时，当丰田公司推出混合动力车 Prius 时，这些制造商的订单随之滚滚而来，因为他们都是在从事了大量的市场营销研究的基础上才成功地设计出这些适销对路的产品。

1.2.2　需要、需求、潜在需求

需要（Needs）是人类最基本的要求。人们有对空气、水、食物等生理需要，同样也有着接受教育和娱乐的需要。但存在商品不能满足需要的时候，需要就转变成欲望（Wants）。美国消费者需要食物，但是他所需要的可能是一个汉堡包、一份炸鸡、一杯可乐。中国消费者需要食物，但是他所需要的有可能是一些大米、豆制品、蔬菜。由此可见，欲望往往受特定的社会所制约。

需求（Demands）是消费者有支付能力购买具体的商品来得到满足的欲望。许多人想要购买奔驰小汽车，但是只有一部分人有支付能力。企业不仅要知道多少人需要产品，更重要的是要测算出有多少人实际买得起。对于购买力不足的这部分人的需求我们可以称为潜在需求。

潜在需求的类型如下。

第一，购买力不足型的潜在需求。这是指市场上某种商品已现实存在，消费者有购买欲望，但因购买一时受到限制而不能实现，使得购买行为处于潜在状态。这种类型的商品多是高档耐用消费品，如购买小汽车等。

第二，适销商品短缺型的潜在需求。这是指由于市场上现有商品并不符合消费者需要，消费者处于待购状态，一旦有了适销商品，购买行为随之发生。

第三，对商品不熟悉型的潜在需求。这是指由于消费者对某一商品不了解、甚至根本不知道，而使消费需求处于潜伏状态。

第四，市场竞争倾向型的潜在需求。这是指由于生产厂家很多，同类商品市场竞争激烈，消费者选择性强，在未选定之前，对某一个企业的产品而言，这种需求处于潜伏状态。

潜在需求是指消费者虽然有明确意识的欲望，但由于种种原因还没有明确地显示出来的需求。一旦条件成熟，潜在需求就转化为显现需求，为企业提供无穷的商机。潜在需求是十分重要的，在消费者的购买行为中，大部分需求是由消费者的潜在需求引起的。因此，企业要想在激烈的市场竞争中取胜，不但要着眼于显现需求，更应捕捉市场的潜在需求，进而采取行之有效的开发措施。

虽然需求有着区别，但都是从顾客的需要而来。很显然，营销者是不可能创造需要的，需要其实优先于营销者存在。营销者和社会其他因素共同对人们的欲望产生影响。营销者可能会激发顾客为满足社会地位而购买奔驰小汽车的需求，但是，他们并没有创造出购买者对社会地位的需要。

要了解顾客的需要，并不是十分简单的事情。有些顾客并不知道自己真正需要什么，或者说他们根本不能描述出自己的需要，或者说他们用来描述其需要的词汇还要进一步加以解释才能让别人理解，或者是他们不能用技术人员所能理解的专业知识描述自己的需要。对于企业来说，分析这些消费者的内在需要尤为关键。但是仅仅简单向顾客提供他们所想要的产品已经远远不够了。要想保持竞争力，企业应该帮助顾客学习，使他们认识到自己真正需要什么。

当手机产品刚刚投放市场的时候，消费者对手机方面的知识还相对较少。这时，诺基亚公司竭力使消费者了解自己的产品，让消费者对其产品与品牌形成一定感知。诺基亚手机早期最为人津津乐道的是信号好、耐摔，还有前卫的符合手掌曲线的手机造型，如经典机型8250，还有一些声控标签和收音机之类的功能也被较早引入。中后期因为独家拥有塞班智能

手机操作系统，那是当时最先进的手机操作系统，有无数的软件资源，自然是引领潮流的。诺基亚公司把手机定位是通信和办公工具，追求的是功能实用和耐用性，并提供丰富的产品线供选择。诺基亚公司希望通过这些努力使其对手机的定位深入到消费者对手机的认识中，从而影响到消费者对于手机的需要。可是随着时间的发展，塞班系统明显没有多大的变化，素有“换壳不换芯”的说法，人们开始厌倦了。塞班安装软件需要数字签名，比较复杂，虽然这样做增加了安全性，但是趋于专业技术化的使用也让用户有些反感。诺基亚公司对手机的定位渐渐落伍。

苹果手机的出现颠覆了之前手机的定位，它明白地告诉消费者其实手机是一件互联网时代的艺术品。它认为手机是互联网的移动终端，通信只是其中的一项基本功能，它依靠无数的软件来丰富苹果手机的功能，而获得程序的途径也非常方便——App Store，你只需要打开App Store挑选分类→购买→下载即可。手机拥有宽大的屏幕，科幻电影里才有的支持多点触控的操作方式，以及精细的做工和趋向艺术品风格的设计，都改变了以往人们对于手机的印象，让人们眼前一亮。通过这一系列颠覆传统手机的理念，让消费者在对苹果操作平台的使用和不断学习过程中被彻底征服，造就了手机新一代的王者。

1.2.3 市场细分、目标市场、目标市场定位

市场营销的核心概念告诉我们，市场交换活动的基本动因是满足人们的需要和欲望。这是市场营销理论提供给我们的一种观察市场活动的新的视角。实际上，这里“需要”、“欲望”、“需求”3个看来十分接近的词汇，其真正的含义是有很大差别的。“需要”是指人们生理上、精神上或社会活动中所产生的一种无明确指向性的满足欲，就如饥饿了想寻找“食物”，但并未指向是“面包”、“米饭”还是“馒头”；而当这一指向一旦得到明确，“需要”就变成了“欲望”；而对企业的产品而言，有购买能力的“欲望”才是有意义的，才真正能构成对企业产品的“需求”。有这样的认识对企业十分重要，这里依然以苹果公司产品为例来分析乔布斯的营销思路。当我们看到有一个消费者在市场上寻找手机时，会认为这个人的“需要”是什么呢？以一般的眼光来看，这个人的“需要”似乎就是手机。但若以市场营销者的眼光去看，这人的需要并不是“手机”，而是要有一个与他人联络的平台，他是为了满足拥有这个联络平台的需要而购买手机的。那么这同前者的看法有什么本质区别呢？区别在于，如果只认为消费者的“需要”是手机，企业充其量只能在提供更多更好的手机上去动脑筋，在手机的质量和种类差异化上不断进取。这样并不能保证企业在市场上占有绝对的竞争优势。诺基亚公司就是最好的例证。反观，苹果公司认为消费者的“需要”是一个“联络交流平台”，那么它也许就能创造出一种依托互联网平台交流的全新概念移动终端，从而就可能使企业在市场上占据更为有利的竞争地位。所以从本质上认识，消费者购买的是对某种“需要”的“满足”，而不仅仅是产品。

著名的市场营销学者麦卡锡提出：“应当把消费者看作一个特定的群体，称为目标市场。通过市场细分，有利于明确目标市场，通过市场营销策略的应用，有利于满足目标市场的需要。即目标市场就是通过市场细分后，企业准备以相应的产品和服务满足其需要的一个或几个子市场”。

第二次世界大战以后，随着经济的发展和社会生活的丰富，处在买方市场情况下的西方企业纷纷开始实行目标市场营销（Target Marketing）。目标市场营销即企业识别各个不同的购买者群体的差别，有选择地确认一个或几个消费者群体作为自己的目标市场，发挥自己的

资源优势，满足其全部或部分的需要。目标市场营销是市场营销理论和实践的极有意义的进步，成为现代营销的核心战略。目标市场营销主要包含有 3 个步骤：市场细分（Segmenting）——目标市场选择（Targeting）——市场定位（Positioning），所以又被称为 STP 战略。

市场细分的观点是美国学者温德尔·史密斯总结了一些企业的市场营销经验，在 20 世纪 50 年代提出的。因为营销人员往往很难满足市场上每个人的需要，并不是所有的人都希望消费或获得相同的产品。消费者对需要的具体表述会有一定的差异性。同样是购买汽车，顾客对于价格、性能、品牌等就会有不同的具体需求。这就是差异化的表现。市场细分是根据消费者的消费需求和购买习惯的差异，将整体市场划分为由许多消费需求大致类同的消费者群体所组成的子市场群。这种按照一定标准将整个市场划分开来的活动又被叫做市场分割、市场区隔化。而这一活动的结果即一个个被分隔的子市场可称为细分市场，每个细分市场内的消费者具有相对类同的消费需求。

消费者市场细分的依据很多，造成消费需求特征多样化的所有因素，几乎都可视为市场细分化的依据或标准，称为细分变量。一般认为主要细分变量是地理因素、人口因素、心理因素和行为因素 4 大类。通过分析顾客的人口统计信息、心理特征、地理位置、行为差异信息，来识别出具有不同产品和服务需求的不同顾客群体。具体细分变量见表 1-1。

表 1-1　　消费市场的主要细分变量

地理变量	地区或国家	北美、西欧、中东、环太平洋、中国、印度、加拿大、墨西哥
	地区	北部、南部、东部、西部、中部
	城市或都市大小	小于 5 000、5 000 ~ 20 000、20 000 ~ 50 000、50 000 ~ 100 000、100 000 ~ 250 000 等
	人口密度	城市、郊区、乡村
	气候	北方、南方
人口统计变量	年龄	6 岁以下、6 ~ 11 岁、12 ~ 19 岁、20 ~ 34 岁、35 ~ 49 岁、50 ~ 64 岁、65 岁以上
	性别	男、女
	家庭人口	1 ~ 2 人、3 ~ 4 人、5 人及以上
	家人生命周期	年轻单身、年轻已婚无孩子、年轻已婚有孩子、年长已婚有孩子、年长已婚无 18 岁以下子女、年长单身、其他
	收入	收入少于 10 000 元、10 000 ~ 15 000 元、15 000 ~ 20 000 元、20 000 ~ 25 000 元、25 000 ~ 30 000 元等
	职业	专业技术人员、管理者、官员、职员、推销员、农夫、退休人员、学生、家庭主妇、失业人员等
	教育	小学或以下、中学肄业、中学毕业、大学肄业、大学毕业
	宗教	佛教、天主教、新教、伊斯兰教、印度教、其他
	种族	华裔、印度裔、马来裔、其他
	年代	婴儿潮、X 一代、Y 一代
	国籍	中国、日本、韩国、泰国

续表

心理变量	社会等级	下下层、上下层、工薪阶层、中产阶级、上中层、下上层、上上层
	生活方式	成功人士、努力奋斗者、勉强糊口者
	个性	孝顺、群居、独裁、雄心勃勃
行为变量	使用时机	常规时机、特殊时机
	利益偏好	质量、服务、经济、方便、速度
	用户状况	从未使用、曾经使用、潜在用户、首次使用、经常使用
	使用率	使用较少、使用较多、大量使用
	忠诚度	无、一般、强烈、绝对
	准备程度	不知道、知道、清楚知道、有兴趣、想得到、准备购买
	对产品的态度	热情、积极、不关心、消极、敌视

进行市场细分以后，营销人员还必须分析判断哪个细分市场上存在最大的市场机会，即选择了自己的目标市场。然后，企业需要针对自己所选择的细分市场开发特定的市场供应物。使目标市场认可提供的供应物能够为他们带来某些核心利益。例如，沃尔沃公司的目标市场是那些把安全作为重要因素的目标客户。因此，沃尔沃公司把自己的汽车定位成顾客所购买的最安全的汽车。每个企业都在寻找选择自己的目标市场，然后为自己选择的细分市场设计定制化的营销方案。

目标市场定位又称产品的市场定位，指对企业的产品（服务）和形象进行设计，使其在目标顾客心目中占有一个独特的位置的行动。也就是说，这里所指的“位”，是产品在消费者感觉中所处的地位，是一个抽象的心理位置的概念。目标市场定位的实质在于对已经确定的目标市场，从产品特征出发进行更深层次的剖析，进而确定企业营销，最终要落实到的具体产品的生产和推销。企业的任务就是创造产品的特色，使之在消费者心目中占据突出的地位，留下鲜明的印象。

“定位”这个词是由艾尔·里斯（Al Ries）和杰克屈劳特（Jack Trout）于1972年提出来的，他们说“定位并非对产品本身采取什么行动，而是针对潜在顾客的心理进行的创造性活动。也就是说，将产品在潜在顾客的心目中确定一个适当的位置。”通常，消费者对市场上的产品有着自己的认识和价值判断，提到一类产品，他们会在内心按自己认为重要的产品属性将市场上他们所知的产品进行描述和排序。例如，提到汽车，卡迪拉克（Cadillac）以其豪华、宝马（BMW）以其功能、沃尔沃（Volvo）以其安全性而著称。随着市场上商品越来越丰富，与竞争者雷同、毫无个性的产品，无法吸引消费者的注意。为使自己的产品获得竞争优势，企业必须在消费者心目中确立自己产品相对于竞争者产品而言的独特的品牌利益和鲜明的差异性。简单地说，就是要使消费者感到自己的产品与众不同，即与竞争者有差异，并且偏爱这种差异。从这个意义上来说，目标市场定位又是一种竞争性定位。

例如，美国钟表公司决定其经营方向前，仔细地考察了手表市场，对消费者的购买动机进行了细分。他们发现大约23%的购买者购买手表时，希望价格低廉，46%的人购买经久耐用、质量较好的手表，还有 31% 的人购买可以在某些重要场合显示身份的手表。当时，美国市场上一些著名的手表公司都全力以赴地争夺第三个市场，他们生产价格昂贵的、强调声望的手表，并通过大百货商店、珠宝店出售。美国钟表公司分析比较这 3 个市场层面后，决定把精力集中到前两个竞争较弱的细分市场，并适应这两个消费者群的需求特点，设计开发了一种名为“天美时”（TIMEX）的价廉物美的手表，选择更贴近目标顾客的超级市场、廉价商店等零售商和批发商为分销渠道出售。正是这一成功的市场细分战略使该公司迅速获得了很高的市场占有率，成为当时世界上最大的手表公司之一。

在国内，汽车企业奇瑞也曾经因为“奇瑞 QQ”这以产品而名噪一时。2003 年的中国汽车市场强手如云，世界品牌扎堆在中国这个庞大的新兴汽车消费市场，大家都希望获得成功。但是在北京亚运村汽车交易市场 2003 年 9 月 8 日至 14 日的单一品牌每周销售量排行榜上，奇瑞 QQ 以 227 辆的绝对优势荣登榜首。奇瑞汽车股份有限公司于 1997 年 1 月 8 日注册成立，现注册资本为 38.8 亿元。公司于 1997 年 3 月 18 日动工建设，1999 年 12 月 18 日，第一辆奇瑞轿车下线。在汽车行业里，作为新面孔的奇瑞深切明白自己的缺陷。在对市场进行仔细分析以后，决定避开强手云集的中高端目标市场，把奇瑞 QQ 的目标市场定位在收入并不高但有知识有品位的年轻人，同时也兼顾有一定事业基础，心态年轻、追求时尚的中年人。一般大学毕业两三年的白领都是奇瑞 QQ 潜在的客户。人均月收入 2000 元即可轻松拥有这款轿车。许多时尚男女都因为 QQ 的靓丽、高配置和优性价比就把这个可爱的小精灵领回家了，从此与 QQ 成了快乐的伙伴。奇瑞也因为奇瑞 QQ 带来的成功，跻身于中国汽车业强手之列。以 2010 年 3 月 26 日第 200 万辆汽车下线为标志，奇瑞进入打造国际名牌的新时期。目前，奇瑞公司已具备年产 90 万辆整车、发动机和 40 万套变速箱的生产能力。

1.2.4 顾客价值、顾客满意

作为管理学的一个独特分支，市场营销学主要研究的是处于竞争中的企业与顾客之间的关系，营销学中的价值主要是指顾客价值（Customer Value）。早在 20 世纪 80 年代初，彼得·德鲁克就提出：“营销的真正意义在于了解对顾客来说，什么是有价值的。”在此之后，特别是 20 世纪 80 年代末、90 年代初以来，随着竞争的不断加剧，越来越多的企业将视角转移至顾客价值，考虑通过价值分析，扩大企业所能够提供的顾客价值。

菲利普·科特勒在《营销管理》一书中提到顾客感知价值（Customer Perceived Value，CPV）的概念。顾客感知价值是顾客评估一个产品或服务或其他选择方案整体所得利益与所付成本之差。整体顾客利益（Total Customer Benefit）是顾客从某一特定的产品或服务中，由于产品、服务、人员和形象等原因，在经济性、功能性和心理性上所期望获得的一组利益的认知货币价值。整体顾客成本（Total Customer Cost）是顾客在评估、获得、使用和处理该产品或服务时发生的一组认知成本支出，包括货币成本、时间成本、精力成本和心理成本。顾客感知价值体现的是顾客对企业提供的产品或服务所具有价值的主观认知，而区别于产品和服务的客观价值。顾客感知价值具有主观性，是由顾客而不是由供应商决定的。

因此，顾客感知价值是基于顾客对不同选择上的所获得的整体利益与所付出的整体成本之间的差。营销人员要努力提高整体顾客利益，降低整体顾客成本，来使顾客获得感知价值的提高。顾客如何选择不同产品选择？我们用一个公式来说明：P1 和 P2 代表两个产品，假如（P1 整体顾客利益 - P1 整体顾客成本）>（P2 整体顾客利益 - P2 整体顾客成本），顾客选择 P1。反之，顾客选择 P2。如果出现相等那就无所谓选择。

比如：中国古代“买椟还珠”的故事中，买者对于盒子的感知价值显然与盒子本身的实际价值有很大的差异。

顾客感知价值核心是感知利益（Perceived Benefits）与感知付出（Perceived Sacrifices）之间的权衡。这一概念包含着两层含义：首先，价值是个性化的，因人而异，不同的顾客对同一产品或服务所感知到的价值并不相同；其次，价值代表着一种效用（收益）与成本（代价）间的权衡，顾客会根据自己感受到的价值做出购买决定，而绝不是仅仅取决于某单一因素。

1.2.5 供应链的概念

供应链是围绕核心企业，通过对信息流、物流、资金流的控制，从采购原材料开始，制成中间产品以及最终产品，最后由销售网络把产品送到消费者手中的将供应商、制造商、分销商、零售商，直到最终用户连成一个整体的功能网链结构。

实际上，整个供应链价值交付系统当中，每家企业都只会占全部价值的很小一部分比重。当一家企业收购另外一家企业、向上下游扩展时，其目标往往是在供应链中占有更大比重。

1.2.6 竞争和替代产品

迈克尔·波特（Michael Porter）于20世纪80年代初在他的著名论著《竞争战略》中对竞争环境和企业的对策作了精彩分析，提出了著名的五力分析模型，用于竞争战略的分析，可以有效地分析客户的竞争环境。对企业战略制定产生全球性的深远影响。五力分别是供应商的讨价还价能力、购买者的讨价还价能力、潜在竞争者进入的能力、替代品的替代能力、行业内竞争者现在的竞争能力。

不难看出，竞争包括所有现实竞争对手、潜在竞争对手和购买者可能考虑的替代产品。假如汽车公司打算购买钢材来制造小汽车，那么就有可能出现几个层次的竞争。该制造商可以从美国钢铁公司购买钢材，同时它也可以从日本或韩国等国家的钢铁公司购买钢材。当然也可以找小型钢厂购买，或是采购一些铝，以便替代相应汽车零件并减轻汽车重量。当然也可以从沙特阿拉伯基础工业公司购买工程塑料。显然，如果美国钢铁公司只是认为自己的竞争对手是其他钢铁公司，那么它的思维就太狭隘了。实际上，从长远的观点来观察，对美国钢铁公司会带来最大冲击的，可能是那些替代品的生产厂家。对于营销人员作出市场竞争分析的时候，往往要格外关注替代产品企业的竞争影响。

1.3 营销观念的演变

随着经济体制的转型和社会生产力的发展，尤其是买方市场的全面形成，企业的营销观念也正在发生急剧的变化。营销观念由企业主导转向市场主导。这一过程的顺序是生产观念→产品观念→推销观念→市场营销观念→社会营销观念。

1.3.1 生产观念（Production Concept）

生产观念是指导企业经营活动的最古老的观念之一。这种观念确认，顾客的主要追求是产品的使用价值高、价格低廉，因此，生产导向型企业经营管理的中心任务是合理组织企业内部的各种资源，实现较高的生产效率，提高产量，降低成本，把产品分销到广泛的地区，以满足消费者的急切需求。这种导向在发展中国家具有一定的代表性。在中国，富士康这种加工型企业就是利用国内庞大而廉价的劳动力资源在市场上占据主要地位。

1.3.2　产品观念（Product Concept）

产品观念是指导企业经营活动的另一种古老的观念。这种观念认为，顾客总是喜欢质量最优、性能最好、富有创新特色的产品，并愿意为高质量的产品支付高的价格。因此，以产品观念为指导思想的企业，管理人员总是生产优质产品，并不断地加以完善。但是管理人员有时会迷恋上自己的产品，因而很容易陷入“更好的捕鼠器”这类陷阱中，幻想着生产出更好的捕鼠器，人们就会踩破自己商店门槛。实际上，对于新产品和改进产品来说，如果没有适时对应的消费群体和合适的价格并采取合理的分销、广告和销售措施，未必会成功。

1.3.3　推销观念（Selling Concept）

推销观念又称销售观念。这种观念认为企业如果不采取一定的推销措施，消费者一般不会较多地购买本企业的产品，必须通过推销的外部刺激和引导，促使消费者购买本企业的产品。

20 世纪 20 年代末，资本主义生产的集中化和垄断化程度越来越高，企业的生产达到了规模效益，且管理科学也有了不断的发展，产品的数量和品种迅速增加，市场发展趋势由卖方市场逐步向买方市场过渡。特别是 1929 ~ 1933 年世界性经济危机，使生产和需求之间的矛盾更加尖锐，供过于求，企业里有大量的商品积压，产品大量过剩，使得企业不得不运用推销技术和广告宣传。他们的目标就是想尽一切办法销售出自己的产品，而不是生产市场上需要的产品。

在那些非渴求产品的销售中，如保险产品的销售中，往往会极大限度地运用推销观念。非渴求商品就是购买者一般不会考虑到要去购买的商品，如保险、墓地等。

然而，建立在强化推销基础的市场营销有很大的风险。因为它的成功建立在这样假设的前提下：被诱惑的消费者会喜欢所购买的产品，如果不喜欢的话，他们也不会退货，也不会进行负面的口碑传播，更不会向消费组织抱怨。

1.3.4　市场营销观念（Marketing Concept）

市场营销观念认定，实现企业经营目标的关键在于切实掌握目标市场消费者的需求和愿望，并以市场需求为中心组织企业的全盘生产经营活动，企业的工作不再是为自己的产品找到合适的顾客，而是为顾客设计合适的产品。这是现代企业经营的一种指导思想。例如，戴尔计算机公司就为目标顾客提供一个平台，使顾客根据自己的喜好来配置并购买个性化的计算机产品。营销观念认为，实现组织目标的关键是在面向目标市场创造、交付和沟通优异顾客价值的过程中比竞争对手做得更好、更有效果。

不少学者都发现，奉行市场营销观念的企业往往会取得更好的业绩。首先，这已经得到了那些奉行反应型市场导向的企业的实践的证明。其中，反应型市场导向就是理解并满足顾客的显性需求。不过，有些批判者则指出，这意味着企业只是在进行一些最基本的创新。纳瓦（Narver）及其同事进一步指出，如果企业能够关注顾客的潜在需求的话，那么就可以实现更高层次、更先进的创新。纳瓦将其称为先动型市场导向（Proactive Marketing Orientation)。诸如3M公司、惠普公司和摩托罗拉公司等都通过“探索和学习”过程来研究和描绘顾客的潜在需求。只有那些同时奉行反应型市场导向和先动型市场导向的企业，才实施了全面的市场导向，才可能成为最成功的企业。

1.3.5 社会营销观念（Social Marketing Concept）

在20世纪70年代，一些有识之士针对环境污染、资源短缺、人口暴涨、世界性通货膨胀和忽视社会服务等情况，提出对市场营销观念应作某些修正和补充，从而引出了一种新的观念，即社会营销观念。它认为，企业的中心任务是确定目标市场消费者的需要，并在保护和增进消费者与社会长远、整体利益的前提下，以比竞争者更有效的方式，将能满足消费者需求的产品和服务提供给他们，从而达到企业的经营目标。

社会营销观念和传统营销观念的区别是：后者强调满足消费者需求和实现企业利润目标的统一；而前者的基本点是以满足消费者需求和保护、增进社会长期、整体利益作为企业经营活动的前提。

1.3.6 大市场营销观念（Megmarketing Concept）

大市场营销观念是20世纪80年代以来市场营销观念的新发展。它是指导企业在封闭市场上开展市场营销的一种新的营销战略思想，其核心内容是强调企业的市场营销既要有效的适应外部环境，又要能够在某些方面发挥主观能动作用和使外部环境朝着有利于企业的方向发展。

大市场营销观念与一般营销观念相比，具有以下两个特点：第一，大市场营销观念打破了“可控制要素”和“非可控制要素”之间的分界线，强调企业营销活动可以对环境产生重要的影响，使环境朝着有利于实现企业目标的方向发展；第二，大市场营销观念强调必须处理好多方面的关系，才能成功的开展常规的市场营销，从而扩大了企业市场营销的范围。

1.3.7 全球营销观念（Global Marketing Concept）

全球营销观念是20世纪90年代以后，市场营销观念的最新发展。它是指导企业在全球市场进行营销活动的一种崭新的营销思想。全球营销观念在某种程度上完全抛弃了本国企业与外国企业、本国市场与外国市场的概念，而是把整个世界作为一个经济单位来处理。全球营销观念强调营销效益的国际比较，即按照最优化的原则，把不同国家中的企业组织起来，以最低的成本，最优化的营销去满足全球市场需要。

复习思考题

1. 什么是市场营销？
2. 如何理解市场营销的内涵？
3. 潜在需求的类型有哪些？
4. 我们如何细分市场？
5. 简要介绍营销与推销的区别。
6. 简要介绍营销观念的演变。

第2章　网络营销概述

【本章要点】

➢ 网络营销的概念

➢ 网络营销的内容

➢ 网络营销的特点及功能

➢ 网络营销与传统营销的关系

➢ 网络营销组合理论

网络经济时代的到来改变了人类社会以往的信息交流方式与商业运作模式，透过互联网，人们可以实现各类信息的迅速传递与实时沟通。网络技术的不断发展，使得传统商务逐步转移到互联网上实现，也为经济的发展带来了更多商机。互联网的出现缩短了传统市场营销中生产者和消费者之间的距离，减少了商品流通过程中的诸多环节，消费者透过各种终端设备能够更加便捷地进行网络沟通与网上购物。可以说，网络技术与信息技术、网络与经济的紧密结合，将市场营销推向了一个崭新的发展阶段——网络营销，而它也必将带来更大的变革。

2.1　网络营销的内涵

2.1.1　网络营销的定义与内容

1. 网络营销的定义

网络营销是整个营销活动的组成部分，是指为发现、满足和创造顾客需求，利用互联网所进行的市场开拓、产品创新、定价促销、宣称推广等活动的总称。它是以现代营销理论为基础，借助网络、通信和数字媒体技术来实现营销目标的商务活动；它是科技进步、顾客价值变革、市场竞争等综合因素促成的；它是信息化社会的必然产物。

网络营销在国外有许多翻译，如 Cyber Marketing，Internet Marketing，Network Marketing，On-line Marketing，e- Marketing 等。不同的单词词组有不同的含义，Cyber Marketing 主要是指网络营销是在虚拟的计算机空间上进行运作；Internet Marketing 是指在互联网上开展的营销活动；Network Marketing 是指在网络上开展的营销活动，这里的网络不光指互联网，而且也可以指其他网络比如增值网 VAN 等；On-line Marketing 是指在线营销，同离线营销相对立。

目前比较习惯常有的翻译方法是 e-Marketing，e-表示电子化、信息化、网络化的涵义，既简洁又直观明了，而且与电子商务（e-Business）、电子虚拟市场（e-Market）等进行对应。

2. 网络营销的内容

网络营销的内容主要有：利用网络技术进行市场调查、客户分析、产品开发定位、经营流程改进、销售策略制定、售后服务、反馈改进产品和服务等。

（1）利用网络技术进行市场调查

网上市场调查是指在互联网上针对特定营销环境进行简单调查设计、收集资料和初步分析的活动。利用网络技术进行市场调查的实施，可以充分利用互联网作为信息沟通渠道的开放性、自由性、平等性、广泛性和直接性的特性，使得网上市场调查具有传统的一些市场调查手段和方法所不具备的一些独特的特点和优势。

网上市场调查有两种方式：一是利用互联网直接进行问卷调查收集一手资料；二是利用互联网的媒体功能，从互联网收集二手资料。

（2）利用网络技术进行客户分析

客户分析是市场营销策略制定的一个重点，对于网络营销来说更是重中之重。客户分析是客户信息数据库的落脚点，是直接为企业开展其他一系列工作服务的。客户分析是指从大量的数据中提取有用的信息，该信息主要可以分为直接信息和间接信息。直接信息是从数据中直接取得、价值量较小、使用范围较小的信息；而间接信息是经过加工获得的较有价值的信息。

分析过程主要包括基本信息分析、统计分析、趋势分析、关联分析等。基本信息分析是利用客户的基本情况信息，分析本企业或产品的主要客户的特点，包括年龄、性别、职业、工资状况、学历、地理位置等；统计分析是利用所有的信息进行统计，分析企业或产品的销售额、利润额、成本量等经济指标，也包括大客户分析和业务流量分析；趋势分析是利用本企业的信息和同行业其他企业的信息，并结合国民经济的整体运行状况，对长期和短期的业务状况进行预测；关联分析是利用客户信息对产品信息、市场信息、企业信息进行分析，综合评价企业的运行状况和产品的供需比例。通过对客户信息进行全面的统计分析，网络营销人员才能真正把握用户的需求，进行有效的营销。

（3）利用网络技术进行产品开发定位

网络营销新产品开发的首要前提是新产品构思和概念形成。新产品的构思可以有多种来源，可以是顾客、科学家、竞争者、公司销售人员、中间商和高层管理者，但最主要来源还是依靠顾客来引导产品的构思。网络营销的一个最重要特性是与顾客的交互性，它通过信息技术和网络技术来记录、评价和控制营销活动，掌握市场需求情况。网络营销通过其网络数据库系统来处理营销活动中的数据，并指导企业营销策略的制定和营销活动的开展。

网络营销让顾客参与新产品研制与开发，不再是简单的被动接收测试和表达感受，而是主动参与和协助产品的研制开发工作。与此同时，与企业关联的供应商和经销商也可以直接参与新产品的研制与开发，因为网络时代企业之间的关系主流是合作，只有通过合作才可能增强企业竞争能力，才能在激烈的竞争市场中站稳脚跟。通过互联网，企业可以与供应商、经销商和顾客进行双向沟通和交流，可以最大限度提高新产品研制与开发速度。

网络营销产品定位。网络市场作为新兴市场，消费群体一般具有很强的好奇性和消费领导性，比较愿意尝试新的产品。个性化消费者可直接参与商品生产和商品流通，向商家和生产厂家主动表达自己对产品的欲望，企业可以根据消费者的需求设计、生产出产品。例如，Dell 电脑公司在推出电脑新产品时，允许顾客根据自己的需要自行设计和挑选配件来组装自己满意的产品。Dell 公司可以通过互联网直接将顾客订单送给生产部门，生产部门根据个性化需求组装计算机。因此，网络营销产品的设计和开发要能体现产品的个性化特征，适合进行柔性化的大规模生产，否则再好概念的产品也很难在市场让消费者满意。

(4) 利用网络技术进行经营流程改进

网络营销大大改变了消费者传统的购买行为，顾客从信息的被动接受者变为信息的主动搜寻者。以产品为导向的营销理念将逐步转向为以顾客为导向。营销目标也将从降低成本、提高效率转向开拓业务、提高顾客忠诚度。由此也带来经营流程的改变。

一般来说，一个完整的营销流程包括：下订单（业务员联系客户）→开提货单（内勤或财务）→提货（库房）→送货（物流/运输）→销售（促销员）→开发票（财务）→回收货款（业务员）→下订单……在网络营销中，这些营销流程内容已发生了本质的变化。如下订单、开提货单、提货全部由网上订单系统一并完成。更重要的是利用现代信息技术、互联网技术企业可以通过有效收集和分析顾客的特殊需求信息，直接安排生产顾客需要的产品，新的营销流程将使企业不再是制造产品的公司，而是为顾客提供满意服务的公司。如美国著名的 Levis 服装公司，就是利用互联网络为顾客量身定做需要的牛仔裤，顾客通过该公司的网站向该公司直接提供自己详细的尺寸、所要的款式和喜欢的颜色等，公司就可为其单独定做，使顾客的个性化需求得以满足。同时，网络营销还能建立与顾客双向互动沟通的营销流程。

传统的营销沟通主要是通过广告、销售促进、公关、人员推销等方法把企业的产品信息及产品传送给目标市场顾客。传统的营销沟通面临的主要问题是：一方面，外部顾客是否真的能从铺天盖地的广告等促销信息中注意到本企业的信息？其中又有多少能真的由此改变了对本企业的观念？另一方面，传统的营销沟通完全忽视了内部信息沟通的需要，致使部门之间的信息封锁，时常导致工作出现盲目和不协调，从而严重影响整个企业运作的效率，对顾客的需求也难以做到及时快速地反应。网络营销使得与顾客进行个性化双向互动沟通不仅可行，而且经济。以亚马逊书店为例，亚马逊书店建立了庞大的顾客资料库，根据顾客的访问记录、购书记录和需求记录，通过互联网有针对性地向其提供可能感兴趣的信息，顾客如果高兴的话可以进一步去看一段书评、书摘、了解作者的资料等，甚至还可以了解已经看过此书读者的评语，以作为购书决策的参考。与此同时，企业又及时把顾客的反应信息收集到顾客数据库中，利用网络技术的强大功能，实现与顾客的实时对话。这一切对于亚马逊书店来讲，在未增加额外费用的同时，实现了与顾客的双向互动沟通，把顾客融入了企业的整个营销过程，赢得了长期稳定的顾客，并实现顾客忠诚。

(5) 利用网络技术进行销售策略制定、售后服务、反馈改进产品和服务

现代市场营销的主旨是用户导向，然而迄今为止，大多数企业的市场营销都是单向的，即依赖各种各样的媒体广告来促进顾客的接受，再以各种各样的调查研究方式了解顾客的需求。两种过程在大多数场合下是分离的。而网络营销提供了企业与顾客双向交流的通道，使企业得以发展为规模化的交互式的市场营销方式。这种交互式的市场营销方式一方面让企业更直接、更迅速地了解顾客的需求；另一方面，使企业有更多的空间，为用户提供更具价值的售前服务和售后服务。如售前：向消费者提供丰富的产品信息及相关资料（如质量认证、专家品评等），而且界面友好清晰，易于操作执行，消费者可以在比较各种同类产品的性能价格比以后，做出购买决定。售中：消费者无需驱车到很远的商场去购物，交款时也不需排着长队耐心等待，也不必为联系送货而与商场工作人员交涉。在网上一切都是那么简单迅速，坐在家中即可逛虚拟的商店，用电子货币结算等，省却了许多麻烦。售后：在使用过程中发现的问题，你可以随时与厂家联系，得到来自卖方及时提供的技术支持和服务。

通过实施交互式营销策略，提供满意的顾客服务正是许多企业网络营销成功的关键所在。网上顾客服务的主要工具有电子邮件、电子论坛，常见问题解答等。电子邮件方便快捷、经济且无时空限制，企业可用它来加强与顾客之间的联系，及时了解并满足顾客需求。为此企业必须加强对电子邮件的管理：首先确保邮路畅通，使邮件能够按照不同的类别有专人受理；其次必须尊重顾客来信，并且快速回应。

电子论坛是供网上顾客自由发表评论的场所，也是企业获得顾客对本企业产品、服务等全方位真实评价材料的工具。电子论坛（BBS）对于企业而言，不仅可以增加与访问者的互动，更重要的是可以加强售前、售后服务和增加新产品开发的途径，企业的主管人员应经常主动参与讨论，引导消费者对核心业务发表意见和建议。这对企业提高服务水平，获取客户信息和捕捉商机有很大好处。利用 BBS 可以收集客户反馈信息，对新产品、对企业发展的看法、投诉等，增强了企业与消费者的互动，提高客户服务质量和效率。

常见问题解答 FAQ（Frequently Asked Questions）是一举两得的服务方式。一方面顾客遇到这类问题无需费时费资地专门写信或发电子邮件咨询，而可直接在网上得到解答；另一方面，企业能够节省大量人力物力。FAQ 页面设计要选择合理格式，既满足顾客信息需求，又要控制信息暴露度。

2.1.2　网络营销的功能和特点

1. 网络营销的八大功能

网络营销的核心思想就是“营造网上经营环境”，围绕这个思想，认识和理解网络营销的功能和作用，是实战和利用网络营销功能和作用的基础和前提。网络营销的功能很多，主要有八大功能。

（1）信息搜索功能

信息的搜索功能是网络营销进击能力的一种反映。在网络营销中，将利用多种搜索方法，主动地获取有用的信息和商机、主动地进行价格比较、主动地了解对手的竞争态势、主动地通过搜索获取商业情报进行决策研究。搜索功能已经成为了营销主体能动性的一种表现、一种提升。

随着信息搜索功能由单一向集群化、智能化的发展，以及向定向邮件搜索技术的延伸，使网络搜索的商业价值得到了进一步的扩展和发挥，寻找网上营销目标将成为一件容易的事。

（2）信息发布功能

发布信息是网络营销的主要方法之一，也是网络营销的又一种基本职能。无论哪种营销方式都要将一定的信息传递给目标人群，但是网络营销所具有的强大的信息发布功能是古往今来任何一种营销方式所无法比拟的。

网络营销可以把信息发布到全球任何一个地点，既可以实现信息的广覆盖，又可以形成地毯式的信息发布链；既可以创造信息的轰动效应，又可以发布隐含信息。信息的扩散范围、停留时间、表现形式、延伸效果、公关能力、穿透能力都是最佳的。

更加值得提出的是，在网络营销中，网上信息发布以后，可以自动地进行跟踪，获得回复，可以进行回复后的再交流和再沟通。因此，信息发布的效果明显。

例如，2008 年航美传媒取得了温州机场广告独家经营权。在温州机场广告招标中，航美同时获得机场电视、数码刷屏、墙壁式灯箱以及机场广场的户外广告牌等“全媒体”业务的经营权。在新技术的支持下，航美可以实现对机场 2000 个现实终端的同步无线传导信息，信息获得实时发布。

（3）商情调查功能

网络营销中的商情调查具有重要的商业价值。对市场和商情的准确把握，是网络营销中一种不可或缺的方法和手段，是现代商战中对市场态势和竞争对手情况的一种电子侦察。在激烈的市场竞争条件下，主动地了解商情，研究趋势，分析顾客心理，窥探竞争对手动态是确定竞争战略的基础和前提。通过在线调查或者电子询问调查表等方式，不仅可以省去大量的人力、物力，而且可以在线生成网上市场调研的分析报告、趋势分析图表和综合调查报告。其效率之高、成本之低、节奏之快、范围之大，都是以往其他任何调查形式所做不到的。这就为广大商家，提供了一种市场的快速反应能力，为企业的科学决策奠定了坚实的基础。

（4）销售渠道开拓功能

网络具有极强的进击力和穿透力。传统经济时代的经济壁垒、地区封锁、人为屏障、交通阻隔、资金限制、语言障碍、信息封闭等，都阻挡不住网络营销信息的传播和扩散。新技术的诱惑力、新产品的展示力、声像俱显的昭示力、地毯式发布和爆炸式增长的覆盖力，将整合为一种综合的信息进击能力。快速地打通封闭的坚冰，疏通种种渠道，打开进击的路线，实现和完成市场的开拓使命。

（5）品牌价值扩展和延伸功能

美国广告专家莱利·莱特预言：未来的营销是品牌的战争，拥有市场比拥有工厂更重要。拥有市场的唯一办法，就是拥有占据市场主导地位的品牌。随着互联网的出现，不仅给品牌带来了新的生机和活力，而且推动和促进了品牌的拓展和扩散。实践证明：互联网不仅拥有品牌、承认品牌而且对于重塑品牌形象、提升品牌的核心竞争力、打造品牌资产具有其他媒体不可替代的效果和作用。

（6）特色服务功能

网络营销具有和提供的是一种特色服务功能。服务的内涵和外延都得到了扩展和延伸。顾客不仅可以获得形式最简单的 FAQ、邮件列表、BBS、聊天室等各种即时信息服务，还可以获取在线收听、收视、订购、交款等选择性服务；无假日的紧急需要服务、信息跟踪、信息定制到智能化的信息转移、手机接听服务；网上选购、送货到家的上门服务等。这种服务以及服务之后的跟踪延伸，不仅将极大地提高顾客的满意度，使以顾客为中心的原则得以实现，而且让客户成为了商家的一种重要的战略资源。

（7）顾客关系管理功能

客户关系管理，源于以客户为中心的管理思想，是一种旨在改善企业与客户之间关系的新型管理模式，是网络营销取得成效的必要条件，是企业重要的战略资源。在网络营销中，通过客户关系管理，将客户资源管理、销售管理、市场管理、服务管理、决策管理融于一体，将原本疏于管理，各自为战的销售、市场、售前和售后服务与业务统筹协调起来。这样就可以跟踪订单，帮助企业有序地监控订单的执行过程；规范销售行为，了解新、老客户的需求，提高客户资源的整体价值；又可以避免销售隔阂，帮助企业调整营销策略；收集、整理、分析客户反馈信息，全面提升企业的核心竞争能力。客户关系管理系统还具有强大的统计分析功能，可以为我们提供“决策建议书”。以避免决策的失误，为企业带来可观的经济效益。

（8）经济效益增值功能

网络营销会极大地提高营销者的获利能力，使营销主体提高或获取增值效益。这种增值效益的获得，不仅由于网络营销效率的提高、营销成本的下降、商业机会的增多，更由于在网络营销中新信息量的累加，会使原有信息量的价值实现增值或提升其价值。这种无形资产促成价值增值的观念和效果，既是前瞻的，又是明显的。

网络营销的这几种功能是通过各种网络营销的方法来实现的，各功能之间也不是相互独立的，某一个功能可能会需要多种网络营销方法的共同作用，而某一种网络营销方法也可能会适用于多种网络营销职能。

2. 网络营销的特点

（1）鲜明的理论性

网络营销是在众多新的营销理念的积淀、新的实践和探索的基础上发展起来的。网络营销理念吸纳了众多新的营销理念的精髓，如直复营销理论、关系营销理论、软营销理论、整合营销等理论，但又不同于任何一种营销理念。计算机科学、网络技术、通信技术、密码技术、信息安全技术、应用数学、信息学等多学科的综合技术给予了网络营销技术铺垫。

（2）市场的全球性

网络的连通性，决定了网络营销的跨国性；网络的开放性，决定了网络营销市场的全球性。网络营销，是在一种无国界的、开放的、全球的范围内去寻找目标客户。市场的广域性、文化的差异性、交易的安全性、价格的变动性、需求的民族性、信息价值跨区域的不同增值性及网上顾客的可选择性，给网络经济理论和网络营销理论研究提供了广阔的发展空间和无尽的研究课题。而且这种市场的全球性带来的是更大范围成交的可能性，更广域的价格和质量的可比性。而越是可比性强，市场竞争越发激烈。

（3）资源的整合性

在网络营销的过程中，将对多种资源进行整合；将对多种营销手段和营销方法进行整合；将对有形资产和无形资产的交叉运作和交叉延伸进行整合。这种整合的复杂性，多样性，包容性，变动性和增值性具有丰富的理论内涵。

（4）明显的经济性

网络营销具有快捷性，因此将极大地降低经营成本、提高企业利润。形成和促成网络营销经济性有诸多原因，如资源的广域性、地域价格的差异性、交易双方的最短连接性、市场开拓费用的锐减性、无形资产在网络中的延伸增值性，以及所有这一切对网络营销经济性的关系和影响，都将使我们极大地降低交易成本，给企业带来经济利益。网络营销的经济性以及由此带来的明显效果，必将清晰地、鲜明地显现出来。

（5）市场的冲击性

网络的冲击能力是独有的。网络营销的这种冲击性及由此带来的市场穿透能力，明显地挑战了4P和4C理论，并创新和发展了4R理论。网络营销在进击时是主动的、清醒的、自觉的。无论是在信息搜索中的进击，还是在发布后的进击，都是在创造一种竞争优势、在争取一批现实客户、在获取一些潜在商机、在扩大着既有优势的范围。

在网络营销中，搜索价格正是为了比较价格，以制定科学、合理、有竞争力的价格；获取新产品信息，正是为了加快新产品的开发和研制，以提升企业的创新能力；搜索是在寻找渠道，发布也是为了扩展渠道，进行网络广告宣传同样是为了扩宽和营造渠道；进行客户关系管理是为了维系和疏通营销渠道。

（6）极强的实践性

网络营销的理论根底深深扎在网络营销实践的沃土中。网络营销的每一步发展，都呼唤着网络经济理论研究的深入。但是，这种呼唤，只有在网络营销的实践中攀登和开拓的人，才可以感受到、体验到。网络营销的实践性还突出的表现在：它对以往营销理念的审视性和对新论断广泛的检验性。

（7）较高的技术性

网络营销是建立在高技术作为支撑的互联网基础上的，企业实施网络营销必须有一定的技术投入和技术支持，以此改变传统的组织形态，提升信息管理部门的功能，引进懂营销与计算机的复合型人才，未来才能具备市场的竞争优势。

（8）典型的交互性

互联网的一个基本特性就是具有双向沟通的功能。企业可以通过网络向消费者传递企业信息、商品信息、供应信息以及服务信息等；消费者也可以通过网络向企业传递需求信息和反馈信息等。网络营销在企业和消费者之间可以实现"一对一"的个性化营销。这种交互式的沟通方式拉近了企业和消费者的距离，增强了消费者的主导性，并且能帮助企业与消费者之间建立并保持长期的良好关系。

2.1.3　网络营销和电子商务

网络营销和电子商务是一对既紧密联系又相互区别的概念。网络营销是电子商务的组成部分，开展网络营销并不等于一定是实现了电子商务，但实现电子商务一定是以开展网络营销为前提的。它们的区别如下。

① 网络营销与电子商务研究的范围不同。电子商务的内涵很广，其核心是电子化交易，它强调的是交易方式和交易过程的各个环节。而网络营销注重的是以互联网为主要手段的营销活动。这表明发生在电子交易过程中的网上支付和交易后的商品配送等问题并不是网络营销所能包含的内容。同样，电子商务体系中所涉及的安全、法律等问题也不适合全部包括在网络营销中。

② 网络营销与电子商务的关注重点不同。网络营销的重点在交易前阶段的宣传和推广，电子商务的标志之一则是实现了电子化交易。网络营销本身并不是一个完整的商业交易过程，而是为了促成交易提供支持，因此是电子商务中的一个重要环节。尤其在交易发生之前，网络营销发挥着主要的信息传递作用。所以，电子商务可以被看成是网络营销的高级阶段。

2.1.4　网络营销和网上销售

网上销售是网络营销发展到一定阶段的产物，网络营销是为扩大销售（包括网上销售和网下销售）服务的，但网络营销本身并不等于网上销售。具体如下。

① 网络营销活动并不一定能实现网上直接销售的目的，但是，很可能有利于增加总的销售；同时，网络营销作为一种收集信息和发布信息的工具，其效果可能表现在多个方面。

② 网上销售的推广手段也不仅仅靠网络营销，往往取决于许多传统的方式。一方面，网络营销活动在网上销售上起了一些有效的推动作用，但同时，也极大地推动了公司的网下销售，也不断树立了企业自身的形象。另一方面，网上销售不仅仅依靠互联网，还采取了很多网络以外的方式。

2.2 网络营销的产生与发展

2.2.1 网络营销的产生

网络营销是以现代电子技术和通信技术的应用与发展为基础，与市场的变革、竞争以及营销观念的转变密切相关的一门新学科。网络营销相对于传统的市场营销，在许多方面都具有明显的优势，带来了一场营销观念的革命。

20 世纪 90 年代，互联网的迅猛发展势头在全球范围内掀起了互联网应用热潮，世界各大公司纷纷利用互联网提供信息服务和拓展公司的业务范围，并且按照互联网的特点积极改组企业内部结构和探索新的营销管理方法，随着互联网在商业领域的普遍应用，企业通过网络了解消费者行为，并针对消费者的习惯提供各种个性化服务，面对着互联网提供的如此巨大的网络新市场，传统的营销理念和方式已经无法满足市场发展需求，而网络营销就在此时应运而生。

网络营销的出现为企业提供了适应全球网络技术发展与信息网络社会变革的新的技术和手段，是现代企业走入新世纪的营销策略。网络营销的产生有其在特定条件下的技术基础、观念基础和现实基础，是多种因素综合作用的结果。具体地分析其产生的根源，可以更好地理解网络营销的本质。

（1）互联网的发展是网络营销产生的技术基础

网络营销是随着计算机技术、网络通信技术的发展而产生和发展的，而融合了二者的计算机网络技术是构成网络营销的主要技术基础。

计算机网络技术把分布在不同地理区域的计算机与专门的外部设备用通信线路互联成一个规模大、功能强的网络，从而使更多的计算机可以方便地互相传递信息，共享硬件、软件和信息等资源。在计算机网络当中与网络营销密切相关的主要有 3 种：互联网、外联网和内联网。

互联网，起源于 1969 年，当时美国国防部资助其西海岸 4 所大学和研究所，通过简单的通信电缆将主电脑连接起来，实现互相通信并称之为 ARPANET。在 20 世纪 90 年代初，美国国防部将其商业化，并成立国际标准化管理委员会负责标准制定和实施，在随后短短几年内，互联网由美国发展到全世界一百多个国家和地区。

互联网是一种集通信技术、信息技术、时间技术为一体的网络系统。其形式并非来源于全球性的系统规划，它之所以有今天的规模，得力于自身特点：开放、平等、免费、合作、交互、虚拟、个性、全球和持续。在互联网应用于营销活动以前，企业与消费者之间以及企业之间的信息交流主要依靠传统方式进行。传统的信息交流方式在交流的及时性、广泛性和深入性等方面往往难以兼顾，而互联网的应用集中了各种信息交流工具的众多优势，比如覆盖面广、交互性、信息可存储、可传递多媒体信息、一对一沟通、交流隐蔽性等。

自从 1995 年互联网完成商业化以来，利用互联网以及内联网（Intranet）、外联网（Extranet）开展网络营销已成为信息时代市场营销的一个热点。互联网上各种各样的连接、传输、互动、存取信息的功能，使得互联网具备了商业交易与互动沟通的能力，致使包括网络营销在内的各种企业经营活动在网上得以产生和发展。企业利用互联网开展营销活动，显示出越来越多的区别于传统营销模式的优势，以互联网为技术基础的网络营销，其产生已是社会经济发展的必然。

（2）消费者价值观的改变是网络营销产生的观念基础

满足消费者的需求，是市场营销的核心。随着科技的发展、社会的进步、文明程度的提高，消费者的观念也在不断地变化，这为建立在互联网上的网络营销提供了普及的可能。这些观念变化可概括为以下几点。

① 个性消费的回归。消费者以个人心理愿望为基础挑选和购买商品或服务，心理上的认同感是作出购买决策的先决条件，单独享有商品千姿百态的供应成为社会时尚。

② 消费主动性的增强。由于商品生产的日益细化和专业化，消费者购买的风险感随选择的增多而上升。消费者会主动通过各种途径获取与商品有关的信息，并进行分析比较，以减少购买失误的可能。

③ 对购物方便性的追求。由于现代人工作负荷较重，消费者希望购物方便，时间和精力支出尽量节省，特别是对某些品牌的消费品已经形成固定偏好的消费者，这一需要尤为重要。

④ 对购物乐趣的追求。现代人的生活丰富多彩，购物活动不仅是消费需要，也是心理需要，很多消费者以购物为生活内容，从中获得享受。

⑤ 价格仍然是影响购买的重要因素。虽然现代市场营销倾向于以各种策略来削减消费者对价格的敏感度，避免恶性价格竞争，但价格始终对消费者产生重要的影响。只要价格削减的幅度超过消费者的心理预期，难免会影响消费者既定的购物原则。

以上这些消费者观念的改变，是使人们普遍接受网络营销的重要基础。

（3）市场竞争是网络营销产生的市场条件

当今的市场竞争日趋激烈，企业为了取得竞争优势，想方设法吸引顾客，传统的营销已经很难有新颖独特的方法来帮助企业在竞争中出奇制胜了。市场竞争已不再依靠表层的营销手段，经营者迫切需要更深层次的方法和理念武装自己。

网络营销的产生给企业的经营者带来了福音，可谓一举多得。企业开展网络营销，可以节约大量昂贵的店面租金，可以减少库存商品的资金占用，可以使经营规模不受场地限制，可以方便地采集客户信息等。这些优势使得企业经营的成本和费用降低、运作周期变短，从根本上提高了企业的竞争力，增加赢利。

2.2.2　网络营销的发展

网络营销的发展前景令人瞩目，但也不会一帆风顺。尽管世界上一部分发达国家的电子商务活动发展较快，网络营销取得初步成功，但进一步发展所面临的问题依然不少，尤其是在我国，对此我们应有清醒的认识。

（1）国内网络营销发展的现实问题

如果将网络营销简单地分解为“网络销售”和“网络经营”两种功能，那么目前国内主要发展的是网络销售。与欧美国家网络销售取得的不俗业绩相比，我国的网络营销在原本应是优势和特长的若干方面，却存在着一些现实问题。

① 从“方便”优势看，我国城市不存在欧美国家的“空心化”现象，市民的居住范围局限于市区，再加上近几年大中城市的商场建设热潮，国内消费者并不存在花两三个小时车程才能购物的无奈，亲临现场购物很方便。

② 从“快捷”优势看，我国没能像发达国家一样，经历了电话、电视直销热后，已经

建立起一套完整的速递快运业务体系，我们的快运业务从费用、速度两方面说都不能令人十分满意。

③ 从“交互性能好”优势看，我国的市场经济起步时间不长，消费者保持着浓厚的传统消费心理，不是亲眼所见，很难激发购买欲望，就是交互性再好，距离的间隔也使其不敢贸然行事。

④ 从“其他”优势看，信用消费和在线结算离中国老百姓还太远，国内的风险投资体系和证券市场还不完善，网络营销的经营者缺乏开发的保障。

在认清现实困难的同时，我们也应充满信心地分析网络营销这一新生事物的发展前景，特别是要首先了解互联网的发展前景。

（2）互联网发展与应用的特点

当今的世界已进入网络信息社会，互联网已成为一个全球性的辐射面更广、交互性更强的新型媒体，它与广播、电视等传统媒体相比具备了独特的优势。其今后发展与应用的特点表现为以下几点。

① 网络的使用者持续快速地增长。近几年，全世界网络使用者的年增长率高于 50%，据世界级金融服务商摩根士丹利近期的一份研究报告显示：全球互联网用户持续增加，目前已经达到 10 亿，并且用户世界分布更加分散；而且网络使用者大多是具有高学历和较强经济实力的年轻人，这是一个最具有购买力的消费群体之一。

② 网络科技快速发展。光纤服务普遍化、骨干网络宽频化持续发展，压缩技术已使得多媒体信息可由一般电话线传输；网络专用计算机的开发，可以轻易处理复杂动画与满足虚拟实境的应用需求；再加上搜寻工具与多媒体视听软件的应用，将使得网络计算机功能越来越完善。

③ 电子商务将成为网络的重要应用。由于网络上进行交易的成本远小于传统商务交易的成本，互联网上的电子商务市场已经形成规模。据市场调研厂商 Forrester 资讯公司在新发表的一份报告中称：2008 年美国网络零售额为 1410 亿美元；2009 年美国网络零售额将增长 11%，达到 1560 亿美元；到 2010 年，美国网络零售额将由 2005 年的 1720 亿美元翻一番而增长到 3290 亿美元。由此可看出网络市场是一个巨大的商机。

④ 网络在商业、家庭与教育上的应用日趋普及。在网上的新兴虚拟社会将逐步形成，在这个虚拟社会中，使用界面将更生活化，现今社会所需处理的各项实际事务将可能超越时空距离，在瞬间平行地转移到网络上，使未来的社会更为方便、高效与多姿多彩。

2.2.3　网络营销的发展趋势

根据互联网发展的特点以及市场营销环境的变化，可以预测网络营销将会有以下的发展趋势。

（1）网络技术将更有利于商品的销售

网络的防火墙技术、信息加密技术将更加成熟，电子货币等安全的网上支付方式将得到进一步推行，网络系统在商品销售方面的效率将大大提高，令网络消费者感到不安的网上付款安全问题将会迎刃而解，电子商务的使用将更加多样化，在销售促进上发挥更大的作用。

（2）营销决策趋于理性化

其主要表现在：① 企业服务的对象——网络消费者的购买与消费行为将更加理性化，头脑冷静、擅长理性分析是网络用户的显著特点；② 市场调研效率的提高为理性决策奠定了基础。在网上进行市场调研比采用传统的调查方法具有巨大的优势，无论是在调查的宽度，还是在调查的效率上都为网络用户决策提供了有利条件。

（3）网上的电子商场将兴旺发达

将商场或企业的商品以多媒体信息的方式通过互联网络供全球消费者浏览和选购，是国内外许多大商场和大企业正在使用的促销方式。对于企业来说，网络商场与传统的商场相比，具有不需店面租金，可以减少商品库存的压力，降低销售、管理、发货等环节的成本，经营规模不受场地的限制，便于收集顾客的信息等等很多优点。其发展前景十分广阔。

（4）网络广告将大有作为

与传统广告相比，网络广告所表现出来的优势是明显的：网络广告的空间几乎是无限的，其传播范围远远大于传统广告；网络广告成本低廉，大约仅相当于传统媒体的 1/10；网络广告可以实现即时互动，克服了传统广告强制性的缺点；网络广告促成消费者采取行动的机制主要是靠逻辑、理性的说服力，因此具有更高的效率。

2.3　网络营销与传统营销

2.3.1　网络营销与传统营销的异同

网络营销作为传统营销的延伸与发展，既有与传统营销共性的一面，也有区别于传统营销的一面。随着网络营销的发展，其特点表现得越来越突出。

1. 网络营销与传统营销的相同点

（1）网络营销与传统营销都是企业的一种经营活动

两者所涉及的范围不仅限于商业性内容，即所涉及的不仅是产品生产出来之后的活动，还要扩展到产品制造之前的开发活动。

（2）网络营销与传统营销都需要通过组合发挥功能

两者并不是单靠某种手段去实现目标，而是要开展各种具体的营销活动。现代企业的市场营销目标已不仅仅是某个目标，更重要的是要追求某种价值的实现。目标已成为企业所要达到的境界，实现这样的目标要启动多种关系，而且要制定出各种策略，最终才能够实现预计所要达到的目的。按照这样的要求，搞好营销需要一种综合能力。

（3）都把满足消费者需求作为一切活动的出发点

（4）对消费者需求的满足，不仅停留在现实需求上，而且还包括潜在需求

2. 网络营销与传统营销的不同点

（1）使传统营销的面貌发生改变，造成对标准化产品的冲击

（2）冲击传统的营销渠道，中间商的作用产生变化

由跨国公司所建立的传统的国际分销网络对小竞争者造成的进入障碍将明显降低。对于目前直接通过互联网进行产品销售的生产商来说，其售后服务工作是由各分销商承担，但随着他们代理销售利润的消失，分销商将很有可能不再承担这些工作。

（3）促进营销策略的调整，定价、品牌、广告等策略都有所改进

定价策略走向全球化的趋势；品牌实行全国化的管理；广告障碍逐步消除。

网络营销与传统营销是相互促进和补充的，企业在进行营销时应根据企业的经营目标和细分市场，整合网络营销和传统营销策略，以最低成本达到最佳的营销目标。网络营销与传

统营销的整合，就是利用整合营销策略实现以消费者为中心的传播统一、双向沟通，实现企业的营销目标。

2. 3. 2 网络营销的优势与劣势

1. 网络营销的优势

网络营销的显著特点赋予了它具有的优于传统营销的优势，主要表现在以下几个方面。

（1）网络营销具有极强的互动性，可以帮助企业实现全程营销的目标

在4C以至4R现代营销理念下，企业必须实行全程营销，即从产品的设计阶段就开始充分考虑消费者的需求和意愿。但传统的营销由于企业和消费者之间缺乏合适的沟通渠道或沟通成本过高，使得这一理想无法很好地实现。消费者一般只能针对现有产品提出建议或批评，对策划、构思、设计中的产品则难以涉足。此外，大多数中小企业也缺乏足够的资本用于了解消费者的各种潜在需求，它们只能靠自身能力或参照市场领导者的策略，甚至根据遇到的偶然机会进行产品开发。

网络营销下，这种状况将会有较大的改观。不管是大型企业，还是中小企业，均可以通过电子布告栏、线上讨论广场（Discussion Areas）和电子邮件等方式，以极低的成本在营销的全过程中对消费者进行即时的信息搜集，而这在非网络环境下是中小企业所不敢想象的。同时，也为消费者有机会对产品的设计、包装、定价、服务等问题发表意见提供了方便。通过这种双向互动的沟通方式，确实提高了消费者的参与性和积极性。反过来，则提高了企业营销策略的针对性，十分有助于实现企业的全程营销目标。

（2）网络营销有利于企业降低经营成本

对企业来说，网络营销最具诱惑力的优点之一即是可以降低企业的经营成本。这可以从3个方面进行考察分析。

① 运用网络营销可以降低企业的采购成本。企业采购原材料往往是一项程序烦琐的过程。通过计算机网络的商务活动，企业可以加强与主要供应商之间的协作关系，将原材料的采购与产品的制造过程有机地配合起来，形成一体化的信息传递和信息处理体系。

② 网络营销可以降低促销成本。

尽管建立和维护公司的网址需要一定的投资，但是与其他销售渠道相比，使用互联网的成本已经大大地降低了。首先是降低材料等费用。产品特征、公司简介等信息都存储在网络里，可供顾客随时查询；所有的营销材料都可直接在线上更新，无需反复，从而可以大大节省打印、包装、存储、交通等费用。其次，可以节省广告宣传费用。与传统的广告相比，无论是在宣传范围的广度和内容的深度方面，网络广告均具有无与伦比的优点，最主要的还是网络广告的功效费用比。有研究表明，假如使用互联网作为广告媒介进行网上促销活动，其结果是增加10倍销售量的同时，只花费传统广告预算的1/10。该项研究还表明：一般而言，采用网上促销的成本只相当于直接邮寄广告花费的1/10。又一项研究认为，利用互联网发布广告的平均费用仅为传统媒体的3%。再次，可以降低调研费用。在销售过程中，往往需要进行广泛的市场调查。互联网络的运用，既为做市场调查提供了国际性的空间，而且空前地降低了调查的各种费用。最后，在提高售后服务效率的同时，大大降低了运作成本。传统的售后服务主要运用电话、书信等手段，不但需要的人手多，还常常会造成延误。使本有可能快速满意解决的问题变成顾客的抱怨甚至退货。在应用了网络营销之后，企业可在网页上提供精心设计的“商品注意事项”，“问题解答”、“使用程序”等资料，顾客可随时查询，几乎

不需要多少费用就能把小问题“扼杀在摇篮里”。大问题也能在低成本条件下及时得到解决。

③ 网络营销可以降低销售管理费用。利用互联网进行网上直销，可以实现订货、结算和送货的自动化管理，减少管理人员需求，提高销售管理效率。如 Amazon 的销售管理部门其实只是一些信息处理员，主要进行产品信息目录维护。

(3）网络营销能够帮助企业增加销售、提高市场占有率

首先，在网络上可提供全天候的广告及服务而不需增加开支。网页的维护及运作是由网络服务公司负责的。除了专业设计的计算机软件在不间断地全自动处理往来信息、统计、存档之外，还有计算机工程师在全天候监控系统的运作，处理突发情况。这种 24 小时不间断的服务有利于增加企业与顾客的接触机会，更好地发挥潜在的销售能力。

其次，能把广告与订购连为一体，促成购买意愿。传统的广告与订购是分开的，虽然广告媒体可能抓住了顾客的注意力，使顾客产生了购买意愿，但需要顾客以另外的方式主动表白或亲自去购买，这就有可能因顾客不便而减少营业额。而在“网页”上，顾客可选择印出订购单，填妥寄回或直接在线上送回，这便为顾客提供了更快速、更直接的购买渠道。再次，通过互联网络，可以即时连通国际市场，减少市场壁垒。互联网络创造了一个即时全球社区，它消除了不同国家的企业与客户之间做生意的时间、地域障碍。同时，在网上做生意，宗教信仰、性别、公司规模的差别成了无关紧要的因素，关键在于是否能切实满足消费者的需求，是否有独特的创意。网络营销的这一特点，减少了歧视和市场壁垒，带来了更多的公平。尤其为中小企业，特别是发展中国家的企业带来了更多的机会。

(4）网络营销可以有效地服务于顾客，满足顾客的需要

当今世界，买方市场已经形成，商业竞争日趋激烈。任何一家企业，要想取得竞争优势，就必须充分考虑顾客的需要，正可谓“得顾客心者方能得天下”。网络营销正是实现这一目标的极佳方式。

① 网络营销是一种以顾客为导向，强调个性化的营销方式。网络营销比起市场营销的任何一个阶段或方式，更能体现顾客的“中心”地位。顾客将拥有更大的选择自由。他们可根据自己的个性特点和需求，在全球范围内不受限制地寻找满意的商品。如一家销售户外活动商品的商家，在网络上开展了定制旅行袋的业务，允许顾客利用自己的计算机和网络，自行设计或修改旅行袋的式样、颜色、材料、尺寸、装饰品和附件等，还可绣上自己的姓名或其他标志。接下来只需等着商家把带有自身风格的东西交来了。

② 网络营销能满足顾客对购物方便性的需求，提高顾客的购物效率。在传统的购物活动中。顾客一般要经过引起需要→收集信息→看样→选择商品→确定所需购买的商品→付款结算→包装商品→取货（或送货）等一系列过程。这个过程中的相当部分是在售货地点完成的，再加上购买者为购买商品所占用的路途时间等，无疑使他们必须在时间和精力上有很大的付出。同时，拥挤的交通和日益扩大的店面更延长了消费者为购物所耗费的时间和精力。网络营销的优势在于能够改变这种局面。使购物过程不再是一种沉重的负担。

在销售之前，通过网络向顾客提供丰富生动的产品信息及相关资料，如质量论证、专家品评、用户意见等。而且界面友好清晰，有的甚至充满亲情，顾客在不受干扰的环境下，可以更为理智地比较同类产品的方方面面后，做出购买决定。

在买卖过程中，顾客无需花费时间去商场购物，不必为联系送货而与商场工作人员交涉。在网络上，这一切将会变得简单迅速，身在家中即可到虚拟商店游逛，用电子货币结算，省却了许许多多的麻烦。

用户在购买后若发生了问题，可以随时与厂家联系，得到来自卖方及时的技术支持和服务。

③ 网络营销能使企业节省传统营销方式下不得不花费的巨额促销和流通费用，从而使商品成本和价格的下降成为可能。再加上顾客可以在全球范围内寻找最优惠的价格，甚至可绕过中间商直接向生产者订货。因而有可能以更低的价格实现购买，这将较好地满足价格重视型顾客的需求，争取到这部分客户，这对于像我国这样的发展中国家尤其具有重要意义。

2. 网络营销的劣势

（1）不是所有的商品和服务都适合进行网络营销

图 2-1 显示了适合网络销售的商品与服务类别，图中右上区域内的商品或服务适合网络销售，而左下区域内的商品或服务不太适合网络销售。

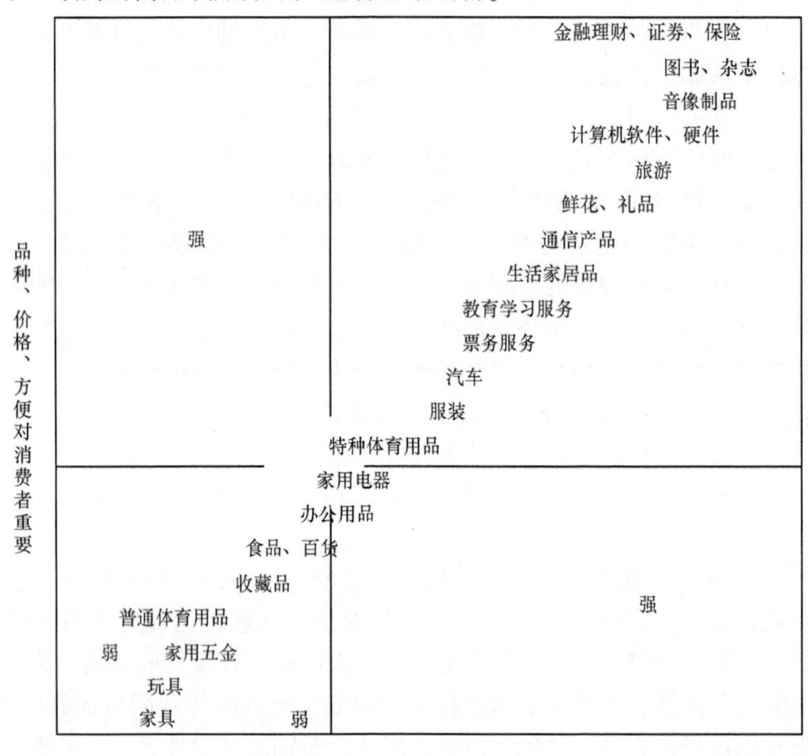

图 2-1　信息含量

（2）网络营销缺乏商场内的真实环境与气氛

网上虚拟的商店及商品尽可能做得逼真，但虚拟商店还是缺少真实商店的实有的人气感，缺乏实有商品的真实感的诱惑力。

（3）物流配送相对落后制约了网络营销的发展

互联网的主要优势体现在信息交流方面，在物流方面，除了数字化产品或服务可以通过网络提供外，其他商品的传送还需要利用传统的分销渠道。据统计，我国目前的货车空载率40%左右，极大地浪费了运力而且造成了交通资源的紧张；虽然我国物流配送中心及其相对应的配送体系近几年有一定的发展，但在大部分农村及偏远地区还相当落后。因此，物流问题制约了我国网络营销的发展，有必要加强重视和解决。

（4）信任缺乏

在信息交流中，双方的信任直接影响交流的效果。如果对方提供的信息缺乏信任，很难想象这种交流有什么意义。互联网为交流双方提供的是一种虚拟的不见面的交流空间，其开放性的特征更容易使人对网上信息产生不信任感。

据调查，网民对于网上购物最担心、最不放心的是商品质量、售后服务及相关卖家的信用得不到有效保障，从而影响了网络营销的普及和发展。

（5）信息安全有漏洞

互联网是一个开放式的网络，在信息传递的过程中存在信息被截取、篡改和滥用的情况；随着网络支付结算的兴起，上网用户的银行账号和密码被人从网上窃取的报道很多，而用户上网购物的记录被商家出售的新闻也不少，造成许多用户不敢进行网上交易。

2.3.3　对传统营销的影响

1．对传统营销策略的影响

（1）对传统产品品牌策略的冲击

首先，是对传统的标准化产品的冲击。通过互联网厂商可以迅速获得关于产品概念和广告效果测试的反馈信息，也可以测试顾客的不同认同水平，从而更加容易地对消费者行为方式和偏好进行跟踪，对不同的消费者提供不同的商品。怎样更有效地满足各种个性化的需求，是每个网上公司面临的一大挑战。

其次，适应品牌的全球化管理。对网上公司的一个主要挑战是如何对全球品牌和共同的名称或标志识别进行管理，是实行统一形象品牌策略还是实行有本地特点区域品牌策略，以及如何加强区域管理是网上公司面临的现实问题。

（2）对定价策略的影响

相对于目前的各种媒体，互联网先进的网络浏览和服务器会使变化不定的且存在差异的价格水平趋于一致。这对于执行差别化定价策略的公司来说不能不是一个严重问题。

（3）对传统营销渠道的冲击

通过互联网，生产商可与最终用户直接联系，中间商的重要性因此有所降低。这造成两种后果：一是由跨国公司所建立的传统的国际分销网络对小竞争者造成的进入障碍将明显降低；二是对于目前直接通过互联网进行产品销售的生产商来说，其售后服务工作是由各分销商承担，但随着他们代理销售利润的消失，分销商将很有可能不再承担这些工作。

（4）对传统广告障碍的消除

首先，相对于传统媒体来说，由于网络空间具有无限扩展性，因此在网络上做广告可以较少地受到空间篇幅的局限，尽可能地将必要的信息逐一列出。其次，迅速提高的广告效率也为网上企业创造了便利条件。

2．对传统营销方式的冲击

网络技术迅速向宽带化、智能化、个人化方向发展，用户可以在更广阔的领域内实现声、图、像、文一体化的多维信息共享和人机互动功能。它将导致大众市场的终结，并逐步体现市场的个性化，最终应以每一个用户的需求来组织生产和销售。

另外，网络营销的企业竞争是一种以顾客为焦点的竞争形态，如何与散布在全球各地的顾客群保持紧密的关系并能掌握顾客的特性，建立顾客对于虚拟企业与网络营销的信任感，是网络营销成功的关键。

2.3.4　网络营销与传统营销的整合

网络营销作为新的营销理念和策略，凭借互联网特性对传统经营方式产生了巨大的冲击，但这并不等于说网络营销将完全取代传统营销，网络营销与传统营销是一个整合的过程。

网络营销与传统营销是相互促进和补充的，企业在进行营销时应根据企业的经营目标和细分市场，整合网络营销和传统营销策略，以最低成本达到最佳的营销目标。网络营销与传统营销的整合，就是利用整合营销策略实现以消费者为中心的传播统一性以及加强双向沟通，进而实现企业的营销目标。

传播的统一性是指企业以统一的传播资讯向消费者传达，即用一个声音来说话，无论消费者从哪种媒体所获得的信息都是统一的。其目的是运用和协调各种不同的传播手段，使其发挥出最佳、最集中统一的作用，最终实现在企业与消费者之间建立长期的、双向的、维系不散的关系。与消费者的双向沟通，是指消费者与企业展开富有意义的交流，可以迅速、准确、个性化地获得信息、反馈信息，营销策略已从消极、被动地适应消费者向积极、主动地与消费者沟通、交流转化。

2.4　网络营销组合理论

网络营销活动的展开，基于一定的理论做指导。网络营销组合是以4P营销组合理论为基石，以4C营销组合理论和4R营销组合理论为导向（见表2-1）。它是指导营销实践活动的基本纲领。企业应当根据自身的实际情况，科学运用组合理论来指导网络营销实践。

表2-1　　4P、4C、4R理论

3种营销理论		
4P理论	4C理论	4R理论
产品（Product）	顾客（Customer）	关联（Relevancy）
价格（Price）	成本（Cost）	反应（Respond）
渠道（Place）	便利（Convenience）	关系（Relation）
促销（Promotion）	沟通（Communication）	回报（Return）

2.4.1　4P理论

4P（产品、价格、渠道、促销）营销策略自20世纪50年代末由JeromeMcCarthy提出以来，对市场营销理论和实践产生了深刻的影响，被营销经理们奉为营销理论中的经典。而且，如何在4P理论指导下实现营销组合，实际上也是公司市场营销的基本运营方法。这一理论认为，如果一个营销组合中包括合适的产品、合适的价格、合适的分销策略和合适的促销策略，那么这将是一个成功的营销组合，企业的营销目标也可以藉以实现。

4P指代的是Product（产品）、Price（价格）、Place（地点，即分销，或曰渠道）和Promotion（促销）4个英文单词，4P营销组合是从卖方的观点，对销售进行的分析。

① 产品的组合（Product），主要包括产品的实体、服务、品牌、包装，是企业提供给目标市场的货物、服务的集合。

② 定价的组合（Price），主要包括基本价格、折扣价格、付款时间。从企业营销分析，可以从企业的购买原材料的成本价格、销售产品的买出价格、竞争对手的市场价格分析。

③ 地点（Place）通常称为分销的组合。它主要包括分销渠道、储存设施、运输设施、

存货控制。它代表企业为使其产品进入和达到目标市场所组织、实施的各种活动，包括途径、环节、场所、仓储和运输等。

④ 促销组合（Promotion）是企业利用各种信息载体与目标市场进行沟通的传播活动，包括广告、人员推销、营业推广与公共关系等。

以上 4P（产品、价格、地点、促销）是市场营销过程中可以控制的因素，也是企业进行市场营销活动的主要手段，对它们的具体运用，形成了企业的市场营销战略。但现代营销活动，已经不能局限在 4P 营销的模式，需要推出 4C 运营模式。

2.4.2　4C 理论

随着市场竞争日趋激烈，媒介传播速度越来越快，4P 理论越来越受到挑战。到 20 世纪 80 年代，美国劳特朋针对 4P 存在的问题提出了 4C 营销理论。

4C 分别指代 Customer（顾客）、Cost（成本）、Convenience（便利）和 Communication（沟通）。

（1）顾客（Customer）

4C 中的顾客主要指顾客的需求。企业必须首先了解和研究顾客，根据顾客的需求来提供产品。同时，企业提供的不仅仅是产品和服务，更重要的是由此产生的客户价值（Customer Value）。

从 4P 的“产品”转变到 4C 的“顾客”，实际上就是指在产品的开发上更注重需要，以满足消费需求来获取利润的是市场营销观念的转变，被公认为现在市场营销学的“第一次革命”，过去市场是生产过程的终点。现在市场则成为生产过程的起点。重视消费者需求并以之为起点的市场营销活动。现代管理学理论的奠基人彼得·F·杜拉克有一句经典名言：“商业的目的只有一个：创造顾客。”其实质意义就是：市场是商人用自己的工作将它变为有效需求之后，才会产生一个现实的顾客和现实的市场。顾客是营销的生命之源。有人形象地描述为：忘掉产品，考虑消费者的需要和欲望。就是指企业不仅关心产品的功能如何、质量如何、包装如何，而且还要多想一想产品是否符合顾客的需要，产品设计开发专家也要面对市场。使消费者真正参与了企业生产、投资、开发与研究等计划的制订。

（2）成本（Cost）

4C 中的成本不单是企业的生产成本，或者说 4P 中的 Price（价格）。它还包括顾客的购买成本，同时也意味着产品定价的理想情况，应该是既低于顾客的心理价格，亦能够让企业有所赢利。此外，这中间的顾客购买成本不仅包括其货币支出，还包括其为此耗费的时间，体力和精力消耗，以及购买风险。

从 4P 的“价格”到 4C 的“成本”的转变，也就是“忘掉价格，考虑消费者为满足需求而愿意支付多少”。首先，假如顾客只是单纯地购物，而不在意服务与周边利益，而且同一类产品都相同的话，所有公司不得不接受市场所定的价格，那么成本最低的产商才是市场上唯一的赢家。其次，成本低的公司在价格的制定上，通常居于最有利的地位，并可将此部分的利益投入到产品与服务的改良。麦克·波特在其《竞争策略》一书中，曾述及“价格领导”是 3 种制胜竞争有效方法之一。而其以顾客所接受的成本显得更为重要。

（3）便利（Convenience）

4C 中的便利即所谓为顾客提供最大的购物和使用便利。4C 理论强调企业在制定分销策略时，要更多地考虑顾客的方便，而不是企业自己方便。要通过好的售前、售中和售后服务来让顾客在购物的同时，也享受到了便利。便利是客户价值不可或缺的一部分。

4P 理论中的“渠道”策略，是指企业市场营销渠道策略或商品流转通道策略。企业应当考虑选择何种有效的途径，将产品从生产者转移到消费者手中。在“渠道（Place）”领域，应当考虑在什么地点、什么时候、由谁将产品销售给用户。在这一渠道中，有一系列的机构或个人参与商品的交换活动，他们共同构成商品流通的有序环节，这种有序环节又是连接生产与消费的桥梁与纽带。

随着生产力的提高和竞争的加剧，商家越来越注重减少中间环节，减低成本，直接把产品提供给消费者。生产企业发现消费者变得越来越挑剔。竞争也从单一的产品服务延伸至多方位的服务，即提供极大的方便，而这种支持服务往往成为企业胜负的关键。

（4）沟通（Communication）

4C 认为，企业应通过同顾客进行积极有效的双向沟通，建立基于共同利益的新型企业/顾客关系。这不再是企业单向的促销和劝导顾客，而是在双方的沟通中找到能同时实现各自目标的通途。

在市场营销组合中，促销即促进销售，是指通过人员或非人员的方法传播商品信息，帮助和促进消费者熟悉某种商品或劳务，并促使消费者对商品或劳务产生好感和信任，继而使其踊跃购买的活动。生产企业无论是与顾客建立良好的沟通关系，还是积极参与顾客相关问题的调查，目的在于为顾客提供方便同时也给企业自己带来好处。企业促销的任务不仅是传递信息，而更应注重沟通。促销的目标是吸引消费者对企业或商品的注意和兴趣，激发消费者的购买欲望，加速消费者的购买行动。而从 4P 的“促销”转变到 4C 的“沟通”，就是“忘掉促销，考虑双向沟通”，从心理学角度来说，沟通就是“请注意消费者”，在市场日益成熟的今天，肯定是“请注意消费者”比“消费者请注意”更有利于企业的长期发展。

4C 理论也留有遗憾。总体来看，4C 营销理论注重以消费者需求为导向，与市场导向的 4P 相比，4C 有了很大的进步和发展。

2.4.3 4R 理论

4R 理论是指关联（Relevancy）、反应（Respond）、关系（Relation）和回报（Return），是在 4P 理论和 4C 理论基础上的进一步创新。

（1）关联（Relevancy）

在竞争性市场中，顾客具有动态性。顾客的忠诚度是变化的，他们会转移到其他企业中。要提高顾客的忠诚度，赢得长期而稳定的市场，重要的营销策略是通过某些有效的方式在业务、需求等方面与顾客建立关联，形成一种互助、互求、互需的关系，把顾客与企业联系在一起，这样就能大大减少顾客流失的可能性。

建立关联的方式很多，企业可利用系统集成的模式为用户服务，为用户提供一体化、系统化的解决方案，建立有机联系，形成互相需求、利益共享的关系，共同发展，以提高用户关联；也可以提供符合客户特点和个性的具有特色或独特性的优质产品或服务，从而提高产品的需求关联。

（2）反应（Respond）

反应即提高市场反应速度。在今天的相互影响的市场中，对企业来说最现实的问题不在于如何控制、制订和实施计划，而在于如何站在顾客的角度及时地倾听顾客的希望、渴望和需求，并及时答复和迅速做出反应，满足顾客的需求。

（3）关系（Relation）

关系营销对于企业来说越来越重要。在企业与客户的关系发生了本质性变化的市场营销环境中，抢占市场的关键已经转变为与顾客建立长期而稳固的关系，从交易变成信任，从管理营销组合变成管理和顾客的互动关系。

（4）回报（Return）

回报是营销的动力源泉。对企业来说，市场营销的真正价值在于其为企业带来短期或长期的收入和利润的能力。一方面，追求回报是营销发展的动力；另一方面，回报是维持市场关系的必要条件。企业要满足客户需求，为客户提供价值。营销的目标必须注重产出，注重企业在营销活动中的回报，一切营销活动都必须以为顾客及股东创造价值为目的。

随着社会的发展，企业传统的营销观念正在注入新的内涵。企业应当如何看待市场，看待消费者的问题，使企业认识到只有以顾客需要为中心，千方百计满足顾客的需要，企业才能生存和发展。“顾客就是上帝”，道理人人皆知，但如何服务“上帝”、方便“上帝”，这里大有学问。有人说 21 世纪是一个被称为“注意力经济”的时代，为了吸引和留住那些“善变”的眼神，厂家和商家无不费尽心思，投入大量资金，用于广告和促销，可是就像一个听众面对一万个、甚至更多的讲话者，每个讲话者都试图让听众听到自己的声音。于是，如何在巨大的噪声中脱颖而出，赢得听众的青睐就变得至关重要。这就要求我们企业决策者的思维，应更加关注网络营销组合理论，真正注重在“做市场”上。

复习思考题

1. 什么是网络营销？
2. 如何理解网络营销的内涵？
3. 网络营销的特征有哪些？
4. 简要介绍网络营销的职能和特点。
5. 简要介绍网络营销与传统营销的区别。
6. 论述网络营销组合理论。

第 3 章　网络营销理论基础

【本章要点】

➢ 直复营销与整合营销理论

➢ 定制营销与软营销理论

➢ 关系营销理论

➢ 数据库营销理论

网络营销是营销实践与现代信息技术相结合的产物。随着市场环境的变化，企业想要在竞争中取得优势，必须采用先进的营销方式。网络营销活动的开展，基于一定的理论做指导。网络营销的运作规律不同于传统市场营销理论，营销和管理方式都发生了很大的变化。在网络环境下，网络营销活动有其特有的规律性，本章将从理论方面进行阐述。

3.1　基本的网络营销观

网络营销是伴随着以互联网为核心的现代信息技术的革命而逐渐兴起的，但它并不是互联网与现代市场营销理论的简单相加。网络营销依赖于信息经济，它是个人和组织通过创造和交换有价值的产品，以满足其需求和欲望的社会活动和管理过程；它贯穿于企业经营的整个过程，包括市场调查、客户分析、产品开发、生产流程、销售策略、售后服务、反馈改进等各个环节。

3.1.1　网络营销的内涵

对于网络营销这一概念，我们可以分 3 个层次来理解它的基本观念。

首先，它是一种新型市场营销理念，其核心是在现代信息技术飞速发展的经济环境下，通过价值链的整合再造，来增强企业的核心竞争能力，并提升整个价值链的价值。网络营销观念是数字化企业在信息化的全球经济条件下开展市场营销活动的指导思想。企业经营理念的形成总是基于一定的社会环境（包括经济基础、政治背景、法律制度、技术条件、文化环境等）。在过去的几十年里，现代信息和通信技术的突飞猛进，不断地改变着人类社会的方方面面。在新的信息化全球化经济条件下，企业要实现地域性与国际化和谐统一的全方位营销，必须调整思路，树立网络营销观念，并且把这一理念贯穿到企业的业务流程中，贯穿到企业从上至下所有员工的思想中，贯穿到与外部合作伙伴的合作历程中，并且能够落实到每个岗位、每个环节的具体工作中。离开网络营销理念在企业中的深入贯彻和具体落实，再好的技术、再好的硬件环境都是难以奏效的。

其次，这是一种市场营销战略。即在新的环境中，以网络营销理念作为指导的企业营销模式，涉及企业营销活动的各个方面，如与其他企业的合作，对顾客的服务，怎样整合各种资源使之与企业的外部环境相适应等。

最后，这是一种具体解决方案，包括网络营销战术和策略，技术则是具体解决方案的实施手段。作为一种新型的营销方式，网络营销的内容非常丰富。一方面，企业要针对信息时代的全球市场，及时了解和把握消费者特征和行为模式的变化，为企业网络营销活动的开展提供详尽的数据分析和可靠的资料依据；另一方面，企业必须改变一些传统的营销手段，充分利用现代信息技术进步带来的新型营销工具，提高营销效率。

3.1.2　网络营销的价值链观

Michael Porter 在其《竞争优势》一书中提出了“价值链”的概念，认为竞争优势来源于企业在设计、生产、营销、配送等过程及辅助过程中所进行的一系列活动。市场营销的核心即价值的创造和提供，通过尽可能地排除、减少障碍，以更好地实现企业与消费者之间的交换。企业的市场营销活动贯穿产品或服务设计、生产、销售和消费实现的全过程。在这个过程中，存在着种种时间、空间、意识或技术上的障碍，而企业的市场营销活动，则可以在一定程度上消除这些障碍，通过满足顾客需要，实现企业自身的赢利目标。例如，充分的市场调查，可以帮助企业更好地了解市场需求，开发满足顾客需求的产品，设计有效的营销方案；通过市场研究，企业可以随时把握市场竞争态势，不断改进经营管理，实现竞争优势，增加企业收益；而广告这一促销手段，则是为了传播产品和服务信息，以吸引潜在顾客的注意力，推介产品和服务，促成和引导交易的实现。

然而，由于生产者和消费者现实中的分离，价值链往往在某些环节出现重复或脱节，一方面带来了更高的“总体占用成本”；另一方面，由于对消费者需求没有很好地满足而导致顾客的不满。这样的价值链在市场竞争中必然处于劣势地位。而经过纵向整合的价值链，对最终消费者来说就相当于一个整体商品。但是从企业到大众需求，原则上可以有无数条纵向整合的道路，通过哪一条路径建构价值链，这就是企业的工作，企业必须了解潜在的大众需求以及满足这一需求的各种可能的价值整合中潜在利润率最高的那些价值链。

网络营销的核心即在于价值链的整合再造，以高效率的价值链满足消费者的需求。现代信息和通信技术提供了企业与消费者交互的物质技术基础，并以其即时性、双向互动性、信息共享性、时空限制消失性为依托，使顾客参与到生产、营销全过程成为可能。一方面，消费者拥有比过去更大的选择自由，他们可以进入自己感兴趣的企业网址或虚拟商店，获取更多的相关信息，可以根据自己的个性特点和需求在全球范围内寻找商品，而不受地域限制，消费更具个性，可以对产品从设计、生产、定价到服务等一系列问题发表意见，甚至是决定产品的提供；另一方面，通过与消费者的信息交流和反馈，企业可以迅速把握市场需求和发展方向，按照消费者要求定制产品，进而实现规模化营销向个性化营销的转变，并通过供应链管理、企业资源整合等实现价值链的一体化集成，极大地提高营销效率，增加消费者的满意度。所以，从根本上讲，企业开展网络营销就是利用现代信息和通信技术，创建一条畅通于顾客、企业内部、供应商及其他成员之间的价值链，并通过高效率的管理、增值和应用，以最快的速度、最低的成本响应市场，最大程度地满足顾客需求，不断提高和巩固企业的竞争优势。

3.2 直复营销与整合营销理论

3.2.1 直复营销

1. 直复营销的产生

随着现代经济的发展，传统的营销方式越来越不能满足市场的需要，其中最重要的一点体现在营销渠道的不足。传统的营销渠道绝大多数是一层以上的多层渠道，一般都通过零售商把商品售给顾客，而零售商又通过零售商店来销售其商品。这种零售方式叫做“店铺零售”。一般而言，店铺零售是属于比较被动的销售方式，零售商将货品陈设在各类的零售商店、商场内，然后用各种各类的广告、奖品和其他吸引人的装潢、音乐、店员的微笑等促销手段招揽顾客、销售商品。然而，店铺零售在今天遭遇到多方面的问题。从供应商的角度看，由于市场竞争日益激烈，传统的多层营销渠道的多重中间利润使得制造商无法和别人竞争；加上店铺租金，店员薪水和广告的种种支出，使资金的使用受到种种限制，限制了商人所能提供的商品数量和种类以及品质。从消费者的方面看，传统的方式也有很多的问题。

① 商品销售渠道拥挤。对新的销售渠道提出需求，由于商品的品种种类和品质的增多，而销售渠道却没有相应的增加，导致多个销售商去争夺一个销售渠道，令商品的生命周期缩短，而新的销售的需求增加。

② 职业女性的出现。对购物的便利性、舒适和自由性提出了高的要求，随着时代的发展，妇女也参加到劳动的行列，使适合的生活形态也在发生变化，在紧张忙碌的工作之后，对休闲生活的需求增加，导致购物要求也发生改变。

③ 个性化要求商品数量少。由于时代的变迁，个人要求的个性化越来越成为时尚的标志，个人的修养，个人的品位……而传统的营销方式却无法满足人们的需求。在这种情况下直复营销产生。

直复营销起源于美国。1872 年，蒙哥马利·华尔德创办了美国第一家邮购商店，标志着一种全新的营销方式的产生，但直至 20 世纪 80 年代以前，直复营销并不为人重视，甚至被看成是一种不正当的营销方式。进入 20 世纪 80 年代后，直复营销得到了飞速地发展，其独有的优势也日益被企业和消费者所了解。

2. 直复营销的定义

人们对直复营销定义的理解差别很大，主要有以下几种观点。

① 定义一：美国的德瑞东·伯德（Drayton Bird），他在《直复营销概论》一书中认为：“直复营销是指将您的目标对象及现有客户当成独立个人的条件下，任何能创造并开拓你们之间直接关系的广告活动。”

② 定义二：直复营销是指营销者运用一定的信息传递工具使顾客或潜在顾客了解产品和服务，发生订货行为，再通过恰当的方式将产品或服务送达顾客手中，收取款项的营销行为和系统。

③ 定义三：美国直复营销协会（ADMA）认为：“直复市场营销是一个与市场营销相互作用的系统，它利用一种或多种广告媒体，对各个地区的交易及可衡量的反映施加影响。”

人们广泛接受的是 ADMA 的定义，这个定义含有 4 个重要的因素。

① 直复营销是一个相互作用的体系（即双向信息交流，顾客——营销员）。

② 直复营销活动为每个目标顾客提供直接向营销人员反应的机会。

③ 在营销过程中，可以在任何时间、任何地点进行双向信息交流。

④ 直复营销最好的特点就是效果可以测定。

3. 直复营销的主要类型

（1）直接邮购营销

直接邮购营销是指经营者自身或委托广告公司制作宣传信函，分发给目标顾客，引起顾客对商品的兴趣，再通过信函或其他媒体进行订货和发货，最终完成销售行为的营销过程。这是最古老的直复营销形式，也是当今应用最广泛的形式。如早在 1982 年，美国的邮购总额已达 400 多亿美元，占整个零售总额的 8%。

（2）目录营销

目录营销是指经营者编制商品目录，并通过一定的途径分发到顾客手中，由此接受订货并发货的销售行为。目录营销实际上是从邮购营销演化而来的，两者的最大区别就在于目录营销适用于经营一条或多条完整产品线的企业。

目录营销的优点在于：内容含量大，信息丰富完整；图文并茂，易于吸引顾客；便于顾客作为资料长期保存，反复使用。

其不足之处在于：设计与制作的成本费用高昂；只能具有平面效果，视觉刺激较为平淡。

（3）电话营销

电话营销是指经营者通过电话向顾客提供商品与服务信息，顾客再借助电话提出交易要求的营销行为。

电话营销的优势在于：能与顾客直接沟通，可及时收集反馈意见并回答提问；可随时掌握顾客态度，使更多的潜在顾客转化为现实顾客。

电话营销的劣势也相当明显：营销范围受到限制，在电话普及率低的地区难以开展；因干扰顾客的工作和休息所导致的负效应较大；由于顾客既看不到实物，也读不到说明文字，易使顾客产生不信任感等。

（4）电视营销

电视营销是指营销者购买一定时段的电视时间，播放某些产品的录像，介绍功能，告示价格，从而使顾客产生购买意向并最终达成交易的行为。其实质是电视广告的延伸。

电视营销的优点是：通过画面与声音的结合，使商品由静态转为动态，直观效果强烈；通过商品演示，使顾客注意力集中，接受信息的人数相对较多。

电视营销的缺点是制作成本高，播放费用昂贵；顾客很难将它与一般的电视广告相区分；播放时间和次数有限，稍纵即逝。

为了克服上述弊端，有些经营者创造了一种新的电视营销方式——家庭购物频道（Home Shopping Channels）。这种营销方式在 1986 年的美国，其营业额为 4.5 亿美元，而到 2008 年则增至 700 多亿美元。

（5）网络营销

网络营销是指营销者借助计算机、互联网网络、通信和数字交互式媒体而进行的营销活动。它主要是随着信息技术、通信技术、电子交易与支付手段的发展而产生的，特别是国际互联网的出现，为它的发展提供了更广阔的空间。

4. 网络直复营销

网络营销是一种直复营销。直复营销中的“直”（“直接”的缩写）是指不通过中间分销渠道而直接通过媒体连接企业和消费者，网络上销售产品时顾客可通过网络直接向企业下订单付款；直复营销中的“复”（“回复”的缩写）是指企业与顾客之间的交互，顾客对这种营销努力有一个明确的回复（买还是不买），企业可以及时统计到这些明确回复的数据，由此可对以往的营销努力做出评价。

消费者个性消费的复归与网络个性化营销方式的结合宣告了定制化时代的来临。你完全可以坐在家里，选购符合你个性的“爱车”，而且汽车的颜色、内饰、音响等，你都可以足不出户就做出选择。同时，企业还渴望顾客对营销信息做出反馈，与他们建立个人联系，而网络直复营销使企业的渴望成为现实。与个体消费者的直接接触可以使企业更清楚地了解到不同消费个体的消费偏好，从而以更加细腻的、更加周全的方式为顾客提供更完美的服务和满足。

3. 2. 2 整合营销

整合营销是兴起于美国的一种实战性比较强的可操作性的营销理论。其核心理念是：建立品牌定位，然后根据定位设计战略，使用资源，使企业各部门协调一致合作完成不同的营销功能。

1. 整合营销的定义

整合营销就是为了建立、维护和传播品牌，以及加强客户关系，而对品牌进行计划、实施和监督的一系列营销工作。整合就是把各个独立地营销综合成一个整体，以产生协同效应。这些独立的营销工作包括广告、直接营销、销售促进、人员推销、包装、事件、赞助和客户服务等。

2. 整合营销的特征

① 在整合营销传播中，消费者处于核心地位。

② 对消费者深刻全面地了解，是以建立资料库为基础的。

③ 整合营销传播的核心工作是培养真正的“消费者价值”观，与那些最有价值的消费者保持长期的紧密联系。

④ 以本质上一致的信息为支撑点进行传播。企业不管利用什么媒体，其产品或服务的信息一定得清楚一致。

⑤ 以各种传播媒介的整合运用作为手段进行传播。凡是能够将品牌、产品类别和任何与市场相关的信息传递给消费者或潜在消费者的过程与经验，均被视为可以利用的传播媒介。

3. 网络整合营销

传统营销管理的经济学理论基础是厂商理论，即企业利润最大化，其营销决策过程是市场调研→营销战略→营销策略→反向营销控制这样一个单向的链，消费者的需求被忽略了；而网络的发展不仅使得整合营销成为可行，而且能充分发挥整合营销的优势，使消费者在整个营销过程中的地位得到大大地提高。

网络整合营销是把营销战略与互联网技术结合起来的一种结构性方法。在网络环境下，基于现代信息和通信技术的应用体系结构，企业可以无缝地集成客户关系管理、企业资源规划管理、供应链管理和企业商业智能，高效率地组织、实施、评价和控制企业的各种营销活动，实现整合营销。它指导网络营销对营销策略的研究更加注重互动性和整合性，既要体现消费者参与营销的思想，又要把各类互联网技术与新的营销变量结合起来，达到与广泛利益相关者进行沟通的目的。

网络互动的特性使顾客真正参与到整个营销过程中来，顾客参与和选择的主动性都得到增强，在满足个性化消费需求的驱动下，企业必须严格地执行以消费者需求为出发点、以满足消费者需求为归宿点的现代市场营销思想，否则顾客就会选择其他企业的产品。在整个营销过程中不断地与顾客交互，每一个营销决策都要从消费者出发，而不像传统营销理论那样主要从企业自身的角度出发。这样，网络营销首先要求把顾客整合到整个营销过程中来，从他们的需求出发开始整个营销过程。它的理论模式是营销过程的起点也是消费者的需求；营销决策 4P 是在满足 4C 要求前提下的企业利润最大化，最终实现的是消费者需求的满足和企业利润最大化。而由于消费者个性化需求得到良好满足，该企业的产品、服务形成良好的印象，在他第二次需求该种产品时，会对该公司的产品、服务产生偏好，他会首先选择该公司的产品和服务。随着第二轮的交互，产品和服务可能更好地满足他的需求，如此循环往复，企业和顾客之间的关系就变得非常紧密，形成“一对一”的营销关系。

（1）网络营销中顾客概念的整合

传统的市场营销学中的顾客是指与产品购买和消费直接有关的个人或组织（如产品购买者中间商、政府机构等）。在网络营销中这种顾客仍然是企业最重要的顾客。

网络营销所面对的顾客与传统营销所面对的顾客并没有什么太大的不同。企业开展网络营销应进行全方位的战略性的市场细分和目标定位。

网络社会的最大特点就是信息爆炸。在互联网上面对全球数以百万个站点，每一个网上消费者只能根据自己的兴趣浏览其中的少数站点，而应用搜索引擎可以大大节省消费者的时间和精力，因此，自第一批搜索引擎投入商业运行以来网络用户急剧上升。面对这种趋势，从事网络营销的企业必须改变原有的顾客概念，应该将搜索引擎当作企业的特殊顾客，因为搜索引擎不是网上直接消费者，但却是网上信息最直接的受众，它的选择结果直接决定了网上顾客接受的范围。以网络为媒体的商品信息，只有在被搜索引擎选中的情况下才有可能传递给网上的顾客。既然搜索引擎成为企业从事网络营销的特殊顾客，企业在设计广告或发布网上信息时，不仅要研究网上顾客及其行为规律，也要研究计算机行为，掌握各类引擎的探索规律。

（2）网络营销中产品概念的整合

市场营销学中将产品解释为能够满足某种需求的东西，并认为完整的产品是由核心产品、形式产品和附加产品构成，即整体的产品概念。网络营销一方面继承了上述整体产品的概念；另一方面比以前任何时候更加注重和依赖于信息对消费者行为的引导，因而将产品的定义扩大了，即产品是提供到市场上引起注意、需要和消费的东西。

网络营销主张以更加细腻的、更加周全的方式为顾客提供更完美的服务和满足。因此，网络营销在扩大产品定义的同时，还进一步细化了整体产品的构成。它用 5 个层次来描述整体产品的构成：核心产品、一般产品、期望产品，扩大产品和潜在产品。在这里，核心产品与原来的意义相同。扩大产品与原来的附加产品相同，但还包括区别于其他竞争产品的附加利益和服务。一般产品和期望产品由原来的形式产品细化而来。一般产品指同种产品通常具备的具体形式和特征。期望产品是指符合目标顾客一定期望和偏好的某些特征和属性。潜在产品是指顾客购买产品后可能享受到的超乎顾客现有期望、具有崭新的价值利益或服务，顾客在购买时没有意识到，但在购买后的使用过程中，顾客会发现这些利益和服务中总会有一些内容对顾客有较大的吸引力，从而有选择地去享受其中的利益或服务。可见潜在产品是一种完全意义上的服务创新。

（3）网络营销中营销组合概念的整合

网络营销过程中营销组合概念因产品性质不同而不同。对于知识产品，企业直接在网上完成其经营销售过程。在这种情况下，市场营销组合发生了很大的变化。

第一，传统营销组合的4P中的3个——产品、渠道、促销，由于摆脱了对传统物质载体的依赖，已经完全电子化和非物质化了。因此，就知识产品而言，网络营销中的产品、渠道和促销本身纯粹就是电子化的信息，它们之间的分界线已变得相当模糊，以至于三者不可分。

第二，价格不再以生产成本为基础，而是以顾客意识到的产品价值来计算。

第三，顾客对产品的选择和对价值的估计很大程度上受网上促销的影响，因而网上促销的作用倍受重视。

第四，由于网上顾客普遍具有高知识、高素质、高收入等特点。因此，网上促销的知识信息含量比传统促销大大提高。

对于有形产品和某些服务，虽然不能以电子化方式传递，但企业在营销时可利用互联网完成信息流和商流。在这种情况下，传统的营销组合没有发生变化，价格则由生产成本和顾客的感受价值共同决定。促销及渠道中的信息流和商流则是由可控制的网上信息代替，渠道中的物流则可实现速度、流程和成本最优化。因为网上简便而迅速的信息流和商流使中间商在数量上最大限度地减少甚至成为多余的。

综合以上两种典型的情况，在网络营销中，市场营销组合本质上是无形的，是知识和信息的特定组合，是人力资源和信息技术综合的结果。在网络市场中，企业通过网络市场营销组合，向消费者提供良好的产品和企业形象，获得满意的回报和产生良好的企业影响。

（4）网络营销对企业组织的整合

网络营销带动了企业理念的发展，也相继带动了企业内部网的发展，形成了企业内外部沟通与经营管理均离不开网络作为主要渠道和信息源的局面。销售部门人员的减少，销售组织层级的减少和扁平化，经销代理与门市分店数量的减少，渠道的缩短，虚拟经销商、虚拟门市、虚拟部门等内外组织的盛行，都成为促使企业对于组织进行再造工程的迫切需要。

在企业组织再造过程中，在销售部门和管理部门中将衍生出一个负责网络营销和公司其他部门协调的网络营销管理部门。它区别于传统的营销管理，主要负责解决网上疑问，解答新产品开发以及网上顾客服务等事宜。同时，企业内部网的兴起，将改变企业内部运作方式以及员工的素质。在网络营销时代到来之际，形成与之相适应的企业组织形态显得十分重要。

网络营销的产生和发展，使营销本身及其环境发生了根本的变革，以互联网为核心支撑的网络营销正在发展成为现代市场营销的主流。长期从事传统营销的各类企业，必须处理好网络营销与传统营销的整合。只有这样，企业才能真正掌握网络营销的真谛，才能利用网络营销为企业赢得竞争优势，扩大市场，取得利润。

3.3　定制营销与软营销理论

3.3.1　定制营销

1. 定制营销的产生

定制方式在早期市场上已存在，如我们熟悉的裁缝量体裁衣、鞋匠量脚制鞋、银匠为人们定做首饰等。现代的定制营销，是市场经济发展的需要。

一方面，随着市场竞争日益激烈、科学技术和信息的迅速发展，企业的经营环境发生了很大的变化：市场饱和、产品生命周期缩短、价格竞争的加剧、流通渠道的重组。20 世纪 50 年代后期，资本主义经济高度发展，社会生产力迅速提高，发达国家已逐步实现了经济的高度社会化、市场化、现代化和科技化，商品极大丰富与高质量化促使买方市场的形成，促进了定制营销的产生。

另一方面，消费者需求的个性化为定制营销提供了广阔的市场。随着人们收入水平的提高，购买力增强，消费者的购买观念发生了很大的变化，由低层次向高层次发展，不仅仅追求物质上的享受，还追求精神上的享受。消费需求呈现差异化、层次化、人文化和复杂化的发展趋势。在传统的营销方式下，虽然企业根据消费者的需求把整体市场划分为几个具有相似需求特点的细分市场，针对各消费群提供不同的产品，但每个消费者都有自己的个性需求，企业不能满足单个消费者的特殊需求，不能更好地满足消费者。现在，消费越来越从共性消费向个性消费发展。

消费者会根据自己的年龄、职业、爱好、个性、经济水平、生活方式、身份等个人特征选择适合自己的产品。产品的差异化优势越来越不明显，同质性日益增强，企业之间的竞争越来越激烈，为了更好地满足消费者，增强消费者的忠诚度，企业只有变被动为主动，进行定制营销。定制营销就应运而生了。

尤其是网络技术和电子商务的快速发展和普及，为企业进行定制营销提供了一个广阔的发展天地。利用网络的实时性、互动性、快速响应和方便性等优势，企业和消费者之间可以展开互动。消费者在网上提出自己对产品或服务的定制要求，企业组织生产，为消费者提供个性化产品或服务；企业与消费者按照定制价格进行交易；企业利用网络进行供应链优化管理，网上直接销售产品；利用企业的网站、网页、电子邮件、新闻组、论坛与布告栏、顾客数据库等与消费者进行沟通。同时，企业可以利用网络技术建立顾客数据库，准确把握与预测顾客需求，为顾客提供定制产品和服务。

2. 定制营销的定义

所谓定制营销，是指企业在大规模生产的基础上，将每一位顾客都视为一个单独的细分市场，根据个人的特定需求来进行市场营销组合，以满足每位顾客的特定需求。它是制造业、信息业迅速发展所带来的新的市场营销机会。

3. 定制营销的特征

一般来说，定制营销应该包括以下 4 个方面的特征。

① 营销活动建立在买卖双方协同一致的基础上。

传统营销模式下，企业与顾客的沟通是单向的，企业不能很好把握顾客需求，顾客也不能获得全面的企业信息，定制营销强调与顾客的沟通，这种沟通不是单向的，而是以“双向信息交流”的方式进行的。通过双向沟通以及信息反馈机制可以使企业获得通过传统的营销调研活动所无法获取的信息。这样就克服了传统市场营销的“单向信息交流”方式中营销者与顾客之间无法沟通的致命劣势，在企业与顾客之间形成互动。

② 生产的着眼点是使产品能够体现顾客的意愿，满足顾客个性化需求。与客户维持稳固的关系，建立学习型关系是开展定制营销的必要条件之一。企业的产品应该能够体现顾客的意志，为客户提供量身定做的商品或服务以满足他们的需求，企业不能奢望一开始就要求顾客提供所有的信息，学习型的关系的建立是需要一段时间的，特别是在这个市场与消费者技术快速变迁的时代。同时，企业通过所收集到的资料，让客户从中获得一些利益，即让客户觉得他们所提供的信息与他们所获得的回报是等值的，这样才能巩固和维系企业与客户之间的关系，并使企业获得长远利益。

③ 定制生产以标准化为基础。

产品结构模块化、核心产品标准化是定制营销活动的决定因素。定制营销要实现企业成本节省与顾客个性化需求满足的最佳状态，只有依靠产品结构的模块化、核心产品标准化，进行柔性生产，这样，企业可以按照顾客的要求为顾客灵活提供不同配置的产品，降低自身成本。

④ 定制生产以大规模生产为基础。

定制化必然会带来企业成本的提高，包括信息费用、生产费用。要减少这些成本，开展定制的企业必须将生产建立在大规模的基础之上，即把一系列具备高度特殊性的产品分解为可预先独立存在的模块。通过对不同模块的组合，从而为客户提供量身定做的商品或服务，以满足他们个性化的需求。由此可见，定制营销并非适合于每一种产品或服务，企业必须根据产品特性等来选择自己的营销方式。

4. 定制营销的类型

定制营销的适合范围十分广泛，不仅可以用于汽车、服装、自行车等有形产品，也可以用于无形产品的定制，如金融咨询、送货服务等。根据顾客的参与程度和产品的复杂程度，可以将定制营销分为以下 4 种类型。

（1）合作型定制营销

当产品的结构比较复杂，可供选择的零部件式样比较繁多时，顾客一般难以权衡，甚至有一种束手无策的感觉，他们不知道何种产品组合最适合自己的需要。例如，服装、眼镜、汽车、自行车、复印机等产品。在这种情况下可以采取“合作型定制营销”：企业与顾客进行直接沟通，帮助他们确定满足其需要的最佳产品，并以最快的速度将定制产品送到顾客手中。例如，日本松下公司下属自行车企业就是采取合作定制营销的典型。当顾客来到松下自行车商店时，他们并不知道什么样的自行车最适合自己。而自行车各个部件的规格品种很多，车座、轮胎、钢圈、踏板、龙头等每个部件均有十几种选择。这时，销售人员先在特制的可调节车架上测试顾客对每个部位的具体要求；然后将各种数据输入计算机，3 分钟内便将自行车的蓝图描绘出来；顾客根据自己的偏好进行调整组合，直到看见自己最中意的为止。这时，商店将数据传真到工厂，立即投入生产。两星期后，顾客便可以骑上体现自己风格的定制自行车。

服务业中运用定型合作制营销的现象也非常普遍。例如，银行可以设置专门的咨询服务台。当顾客前来储蓄时，咨询专家可以和顾客一起讨论如何存款。专家会向顾客提出以下问题：你是否为了利息而来存款？是否用支票支付款项？是否偶尔在账户间转移资金？然后，专家根据顾客的回答共同确定存款的种类、数额、期限等。

（2）适应型定制营销

当企业的产品本身构造比较复杂，但顾客的参与程度比较低时，企业可以采取适应型定制营销。这时，顾客可以根据不同的场合、不同的需要来对产品进行调整、变换或重新组装，从而来满足自己的特定要求。例如，一家灯饰生产厂家设计了一套照明系统，其控制面板上设有许多操作电钮，上面分别标有“浪漫情调”、“欢乐气氛”、“安详悠闲”等说明。当使用者处于某一特定环境时，选择相应的电钮，灯光的颜色和强度会自动调节，来迎合特定的氛围需要。

（3）选择型定制营销

在这种定制营销中，产品对于顾客来说其用途是一致的，而且结构比较简单，但顾客的参与程度很高，从而使产品具有不同的表现形式。例如，许多文化衫、艺术品厂家在大商场设立专柜，在顾客购买产品时将其姓名、照片、各种图案、幽默短句等印在产品上，从而来突出消费者的个性。“这种人格化产品”虽然只是表面上的不一致，但对于顾客来说，仍具有很高的附加价值。另外一些厂家根据不同零售商店的经营特色来选择不同的商品包装。例如，提供给仓储商店、廉价超市的产品是大包装，而提供给精品店、专卖店的都是小包装。尽管产品是一致的，但由于包装是针对顾客的需要设计的，因而能很好地满足顾客。

（4）消极型定制营销

在这种情况下，顾客的参与程度很低，他们一般不愿意花费时间接受公司的调查，但他们的消费行为比较容易识别。这时公司要花费大量的时间，在顾客并不察觉的情况下对其进行跟踪调查，从而掌握顾客的个人偏好。例如，一些饭店在顾客第一次光顾时，便细心地进行观察，了解其对饭店各方面的态度，包括所住的楼层、房间大小、枕头高低、饮食习惯、音乐品味等；然后将这些资料输入饭店的数据库。当顾客再次光顾时，饭店便事先为他设计好这一系列服务项目。这就形成了一个良性循环：顾客光顾次数越多，饭店对顾客的了解越多，提供的服务越迎合顾客的口味，而顾客对饭店的忠诚度也越高。

5．定制营销的优势和局限性

（1）定制营销的优势

① 有利于提高企业的竞争力

首先，现代定制营销根据顾客需求来激发最终产品供给，降低了库存，创造了速度优势。现代定制营销是以需定产，根据顾客需求激发最终产品供给，制造部门避免了盲目生产，只要企业根据顾客的需求设计和生产出品质可靠、价格合理的产品，就不会出现积压和滞销，从而降低了库存，甚至实现零库存，降低了企业的经营风险。由于企业能够快速提供顾客需要的产品，从而使生产和销售等环节衔接紧密，节约了时间，从而创造了速度优势；其次，定制化使很多顾客参与到产品的设计中，可以加强企业与顾客的沟通，实现企业与顾客间的零距离，使企业更好、更全面地了解和掌握顾客的个性化需求，设计和生产出符合他们需要的产品，增强了企业进行产品创新的优势。同时，通过参与，让消费者意识到企业的人性化，建立起和企业间的良好合作关系。最后，顾客参与到产品设计中，也减少了企业的保证成本、产品可靠性成本，避免了产品过时和被淘汰的风险，减少了购买的知觉风险，进而减少了产品的成本。例如，一些实行定制化的企业开发出一种使顾客自行设计产品的互动在线系统，顾客可以从一系列的性能、价格、款式、送货方式及支付方式中选择符合自己需要的产品，企业根据顾客的选择向供货商的制造系统发出指令，制造系统开始按步骤有序地完成采购、装配和送货的过程。在这个过程中，企业利用网络技术和电子商务技术平台，为顾客了提供了一体化、互动式的高效服务，同时大大降低了产品成本。

② 有助于极大地提高顾客满意度和忠诚度

传统营销方式下、企业通过市场调研来了解顾客需求，然后开发出顾客需要的产品，再将产品提供给目标顾客。这种方式仅仅基本满足了顾客的需求，不能满足单个顾客日益个性化的需求。而定制营销将每一个消费者视为一个潜在的市场，针对其个性化需求，为其提供量身定做的产品和服务，定制的产品更好地满足了顾客的需求，对顾客来说价值更高，物超所值，使顾客需求得到了极大的满足，提高了顾客满意度，甚至大部分顾客对企业的忠诚度大大提高了。因此，从长远来看，定制营销可以为企业带来价值的巨大增加。企业应该把定制营销作为一项长期性投资。

③ 有利于节约社会资源

大规模的定制营销，是根据顾客的实际订单来组织生产的，有效避免了厂家的盲目生产，真正实现了以需定产，可以有效避免大规模生产带来的产品滞销、积压而导致的资源的闲置和浪费，大大节约了社会资源。

（2）定制营销的局限性

企业实施定制营销，必然会更好地满足顾客需求，提高顾客的满意度和忠诚度，提高自身的市场竞争力。但是，企业面对的是一个长远的一对一营销之路，实施一对一营销也不可避免地存在一些障碍，只有跨越这些障碍，企业才能从中获得真正的利益。最主要的障碍来自以下 3 个方面。

① 成本增加

与传统的营销方式相比，由于定制营销将每一位顾客视作一个单独的细分市场，这固然可使每一个顾客按其不同的需求和特征得到有区别的对待，使企业更好地服务于顾客。但另一方面也将导致市场营销工作的复杂化，经营成本的增加以及整个企业运作流程发生巨大变化，带来了经营风险。定制营销把每个顾客作为一个单独的细分市场，是为每一个人提供个性化的产品，而不是为一群人提供相同的产品，这必定会增加一些成本。个性化的产品服务往往价格比较贵，仅提供给有购买力且愿意出钱购买这类具有额外价值服务的消费者。一些企业甚至深深认为，增加成本以提供消费者个性化的营销或服务手法并无法为企业所付出的成本提供预期等值的报酬。定制化程度的适当把握是大规模定制成败的关键之一。定制化程度应该结合企业实际情况和顾客个性化要求。但在实际操作中，有些企业一味地追求市场占有率，盲目地接受过度定制化的订单，达到取悦和争夺顾客的效果。这样，会导致企业成本的增加，利润下降，甚至会引起企业战略失败。

② 科技普及率低

尽管目前信息科技发展迅速，很多企业也把科技应用到企业中，但是，一些科技应用成本很高，而且这些科技在企业应用之前，需要经过长时间的修改与完善，才能完全适用到企业当中。例如，近年来人工智能、智能媒介、个性化科技、数据挖掘、协助过滤，以及科幻传真音效等科技在科技相关杂志甚至在一般杂志上的讨论处处可见。同时，越来越多的企业也将这些科技应用到 CRM 客户关系管理的架构上。但是，它们的应用成本很高，而且需要经过长时间修改与完善，才能被企业所适用，所以，在目前的阶段应用的普及率仍很低。因此，企业信息与数据库的整合科技仍有待进一步发展。

③ 涉及顾客隐私

“一对一营销”要求建立顾客数据库，而顾客数据库中包含了每个客户的消费习惯、收入、家庭关系、偏好等各种敏感信息，不可避免地要涉及个人隐私。如何保护使用者个人数据的个人隐私议题在各界引起激烈的讨论。为了让使用者以及营销人员都能从一对一网络营销上获益，营销人员必须采用一定的方法和手段保护使用者的隐私，让使用者对于他们的个人数据有自主控制权，同时各个企业必须做到自律，以避免政府为解决问题而介入。这样，才能使问题得到较好解决。

3.3.2　软营销

1. 软营销的定义

软营销理论是针对工业经济时代的以大规模生产为主要特征的“强势营销”提出的新理论，它强调企业进行市场营销活动的同时必须尊重消费者的感受和体验，让消费者能舒服地主动接收企业的营销活动。

2. 网络软营销

个性化消费需求的回归使消费者在心理上要求自己成为主动方，而网络的互动特性又使他成为主动方真正成为可能。网络软营销恰好是从消费者的体验和需求出发，采取拉式策略吸引消费者关注企业来达到营销效果。网络软营销就是在遵循网络礼仪规则的基础上巧妙运用达到一种良好的营销效果。

传统营销活动中，消费者常常是被迫地、被动地接收广告信息的“轰炸”，至于消费者是否愿意接收需要不需要则不考虑；在互联网上，由于信息交流是自由、平等、开放和交互，强调的是相互尊重和沟通，网上使用者比较注重个人体验和隐私保护。因此，企业采用传统的强势营销手段在互联网上展开营销活动势必适得其反，如美国著名 AOL 公司曾经对其用户强行发送 E-mail 广告，结果招致用户的一致反对，许多用户约定同时给 AOL 公司服务器发送 E-mail 进行报复，结果使得 AOL 的 E-mail 邮件服务器处于瘫痪状态，最后不得不道歉平息众怒。

但传统的强势营销和软营销并不是完全对立的，两者的巧妙结合往往会收到意想不到的效果。这里有一个经典的案例：原以亚洲地区为主要业务重心的国泰航空公司，为了扩展美国飞往亚洲的市场，拟举办一个大型抽奖活动，并在各大报纸上刊登了一个“赠送百万里行”抽奖的广告。与众不同的是，这个广告除了几个斗大的字“奖 100 万里”及公司网址外没有任何关于抽奖办法的说明，要了解抽奖办法的消费者只有登录公司网站。结果是众多的消费者主动登录企业网站以获得相关的活动信息，这样就为企业下一步运作网络营销奠定了基础。因此，与传统的做法相比，这种整合的运作方式，在时效上、效果上都强化了许多，同时也会更经济。另外，从长远的角度来看，通过这种方式该公司一方面提高了公司网站的知名度和消费者登录公司网站的积极性；另一方面收集到为数众多的 E-mail 地址和顾客信息，这为公司开拓市场提供了绝佳的资源。

3.4　关系营销

越来越多的企业意识到，寻求与客户建立和维系一种长期的战略伙伴关系是使交易双方企业获得“双赢”的最大保障。因此在此基础上，关系营销应运而生。关系营销是美国营销学者巴巴拉·杰克逊于1985年首先提出的，菲利普·科特勒在其《营销管理》第六版也有论述，从20世纪80年代起迅速风靡全世界。它是现代西方营销理论与实践在传统的“交易型营销”基础上的一个发展和进步。

3.4.1 关系营销的定义

所谓关系营销，是把营销活动看成是一个企业与消费者、供应商、分销商、竞争者、政府机构及其他公众发生互动作用的过程，其核心是通过借助互联网的交互功能吸引用户与企业保持密切关系，培养顾客忠诚度，巩固和扩大顾客网络。

关系营销是1990年来受到重视的营销理论，它主要包括两个基本点。

首先，在宏观上认识到市场营销会对范围很广的一系列领域产生影响，包括顾客市场、

劳动力市场、供应市场、内部市场、相关者市场以及影响者市场（政府、金融市场）；其次，在微观上认识到企业与顾客的关系不断变化，市场营销的核心应从过去的简单一次性的交易关系转变到注重保持长期的关系上来。企业是社会经济大系统中的一个子系统，企业的营销目标要受到众多外在因素的影响，企业的营销活动是一个与消费者、竞争者、供应商、分销商、政府机构和社会组织发生相互作用的过程，正确理解这些个人与组织的关系是企业营销的核心，也是企业成败的关键。

关系营销的核心是保持顾客，为顾客提供高度满意的产品和服务价值，通过加强与顾客的联系，提供有效的顾客服务，保持与顾客的长期关系。并在与顾客保持长期的关系的基础上开展营销活动，实现企业的营销目标。实施关系营销并不是以损伤企业利益为代价的，根据研究，争取一个新顾客的营销费用是保留一个老顾客费用的6倍，因此，加强与顾客关系并建立顾客的忠诚度，是可以为企业带来长远的利益的，它提倡的是企业与顾客的双赢策略。

3.4.2 关系营销的市场模型

关系营销的市场模型概括了关系营销的市场活动范围。在“关系营销”概念里，一个企业必须处理好与下面6个子市场的关系：顾客市场、供应商市场、内部市场、竞争者市场、分销商市场、相关利益者市场。

1. 顾客市场

顾客是企业存在和发展的基础，市场竞争的实质是对顾客的争夺。最新的研究表明，企业在争取新顾客的同时，还必须重视留住顾客，培育和发展顾客忠诚。通常争取一位新顾客所需花的费用往往是留住一位老顾客所花费用的6倍。企业可以通过数据库营销、发展会员关系等多种形式，更好地满足顾客需求，增加顾客信任，密切双方关系。

2. 供应商市场

任何一个企业都不可能独自解决自己生产所需的所有资源。在现实的资源交换过程中资源的构成是多方面的，至少包含了人、财、物、技术、信息等方面。与供应商的关系决定了企业所能获得的资源数量、质量及获得的速度。企业与供应商必须结成紧密的合作网络，进行必要的资源交换。另外，公司在市场上的声誉也是部分地来自与供应商所形成的关系。

3. 内部市场

内部营销起源于这样一个观念，即把员工看作是企业的内部市场。任何一家企业，要想让外部顾客满意，它首先得让内部员工满意。只有对工作满意的员工，才可能以更高的效率和效

益为外部顾客提供更加优质的服务，并最终让外部顾客感到满意。内部市场不只是企业营销部门的营销人员和直接为外部顾客提供服务的其他服务人员，它包括所有的企业员工。在为顾客创造价值的生产过程中，任何一个环节的低效率或低质量都会影响最终的顾客价值。

4. 竞争者市场

在竞争者市场上，企业营销活动的主要目的是争取与那些拥有与自己具有互补性资源竞争者的协作，实现知识的转移、资源的共享和更有效的利用。企业与竞争者结成各种形式的战略联盟，通过与竞争者进行研发、原料采购、生产、销售渠道等方面的合作，可以相互分担、降低费用和风险，增强经营能力。种种迹象表明，现代竞争已发展为“协作竞争”，在竞争中实现“双赢”的结果才是最理想的战略选择。

5. 分销商市场

在分销商市场上，零售商和批发商的支持对于产品的成功至关重要。销售渠道对现代企业来说无异于生命线，随着营销竞争的加剧，掌握了销售的通路就等于占领了市场。优秀的分销商是企业竞争优势的重要组成部分。通过与分销商的合作，利用他们的人力、物力、财力，企业可以用最小的成本实现市场的获取，完成产品的流通，并抑制竞争者产品的进入。

6. 相关利益者市场

金融机构、新闻媒体、政府、社区以及诸如消费者权益保护组织、环保组织等各种各样的社会压力团体，它们与企业都存在千丝万缕的联系，对于企业的生存和发展都会产生重要的影响。因此，企业有必要把它们作为一个市场来对待，并制定以公共关系为主要手段的营销策略。

3.4.3　关系营销的本质内涵

1. 企业与客户之间相互作用的重点从交易转向关系

传统交易营销强调创造顾客，而对保持顾客不太重视。关系营销则要求企业的重点应放在保持顾客上。因为企业的产品是销售给新顾客和老顾客两类。现在越来越多的企业已经认识到，吸引新的顾客要比维系老的顾客需要更高的成本。

交易导向的顾客观念考虑销售额价值和一次销售的毛利，一般十分重视关系方或顾客的购前和购买阶段的营销活动，而容易忽视购后阶段和顾客消费的营销工作。而招来新关系方或新顾客需花费大量人力、物力和财力，结果往往是一方面吸引了新关系方或新顾客，另一方面却又失去了老关系方或老顾客。当顾客流失时，他们不仅带走了目前交易的利润，而且也带走了所有未来的利润。此外，如果顾客因愤怒或不满而流失，他们很可能会向其他人传播企业的坏话，导致企业的潜在顾客存量减少。

关系导向的顾客观念则考虑与顾客保持长期关系所带来的收益和贡献。关系营销能够为企业带来长期财务绩效，这一不断增长的意识是关系营销发展的原动力。关系导向的顾客观念建立在两个经济学论据基础上，一是保持一个老顾客的费用远远低于争取一个新顾客的费用；二是企业与顾客的关系越持久，企业就越有利可图。

长期以来，营销界声称争取一个新顾客要比保持一个老顾客多花费 5 ~ 10 倍的费用，虽然这一系数在不同行业之间有所不同，但吸引一个新顾客所需要的费用是很大的。不仅有将一个潜在顾客成功地转化为一个现实顾客的直接费用，比如推销成本、委托成本、信用调查成本、管理成本、数据库成本等，而且还有不成功转化的相应成本。有些产业中潜在顾客向现实顾客的转化率很低，其失败的成本也必须得到弥补。而维系老顾客，保持回头客使竞争对手很难打入某一市场或增加市场份额，满意的客户还常常把新客户介绍给企业，企业几乎不需要任何成本支出，满意的客户有时可能支付额外价格。大量证据表明，顾客保持率直接关系到赢利。一般来说，企业与顾客的关系持续越长，进行大量业务往来的机会就越多，甚至一些顾客把企业作为唯一的供货渠道，这样一来，企业为这些老客户提供服务的成本相对降低，顾客所带来的企业销售额和利润上升，而且这些顾客不大可能单纯因为价格因素而动摇。

2. 质量、客户服务和市场营销是紧密联系的

关系营销的核心是把单项客户服务和整体质量举措以及市场营销战略的主流综合起来，在整个企业范围内推行。常规的做法是把客户服务和质量与市场营销分开各自单独管理。在关系营销模式中，它们交织在一起，作为一个整体进行管理。其原理是，服务和质量是建立关系的基础。把质量、客户服务和市场营销紧密联系起来，作为一个整体进行管理，运用企业原有的4P营销组合策略是不能达到这一目标要求，要想实现这一目标，必须提高营销组合的应用价值和效率，因此，除了运用企业原有4P营销组合策略外，还必须增加另外3个策略要素，即服务、人员、进程管理。

服务是关系营销的内在要求，是考虑其他要素的中心，在现代企业竞争中发挥着重要的作用，关系营销把它作为营销组合的一个重要因素，其他营销组合策略的制定都要以服务为基础；企业中的人员所扮演的角色对企业的营销任务和顾客的联系会产生重要影响，因此把人员作为营销组合的要素，无论是对与顾客经常接触的销售人员、服务人员，还是对与顾客接触不多的产品研制、开发、运输等部门的人员都应重视并进行有效地管理，这是内部营销的重要内容；进程管理是指把产品和服务转移到顾客手中的过程，包括制订任务、计划，运用方法技巧，进行具体活动等内容，把进程管理明确为独立的行动并作为营销组合的一个单独要素，有助于改进产品和服务的质量，提高整个营销组合策略的运行效率。扩大的营销组合策略为企业营销决策提供了更加科学、全面的新模式，必将对企业的营销活动产生深远的影响。

3. 关系的建立是个长期的过程

传统的交易营销倾向于把重点放在怎样使可能的客户包括个人或组织转化为客户。然而，在关系营销模式中，客户只与企业进行一次或不定期的业务往来。它的下一步涉及的对象是主顾，主顾将与企业进行多次业务往来，但它对企业不一定持肯定态度，可能对企业持中立甚至否定的态度，主顾之所以没有同其他的可提供同类产品或服务的企业进行交易是因为惰性，而不是出于对企业的忠诚，只有当企业把主顾转化为“支持者”时，关系的力量才变得明朗起来。“支持者”愿意与企业联系，甚至可以为企业做“宣传”，换一种说法，就是“支持者”会积极向别人推荐企业。客户成为企业的合作伙伴，与企业一起进一步寻找办法以便使双方在关系中最大程度上获益。企业要把客户一步一步推向阶梯的更高一级，并使其不落下来，即保持顾客。这是一个长期的过程，需要企业付出巨大的努力。

4. 关系营销的重点是有利于顾客和顾客群自始至终实现价值的最大化

关系营销强调与利益各方之间相互交流，并形成一种稳定、相互信任的关系。其目的在于企业以最小的成本实现客户价值最大化。这样必须把企业的业务过程看作是创造价值和付出成本的连贯事件。用较少的成本扩大附加价值，企业应该把营销放在整个业务流程的范围内加以考虑，这个流程的目的是创造一流的客户价值。要达到这个目的，需要把以前分散在不同业务职能部门的各个要素加以协调统一。这些要素包括研发、价值管理、内务后勤、订单的完成和客户服务。成功管理这些彼此关联的流程需要对其计划和实施采取不同的方式，有些情况需要取消某些任务，或者把它与其他任务组合或平行执行。我们把这种经过再造的工作流程的基础称为关系链。这样描述是因为它的目的很简单，即业务流程的所有目标都是为了在价值链上自始至终创造和维持互惠互利的优越关系，最终实现客户价值的增加。

这样，企业与供应商关系的稳固就同企业与客户关系的稳固同样重要。企业建立有效的关系链要重视几个合乎逻辑顺序的关键问题。

一要明确价值前提。价值最根本的一点，是客户认为自己因拥有或者消费某一产品或服务而得到的预期好处。客户价值的最好定义可以从企业供应的产品或服务对客户自己的价值链造成的影响来看，如果客户得到的产品或服务是性能改善、实际的好处比预期更多或者客户成本降低，那么从客户的角度而言显然具有增值效应。任何关系营销项目的起点都要对企业向客户交付的价值进行确定，根据客户的价值偏好差异对市场进行细分，并且要对细分的不同市场进行清晰的定义，明确具体的性质。我们把这一点称为价值前提。

二要辨别适当的客户群。因为不同的客户对客户价值的要求和认识不同，不同类型的客户给企业带来的利润显然会有差异，企业可以根据客户的终生价值以及为吸引和维持这些客户而要付出的成本比较，然后进行精心挑选和确定客户群即适当的目标客户，并集中精力为他们提供专门的“微型”的产品和服务。

三要设计价值交付体系。向客户交付价值的本身是建立关系的一个潜在的有利因素。价值交付体系应看作是客户价值链和企业自己的价值链之间形成坚实纽带的重要方式。因为许多行业的市场分割越来越细，使客户对产品和服务的形式要求更加丰富多彩，企业要想把产品和服务个性化交付的同时寻求实现价值链上的成本优化，必须具备针对单个客户或者客户群的迫切要求对产品或服务加以调整的能力，要求企业必须精心地设计价值交付体系，其价值交付体系必须要具有越来越多的灵活性，同时要求企业重新评价和极大地修正传统的制造和流通观念。

四要管理和保持客户满意度。和客户关系的稳固程度对任何业务的生存和赢利都至关重要，所以一定要定期检测交付过程的满意程度和客户对产品和服务效果的看法。从企业行为来说，企业存在怎样管理满意度交付过程的问题，传统上一贯被视作为单独的、以职能为基础的系列任务之一的体系进行管理。在关系营销模式中，建立关系被看作跨职能的过程，应该把这些以前分散的活动集中起来作为统一的体系进行管理。

3.4.4　网络关系营销的优势

互联网作为一种有效的双向沟通渠道，企业与顾客之间可以实现低费用成本的沟通和交流，它为企业与顾客建立长期关系提供有效的保障。这是因为有如下优势。

首先，利用互联网企业可以直接接收顾客的订单，顾客可以直接提出自己的个性化的需要，企业根据顾客的个性需要利用柔性化的生产技术最大限度满足顾客的需求，为顾客在消费产品和服务时创造更多的价值。企业也可以从顾客的需求中了解市场、细分市场和锁定市场，最大限度降低营销费用，提高对市场的响应速度。

其次，利用互联网企业可以更好地为顾客提供服务和与顾客保持联系。互联网的不受时间和空间限制的特性，能最大限度方便顾客与企业进行沟通，顾客可以借助互联网在最短时间内以简便方式获得企业的服务。同时，通过互联网交易，企业可以实现对整个从产品质量、服务质量到交易服务等过程的全程质量的控制。另一方面，通过互联网企业还可以实现与其相关的企业和组织建立关系，实现双赢发展。互联网作为最廉价的沟通渠道，它能以低廉成本帮助企业与企业的供应商、分销商等建立协作伙伴关系。

3.5 数据库营销

数据库营销（Database Marketing Service，DMS）是在IT、Database与互联网技术发展上逐渐兴起和成熟起来的一种市场营销推广手段，在企业市场营销行为中具备广阔的发展前景。它不仅仅是一种营销方法、工具、技术和平台，更重要的是一种企业经营理念，也改变了企业的市场营销模式与服务模式，从本质上讲是改变了企业营销的基本价值观。

3.5.1 数据库营销的定义

所谓数据库营销就是企业通过收集和积累消费者的大量信息，经过处理后预测消费者有多大可能去购买某种产品，以及利用这些信息给产品以精确定位，有针对性地制订营销信息，以达到说服消费者去购买产品的目的。

通过数据库的建立和分析，各个部门都对顾客的资料有详细全面地了解，可以给予顾客更加个性化的服务支持和营销设计，使“一对一的顾客关系管理”成为可能。数据库营销在西方发达国家的企业里已相当普及。

顾客数据库（Customer Database）是企业竞争的利器，可以帮助企业准确地分析与判断顾客，选择有效的营销策略，进而强化顾客的忠诚度。建立顾客数据库需要搜集、筛选与填写资料，同时需要学会管理和应用顾客数据库。要运用ABC分类法按照顾客价值分类，建立起顾客金字塔，即VIP顾客（A类顾客）、主要顾客（B类顾客）、普通顾客（C类顾客）和小顾客（D类顾客）。通过分类，找到最有价值的顾客，进而采取相应的服务策略。

数据库营销是为了实现接洽、交易和建立客户关系等目标而建立、维护和利用顾客数据与其他顾客资料的过程。

数据库是数据库营销的基础。数据库是与计算机相关联的一个词汇。数据库所对应的英语单词为Database，这个英语单词来自于data和base两个单词。Database在韦氏字典里被解释为通过计算机来收集的数据以便迅速寻找和查阅。两个单词合二为一，在意义上就会有很大的不同。如Database意味着对数据有较强大的管理能力。总之，数据库的概念是在计算机知识普及后被人们广泛接受的。用于管理的数据库具有数据结构化、数据共享、减少数据冗余等重要特征。

在这里数据库是指营销数据库，营销数据库最初的含义是为实施直复营销而收集的顾客和潜在顾客的姓名和地址；后来发展成为市场研究的工具，如收集市场资料、人口统计资料、销售趋势资料以及竞争资料等，配合适当的软件，对数据作出相应的分析，目前它已经作为整个管理信息系统的一部分发挥着重要作用。它可以收集和管理大量的信息以便给我们呈现出顾客的“基本状态”，便于我们进行消费者分析，确定目标市场，跟踪市场领导者以及进行销售管理等，是协助规划整体营销计划和计划、控制和衡量传播活动的有力工具。营销数据库可以把有关的资源整合在一起（邮件、电话、销售、第三方和其他渠道），统一协调调度，有针对性地进行直接调度。例如，对关键客户需要进行人员直接访问，而不是邮件和电话访问；另外，在与客户的沟通中，采用哪种方式，还要看其经济性，能够达到同样的效果，为什么不选择更经济的方式呢？营销数据库为企业合理分配资源提供了有力的工具。

3.5.2　数据库营销的优点

数据库营销在欧美已经得到了广泛的应用。在中国大陆地区，也已经开始呈现“星星之火，快速燎原”之势头。包括 DM（Direct Mail，定向直邮），EDM（Email DM，电子邮件营销），E-Fax（网络传真营销）和 SMS（Short Message Server，短消息服务）等在内的多种形式的数据库营销手段，得到了越来越多的中国企业的青睐。之所以越来越多的企业开始选择数据库营销，这与它相对传统营销所具有的独特优势是密不可分的。

1. 可测度

数据库营销是唯一一种可测度的广告形式。你能够准确地知道如何获得客户的反映以及这些反映来自何处。这些信息将被用于继续、扩展或重新制订、调整你的营销计划。而传统的广告形式（报纸、杂志、网络、电视等）只能面对一个模糊的大致的群体，究竟目标人群占多少无法统计，所以效果和反馈率总是让人失望。正如零售商巨头 Wanamaker 说过：“我知道花在广告上的钱，有一半被浪费掉了，但我不知道是哪一半。”

2. 可测试

数据库营销就像科学实验，每推进一步，都可以精心的测试，其结果还可以进行分析。假设你有一间酒吧，可以发出一封邮件，宣布所有光临的女士都可以免费获得一杯鸡尾酒。而在另一封邮件中，你可以宣布除周六、周日外所有顾客都可以获得 8 折优惠。在进行一段时间的小规模测试后，计算哪一封邮件产生的回报最高，之后就运用获得最佳反映的方案进行更大规模的邮寄。不管企业的大小如何，只要运用适当的形式，都可以进行小规模的测试，以便了解哪种策略最有可能取得成功。

3. 降低成本，提高营销效率

数据库营销可以使企业能够集中精力于更少的人身上，最终目标集中在最小消费单位到个人身上，实现准确定位。目前，美国已有 56% 的企业正在建立数据库，85% 的企业认为他们需要数据库营销来加强竞争力。由于运用消费者数据库能够准确找出某种产品的目标消费者，企业就可以避免使用昂贵的大众传播媒体，可以运用更经济的促销方式，从而降低成本，增强企业的竞争力。据有关资料统计，运用数据库技术筛选消费者，其邮寄宣传品的反馈率，是没有运用数据库技术进行筛选而发送邮寄宣传品的反馈率的 10 倍以上。

4. 获得更多的长期忠实客户

权威专家分析，维持一个老顾客所需的成本是寻求一个新顾客成本的 0.5 倍，而要使一个失去的老顾客重新成为新顾客所花费的成本则是寻求一个新客户成本的 10 倍。如果比竞争对手更了解顾客的需求和欲望，留住的最佳顾客就更多，就能创造出更大的竞争优势。用数据库营销经常地与消费者保持沟通和联系，可以维持和增强企业与消费者之间的感情纽带。另外，运用储存的消费记录来推测其未来消费者行为具有相当的精确性，从而使企业能更好地满足消费者的需求，建立起长期的稳定的客户关系。

3.5.3　网络环境下数据库营销的特点

与传统的数据库营销相比，网络数据库营销的独特价值主要表现在 3 个方面：动态更新、顾客主动加入、改善顾客关系。

1. 动态更新

在传统的数据库营销中，无论是获取新的顾客资料，还是对顾客反应的跟踪都需要较长的时间，而且反馈率通常较低，收集到的反馈信息还需要烦琐的人工录入，因而数据库的更新效率很低，更新周期比较长，同时也造成了过期、无效数据记录比例较高，数据库维护成本相应也比较高。网络数据库营销具有数据量大、易于修改、能实现动态数据更新、便于远程维护等多种优点，还可以实现顾客资料的自我更新。网络数据库的动态更新功能不仅节约了大量的时间和资金，同时也更加精确地实现了营销定位，从而有助于改善营销效果。

2. 顾客主动加入

仅靠现有顾客资料的数据库是不够的，除了对现有资料不断更新维护之外，还需要不断挖掘潜在顾客的资料，这项工作也是数据库营销策略的重要内容。在没有借助互联网的情况下，寻找潜在顾客的信息一般比较难，要花很大代价，比如利用有奖销售或者免费使用等机会要求顾客填写某种包含有用信息的表格，不仅需要投入大量资金和人力，而且又受地理区域的限制，覆盖的范围非常有限。

在网络营销环境中，顾客数据的增加要方便得多，而且往往是顾客自愿加入网站的数据库。最新的调查表明，为了获得个性化服务或获得有价值的信息，有超过 50% 的顾客愿意提供自己的部分个人信息，这对于网络营销人员来说，无疑是一个好消息。请求顾客加入数据库的通常的做法是在网站设置一些表格，在要求顾客注册为会员时填写。但是，网上的信息很丰富，对顾客资源的争夺也很激烈，顾客的要求是很挑剔的，并非什么样的表单都能引起顾客的注意和兴趣，顾客希望得到真正的价值，但肯定不希望对个人利益造成损害，因此，需要从顾客的实际利益出发，合理地利用顾客的主动性来丰富和扩大顾客数据库。在某种意义上，邮件列表可以认为是一种简单的数据库营销，数据库营销同样要遵循自愿加入、自由退出的原则。

3. 改善顾客关系

顾客服务是一个企业能留住顾客的重要手段，在电子商务领域，顾客服务同样是取得成功的最重要因素。一个优秀的顾客数据库是网络营销取得成功的重要保证。在互联网上，顾客希望得到更多个性化的服务，比如，顾客定制的信息接收方式和接收时间，顾客的兴趣爱好、购物习惯等都是网络数据库的重要内容，根据顾客个人需求提供针对性的服务是网络数据库营销的基本职能。因此，网络数据库营销是改善顾客关系最有效的工具，是顾客对本品牌的忠诚度、看法、对其副品牌的评价等。

复习思考题

1. 直复营销主要有哪几种类型？
2. 什么是整合营销？
3. 定制营销的特征有哪些？
4. 如何理解软营销中的“软”？
5. 什么是关系营销？
6. 与传统的数据库营销相比，网络数据库营销的独特价值表现在哪几个方面？

第 4 章　网络营销环境

【本章要点】

➢ 网络营销环境的概念

➢ 网络营销微观环境分析

➢ 网络营销宏观环境分析

随着信息技术的发展和迅速普及，世界市场越来越趋一体化，地球变成地球村。依照传统的营销模式，为了打开某个产品在某个地区的市场，需要耗费大量的财力和人力，因此在投入上冒着巨大的风险。如果要在大范围内推广，没有雄厚的资金支持，根本没有可能。对于小本经营的中小企业，要打开国际市场，更是痴人说梦。因此，在全力依附互联网进行营销创新的今天，不能忽视营销手段的变化。企业利用信息技术开展网络营销活动，将是营销方式的最大创新。跨国企业将和中小企业一样面临网络营销带来的乐与痛。可以说网络与经济的紧密结合，推动了市场营销走入了崭新的阶段——网络营销阶段。

4.1　网络营销的环境

4.1.1　网络营销环境的 5 要素

互联网络自身构成了一个市场营销的整体环境，从环境构成上来讲，它具有以下 5 个方面的要素。

1. 提供资源

信息是市场营销过程的关键资源，是互联网的血液，通过互联网可以为企业提供各种信息，指导企业的网络营销活动。

2. 全面影响力

环境要与体系内的所有参与者发生作用，而非个体之间的互相作用。每一个上网者都是互联网的一分子，他可以无限制地接触互联网的全部，同时在这一过程中要受到互联网的影响。

3. 动态变化

整体环境在不断变化中发挥其作用和影响，不断更新和变化正是互联网的优势所在。

4. 多因素互相作用

整体环境是由互相联系的多种因素有机组合而成的，涉及企业活动的各因素在互联网上通过网址来实现。

5. 反应机制

环境可以对其主体产生影响，同时，主体的行为也会改造环境。企业可以将自己企业的信息通过公司网站存储在互联网上；也可以通过互联网上的信息，自己决策。因此，互联网已经不只是传统意义上的电子商务工具，而是独立成为新的市场营销环境。而且它以其范围广、可视性强、公平性好、交互性强、能动性强、灵敏度高、易运作等优势给企业市场营销创造了新的发展机遇与挑战。

4.1.2 网络营销环境的内容

根据营销环境对企业网络营销活动影响的直接程度，网络营销环境可以分为网络营销宏观环境与网络营销微观环境两部分。网络营销微观环境是指与企业网络营销活动联系较为密切、作用比较直接的各种因素的总称，主要包括企业内部环境和供应商、营销中介、顾客、竞争者以及公众等因素。不同行业企业的微观营销环境是不同的，因此，微观营销环境又称行业环境因素。网络营销宏观环境是指对企业网络营销活动影响较为间接的各种因素的总称，主要包括政治法律、人口、经济、社会文化、科学技术、自然地理等环境因素。宏观环境对企业短期的利益可能影响不大，但对企业长期的发展具有很大的影响。

网络营销环境是指对企业的生存和发展产生影响的各种外部条件，即与企业网络营销活动有关联因素的部分集合。营销环境是一个综合的概念，由多方面的因素组成。环境的变化是绝对的、永恒的。随着社会的发展，特别是网络技术在营销中的运用，使得环境更加变化多端。虽然对营销主体而言，环境及环境因素是不可控制的，但它也有一定的规律性，我们可通过营销环境的分析对其发展趋势和变化进行预测和事先判断。企业的营销观念、消费者需求和购买行为，都是在一定的经济社会环境中形成并发生变化的。因此，对网络营销环境进行分析是十分必要的。

4.2 网络营销微观环境分析

4.2.1 企业内部环境

在制订市场营销计划时，市场营销的管理者需要兼顾公司内部的其他团队，包括最高管理层、财务部门、研发部门、采购部门、制造部门、运营部门等，这些部门与市场营销管理部门一道在最高管理层的领导下，为实现企业目标共同努力着。正是企业内部的这些彼此关联的群体构成了企业内部营销环境。而市场营销部门在制订营销计划和决策时，要考虑高层的战略计划，而且要考虑到其他部门可以影响到市场营销部门的计划和行动。公司的每个部门都可以被视为公司价值链（Value Chain）的一个环节，也就是说企业成功与否不仅仅在于哪一个部门出色地履行了自己的职责，还取决于各个部门之间的配合。所有这些部门职能都要从顾客角度考虑问题，而且必须在这一前提下进行充分协调。下面的例子就反映了这样的协调问题。

欧洲某大型航空公司的营销副总裁希望增加该公司的市场份额。为此，他的战略是通过供应更好的食物、清洁的座舱和受过较好训练的机舱乘务员以及较低的机票价格来提升顾客的满意度。但问题是：他并没有权力处理所有这些事情。备餐部门选购食物时往往要保证较低的成本，维修部门使用的清洁服务也是要尽可能地降低清洁费用，人事部门在雇用员工时也不会考虑其该员工是否能友善地为他人提供服务；财务部门负责确定机票的价格。由于这些部门在作出决策的时候，都在坚持从降低成本的角度考虑问题，从而使这位营销副总裁在推出整合营销组合方案时处于尴尬的境地。

内部营销需要高层管理人员的垂直协调与领导，而且也离不开与其他部门之间的横向协同。因此，企业中的每个人都需要理解、认识并支持营销活动。例如，财务部门负责解决实施营销计划所需的资金来源，并将资金在各产品、各品牌或各种营销活动中进行分配；会计部门则负责成本与收益的核算，帮助营销部门了解企业利润目标实现的状况；研究开发部门在研究和开发新产品方面给营销部门以有力支持；采购部门则在获得足够的和合适的原料或其他生产性投入方面担当重要责任；而制造部门的批量生产保证了适时地向市场提供产品。营销管理者必须与组织的高层管理人员保持密切的联系，而且也必须与在一线从事大量工作的工程师和科学家密切地联系起来。

4.2.2　供应商

科特勒认为，从长远利益出发，企业的市场营销活动应囊括构成其内外环境的所有重要行为者。“供应商市场营销”即是其中很重要的内容。因这种市场营销活动与产品流动的方向相反，故也称为“反向市场营销”。“供应商市场营销”主要包括两个方面：其一，为选择优秀的供应商严格确定资格标准，如技术水平、财务状况、创新能力和质量观念等；其二，积极争取那些业绩卓越的供应商，与他们建立良好的合作关系。

在网络经济条件的情况下，为了适应网络营销的要求，企业与供应商的关系主要表现出下述变化。

① 企业对供应商的依赖性增强。随着企业对库存管理的提升，企业有零库存运营的要求。这对供应商的供货时间、供货数量都需要严格的控制。做到这一点企业以一己之力是很难实现的，这必须要有长期稳定的供应商与之配合，并且双方都要将不可预知的因素都要考虑周详。

② 企业与供应商的合作性增强。处于在供应链上游位置的企业，在新产品开发研制过程中，必须要与中下游企业配合产品开发，提供技术支持。这些供应商也要按照项目开发的时间表研发出满足企业新产品使用的材料。双方的合作变得密不可分。

网络营销环境下的企业和供应商都处在供应链体系中。双方相互依赖，互利互惠。这种关系既受宏观环境影响，又制约着企业的营销活动，企业一定要注意与供应者搞好关系。供应者对企业的营销业务有实质性的影响。

4.2.3　营销中介

营销中介是协助企业推广、销售和分配产品给最终买主的那些企业。他们包括中间商、实体分配单位、营销服务机构和金融机构等。

由于网络营销的出现，给传统的营销中介体系带来巨大的冲击，流通领域的营销行为有了很大的变化。C2C 的出现使得消费者可以通过网上购物和在线销售自由地选购自己需要的商品，也可通过电子商务平台销售产品。B2C 和 B2B 的出现使得生产者可以建立自己的网站并营销商品，所以一部分商品也不再遵循传统的商品购进、储存、运销业务的流程运转。网上销售，一方面使企业和营销中介的分工模糊化，形成“产销合一”、“批零合一”的销售模式，从事电子商务网络营销的企业会对传统的营销中介者形成竞争；另一方面，随着“凭订单采购”、“零库存运营”、“直接委托送货”等新业务方式的出现，服务与网络销售的各种中介机构也应运而生，比如第三方物流、电子交易平台。一般条件下，除了拥有完整分销体系的少数大公司外，营销企业与营销中介组织还是有密切合作与联系的。因为若中介服务能力强，业务分布广泛合理，营销企业对微观环境的适用性和利用能力就强。

4.2.4 顾客

正如我们一直强调的，顾客才是公司微观环境中最重要的行为者。整个价值递送的目标就在于与顾客形成牢固的关系。顾客形成了企业产品销售的市场，是企业直接或最终的营销对象。

网络技术的发展对网络营销来说带来两个最大特点，24 小时全日制服务和地球村方式营销。企业与顾客之间的时间和地理位置的限制被打破，互联网创造了一个让双方更容易接近和交流信息的平台。网络营销统计学家杰弗里·拉姆齐指出：美国以外的网络用户人数越来越多，这将对互联网产生两个重要的影响：第一，网络的内容和语言变得多样化，网络为了迎合多语言需要，会提供独特的本地语言；第二，一个真正多语言的全球互联网可能会加速偏好、时尚、产品的融合。

客观上讲，互联网络真正实现了经济全球化、市场一体化。它不仅给企业提供了广阔的市场营销空间，同时也增强了消费者选择商品的广泛性和可比性。顾客可以通过网络，得到更多的需求信息，使他的购买行为更加理性化。虽然在营销活动中，企业不能控制顾客与用户的购买行为，但它可以通过有效的营销活动，给顾客留下良好的印象，处理好与顾客和用户的关系，促进产品的销售。

4.2.5 竞争者

任何企业都不大可能单独服务于某一顾客市场，完全垄断的情况在现实中不容易见到。而且，即使是高度垄断的市场，比如石油为代表的能源产品，也面临着新能源替代品的挑战。只要存在着出现替代品的可能性，就可能出现潜在的竞争对手。所以，企业在某一顾客市场上的营销努力总会遇到其他企业的影响，这些和企业争夺同一目标顾客的力量就是企业的竞争者。企业要在激烈的市场竞争中获得营销的成功，就必须比其竞争对手更有效地满足目标顾客的需求。因此，除了发现并迎合消费者的需求外，识别自己竞争对手、时刻关注他们，并随时对其行为做出及时的反应亦是成败的关键。

科特勒将企业的竞争环境分析为 4 个层次。

① 欲望竞争，即消费者想要满足的各种愿望之间的可替代性。当一个消费者休息时可能想看书、进行体育运动或吃东西，每一种愿望都可能意味着消费者将在某个行业进行消费。

② 类别竞争，即满足消费者某种愿望的产品类别之间的可替代性。假设前面那个消费者吃东西的愿望占了上风，他可以选择的食品很多，如水果、冰淇淋、饮料、糖果或其他。

③ 产品形式竞争，即在满足消费者某种愿望的特定产品类别中仍有不同的产品形式可以选择。假设消费者选中了糖果，则有巧克力、奶糖、水果糖等多种产品形式可满足他吃糖的欲望。

④ 品牌竞争，即在满足消费者某种愿望的同种产品中不同品牌之间的竞争。或许那个消费者对巧克力感兴趣，并特别偏爱 M&M 牌，于是，该品牌的产品在竞争中赢得了最后的胜利。

与传统营销模式相比，网络营销还需要关注互联网在竞争环节中所处的重要位置。企业通过网站在互联网上展示自我，并且从事着电子商务。网络上所有的信息都会给企业带了好与坏的双重压力。越来越多的消费者通过互联网媒体消息来了解一个企业和产品、通过网络与企业交流、通过网络交易体会到企业的产品和服务。同样，竞争者也比较容易模仿对手的长处，打击对手的短处。企业不但要完善内外部电子商务的运作环境，也要更加关注网络形象。树立网络口碑，创造新的属于互联网的品牌。

4.3　网络营销宏观环境分析

4.3.1　人口环境

市场是由有购买愿望并且具备购买能力的人构成的，人的需求正是企业营销活动的基础。所以，对人口环境的考察是企业把握需求动态的关键。从量的角度看，人口的数量是市场规模的重要标志，在人均消费水平一定的情况下，人口数量越多，市场需求规模就越大。而从人口的分布、结构及变动趋势等方面进行质的分析，则能够刻画出市场需求的特点和发展趋势。

2013 年 1 月，CNNIC 发布的《第 31 次中国互联网络发展状况统计报告》显示，截至 2012 年 12 月底，我国网民规模达 5.64 亿，比 1997 年增长了 900 多倍，互联网普及率达到 42.1%，超过世界平均水平。中国境内网站达 268 万个，比 1997 年增长了 1786 倍。中国拥有 IPv4 地址约 3.31 亿个，已成为世界第二大 IPv4 地址拥有国，IPv6 地址数量为 12535 块/32，位列世界第三位；使用手机上网的网民达到 4.2 亿人；微博用户规模为 3.09 亿；手机微博用户规模达到 2.02 亿；网络购物用户规模达到 2.42 亿人；搜索引擎用户规模为 4.51 亿；即时通信用户规模达 4.68 亿；博客和个人空间用户数量为 3.72 亿人；使用社交网站的用户规模为 2.75 亿；网络游戏用户规模达到 3.36 亿；网络文学用户数为 2.33 亿；网络视频用户达到 3.72 亿。

目前对国内而言，如此庞大的依赖互联网的消费市场，将是网络营销生存的最好环境。

4.3.2　经济环境

人的需求只有在具备经济能力时才是现实的市场需求。在人口因素既定的情况下，市场需求规模与社会购买力水平成正比关系。经济环境包括许多因素，如产业结构、经济增长率、货币供应量、利率等。而社会购买力正是以上一些经济因素的函数。目前，在人类的商务活动中互联网正在扮演日益重要的角色，互联网上丰富的信息资源和用户资源，不仅能使使用者降低经济活动的交易成本，而且可以获得不可估量的巨大经济利益，因此，互联网经济在当今社会备受关注。

互联网经济是基于互联网所产生的经济活动的总和，是信息网络化时代产生的一种崭新的经济现象。在互联网经济时代，经济主体的生产、交换、分配、消费等经济活动，以及金融机构和政府职能部门等主体的经济行为，都越来越多地依赖信息网络，不仅要从网络上获取大量经济信息，依靠网络进行预测和决策，而且许多交易行为也直接在信息网络上进行。互联网经济在当今发展阶段主要包括电子商务、即时通信、搜索引擎和网络游戏 4 大类型。

2013 年 1 月，CNNIC 发布的《第 31 次中国互联网络发展状况统计报告》显示，截至 2012 年年底，我国网络购物用户规模达到 2.42 亿人，网络购物使用率提升至 42.9%。当前，居民消费在拉动国民经济发展中的重要性明显提升，而网络零售更是成为促进消费的重要抓手。此外，手机网络购物成为拉动网络购物用户增长的重要力量，2012 年手机网购用户年增长136.5%，达到5550万人。用户购买力的提升，线上消费习惯固着和移动、社交网购形式的结合不断推动网络零售市场的壮大，电商企业频繁的低利润促销也持续激发用户的使用热情，带动了网络购物用户规模的加速增长。在网络购物用户规模保持快速扩张的同时，市场结构也进入加速优化期，主要的B2C电商企业展开平台化、开放化战略，企业间呈现竞合态势，传统企业成为市场重要组成部分，市场地位得以加固。

我国目前使用网上支付的用户规模达到2.21亿，使用率提升至39.1%。网上支付用户快速增长离不开网上消费的繁荣发展，随着中国网络零售市场的迅猛发展，线上消费的生活服务类型不断拓宽，交易规模持续增大，也极大地带动了用户网上支付的使用普及。快捷支付、卡通支付等支付便利形式增强了支付的可用性，促进了网上支付在更广泛用户中的覆盖。而随着移动支付技术标准确立，支付企业在手机支付领域的布局与发力，也带动了手机网上支付用户的快速增长。

我国目前在网上预订过机票、酒店、火车票和旅行行程的网民规模达到1.12亿，占网民比例为19.8%。随着火车票网上预订的快速普及，网上预订火车票的用户群体有了大规模的增长，达到7897万人。与其他商务应用相比，我国的机票、酒店、旅行行程网上预订用户相对狭窄，应用渗透水平还较低，未来增长空间广阔。随着居民休闲旅游需求的快速增长，高铁网络进一步扩大，旅游内容的深度挖掘，将持续激发用户的使用行为，推动旅行预订市场的增长。

所以，企业必须密切注意其经济环境的动向，实时观察在不同经济环境下消费者的收入水平和支出模式，以及支出模式下的消费热点，尤其要着重分析社会购买力及其支出结构的变化，敏感于促成其变化的各种因素，努力使自己的产品和服务适合经济环境的需要。

4.3.3 自然环境

自然环境是指一个国家或地区的客观环境因素，主要包括自然资源、气候、地形地质、地理位置等。在网络营销的前提下，自然状况对经济和市场的影响整体上是处于下降的趋势，但自然环境制约经济和市场的内容、形式则在不断变化。这种约束力是显而易见的。例如，在赤道地区羽绒保暖制品的销售几乎为零。

但是在环境对营销约束力的另一面，营销推动的消费也不断地在改变我们赖以生存的自然环境。例如，大量汽车消费造成的石油化工对河流、地域土壤的污染，及其大量尾气排放对大气层的危害等，这些对环境的破坏力是不可估计的。

1992年6月，联合国环境与发展大会在巴西里约热内卢通过了包括《21世纪议程》在内的一系列重要文件，指出人类社会应走可持续发展（Sustainable Development）的道路。可持续发展指经济发展应建立在资源可持续利用的基础上，符合生态环境所允许的程度，既能满足当代的发展需求，又不对后代生存和发展构成危害。通过产业结构调整与合理布局，实行清洁生产和文明消费，使社会的发展在代内和代际都达到与环境的和谐。可持续发展理论逐渐被世界各国所接受，并促进绿色产业、绿色消费、绿色市场营销的蓬勃发展。例如，麦当劳规定所有餐厅都采用再生纸制成的纸巾，宝洁公司（P&G）重新设计塑料包装以减少塑料用量。从世界范围看，环境保护意识和市场营销观念相结合所形成的绿色市场营销观念（Green Marketing Concept）正成为新世纪市场营销的新主流。

在社会营销的前提下，低碳环保新能源逐步成为热点。企业对于营销的目光必然随之转变。在考虑各种微观因素的同时，也要把对自然环境影响和破坏降到最低，把环保作为一个产品设计的大前提。

4.3.4　科技与教育水平环境

新技术的发展和运用改变零售业的结构和消费者购物习惯。随着网络技术的发展，消费者轻轻松松在家购物已经不是梦想。“网络营销”是现代电子技术高度发展带来的营销方式的重大变革，即借助网络、计算机通信和数字交互式媒体的共同作用来实现营销目标，现代电子技术为营销活动创造了一个由计算机和通信交汇的无形空间，消费者可以在这个空间获取信息、自由购物；企业可以在这个空间进行广告宣传、市场营销研究和推销商品等。所以，看似虚拟的空间，但却是开辟了实实在在的竞争新领域。

20 世纪 90 年代以来，涵盖广泛的网络商业热闹非凡，商品销售、电子银行、广告、咨询、拍卖、房地产、旅游服务等业务蓬勃开展，预示了一场方兴未艾的全球经济革命。尽管全球经济下滑，但电子商务却迅猛发展，根据联合国贸易和发展会议的统计，全球电子商务交易总额在 1994 年达到 12 亿美元，2000 年增加到的 3000 亿美元，2006 年竟然达到 12.8 万亿美元，占全球商品销售的 18%，2011 年全球电子商务交易达到 40.6 万亿美元，绝大部分的国际贸易额以网络贸易形式实现。就中国而言，2012 年，中国电子商务市场交易总额已经突破 8 万亿元，达到 80604 亿元。

科学技术对经济社会发展的作用日益显著，科技的基础是教育，因此，科技与教育是客观环境的基本组成部分。在当今世界，企业环境的变化与科学技术的发展有非常大的关系，特别是在网络营销时期，两者之间的联系更为密切。互联网使用者教育水平的差异是影响需求和用户规模的重要因素，已被提到企业营销分析的议事日程上来。例如，在中国证券网上交易的发展就和股民年轻化和受教育程度的提高有着密不可分的关系。教育水平环境到底会对营销有哪些影响呢?

首先，企业在设计产品时，必须使产品的庞杂程度和技巧机能等合乎顾客的受教育程度，对教育程度低的顾客，产品包装阐明应力求简明易懂。瑞士雀巢婴儿食物有限公司曾在非洲市场上推出婴儿奶粉，因为当地妇女的文明程度低，无法读懂包装解释，以致产品不能被准确应用，使用效果受到影响，为此，雀巢公司破费了大量的人力、物力才挽回了影响。苹果的乔布斯一直坚持使用苹果特有的操作平台，这种理念也曾经给苹果公司带来了很多曲折。新科技的运用也要考虑到顾客目前的思维和知识水平的局限性。

其次，不同国家的教育水平还会影响促销方式的抉择及促销效果。例如，在教育程度比较低的国度，不使用当地语言的跨国公司网上电子商务销售平台几乎多年都没有起色。你无法指望网络使用者为了购买一个美国产品而去学习英语，以便可以在美国网站上购买商品。这种现状短时间无法转变，对企业来说只有去适应。

4.4　政治和法律环境

企业的市场营销决策在很大程度上受政治法律环境的影响。法律是充分体现政治统治的强有力形式，政府部门利用立法及各种法规表现自己的意志，对企业的行为予以控制。政治法律环境由法律、政府机构和在社会上对各种组织及个人有影响和制约的压力集团构成。互联网是个无国界无疆界的网络世界，网络营销在这种环境下也可以迅速实现了全球化。但是由于全球化进程来得太快，很多企业往往忽略了在互联网环境下，对政治和法律的思考。

谷歌（Google）退出中国市场就给很多互联网企业带来深刻的反思。谷歌在中国经营3年多，但似乎对中国的历史与现实了解的程度还很低。中国是主权国家，不是19世纪时的租界，外国企业没有治外法权。在中国经商，想游离于中国法律之外，是对21世纪中国的误读。西方社会、跨国公司对中国建设性的批评和善意的主张，是有助于中国发展的。但如果从互联网安全的一个普遍问题，跳到了要求中国改变法律，并想用一种威胁的方式来迫使中国就范，根本行不通。

作为企业要密切关注与之相关的政策法规的变化。在网络营销的环境下，电子商务法对企业电子商务的发展有着约束力。新的法律规定的出现可能会带来整个营销计划的变动。例如，点击合同的出现使得新的网络交易模式有了法律依据。当我们网上购物或申请会员登记电子邮件时，网站要求我们填写有关信息，并点击“我同意”（I agree）后才可以进行相关活动，这种必须点击“同意”的合同，我们称之为点击合同。点击合同的作用如下。

① 鼓励交易，降低成本。大量重复性的交易内容通过点击合同得以简化，缩短了一般合同的订立所经过要约、承诺反复磋商的过程，节约了当事人的时间和精力，降低了交易成本，使交易更加便捷。

② 明确责任，减少风险。点击合同的定型化条款事先明确了当事人的权利义务，这意味着合同的提供人可以预先确定自己的法律责任，控制风险。合同的使用人可以根据合同的定型化条款估算出自己将要付出的代价和可能发生的风险，以决定如何选择。

③ 创造新的交易模式。成文法律的规定相对落后于商事交易的新变化，网络交易这一新模式所产生的新问题尚未有法律规定，通过点击合同有利于探索形成新的交易规则，促进新经济的发展。

复习思考题

1. 网络环境组成有哪些?
2. 如何理解网络环境的内涵?
3. 详细描述微观环境的构成。
4. 简述互联网经济包含的内容及其对企业的影响。
5. 简述在宏观环境下对政治和法律环境的思考。

第 5 章　网络营销战略

【本章要点】

- 网络营销战略概述
- 网络营销战略分析
- 网络营销战略策划
- 网络营销战略计划制订
- 网络营销组合策略
- 网络营销组织创新战略

目前世界经济的态势是：一方面，传统商务向互联网转移，已成为一种不可阻挡的潮流，不管是否愿意，不管是积极投入还是被拖着、拽着，都将迈向互联网；另一方面，互联网的发展速度又是惊人的。正像 Cisco 公司的总裁约翰·钱伯斯所言："互联网不会等待任何人、任何公司、任何国家，因此你跟不上就很快会被别人超过。"因此，及早制定并发展网络营销的应付之策是任何一家公司都必须认真对待的大事。公司在准备开展网上营销时，首先要做的是企业战略。

5.1　网络营销战略概述

企业战略是指企业为了适应未来环境的变化寻找长期生存和稳定发展的途径，并为实现这一途径优化配置企业资源，制定总体性和长远性的谋划与方略。营销战略是企业战略的重点，因为企业战略的实质是企业外部环境、企业内部实力与企业目标三者的动态平衡。

5.1.1　市场竞争战略

市场竞争战略，就是把与竞争对手相对应的关系放在对本企业有利的位置，为占有更多的市场份额，争夺竞争的优势地位而采取的各种整体对策，就是企业经营基本战略的核心，是企业立于不败之地的重要保证。

竞争战略是指成本领先战略、差异性战略、集中性战略。这 3 种战略中每一种战略都涉及通向竞争优势的迥然不同的途径，以及为建立竞争优势所采用竞争类型的选择。企业选择何种战略为其基本目标，要根据企业的具体情况而定。

1．成本领先战略

成本领先指企业的目标是成为其行业中的低成本生产厂商。如果企业能够创造和维持全面的成本领先地位，那它只要将产品价格控制在行业平均或接近平均的水平，它就能获取优于平均水平的经营业绩。在与竞争对手相比相当或相对较低的价位上，成本领先者的低成本地位将转化为高收益，这对争取竞争优势是十分有利的。

（1）成本优势的来源

成本优势的来源各不相同，并取决于产业结构。它们可能包括追求规模经济、专有技术、低成本设计、自动装配线、较低的管理费用等。不同的行业，不同的企业，成本优势的来源并不相同。低成本生产企业必须发现和开发所有成本优势的资源。

争取成本优势可以利用经验曲线。经验曲线是在20世纪30年代由美国航空工业提出的，起先只限于工时定额的制定和成本的估计。后来随着一个企业生产某种产品或从事某种服务数量的增加，经验不断地积累，其生产成本将不断地下降，并呈现出某种下降的规律。经验曲线描绘的就是这种成本下降的规律。

美国德州仪器公司从事半导体芯片的制造，随着产量的增加，每片芯片的成本将会下降，累计生产量每增加一倍，成本就会减少20%。该公司决定按照制造过数百万芯片的原则来制定售价。也就是说将初期的销售价格定在经验曲线之下。由于定价低，销售量也就急速上升，因此用不了多少时间，每片芯片的制造成本降至原来预计的售价之下，许多竞争者因此被踢出半导体市场。

争取成本优势可以利用低成本的设计。美国的汽车业制造成本比日本高，一家底特律的公司拆解了一辆日本进口车，目的是要了解某项装配流程，分析为什么日本人能够以较低的成本做到超水准的精密度与可靠性。他们发现不同之处在于：日本车在引擎盖上的3处地方，使用相同的螺栓去接合不同的部分。而美国汽车同样的装配，却使用了3种不同的螺栓，使汽车的组装较慢和成本较高。为什么美国公司要使用3种不同的螺栓呢？因为在底特律的设计单位有3组工程师，每一组只对自己的零件负责。日本的公司则由一位设计师负责整个引擎或范围更广的装配。有讽刺意味的是这3组美国工程师，每一组都自认为他们的工作是成功的，因为他们的螺栓与装配在性能上都不错。

争取成本优势还可以采取资源共用的方式。即以较低的成本来执行同样的职能，从而在成本上就要比无法做这种安排的竞争者占优势。例如，实行关联型多角化经营的企业，可以共享行销资源，包括销售人力的共用、销售渠道的共用、广告宣传的共用、维修服务网络的共用等。

除了营销之外，研究发展也常常采用资源共享的方式：技术专利共用、共同从事产品开发、共用科研仪器和设备等，降低开发成本。

争取成本优势还必须在组织和管理上有所突破，我国台湾地区计算机产品给人的印象是计算机价格低廉。这些年来，PC的价格突破了1000美元，我国台湾地区生产者都能立即跟上，而且看准形势，比美国的产品还再低少许。美国提出500美元的PC，我国台湾地区也立即能回应。更有能力生产200美元的平价PC者，这不仅是便宜，而且是比人家低出了一半。低价格来源于低成本，低成本来源于组织和管理上的突破。这种突破并非尖端技术上的一种质变。今天的台湾地区，已非20世纪80年代初的台湾，在注重价格之余，他们在品质控制、元件工序的节省、生产规划等方面，都已建立了一套基础。再加上我国台湾地区男性对工科的专注，努力不懈地为节省成本，在工程设计上所花的心思，都令台湾地区在变化多端的计算机产业中继续保持其优势。

成本优势的来源很多，我们列举以上几种来源，是想说明成本优势不仅仅是来源于生产成本，尽管生产成本在总成本中占有较大的比重，但要获得成本优势，还要发现和开发所有能够降低成本的资源，并注重它们对相对成本地位的影响。遗憾的是，我国许多企业不重视成本管理，粗放式经营，尽管有人工便宜、资源便宜、地价便宜等因素，但成本仍然居高不下，经济效益差，甚至成为企业亏损、破产的主要原因。

邯钢经验主要是注重成本管理，从降低生产成本入手，制定规章制度，制定考核指标，调动干部职工讲成本的积极性。企业上下爱岗敬业，勤俭办企业，从节约一度电、一公斤煤做起，坚持不懈，使产品成本降到最低限度，在钢铁行业普遍亏损的情况下，邯钢却取得良好的经济效益。

（2）防止进入降低成本的误区

企业在降低成本的问题上，常常会出现一些矛盾，有时甚至会陷入误区。常见的误区如下。

误区一：成本与效益效率。

降低成本有时不仅不会增加效益效率，有时甚至会影响效益、降低效率。最近一段时间，温泉洗浴取消了原本赠送给顾客的一次性毛巾，改为让顾客使用质量较好的毛巾，但不允许带走。他们是这样计算的："一条毛巾一块钱，如果一年赠送 20 万条，就会增加 20 万元的成本，而且现在毛巾要涨价，成本就可能增加到 40 万元。要是不再赠送毛巾，就可以省下这笔钱。提供质量较好的毛巾，也可以满足顾客的洗浴需要。"这样做的结果是：前台不愿意给顾客用毛巾，服务员也舍不得给顾客用毛巾，客人不要的话，他们不会主动递给客人，甚至会有意无意地把毛巾锁在柜子里。他们这样做，一是心疼公司财物，怕增加成本；二是担心毛巾丢失，怕担责任。所以有一天来了三百多顾客，可是只用了 5 条毛巾，也就是说，温泉取消了赠送的毛巾之后，其实质是降低了服务标准。结果今年的客流量，特别是散客的客流量急剧下降，营业额的损失和造成的消极影响，绝不是二三十万所能够挽回的。我们都知道，麦当劳做的炸薯条，7 分钟之内卖不出去，就得全部丢掉，保证客人吃到的薯条都是新鲜的，麦当劳要是顾忌成本而降低成本，如何能创出这么大的品牌呢？还有一个案例是美国一家加工金枪鱼的工厂为了节约成本而减少了工人，结果，好些金枪鱼的肉都还留在鱼骨架上就给扔了。因此，在降低成本时，要考虑效益是否增加，是否提高效率。

误区二：成本与广告。

减少广告费用，可以降低成本，但可能因此而影响产品销售，影响企业和品牌的知名度。增加广告费用，则有可能促进销售，形成规模经济，从而降低成本。但过多的广告费用显然是浪费。秦池酒厂以 3.2 亿元在中央电视台夺得广告"标王"的称号，但企业不堪重负，无法在成本中消化这笔巨额广告费用。因此，企业面临着是增加还是减少广告费用的两难选择。广告有其边际效应，即销售额随着广告费用的增加而增长，当到达一个临界点时，广告费用的增加，对销售额就没有多大影响。

误区三：成本与差异性。

降低成本可能使企业的产品无特色，而消费者对差异性的产品有偏好，对价格有时并不敏感，愿意购买有特色的高价产品。无特色的产品只得降价求售，这就可能抵消了它有利的成本地位所带来的好处。美国德克萨斯仪器公司就是陷于这种困境的低成本厂商，它因无法克服其在产品差异性方面的不利之处，而退出了手表制造业。

误区四：成本与价格。

低成本的生产企业常常希望以比同行低的产品价格占有更多的市场份额。同行业的竞争对手千方百计降低成本，也成为低成本生产企业，为争夺市场份额，纷纷降价竞销，由此引发价格大战，这对整个行业所产生的后果将是灾难性的。在我国，1996 年、1997 年后引发的空调、VCD 价格大战，2000 年的彩电大战使全行业几乎无收益。

误区五：成本与未来。

降低成本太多，有忽视未来的危险，可能使未来的发展危机四伏。有些活动，以现在的情况来判断，很难证明合理，但未来可能效益甚丰。如果放弃了这种活动，那么暂时收支账目可能看上去更好些，但将来却没了后劲。例如，人员的培训，需要有经费的投入，却不能立即见到效益，但对企业的发展是至关重要的。企业建立通信网络，需要大笔资金的投入，同样不能立即产生明显的效益。但对企业信息的收集和沟通，对提高工作效率将起很大的作用。企业新产品研制开发费用的减少，有可能延缓新产品开发的时间，增加研制开发失败的风险。一家多角化经营的企业为降低成本，取消某项目前不赚钱的业务，而这项业务可能是具有发展和增长潜力的业务。

实际上，在降低成本方面存在着许多陷阱，企业要避免进入陷阱，就要发挥创造力，要处理好降低成本与其他职能之间的矛盾，既要立足当前，又要放眼长远；既要考虑近期收益，又要考虑长期发展。要想方设法以较低的成本实现同样的收益，并使成本优势转化为持久的竞争优势。

2. 差异性战略

差异性战略就是企业采用优于竞争者的方式在顾客广泛重视的某些方面力求独树一帜。一个能够取得和保持差异性形象的企业，如果其产品的溢价超过了为做到差异性而发生的额外成本，就会获得出色的业绩，取得在行业中的竞争优势。

差异性的手段因行业不同而异。它可以建立在产品本身的基础上，也可以以产品销售的交货系统、营销做法及其范围广泛的其他种种因素为基础。只要探讨各个职能，从采购、设计、工程，以至销售和服务，有哪些可以产生差异性，就可以构建以竞争者为基础的战略。这里的要点是，你与竞争者之间的差异一定要与价格、数量和成本这 3 项利润决定要素当中的某一项有关。

构建以竞争者为基础的差异战略，要有系统地找出你与竞争者之间差异的地方，特别是要找出自己的不足之处。很显然，不利于你的差异，会使你失去整个市场中的某一部分。但同时也要注意扬长避短，量力而行。例如，因为产品没有系列化或款式陈旧而遗漏了某些顾客群，采取扩充产品的规格型号或更新设计的方式完全可以补救。但也许并不可行，因为这要看生产能力和工程技术力量，是否能够在不失去经济竞争力的原则下适应广泛的产品范围。有时在缺乏经济实力的情况下追求差异性，使有限的资源分散使用，不仅不会增强竞争力，反而会影响竞争能力。将资源集中使用于能发挥自身长处的某一方面，满足某一有特殊需要的一小群买方，则有可能取得良好的经济效益，在某一领域占有竞争对手难以动摇的部分优势。

选择差异性的方法：选择差异性要以顾客为中心，不能为顾客所认同的差异性是毫无意义的。当一个企业能够为顾客提供一些独特的，对顾客来说其价值不仅仅是价格低廉的东西时，这个企业就具有了区别于其竞争企业的差异性。企业为顾客提供商品时要考虑两点：一是提高顾客所获得的收益，二是降低顾客的购买成本。例如，柯达的艾克复印机在最后整理文件部位增加了再循环文件的进纸器和一个在线自动夹，为用户减少了编排和装订文件的时间，提高了设备的使用效率，用户当然愿意为这种复印机支付溢价。又如，海尔冰箱厂向用户提供耗电低的电冰箱，为用户降低了使用费用，用户也愿意为这种冰箱支付溢价。

为顾客提高所获收益的关键在于了解对顾客来说什么是最理想的效益。顾客购买标准可以分为两种类型，即使用标准和信号标准。

使用标准可以包括如产品质量、产品特性、交货时间和应用工程支持等因素。例如，实物产品的差异，可口可乐与其他饮料相比就具有独特的风味。使用标准不仅包括有形的产品，还包括无形的服务等对产品起辅助作用的系统，即使有形产品并不具有差异性，但诸如交货及时、服务周到、维修和退货保证等方面的差异也是很重要的，因为这些活动比起有形产品来有更多可以作为衡量使用标准的尺度。

信号标准即产生于价值信号的购买标准，可以包括如广告、信誉或形象、包装和外观等因素。信号标准常常是很微妙的。例如，尽管喷漆工作与医用仪器的性能关系不大或毫不相干，但它可能对顾客对仪器的看法有重要影响。信号标准产生于企业对加强顾客看法的需要，即使顾客已购买了企业的产品。例如，海尔空调器厂组织的春季大回访——送温情的活动。他们每年组织服务人员在夏季用户使用空调器之前到用户家中帮助检查、维修空调器，以确保用户正常使用。这一活动对海尔空调器厂在经营上的差异性产生重要影响，树立起良好的企业形象。广告可能只强调产品的特性，而企业的名声却可以向顾客暗示他们的使用标准将得到满足。企业如果不能成功地、有效地发出价值信号，就永远不可能实现产品实际价值应得的溢价，也就难以取得差异性的竞争优势。

一个常见的错误是只强调使用标准而不满足信号标准，即所谓“好酒不怕巷子深”，这将影响企业的知名度，影响顾客对企业的了解。另一方面，只知调动信号标准而不符合使用标准通常也不会成功，因为顾客最终必然会认识到他们主要的需要未被满足。

这里重点强调形象的力量。海尔品牌的形象是由优异的质量、优良的服务、系列化的产品、先进的技术等综合要素所组成，其产品如冰箱、空调器、洗衣机的定价中以超过竞争者同型号同性能产品的 5% ~10%，甚至更多。由于有品牌的支撑，海尔从不参加任何产品的价格大战，不以价廉取胜。当产品的性能和销售方式很难加以差异化时，“形象”可能就是唯一积极的差异性因素。

正如在成本领先战略中存在着误区一样，差异性战略中也有一些易犯的错误。

第一，无价值的差异性。

一个企业在某些方面具有独特性并不意味着就具有经营的差异性。一般的独特性如果不能提高顾客所认同的价值，这种独特性就不可能形成经营差异性。经营差异性要能够给企业带来竞争优势，增加企业的销售，扩大市场占有率，或给企业带来更大的经济效益，这种差异性才有价值。

第二，过分的差异性。

追求差异性要掌握一定的尺度，过分的差异性可能会带来得不偿失的结果，不利于在竞争中取得优势的地位。

例如，在同一行业中，做广告与不做广告的企业会产生差异性，广告有促销的作用，但正如我们前面提到的秦池酒厂以 3.2 亿元的巨额资金在中央电视台做广告，并没有带来竞争优势。扩大销售带来的收益不够弥补巨额广告费用的支出。

第三，溢价太高的差异性。

企业采用差异性战略会增加投入，加大成本，溢价销售可以弥补差异性成本的支出，并获得更大的收益。但如果溢价太高，便会影响顾客购买的欲望。企业要以一种更为合理的价格与顾客共同分享一些价值，这样才能使差异性的优势得以持久保持。

第四，不了解经营差异性成本。

不少企业通常不能将它们创造经营差异性的活动成本分离出来，而假定差异性具有经济意义。因此，它们难以把握溢价的尺度。适当的溢价不仅取决于企业经营差异性的程度，而且取决于企业总体相对成本位置。如果一个企业不能把其成本保持在与竞争对手大体相近的水平，即使企业能够维持经营差异性，溢价的成本可能会增加而难以维系。

3. 集中性战略

集中性战略就是企业选择行业内一种或一组细分市场，并量体裁衣使其战略为它们服务，而不是为其他细分市场服务。通过为其目标市场进行战略优化，使企业集中资源致力于寻求其目标市场上的竞争优势，尽管它并不拥有在整个市场上的竞争优势。

（1）集中性战略的基础

集中性战略取决于细分市场间的差异。由于消费需求的多样化，使同时服务于多个细分市场的企业面临着不同档次之间协调成本的增加，且缺乏适应不同市场需求的灵活性。通过针对一个或少数几个细分市场的集中性经营，既可以获得成本上的优势，也可以获得差异性经营的收益。

日本有一家市场占有率极小的机械制造企业，所提供的产品选择几乎跟在市场上拥有45 %份额的领导性厂商一样繁多。这家小机械企业的产品没有一项赚钱，问题不在每一项产品的设计上，而是因为所分摊的开发和分销成本太高。该企业的经营者如果不在政策上做些基本改变，从“大小通吃”改为集中性战略，这种情势就会变成恶性循环。这家企业后来削减产品项目，把力量集中到其他企业的涵盖率并不大的细分市场中，情况立即得到改善。

美国有一家经营非常成功的企业，其产品占全世界一半的市场，税前赢利是资产的50%（美国平均11%）。他们的产品是一种油井泵使用的吸棒。在油井施工过程中，常常会因为一根所值无几的钢棒断了，而现场又没有备用品而损失数千美金。该企业在油井现场摆着存货，准备随时应客户召唤而起飞的直升飞机。他们记载客户耗用钢棒的情形，以及各种这一类的事情，使得客户在任何情况下都不会缺少钢棒。而大型钢铁企业却不可能这样做，他们的问题是如何销售数百吨的钢铁，他们眼中只看到吨，他们不会注意到某一细分市场的特殊需要，也不会把力量集中于这一细分市场。

如果一个企业能够在其细分市场上获得持久的成本领先或差异性地位，并且这一细分市场的产业结构很有吸引力，那么实施集中性战略的企业将会成为其产业中获取高、中市场收益水平的佼佼者。

（2）集中性战略的持久性

集中性战略可以包括不止一个细分市场，可以包括具有强烈关联的数个细分市场。但是，企业对任何一个细分市场的优化能力通常都随着目标的拓宽而减弱。

企业可以集中生产某一产品满足不同的消费者，这是产品专业化；也可以集中为某一消费群体提供不同类型的产品，这是市场专业化；还可以生产某一产品为某一消费群体服务，这是产品、市场集中化。无论采取何种策略，都各有利弊。产品专业化的企业有低成本设计和生产的优势，有对产品的深入了解。但满足不同的消费者可能会增加营销费用。同时，当某一消费群体有特殊要求时，企业就无法轻易地修改产品以适应不同需求。市场专业化的企业对某一消费群体有深入地了解，能提供系列产品为其服务而得到营销上的优势。但不同产品的设计、生产会增加成本。产品、市场集中化可以在某一狭小的细分市场赢得优势，但其灵活性就很差，当产品和市场发生变化时，受到的冲击最大。这里的问题是企业如何根据细分市场的情况，针对竞争对手的特点，结合自身的优势，采用集中性战略，并使所获得的竞争优势得以持久保持。

如果细分市场上无特殊要求，采用集中性战略的意义就不大。例如，美国皇冠企业集中经营可乐产品而不像可口可乐和百事可乐那样，供应风味较广的软饮料系列。只供应可乐产品和供应系列产品相比并不产生优势。除了口味上的偏好外，消费者对可乐产品和其他风味饮料的需求和购买行为并没有很大差别。相反，提供宽系列产品可以从共享生产、分销和广告等活动中获得极大的利益。因此，皇冠公司的集中性战略没有带来任何竞争优势，仅仅造成其劣势。

细分市场上有特殊要求，而相对于竞争对手，并不能生产出特色产品和提供特殊服务，以满足细分市场的需求，在这种情况下，采用集中性战略也同样不能获得竞争优势。

市场是动态的，随着时间的推移，某细分市场和其他细分市场间的差异减少；如果技术进步出现了新的替代产品，就会使原先采用集中性战略的企业丧失优势。因此，在选择集中力量服务的细分市场时要考虑动态因素。

5.1.2　市场发展战略

市场发展战略可以概括为密集性发展、一体化发展、多角化发展 3 种类型。

1．密集性发展

如果企业现有产品或现有市场尚有潜力可挖，则可选择密集性发展，它可以采用以下 3 种可能实行的产品——市场发展组合。

① 市场渗透，就是进一步挖掘市场潜力，把现有产品进一步渗透到现有目标市场中去，以扩大销售量。一是设法促使老顾客多购买本企业的现有产品；二是争取现有市场上的潜在顾客购买本企业的产品；三是吸引竞争对手的顾客购买本企业的产品。

② 市场开发，即为现有产品开辟新市场，扩大目标市场范围。市场开发有以下两种方法。一是在现有销售区域内，寻找新的市场。比如一家原以企业、事业单位为主要客户的计算机企业，开始向家庭、个人销售计算机。二是发展新的销售区域。如从城市市场转入农村市场，由国内市场转向国际市场。

③ 产品开发，向现有市场提供新产品或改进的产品，目的是满足现有市场上的不同需求。比如改变产品外观、造型，或赋予新的特色、内容；推出档次不同的产品；发展新的规格、式样等。

2．一体化发展

如果经营单位所在基本行业有发展前途，在供产、产销方面实行合并更有效益，便可考虑在其市场销售系统的框架中，增加新的业务，采用一体化发展战略。

① 后向一体化，企业收购或兼并若干原材料供应企业，拥有或控制其供应系统，实行供产一体化。这样做的原因，一般是由于供应商赢利很高，或发展机会极好，通过一体化争取更多收益；还可避免原材料短缺，成本受制于供应商的危险。

② 前向一体化，谋求对分销系统甚至用户的控制权。如收购、兼并批发商、零售商，以增强销售力量来求发展，或将自己的产品向前延伸，从事原由用户经营的业务，如木材企业生产家具，造纸厂经营印刷业务，批发商开办零售商店等。

③ 水平一体化，争取对同类型其他企业的所有权或控制权，或实行各种形式的联合经营。这样可以扩大生产规模和经营实力；或取长补短，共同利用某些机会。

3．多角化发展

多角化也称多样化、多元化，即向本行业以外发展，扩大业务范围，跨行业经营。当本行业缺乏进一步发展的机会或者其他行业更有吸引力时，可以采用跨行业的多角化经营，以实现新的发展。它主要可采用以下 3 种形式。

① 同心多角化，企业对新市场、新顾客，以原有技术、特长和经验为基础，有计划地增加新的业务。比如，拖拉机厂生产小货车，电视机厂生产各种家用电器。由于是从同一圆心逐渐向外扩展经营范围，没有脱离原来的经营主线，利用发展原有优势，风险较小，容易成功。

② 水平多角化，针对现有市场和现有顾客，采用不同技术增加新的业务。这些技术与企业现有的技术能力没有多大关系。比如，一家生产原来农用拖拉机的企业，现在又准备生产农药、化肥，实际上，这是企业在技术、生产方面进入一个全新的领域，风险较大。

③ 综合多角化，企业以新的业务，进入新的市场。新业务与企业现有的技术、市场及业务毫无关系。比如，汽车厂同时从事金融、房地产、旅馆等业务。这种做法风险最大。

多角化增长并不意味着企业必须利用一切可乘之机，大力发展新的业务。相反，企业在规划新的发展方向时，必须十分慎重，并结合现有特长和优势加以考虑。

5.1.3 网络营销战略

网络营销作为一种竞争手段，具有很多竞争优势，要知道这些竞争优势是如何给企业带来战略优势以及如何选择竞争战略，就必须分析网络营销对企业的营销提供的策略机会和存在的威胁。

1. 企业网络营销战略的作用

网络营销作为一种竞争战略，可以在下述几个方面加强企业在对抗某一股力量时的竞争优势。

（1）巩固企业现有竞争优势

市场经济要求企业的发展必须是市场导向，企业制定的策略、计划都是为满足市场需求服务，这就要求企业对市场现在和未来的需求有较多的信息和数据作为决策的依据和基础，避免企业的营销决策过多依赖决策者的主观意愿，使企业丧失发展机会和处于竞争劣势。利用网络营销企业可以对现在顾客的要求和潜在需求有较深了解，对企业的潜在顾客的需求也有一定了解，制定的营销策略和营销计划具有一定的针对性和科学性，便于实施和控制，顺利完成营销目标。如美国计算机销售企业戴尔（DELL）公司，通过网上直销和与顾客进行交互，在为顾客提供产品和服务同时，还建立自己顾客和竞争对手顾客的数据库，数据库中包含有顾客的购买能力、购买要求和购买习性等信息，根据这些信息戴尔公司将顾客分成 4 大类：摇摆型的大客户、转移型的大客户、交易型的中等客户以及忠诚型的小客户。公司通过对数据库的分析后针对不同类型企业制定销售策略。在数据库的帮助分析下，企业的营销策略具有很强针对性，在营销费用减少的同时还提高了销售收入。

（2）为入侵者设置障碍

虽然信息技术使用成本日渐下降，但设计和建立一个有效和完善的网络营销系统是一长期的系统性工程，需要投入大量人力、物力和财力。因此，一旦某个企业已经实行了有效的网络营销系统，竞争者很难进入企业的目标市场，因为竞争者要用相当多的成本建立一类似的数据库，而且几乎是不可能的。

从某种意义上说，网络营销系统成为企业的难以模仿的核心竞争能力和可以获取收益的无形资产。这也正是为什么技术力量非常雄厚的 Compaq 公司没能建立起类似 Dell 公司的网上直销系统，建立完善的网络营销系统还需要企业从组织、管理和生产上进行配合。

（3）稳定与供应商关系

供应商是向企业及其竞争者提供产品和服务的企业或个人。企业在选择供应商时，一方面考虑生产的需要，另一方面考虑时间上的需要，即计划供应量要能依据市场需求，将满足要求的供应品在恰当时机送到指定地点进行生产，以最大限度的节约成本和控制质量。企业如果实行网络营销，就可以对市场销售进行预测，确定合理的计划供应量，确保满足企业的目标市场需求；另外，企业可以了解竞争者的供应量，制订合理的采购计划，在供应紧缺时能预先订购，确保竞争优势。如美国的大型零售商 Wall-Mart 公司通过其网络营销系统根据零售店的销售情况，制订其商品补充和采购计划，通过网络并将采购计划立即送给供应商，供应商必须适时送货到指定零售店；供应商既不能送货过早，因为企业实行零库存管理，没有仓库进行库存，同时不能过晚，否则影响零售店的正常销售；在零售业竞争日益白热化的情况下，企业凭借其与供应商稳定协调的关系，使其库存成本降到最低；供应商也因企业的稳定增长获益匪浅，因此都愿意与 Wall-Mart 公司建立稳定的紧密合作关系。

（4）提高新产品开发和服务能力

企业开展网络营销，可以从与顾客的交互过程中了解顾客需求，甚至由顾客直接提出需求，因此很容易确定顾客要求的特征、功能、应用、特点和收益。在许多工业品市场中，最成功的新产品开发往往是由那些与企业相联系的潜在顾客提出的，因此通过网络数据库营销更容易直接与顾客进行交互式沟通，更容易产生新产品概念，克服了传统市场调研中的滞后性、被动性和片面性。对于现有产品，通过网络营销容易获取顾客对产品的评价和意见，决定对产品的改进方面和换代产品的主要特征。目前，有很多大企业开始实行网络营销，数据库产品的开发研制和服务市场规模也越来越大。例如，上面提到的美国通用公司在互联网上允许用户通过公司提供的辅助 CAD 软件设计自己所需要汽车，公司根据客户要求设计生产，一方面满足顾客不同层次需求，另一方面公司同时获得了许多市场上对新产品需求的新概念。在服务方面，美国联邦捷运（FedEx. com）公司，通过互联网让用户查询了解其邮寄物品的运送情况，让用户不出门就可以获取企业提供的服务，企业因此省去了许多接待咨询的费用，一举两得。

（5）加强与顾客的沟通

网络营销是以顾客为中心，其中网络数据库中存储了大量现在消费者和潜在消费者的相关数据资料，企业可以根据顾客需求提供特定的产品和服务，具有很强的针对性和时效性，可极大满足顾客需求。同时借助网络数据库可以对目前销售的产品满意度和购买情况作分析调查，及时发现问题、解决问题，确保顾客的满意，建立顾客的忠诚度。企业在改善顾客关系的同时，可以通过合理配置销售资源来降低销售费用和增加企业收入，例如对高价值的顾客可以配置高成本销售渠道，对低价值顾客用低成本渠道销售。网络数据库营销是现在流行的关系营销的坚实基础，因为关系营销就是建立顾客忠诚和品牌忠诚，确保一对一营销，满足顾客的特定的需求和高质量的服务要求。顾客的理性和知识性，要求对产品的设计和生产进行参与，从而最大限度地满足自己需求，通过互联网络和大型数据库，可以使企业以低廉成本为顾客提供个性化服务，例如，美国的通用汽车公司允许顾客在互联网上利用智能化的数据库和先进的 CAD 辅助设计软件，辅助顾客自行设计出自己需要的汽车，而且可以在短短几天内将顾客设计的汽车送到顾客的家。

2．网络营销的战略观念

网络营销区别于传统营销的根本原因是网络本身的特性和网络顾客需要的个性化。因此，网络营销必须以新的营销观念为指导，在传统营销战略观念的基础上，从网络特征和消费者需求变化的角度实现战略观念的创新。当然，网络营销战略观念不是对传统营销战略观念的否定，而是在现代市场营销理论范畴内的进一步深化和发展。在网络营销环境下，企业必须树立网络整合营销观念和“软营销”的观念。

（1）网络整合营销观念

由于消费者个性化需求的满足，使其对企业产品、服务产生良好的印象和偏好，当其再次需要该种产品或服务时，首先选择这个企业并提出新的要求和意见。随着企业与顾客的反复交互，一方面顾客的个性化需求不断地得到更好的满足，企业不仅会巩固顾客，而且会吸引更多的顾客；另一方面，企业对差异性很强的个性和潜在需求的满足，使其他企业的进入壁垒变得很高，从而与更多的顾客形成“一对一”的牢不可破的紧密关系。整合营销与传统营销相比，以顾客为出发点的观念更具体化，使市场细分更深入，企业满足顾客需求的目标更明确，营销手段更有针对性。可见，网络的功能使企业与顾客的交互沟通贯穿于企业营销活动的全过程。网络营销整合使企业的营销决策和营销过程形成一个双向的链。

（2）“软营销”观念

所谓“软营销”是指在网络环境下，企业向顾客传送的信息及采用的促销手段更具理性化，更易于被顾客接收，进而实现信息共享与营销整合。

网络时代的“软营销”观念是相对于工业化大规模生产时代的“硬营销”而言的。传统营销观念中普遍存在的强势营销手段：一是通过广告轰炸，强行地把产品信息传递给消费者；二是推销人员轮番地登门拜访。这种手段不考虑对方需不需要种类信息，更不事先征得对方的允许或请求。这种直接服务于商业目的的强行推销行为在网上会引起网民的极大反感。试想，在网络环境下假如没有良好的控制机制，造成信息泛滥，每当你打开 E-mail 信箱时就是一堆垃圾广告，就像你的储藏室进了老鼠，衣服上、面袋里全是老鼠屎，你会有什么感觉？你还有兴趣上网吗？

网络礼仪是网上一切行为的准则，以体现网络社区作为一个具有社会、文化、经济 3 重性质的团体是按照一定的行为规则组织起来的，网络营销也不例外。互联网上有专门的站点提供这种主题的网络礼仪知识，对营销人员来说，第一条网络礼仪就是“不请自到的信息不受欢迎”。同时，互联网上还有专门列举违反礼仪的广告商黑名单的地址，他会列出有关企业的名称及所犯错误，是网络营销人员学习网络礼仪的反面教材。

可见，“软营销”观念的特征主要体现在遵循网络礼仪的同时，通过对网络礼仪的巧妙运用留住顾客，并建立其对企业及产品的忠诚意识，从而获得最佳的营销效果。

3. 网络营销战略的重点

互联网络的功能使网络营销可以扩大企业的视野，重新界定市场范围，缩短与消费者的距离，取代人力沟通与单向媒体的促销功能，改变市场竞争形态。因此，企业网络营销战略的重点也相应体现在以下几个方面。

（1）顾客关系再造

在网络环境下，企业规模的大小，资金的雄厚实力从某种意义上已不再是企业成功的关键要素，企业都站在一条起跑线上，通过网页走向世界展示自己的产品。消费者较之以往也有了更多的主动性，面对着数以十万计的网址有了更广泛的选择。为此，网络营销能否成功的关键是如何跨越地域、文化、时空差距，再造顾客关系，发掘网络顾客、吸引顾客、留住顾客，了解顾客的愿望以及利用个人互动服务与顾客维持关系，及企业如何建立自己的顾客网络，如何巩固自己的顾客网络。

（2）提供免费服务

提供免费信息服务是吸引顾客最直接与最有效的手段。在美国的一家名为 Interactive Hyphen Net USA 的日商企业，自 1996 年底开始，在旧金山市提供免费的互联网络连线服务，用户只要负担开户费 29.95 美元，填写一份有关个人性别、学历、爱好与上网目的等的个人资料，即可拥有免费的网络连线账号。

（3）组建网络俱乐部

网络俱乐部是以专业爱好和专门兴趣为主题的网络用户中心，对某一问题感兴趣的网络用户可以随时交流信息。目前，网络世界里的用户俱乐部形形色色，如车迷俱乐部、生活百科园地、流行话题交流中心、流行精品世界、手表博物馆、美食大师等。网络用户俱乐部的每个分类项目都设有讨论区，可以吸引大批兴趣爱好相同的网友“聚集一起”交流信息和意见，这更便于企业一对一地交流与沟通，同时各分类项目的信息快报，也可免费向企业提供促销信息。为此，企业可以通过在网上开设或者赞助与之产品相关的网络俱乐部，把产品或企业形象渗透到对产品有兴趣的用户，并利用网络俱乐部把握市场动态、消费时尚变化趋势，及时调整产品及营销策略。

（4）定制营销

细分市场的极端是发现每一个买主都有自己特有的需求和欲望，所以每一位顾客都有可能成为一个细分市场。这种极端被称为定制营销。

实际上，一般情况下我们所做的市场细分，是根据买主对产品的不同需求或对营销的反应，将他们分为类型。以往企业偶尔走一走极端，不过，那时更真实的意图应该是将其作为一种不错的公关活动。但现在由于经济全球化，竞争的加剧，并且互联网的高速发展，使这种定制营销成为必要且可能。定制营销又称“个别化营销”、“自我营销”或“一对一”营销，定制营销并不是只适应于高度技术化和信息化的企业，也同企业的规模并无直接的联系，而有更大更广的适用范围。

网络沟通的互动性使企业能更准确地掌握顾客的需求和反应，为顾客提供更个性化的产品，即网络数据库为企业实施定制营销提供了有利的支撑。以电子商场为例，商家通过数据库可以全面了解网络顾客的生日、对产品的偏好习惯等，便可在适当的时间，利用电子邮件向目标顾客推荐相关产品或服务。这在国外已不是个例，摩托罗拉的营销员能为客户定制设计寻呼系统，交货的速度令人吃惊。摩托罗拉将设计传给工厂，在 17 分钟内开始生产，工厂 2 小时内发运，第二天送到客户的办公桌上。

目前，个性化家电在国外已逐步趋向流行，一些发达国家从 20 世纪 80 年代末就开始逐步淘汰大批量的家电生产方式，一条生产线可以生产几十种型号的产品，以满足不同消费者的个性化需求。如定制冰箱可以根据家具的颜色或是自己的品位，定制自己喜欢的外观色彩或内置设计。这种冰箱对厂家来说，就是把“我生产你购买”转变成了“你设计我生产”。虽然两者都是做冰箱，后者却有了服务业的概念。定制冰箱对企业的要求非常之高。可以想象，几百万台各不相同的冰箱都要做得丝毫不差，将是一项怎样浩繁的工程。然而，海尔从宣布要向服务业转移到推出定制冰箱，仅仅用了三四个月的时间。目前，海尔已能做到只要用户提出定制需求，一周内就可以将产品投入生产。而如今海尔冰箱生产线上的冰箱，有一半以上是按照全国各大商场的要求专门定制的。

(5) 建立网上营销伙伴

由于网络的自由开放性，网络时代的市场竞争是透明的，谁都能较容易的掌握同业与竞争对手的产品信息与营销行为。因此，网络营销争取顾客的关键在于如何适时获取、分析、运用来自网上的信息，如何运用网络组成合作联盟，并以网络合作伙伴所形成的资源规模创造竞争优势，是网上营销的重要战略内容。

建立网络联盟或网上伙伴关系，就是将企业自己的网站与他人的网站关联起来，以吸引更多的网络顾客。具体而言主要措施如下。

结成内容共享的伙伴关系（Content-Share Partnership）。内容共享的伙伴关系能增加企业网页的可见度，能向更多的访问者展示企业的网页内容。例如，一个在网上销售自行车的企业应和在网上销售运动服装的企业结成伙伴，在他们卖出运动服装的同时，使顾客同时了解山地车并卖出山地车；同样，一个提供关于自行车书籍和杂志的网站也是建立内容共享伙伴关系的最好选择。

交互链接和搜索引擎（Link Exchanges Search Engine）。交互链接和网络环（Web ring）是应用于相互网站间来推动交易的重要形式。在相关网站间的交互链接有助于吸引在网上浏览的顾客，便于他们一个接一个地按照链接浏览下去，以提高企业网站的可见性。

网络环只是一种更为结构化的交互链接形式。在环上一组相关的伙伴网站连在一起，并建立链接关系，访问者可以通过一条不间断的“链”，看到一整套相关网站，从而给访问者提供更为充实的信息。把企业的网站登录在一个大的搜索引擎上，是网上营销寻求伙伴关系的重要选择。因为有经验的互联网用户在网上查找所需的信息时，总是首先利用搜索引擎。例如，当你进入Yahoo！搜索一个想要的书或其作者的情况，除了通常的相关搜索结果清单外，你还会看到一个小窗口显示在网站 Amazon. com 上的相关书目目录上。需要注意的是，当访问者进入某一个查询领域时，企业的网站应该在给出的一长串目录的顶部附近出现，否则，你的网站很可能会被访问者所忽视，导致在搜索引擎上企业网站可见性和有效性的下降。

5.2 网络营销战略分析

市场营销是为创造实现个人和组织的交易，而规划和实施创意、产品、服务构想、定价、促销和分销的过程。网络营销是人类经济、科技、文化发展的必然产物，网络营销不受时间和空间限制，在很大程度上改变了传统营销形态和业态。网络营销对企业来讲，提高了工作效率，降低了成本，扩大了市场，给企业带来社会效益和经济效益。相对于传统营销，网络营销具有国际化、信息化和无纸化，已经成为各国营销发展的趋势。为了促进网络营销的普及和发展，对网络营销进行战略分析具有重要意义。

5.2.1 网络营销战略目标与模式

网络营销竞争的优势在于能够以最快、最准确的方式获取顾客信息，并能将产品说明、促销、顾客意见调查、广告、公共关系、顾客服务等各种营销活动整合在一起，进行一对一的沟通，不受时间和地域的限制，达到营销组合所追求的综合效益。然而，也正是随着互联网络的发展，从有形市场转向网络市场，使企业的目标市场、顾客关系、企业组织、竞争形态及营销手段等发生了改变，企业既面临着新的挑战，也存在着无限的市场机会，企业必须确立相应的网络营销战略，提供比竞争者更有价值、更有效率的产品与服务，扩大市场营销规模，实现企业的经营目标。

随着互联网的发展，从有形市场转向网络市场使企业的目标市场、顾客关系、企业组织、竞争形态及营销手段等发生了变化，企业既面临着新的挑战，也面临着无限的市场机会。企业必须制定相应的网络营销战略，提供比竞争者更有价值、更有效率的产品和服务，扩大市场营销规模，实现企业的战略目标。

树立正确的市场营销观念，对市场营销活动进行有效的战略规划，如同鸟之双翼，是一个企业在变动和发展的动态环境中成功经营的两大基础。

1. 网络营销战略目标

网络营销目标与传统营销目标一样，就是确定开展网络营销后达到的预期目的，以及制订相应的步骤，组织有关部门和人员参与。制订网络营销目标时必须考虑到与公司的经营战略目标是否相一致，与公司的经营方针是否吻合，与现有的营销策略是否产生冲突，这就要求在制订目标时必须有企业战略决策层、策略管理层和业务操作层的相关人员参与讨论。

一般网络营销目标考虑以下几个类型的目标。

（1）销售型网络营销目标

销售型网络营销目标是指为企业拓宽网络销售，借助网上的交互性、直接性、实时性和全球性为顾客提供快捷的网上售点（Network Point of Sale），目前许多传统的零售店都在网上设立销售点，如北京图书大厦的网上销售站点。

（2）服务型网络营销目标

服务型网络营销目标主要为顾客提供网上联机服务，顾客通过网上服务人员可以远距离进行咨询和售后服务，目前大部分信息技术型公司都建立了此类站点。

（3）品牌型网络营销目标

品牌型网络营销目标主要在网上建立自己品牌形象，加强与顾客直接联系和沟通，建立顾客的品牌忠诚度，为企业的后续发展打下基础，以及配合企业现行营销目标的实现，目前大部分站点属于此类型。

（4）提升型网络营销目标

提升型网络营销目标主要通过网络营销替代传统营销手段，全面降低营销费用，改进营销效率，促进营销管理和提高企业竞争力，目前的 Dell、Amazon、Haier 等站点属于此类型。

另外，混合型网络营销目标可能想同时达到上面几种目标，如 Amazon. com 公司通过设立网上书店作为其主要销售业务站点，同时创立世界著名的网站品牌，并利用新型营销方式提升企业竞争力。它既是销售型，又是品牌型，同时还属于提升型。

2. 网络营销战略模式选择

企业要引入网络营销，首先要弄清楚网络营销通过何种机制达到何种目的，然后企业可根据自己的特点及目标顾客的需求特性，选择一种合理的网络营销模式。目前，人们已归纳了如下几种有效的网络模式。

（1）留住顾客增加销售

现代营销学认为保留 1 个老顾客相当于争取 5 个新的顾客。而网络双向互动、信息量大且可选择地阅读、成本低、联系方便等特点决定了它是一种优越于其他媒体的顾客服务工具。通过网络营销可以达到更好地服务于顾客的目的，从而增强与顾客的关系，建立顾客忠诚度，永远留住顾客。满意而忠诚的顾客总是乐意购买公司的产品，这样自然而然地提高了公司的销售量。

德国的媒体集团“贝塔斯曼”在上海的总部是以“贝塔斯曼书友会”的形式开展网络营销和传统营销并行的营销活动，在开始的阶段，“贝塔斯曼书友会”将工作放在发展新会员上，有一定的效果。但是后来发现不断增加的新会员并没有给公司增加相应的销售额，而老顾客的减少却使销售量有较大幅度的降低。针对这种情况，“贝塔斯曼书友会”在留住顾客、增加销售量上做文章，策划了许多相关的营销活动，果然取得了比较理想的效果。

“小天鹅”公司通过大量的市场调研，得出一组营销数据：1：25：8：1。即1个顾客使用小天鹅产品并得到了满意的服务，他（她）会影响周围其他25位顾客，因为比企业的广告或宣传而言，使用者的亲身感受最客观、最公正。同时，其中8个人会产生购买欲望，1个新顾客会产生购买行为。这就是顾客的市场辐射效应。网络营销信息沟通的双向互动性、信息阅读的可选择性与便捷性，使网上营销的企业更能有针对性地为目标顾客提供所需的服务，通过顾客服务，建立企业与顾客之间的密切关系，从而留住、巩固老顾客，吸引更多的新顾客。对企业服务满意的顾客自然乐于购买、使用企业的产品，从而实现通过网上服务达到增加销售的目标。

（2）提供有用信息刺激消费

本模式尤其适用于通过零售渠道销售的企业，它们可以通过网络向顾客连续地提供有用的信息，包括新产品信息、产品的新用途等，而且可根据情况适时地变化，保持网上站点的新鲜感和吸引力。这些有用的新信息能刺激顾客的消费欲望，从而增加了购买量。

（3）简化销售渠道、减少管理费用

使用网络进行销售对企业最直接的效益来源于它的直复营销功能。即通过简化销售渠道、降低销售成本、最终达到减少管理费用的目的。本模式适用于将网络用作直复营销工具的企业。

利用网络实施直复营销，对顾客而言必须方便购买，使顾客减少购物时的时间、精力和体力上的支出与消耗；对企业而言，实现简化销售渠道、降低销售成本、减少管理费用的目的。在网上书籍、鲜花和礼品等网上商店是这种模式的最好应用，但是，有些网上书店的客户购书手续过于烦琐，影响了它的网上销售业务。在这方面，依托互联网发展起来的“当当书店”做得较好，该书店对上网购书的顾客提供了多种快速和方便的途径，比较受欢迎。

（4）让顾客参与、提高顾客的忠诚度

新闻界已有一些成功运用此模式的例子。报纸和杂志出版商通过它们的网页来促进顾客的参与。它们的网页使顾客能根据自己的兴趣形成一些有共同话题的“网络社区”，同时也提供了比较传统的“给编辑的信”参与程度高得多的读编交流机会。这样做的结果是有效地提高了订户的忠诚度。

同样，电影、电视片的制作商也可用此模式提高产品的流行程度。他们可以通过建立网页向观众提供流行片的一些所谓“内幕”，如剧情的构思，角色的背景，演员、导演、制片人的背景资料、兴趣爱好等。这些信息对影迷们是很有吸引力的，因为这样能使他们获得一种内行的鉴赏家的感觉，这种感觉会驱使他们反复地观看某部流行片，评头论足，乐此不疲。同时，他们还会与他的朋友们讨论这部片子，甚至还会劝说他的朋友去看一看。

（5）提高品牌知名度、获取更高利润

将品牌作为管理重点的企业可通过网页的设计来增强整个企业的品牌形象，Coca Cola、Nike等著名品牌都已采用网络作为增强品牌形象的工具。

企业可以通过网页的设计，突出品牌宣传，树立整体的企业品牌形象，建立顾客忠诚度，实现市场渗透，最终达到提高市场占有率的目的。例如，可口可乐公司不是将网络作为直复营销的工具，而是将网络作为增强品牌形象的工具。

（6）数据库营销

网络是建立强大、精确的营销数据库的理想工具，因为网络具有即时、互动的特性，所以可以对营销数据库实现动态的修改和添加。拥有一个即时追踪市场状况的营销数据库，是公司管理阶层作出动态的理性的决策的基础。传统营销学中一些仅停留在理论上的梦想，通过网络建立的营销数据库可以实现，例如对目标市场进行精确的细分、对商品价格的及时调整等。数据库营销模式是传统营销模式的现代化，具有科学性和预测性的优势。

5.3　网络营销战略策划

网络营销战略策划是企业以市场需求为导向，在激烈的市场竞争中，为了充分利用市场机会，避免环境威胁，求得企业持续、健康、高效的发展，在对企业内外营销环境分析的基础上，对企业网络营销的任务、目标以及实现目标的方案、重点和措施做出总体的和长远的谋划并实施与控制的过程。它是指导企业网络营销活动，合理分配企业网络营销资源的纲领。

在企业的网络营销活动过程中，往往不止有一个希望实现的目标，但企业必须可依据内部条件和外部环境，确定一个一定时期内最合理的目标，这便是网络营销战略策划的第一层含义。同时我们知道，实现一个既定的目标，往往不止有一种途径、一种方案，但其中必有一种方案或一种途径被企业认为是最适宜、最可行的。谋划、选择和确定一个最为合理、最为可行、最能快速高效实现其预定目标的方案，这便是网络营销策划的第二层含义。

5.3.1　网络营销企业策划

企业在市场上的不同地位应采用不同的网络营销策略。例如，挑战者由于在传统市场上拥有一定实力，而且不断尝试成为市场领先者，制定网络营销策略时一般采取的是积极全力投入的态势，但要注意控制网络营销投资的风险。如联想公司作为市场挑战者，它积极利用互联网来改造和整合企业营销策略，设计满足中国人需要的网络时代的天禧计算机，一举成为亚太市场占有率第一的计算机公司。

网络营销使得以规模大小来划分强弱的标准过时。对于强者网络营销更多是一种挑战，因为这些传统强势企业的传统营销策略优势可能在网络时代失去了竞争优势；对于中小型企业来说，开展网络营销对企业更多的是一种机遇，利用网络营销中小企业可以在网上虚拟市场开展营销活动，将企业目标市场拓展到以前在传统市场上无法企及的市场。

企业由于自身特点和目标市场不同，在选择网络营销策略时必须作出适当地调整。许多服务性行业如金融类的证券、银行、投资和保险等企业都开展网上服务，实施网络营销策略并取得了巨大竞争优势。

企业可以通过互联网及时了解市场需求变化和顾客新的需求和建议。企业可以马上转入下一代更新换代产品的设计开发，并在上代产品的成熟期推出，当老产品步入衰退期时，新产品已经步入成长期，市场仍保持持续增长。企业还应该注意产品周期不同时期采取适当的网络营销策略，以使该产品能顺利实现营销目标。

5.3.2 网络营销管理策划

1. 网络营销计划的编制

企业应根据自身的特点，设定相应不同效应的明确目标。这包括网络营销管理模型的选择和量化指标的确定，如提高品牌知名度，支持其他营销活动，减少营销费用和时间等；网络营销应该由营销部门负责，营销部门对整个公司的状况、产品、市场等都比较了解，IT部门也要积极用最新的技术手段最好地实现营销目标；网络双向互动的特性决定了网上企业会收到大量的反馈信息，公司有关部门应尽可能快、尽可能详细地给予答复，对一些常问的问题可通过预先设置自动应答器立即给出预备的答复；公司要设立专门的网上信息监督人员，确保网上不会出现过时的信息和与企业宗旨、目标相违背的信息。

网管的职能是一个企业新经营思想的缔造者或一个注重细节的技术人员。网络管理部门应具备以下基本素质：应具备同时处理多项任务、品牌、创新的能力；应具备财务预算管理和规划的能力；对HTML有深刻地理解和运用能力，并能和企业的整个管理信息系统相协调；较强的设计能力；具有较强沟通技巧和交流能力；良好人际关系和表达能力；过去曾有过媒体工作背景的更好。

企业若要选择网络服务商，可从以下方面考虑：公司业务背景、关键人员的资历和素质、提供的服务、站点特性、费用、设备及性能。

2. 网络营销的规划

制定完整的计划书：通过确定合理的目标，明确界定网络营销的业务；广泛听取各部门的意见，确定营销预算，分配营销任务；依据营销任务规划营销活动的内容，创建友好、信息丰富的网页，并使网上营销和企业的管理融为一体。网络营销的任务：根据本企业的自身特点和所处行业的特点，选择合理的网络营销管理模型，明确本企业引入网络营销管理会带来的主要效益和费用，并设定这些效益和费用的明确数量指标，相应地网络营销部门的任务也就清晰地界定了。

5.3.3 网络营销系统策划

1. 开发方式

如果企业本身具有一定的技术能力，有一批开发会计信息系统所需要的复合型人才，往往希望自行开发系统。该种方式能够最好地满足单位管理的需要，便于维护。购买通用商用系统是实施的捷径。该种方式见效快、费用相对较低、系统质量较高、安全保密性较好、维护有保障。对于小型企业、事业单位以及业务比较规范而且特殊要求不多的大中型企业来说，通过购买商用系统的途径比较合适。大多数单位不具备自行开发系统的能力，这时可以考虑委托外单位开发系统。采用委托开发方式是针对本单位的业务特点和管理需求建立系统；可以弥补本单位技术力量不足的缺陷；由于是专用软件，比较容易为使用者接受。这种方式比较适用于本单位开发力量不足而又希望使用专用系统的单位。与外单位合作开发系统，从成本、效益的角度考虑，不失为一种较好的开发方式。

2. 开发步骤

论证建设一个新的信息系统的必要性，并提出一个初步的设想；通过对原有系统存在问题的分析，找出解决这些问题的各种方案，评价每种方案的可行性，提出新系统的逻辑模型；生成系统逻辑设计和程序设计的规格说明书；把设计阶段完成的规格说明书转换成软件的程序代码；测试不仅证明技术正确性，而且验证系统凝聚性；培训、转换、使用、评价和维护等项内容；合理核算成本和收益，以保成本收益为准来支持结构合理的营销计划。

3. 系统功能

信息交流沟通，如金山网站中的栏目：新闻组、论坛、注册，这些都是金山公司进行交流和沟通的有效渠道。企业信息发布，如金山网站中的栏目：产品介绍、公司简介、新闻、搜索等栏目。网上销售，利用互联网进行网上销售既可以减少交易费用，又可以直接与消费者进行沟通，有利于完善软件和产品功能。个性化服务，为方便和吸引更多网民访问公司网站，更好为企业的顾客服务，还可以建设一些子站点为顾客提供更差异化的满足顾客个性化需求的网站。如金山公司专门针对公司产品文字处理软件、词霸等设有专门网站。售后服务，设计时可以根据企业实际情况提供网上售后服务。如金山公司的网站提供了消费者需要的有关技术资料信息和操作培训信息。

5.3.4　网络营销网站功能策划

1. 网站内容

对于主体内容的确定，切记避免贪大求全，例如，目前 icp 网站内容的重复性高。几乎所有的 icp 都有游戏、娱乐、体育、生活等方面的特色栏目，你再做，使得本来的“特色”都没有了。Sina 的新闻报道内容多，更新及时，从而一跃成名，甚至盖过了它原先就小有名气的聊天室。企业网络营销站点建设的目的有着很大不同，大多数传统行业企业只是把网络营销站点当做一种宣传、广告、公关和销售补充工具而已。但也有一部分企业依靠建立网络营销站点，发展特殊网络营销赢利业务。合理安排网络营销站点的内容对企业至关重要，精心规划，提高站点知名度，使企业 Web 在整个营销体系中真正发挥作用。

2. 策划步骤

确定目标：如为用户提供了良好的用户服务渠道、试图销售更多的产品和提供更多的服务等。考虑访问者：预期主要目标受众在哪些地区，哪些人口结构；接入互联网的带宽有多大，能否快速访问到网站内容，谁会使用你的网络页面。确定网站提供信息和服务：根据访问者的需求规划站点的结构和设计信息内容。规划设计时应考虑：按照访问者习惯规划站点的结构，结合企业经营目标和访问者兴趣规划信息内容和服务。建设网站时应该考虑：网站设计技巧、网站建立形式、网站推广、网上市场调查、网上消费者行为分析、网络营销的策略、网上产品和服务策略、网上价格营销策略、网上渠道选择与直销、网上促销与网上广告、网络营销管理与控制。

5.3.5　网络营销网站建设策划

1. 设计技巧

主页应包括企业名称、标志、对站点内容进行简单有效导航的菜单或图标、着重标明最重要的新闻或修改内容以及客户与公司联系的地址等。主页制作应遵循快速、简洁、引入信息概括能力强的原则；网页设计要具有鲜明的个性，以充满人情味的内容来吸引善良的网民；将设计好的页面下载时间不要超过 30 秒；企业站点自身的硬软件配置应尽可能高；设计渐进显示的页面，易于导航；建议每个页面都包括站点的 E-mail 地址或回复按钮；如果你的站点很庞大，建议设计站点内的“交通图”；在站点首页的文字内容中及早提示站点中的“互动特性”的内容；注意到互联网全球性的特征，对中国企业的站点来说至少要保证英文、中文两个版本；专门设计一个网页进行企业背景资料的介绍；内容详尽的关于产品和服务的介绍；设立联系企业与客户的专门空间，如可以开设讨论专栏；企业营销网络的展示；在网站的首页关键位置，设置一个能将企业网站纳入浏览者个人收藏夹的快捷方式，以便让那些感兴趣的访问者，能方便地再次浏览；企业可以根据自己所在行业的特点，加入更具个性化的内容，以期达到吸引浏览者，提高访问量的目的。

2. 域名注册

企业应尽早注册网上域名，为企业的持续发展奠定基础。由于国际域名的资源十分有限，且不受商标法保护，一般来讲，谁先注册，谁就有权使用。企业的品牌、商标是企业努力经营所得，都是企业的无形资产，急需加以保护。由于域名和商标都在各自的范畴内具有唯一性，从企业树立形象的角度看，域名和商标之间势必存在着千丝万缕的联系。许多企业在选择域名时，往往希望选择与企业商标一致的域名，应该对网上域名注册的问题予以足够的重视；域名是企业形象在网络上的延伸，它应该与企业的经营有着内在的联系。如与企业名称一致、与企业的产品注册商标一致或与企业成功的广告语内容一致等，让对企业感兴趣的人们猜也能猜到企业的域名，这样一定可以为企业省掉域名及网站的推广费用。域名应该尽量简短，容易记忆。域名的长度最好不要超过 15 个字母，否则会引起企业网站访问者的不悦。企业在拥有自己的域名后，除了可以建立专用电子邮件系统以外，更重要的应用就是建立企业的专属站点，充分利用互联网宣传企业，拓展市场。

5.4 网络营销战略计划制订

5.4.1 网络营销战略计划的制订

网络营销作为信息技术的产物，具有很强的竞争优势。但并不是每个公司都能进行网络营销，公司实施网络营销必须考虑到公司的业务需求和技术支持两个方面，业务方面如公司的目标、公司的规模、顾客的数量和购买频率、产品的类型、产品的周期以及竞争地位等；技术方面如公司是否支持技术投资，以及决策时技术发展状况和应用情况。由于互联网作为大众型的信息技术，它的使用发展非常迅猛，而网络营销技术作为专业性技术依赖于公司的技术力量。

网络营销战略计划的制订要经历 3 个阶段。首先确定目标优势，网络营销是否可以促使市场增长和增加市场收入，同时分析是否能通过改进目前营销策略和措施，降低营销成本。其次是分析计算网络营销的成本和收益，须注意的是计算收益时要考虑战略需要和未来收益。最后是综合评价网络营销战略计划，主要考虑的有以下 3 个方面：成本效益问题，成本应小于预期收益；能带来多大新的市场机会；考虑公司的组织、文化和管理能否适应网络营销战略后的改变。

1. 网络营销战略计划的内容

企业制订网络营销战略计划，应包括以下几个方面的主要内容。

(1) 网络营销的目标

与传统营销管理一样，网络营销管理首先需要设置明确的营销目标。只有确定了明确的营销目标，才能对网络营销活动作出及时的评价。企业应防止没有明确目标的网络营销，一窝蜂地挤进网络，而这正是目前上网企业常犯的错误。由于网络营销尚处于初始化阶段，无论是理论上还是实际操作上均有很多不完善的地方，所以现在许多企业在万维网上设置自己的网页，其目的常常不是在于直接的网上销售量，而是着眼于网络营销所带来的其他效应，如通过网络营销向潜在顾客提供有用信息使之成为购买者；提高品牌知名度；建立顾客的忠诚从而留住顾客；支持其他营销活动；减少营销费用和时间等。因为有这些效应，万维网上的企业与日俱增。企业在引入网络营销的时候可根据自身的特点，设定相应于不同效应的明确的目标。

(2) 网络营销的管理部门和财务预算

网络营销既涉及营销部门又涉及信息技术部门，所以公司应明确地规定网络营销的负责部门，以免出现政出多门、责权不明的现象。大多数网络营销由营销部门负责。因为营销部门对整个公司的状况、产品、市场等都比较了解，明确公司的发展方向和目标；而技术部门对企业网页设计的技术细节有详细的了解，他们可能更注重技术细节，而忽略了营销的整体效果，结果可能适得其反，达不到预期目标。例如，将主页的图像做得非常形象、复杂、漂亮，但下载时间过长，结果是冲浪者没有耐心等待图、文、声并茂的主页出现，早就跳向其他的站点了。但是营销部门应和 IT 部门全力合作，对新的技术工具的优点、缺点、用途应有一个概括的了解，IT 部门也应积极参与网络营销计划与开发的过程，保证能用最新的技术手段最好地实现营销目标。

另一个问题是网络营销的费用应由哪个部门负责，是营销部门、客户服务部门、公共关系部门中的一个部门负责，还是各出一部分？这个问题应根据各个企业的规模大小、网页内容等实际情况由公司决策部门统一规定，没有适用于所有企业的统一方法。

(3) 反馈信息的管理

网络双向互动的特性决定了网上企业会收到大量的反馈信息，企业要专门设人对这些信息进行管理，那么由谁对这些信息进行管理呢？这取决于企业的类型和网页的内容。有的企业可能是由产品部门经理负责，有的可能是由顾客服务部门经理负责，大的企业可能两者都要负责。反馈信息一般都是通过发给企业的 E-mail 而获得的，这样对大型的企业，若只有唯一的 E-mail 地址，则需要设立一个专门负责 E-mail 分类的管理员，根据反馈信息的内容分类发给相应的部门。或采用一个简便的处理办法，不同的部门设置独立的 E-mail 地址，由反馈信息的发送者根据信息的内容自己决定应发送到哪个部门。

反馈信息中有一部分内容是顾客提出的各类问题，对这些问题企业有关部门应尽可能快、尽可能详细地给予答复。对一些常问的问题可通过预先设置自动应答器立即给出预备的答复，让他查询企业的 FAQ（Frequently Asked Questions，常见问题）。对一些不能即时答复的问题，企业应回复提问者，告诉他已收到他的问题，并承诺他给出答复的时间限制——通常应该在 24 小时内。

(4) 企业网上形象的树立

网络作为一种媒体给予了参与者充分自由的空间。自由能促进信息的交流和利用，但如果管理不当也容易产生混乱，所以企业应采取积极措施维护企业的网上形象，保证它的一致性。

企业首先要设立专门的网上信息监督人员，并赋予他关闭有害信息的权力，同时确保网上不会出现过时的信息，以及与企业宗旨、目标相违背的信息。

其次，要告诫企业所有职员，在参加网上讨论或给新闻组、邮件列表发送信息时要明确自己的身份，如果一些观点不能与公司的宗旨、目标保持一致，应指明这些观点是自己的看法，不代表公司的看法。如果因企业职员发布违背公司宗旨的观点而引起混乱，企业应在网上及时发布申明，澄清这些观点，并对该职员采取一定的惩罚措施。这要求企业安排专人经常监视与企业相关的重要的网络论坛、新闻组等场所中的有关言论。

再次，要保证授权代理商和母公司网络形象的一致性。企业应根据网上形象一致的原则，考虑企业的规模、作业特点等，确定代理商是否需要独立设置站点，及代理商网页的具体内容。如果母公司对代理商提供支持服务，在母公司的网页上应特意申明，并确定使用多大的空间来实现这种支持服务。

（5）网络师的职能

富兰纳根（加拿大醇酒业龙头企业 Molson 的网络项目负责人）的观念：网络师（Web Master，WM）的工作权限类似于一个杂志编辑。根据要实现的目标和网页包括内容的范围，WM 的责任变化范围是很大的。在国外，WM 在企业中的地位也是因企业而异，有的企业视之为“国王”，有的企业视之为硬件软件的“检修工”。用一句话来描述 WM 的职能变化，可以说他可能成为一个企业新经营思想的缔造者，也可能成为一个注重细节的技术人员。总之，随着 HTML 编程环境和语言的简化，WM 工作的神秘性也会逐步解除，将来会有更多的人掌握 WM 工作的技巧，因为计算机工业总是向着友好、易操作的方向发展。

一般来讲，WM 应具备以下基本素质：应具备同时处理多项任务、品牌、创新的能力；应具备财务预算管理和规划的能力；对 HTML 有深刻的理解和运用能力，并能和企业的整个管理信息系统相协调；较强的设计能力；具有较强的沟通技巧和交流能力；良好的人际关系和表达能力；过去曾有过媒体工作背景。

（6）网络资源管理部门的设立问题

有一种观点建议企业专门设置一个管理部门来实现网络资源和企业其他部门的协调。这个管理部门称为 WIRE（Web/Internet Resource Executive），主要负责企业范围内关于电子商务的信息交流与协调。

（7）网络服务商的选择

许多企业发现在开展 Web 服务或者进行网上市场营销时需要他人的帮助。互联网迅速增长的结果之一就是孕育了许多专门提供 Web 相关服务的网络服务商（Internet Service Provider，ISP）。这些公司随着用户的需求调整自己的服务，它们通常都提供以下服务：Web 购物服务；市场调查；编写 HTML 文档；文档格式转换；图像操作；命令文件的创建。

企业在选择网络服务提供商时应遵循的第一个准则就是听取当前其他客户的参考意见。第二个准则就是自己亲自了解，如访问该公司的主页及其客户的主页，获取公司工作的质量和功能的第一手材料。下面列出了评估和比较网络服务提供商时应考虑的因素。

提供的服务：包括基本的市场营销研究/评估；把 Web 站点集成到互联网和公司形象中；追踪和分析站点的通信情况；定义页面的内容、格式和功能；定义输入表格；站点导航建议。

站点特性：拥有基于 Web 的 FAQ、Gopher 和 mailbox 功能。

费用：包括咨询和建议的费用；初期建设费用；每月费用；域名登记服务费用；页面制作费用；维护/更新费用；页面登记服务费用；图像准确处理费用；磁盘存储费用；签约应付的最小义务要求；其他费用。

设备及性能：包括连接互联网的方式；安全措施；服务器的硬件类型及软件类型；进出线路的数量及类型；站点开展多少种业务；存储的速度及空间大小；应急措施比如电源和电

池备份。

公司业务背景：包括关键人员的资历和素质；位置（物理位置）、电话、传真等；从业时间；客户端要求；技术和业务的背景关系；公司所有者；财政稳定性（每年的财务报表）。

（8）网上销售对其他销售渠道的影响

据 Lyber ljiaAogue 研究公司调查，1997 年美国的消费者用于购买网上服务和产品的总价值为 32 亿美元，但消费者上网寻找产品信息后再离线购买的达 42 亿美元。这一调查表明，成功的网上营销不仅会增加网上销售，而且会促进其他销售渠道的销售，当然也不排除影响其他销售渠道销售量的可能。因此，企业应通过市场调研进行统计分析，判断网上营销对其他销售渠道的影响，在制订计划时考虑到两者的关系，使网上营销计划与企业整个营销计划协调一致。

（9）改进、提高网页水平

网络营销计划的一个重要内容是如何创建友好的、信息丰富并能全面反映企业营销活动内容的网页。一个好的网页能够更好地展示商品，即通过图片、数据、文字等将商品的特点、性能、规格、技术指标、价格、售后服务及质量承诺等信息传递给消费者，帮助消费者成为该商品的内行。网页的设计应营造出一种使消费者身临其境的商业氛围，网页内容的制作应由纯粹的艺术创意转向科学的信息分类、索引，以简便、灵活、快捷、双向互动式信息查询服务于网络的访问者。通过网页内容和形式的改进、提高以及适时地修改，建立起企业与消费者之间的相互信任关系，建立商品的信誉，达到企业与消费者不仅交流信息而且交流感情的目的。

（10）树立形象、延伸销售网络的考虑

成功的网络营销有助于实现与其他企业的联合，扩大销售网络，更有效地占领市场。因此，网络作为一种媒体给参与者提供了无限自由的空间，促进信息的交流和利用。企业的网上信息与形象，可能引起世界各地代理商、分销商及零售商的兴趣，他们通过市场跟踪与分析，认为企业产品或服务有广阔的市场前景，会主动联系成为企业的代理商或分销商，从而通过网络建立与他企业的联合。因此，销售网络的延伸，市场覆盖面的拓展是制订网络营销计划时应考虑的一个重要因素。

2. 网络营销战略计划的制订原则

（1）明确网络营销的实施步骤

网络营销战略计划的制订，首先要掌握开展网络营销的全过程，网络营销过程主要包括以下 10 个基本步骤：通过确定合理的目标，明确界定网络营销的任务；广泛听取各部门的意见；确定营销预算；分配营销任务；依据营销任务规划营销活动的内容；创建友好、信息丰富的网页，企业的网页应能全面反映营销活动的内容；与万维网连接；改进、提高企业网页水平；网上营销的测试与网页修改；使网上营销和企业的管理融为一体。

网络营销战略计划应全面考虑上述每个管理过程，然后才能制订出完整的计划书。

（2）明确网络营销对企业的影响

界定网络营销任务时首先要根据本企业的自身特点和所处行业的特点，选择合理的网络营销管理模式，明确本企业引入网络营销管理会带来的主要效益和产生的费用，并设定出这些效益和费用的明确数量指标，这样营销管理的目标才算是明确确定，相应地网络营销部门的任务也就清晰地界定了。网络营销对传统营销的每个步骤几乎都有一定的影响，在制订网络营销战略计划的目标、任务时应考虑这些影响：对公司的整体影响，网上企业的竞争优势，增加竞争调研的透明度，市场拓展，销售，公共关系，顾客服务，网上广告，降低产品支持费用，增强品牌形象。

5.5 网络营销组合策略

现代市场营销的主旨是用户导向，然而迄今为止，大多数企业的市场营销都是单向的，即依赖各种各样的媒体广告来促进顾客的接受，再以各种各样的调查研究方式了解顾客的需求。两种过程在大多数场合下是分离的，而互联网则提供了企业与顾客双向交流的通道，使企业得以发展规模化的交互式的市场营销方式。这种交互式的市场营销方式一方面让企业更直接、更迅速地了解顾客的需求；另一方面，使企业有更多的空间，为用户提供更具价值的售前服务和售后服务。互联网的商业应用改变了传统的买卖关系，带来了企业市场营销方式的变革，对市场营销提出了新的要求。随着互联网为特征的信息技术和市场营销相互结合、相互作用，形成了网络营销组合，即顾客需要的产品（Customer's Needs and Wants）、促销（Communication with Customer）、价格与支付（Cost and Value to Satisfied Customer's Needs and Wants）、物流渠道（Convenience to Buy）和客户关系管理（Customer Relationship Management）、信用（Credit）的组合，由于这6个要素的第一个字母都是C，所以我们也可以把它们简称为6C。

5.5.1 产品策略

在基于互联网的网络营销中，企业的产品和服务要有针对性，其产品形态、产品定位和产品开发要体现互联网的特点。

1. 产品形态

在互联网上，信息产品和有形产品的销售是不一样的。信息产品直接在网上销售，而且一般可以试用，而有形产品只能通过网络展示，尽管多媒体技术可以充分生动地展示产品的特色，但无法直接尝试，而且要通过快递公司送货或传统商业渠道分销。因此，网络营销的产品和服务应尽量是信息产品和服务、标准化的产品、在购买决策前无须尝试的产品，才有利于在网上销售。

2. 产品定位

在消费者定位上，网络营销的产品和服务的目标应与互联网用户一致，网络营销所销售的产品和服务的消费者首先是互联网的用户，产品和服务要尽量符合互联网用户的特点。在产品特征定位上，互联网用户的收入水平和教育水平都较高，喜欢创新，对计算机产品和高技术产品情有独钟，因此，要考虑产品和服务是否与计算机有关，是否属于高技术。

3. 产品开发

由于互联网体现的信息对称性，企业和顾客可以随时随地进行信息交换。在产品开发中，企业可以迅速向顾客提供新产品的结构、性能等各方面的资料，并进行市场调查，顾客可以及时将意见反馈给企业，从而大大地提高企业开发新产品的速度，也降低了开发新产品的成本。通过互联网，企业还可以迅速建立和更改产品项目，并应用互联网对产品项目进行虚拟推广，从而以高速度、低成本实现对产品项目及营销方案的调研和改进，并使企业的产品设计、生产、销售和服务等各个营销环节能共享信息、互相交流，促使产品开发从各方面满足顾客需要，以最大限度地实现顾客满意。

5.5.2　价格与支付策略

网络营销中产品和服务的定价要考虑以下因素。

1. 国际化

由于互联网营造的全球市场环境，企业在制定产品和服务的价格时，要考虑国际化因素，针对国际市场的需求状况和产品价格情况，以确定本企业的价格对策。

2. 趋低化

由于网络营销使企业的产品开发和促销等成本降低，企业可以进一步降低产品价格。同时，由于互联网的开放性和互动性，市场是开放和透明的，消费者可以就产品及价格进行充分地比较、选择，因此，要求企业以尽可能低的价格向消费者提供产品和服务。

3. 弹性化

由于网络营销的互动性，顾客可以和企业就产品价格进行协商，也就是可以议价。另外，企业也可以根据每个顾客对产品和服务提出的不同要求，来制订相应的价格。

4. 价格解释体系

企业通过互联网，向顾客提供有关产品定价的资料，如产品的生产成本、销售成本等，建立价格解释体系，为产品定价提供理由，并答复消费者的询问，使消费者认同产品价格。

此外，网络营销中提供产品和服务的价格依然要根据产品和服务的需求弹性来指定，同时又要考虑网络营销的特点。企业在网上可以向顾客提供价格更低的产品和服务，但向顾客提供更多的方便是不可忽视的重要因素。

5.5.3　促销策略

网络促销的目的是使促销更合理，消费者可以通过互联网主动搜索信息，企业可以把注意力更集中于目标顾客。

企业要为顾客提供满意的支持服务。随着市场的发展和竞争的加剧，消费者变得越来越挑剔，企业间的竞争也从产品延伸至服务。无论是售前还是售后的服务，都变得日益重要，能否为顾客提供满意的支持服务往往成为企业胜负的关键。网络营销在提供支持方面具有优越性。通过互联网，全球的消费者也能与企业联系和交流，顾客可直接向企业咨询有关产品和服务的问题，同时企业应用文字、图片和图像等技术向顾客展示产品和服务的内容，解释、答复顾客的咨询，使整个售前和售后服务及时、清晰。

企业要为每个消费者提供不同的产品和服务。通过网络营销，企业可以较低的成本，让消费者提出自己的要求，然后根据不同的要求提供不同的产品和服务。虽然每个消费者的需求都存在差异，但企业能分别予以满足，必然能提高顾客的满意程度，从而增加了产品和服务的销售。

企业要与顾客和上下游企业建立伙伴关系。合作是相互的，企业要想从顾客那里获得信息，也应该为顾客提供帮助，不仅为顾客提供产品和服务，还要帮助顾客实现这些产品和服务的价值。同上下游企业建立伙伴关系，其目的也是促进企业间的合作，开展更大规模的市场营销活动，进而为顾客提供更完善、更便利的服务，也给合作的企业带来竞争优势。

网络促销的方式有拉销、推销和链销。

（1）拉销

网络营销中，拉销就是企业吸引消费者访问自己的 Web 站点，让消费者浏览产品网页，作出购买决策，进而实现产品销售。网络拉销中，最重要的是企业要推广自己的 Web 站点，吸引大量的访问者，才有可能把潜在的顾客变为真正的顾客。因而企业的 Web 站点除了要提供顾客所需要的产品和服务，还要生动、形象和个性化，要体现企业文化和品牌特色。

（2）推销

网络营销中，推销就是企业主动向消费者提供产品信息，让消费者了解、认识企业的产品，促进消费者购买产品。有别于传统营销中的推销，网络推销有两种方法：一种方法是利用互联网服务商或广告商提供的经过选择的互联网用户名单，向用户发送电子邮件，在邮件中介绍产品信息；另一种方法是应用推送技术，直接将企业的网页推送到互联网用户的终端上，让互联网用户了解企业的 Web 站点或产品信息。

（3）链销

网络营销中，互动的信息交流强化了企业与顾客的关系，使顾客的满意程度增大是企业开展网络链销的前提。企业使顾客充分满意，满意的顾客成为企业的种子顾客，会以自己的消费经历为企业做宣传，向其他顾客推荐企业的产品，使潜在顾客成为企业的现实顾客，从而形成口碑效益，最终形成顾客链，实现链销。企业以种子顾客带动潜在顾客，扩大企业的销售。

5.5.4 物流渠道策略

网络营销有别于传统营销的一个重要方面，就是产品的分销渠道更具变化，可供选择的物流网络主要如下。

（1）会员网络

网络营销中一个最重要的渠道就是会员网络。会员网络是在企业建立虚拟组织的基础上形成的网络团体，通过会员制，促进顾客相互间的联系和交流，以及顾客与企业的联系和交流，培养顾客对企业的忠诚，并把顾客融入企业的整个营销过程中，使会员网络的每一个成员都能互惠互利，共同发展。

（2）分销网络

根据企业提供的产品和服务的不同，分销渠道不一样。如果企业提供的是信息产品，企业就可以直接在网上进行销售，需要较少的分销商，甚至不需要分销商。如果企业提供的是有形产品，企业就需要分销商。企业要想达到较大规模的营销，就要有较大规模的分销渠道，建立大范围的分销网络。

（3）快递网络

对于提供有形产品的企业，要把产品及时送到顾客手中，就需要通过快递公司的送货网络来实现。规模大、效率高的快递企业建立的全国甚至全球范围的快递网络，是企业开展网络营销的重要条件。

（4）服务网络

如果企业提供的是无形服务，企业可以直接通过互联网实现服务功能；如果企业提供的是有形服务，需要对顾客进行现场服务，企业就需要建立服务网络，为不同区域的顾客提供及时的服务。企业可以自己建立服务网络，也可以通过专业性服务企业的网络实现给顾客服务的目的。

（5）生产网络

为了实现及时供货，以及降低生产、运输等成本，企业要在一些目标市场区域建立生产中心或配送中心，形成企业的生产网络，并同供应商的供货网络及快递企业的送货网络相结合。企业在进行网络营销中，根据顾客的订货情况，通过互联网和企业内部网对生产网络、供货网络和送货网络进行最优组合调度，可以把低成本、高速度的网络营销方式发挥到极限。

5.5.5　客户关系管理策略

客户关系管理是从改善企业与客户之间关系基础上发展起来的，它通过搜集、整理和分析客户资料，建立和维护企业与客户之间卓有成效的“一对一关系”，使企业在提供更快捷周到服务、提高客户满意度的同时，吸引和保持更多高质量的客户，从而提高企业绩效，并通过信息共享和优化商业流程有效地降低企业经营成本。CRM 重视与每个客户的实时交流和信息搜集，在分析的基础上提供个性化的服务，满足不同客户群并不断适应变化着的客户需求。

5.5.6　信用控制策略

信用是市场经济的基础和生命线，是资本和资源。特别是在经济进入全球化的过程中，信用是进入国际市场的通行证。电子商务作为一种商业活动，信用同样是其存在和发展的基础。而且，电子商务所具有的远程性、记录的可更改性、主体的复杂性等特征，就决定其信用问题更加突出。电子商务的信用问题，不仅是电子商务网站如何在经济行为中遵循信用原则，更主要的是要为电子商务交易的各方参与者建立必要的、适用电子商务特征的信用模式，为电子商务交易的当事人建立一个公平、公正的平台，确保电子商务的交易安全可靠。没有信用就没有交换，没有信用就没有秩序，没有信用市场经济就不能正常运行，没有信用电子商务交易就不可能真正开展起来。因此，电子商务呼唤诚信，更需要建立完善的信用体系。如果没有一整套完善的电子商务信用保证制度，电子商务可能成为某些不法之徒手中的欺诈工具。现实情况是，由于我国本身社会信用体系不健全，加之电子商务发展时间不长等原因，信用问题，愈渐成为阻碍我国电子商务发展的重要瓶颈。

5.6　网络营销组织创新战略

传统营销组织是建立在亚当·斯密分工理论基础之上的，其部门之间分工明确，形成了金字塔型组织结构。这种建立在专业化分工基础上的金字塔型组织结构在工业革命时期的专业化、标准化生产或重复性工作中发挥了巨大的作用。但这一结构的弊端也是显而易见的，如各职能部门之间缺乏快速统一的沟通协调机制；森严的等级制度极大地压抑了员工的主创精神；信息沟通渠道过长，容易造成信息失真以及由不相容目标所导致的代理成本的增加，决策者也无法对顾客的需求和市场的变化作出快速反应。塔层式营销组织导致了企业里严重的官僚主义，企业服务的顾客却被抛在一边，这些都严重制约了企业进一步发展。而电子商务环境下，企业的经营管理具有全球性、平等性、共享性、知识性、虚拟性、创造性、自主性等特征，企业间的“竞争已进入无边界的竞争时代”。在这种环境下，企业的竞争焦点集中于创新能力、反应速度、定制化产品、客户化服务，营销组织的管理“速度”成为决定胜负的一个关键砝码。

显然，传统的刚性营销组织模式与电子商务环境下的企业发展间的矛盾不可调和，传统的塔层式营销组织是在稳定的、可预测的环境下，以及在收益递减法则作用下建立起来的。面对电子商务环境，传统塔层式营销组织结构不能够适应急剧变化的环境。

激烈的市场竞争和多变的顾客要求，使企业面临着巨大的挑战。而信息技术的发展为新模式的诞生提供了极为有利的软硬环境，新的营销组织模式将在这种背景下孕育而生。信息技术促进着营销组织创新的进行，而营销组织又不断进行着自身的改造与创新，去适应电子商务的经营环境，在这种良性的双向互动中企业的发展被推向新的高度。

接下来主要讨论的是基于网络经济环境下的企业营销组织模式的创新，在这一模式创新下的营销组织功能的转变，以及围绕企业营销组织模式的创新而导致的企业面向客户的整体组织创新。

5.6.1 网络营销组织创新的目标、方式与特点

创建面向市场的营销组织，使营销组织创造市场价值最大化是网络时代的营销组织创新的最终目标。网络经济中企业竞争的中心已向服务竞争转移，优质的、个性化的服务成为企业的竞争优势。因此，现代企业应树立“企业营销”观念，创建面向市场的营销组织。彼得·杜拉克曾指出：“市场营销是企业的基础，不能把它看作是单独的职能。从营销的最终成果，也从顾客的观点看，市场营销就是整个企业。”信息技术为创建面向市场的营销组织提供了条件，把连接企业内外活动作为主要功能之一的企业电子商务系统使企业的各子系统活动都紧紧围绕市场，以市场的需求与企业的目标来协调与规范营销组织的各项活动。

同时，信息技术和网络技术的应用为企业的营销组织创新提供了广阔的空间和灵活的方式。组织创新可以是职能部门间的重新分工，也可以是企业流程再造；可以是部分调整，也可以是全面改革；可以是企业内部的调整，也可以是企业整个供应链和经营方式的重塑。但不管是哪种形式，以下的一些特点是共同具备的。

1. 组织扁平化

扁平化的网络组织能对市场环境变化做出快速反应。信息技术的高度发展将极大地改变企业内部信息的沟通方式和中间管理层的作用，不管是企业内部的各部门之间还是企业对外通过社会化协作和契约关系而结成动态联盟或者说虚拟企业，都要使得企业的管理组织扁平化、信息化，削减中间层次，使决策层贴近执行层。企业的组织结构是“橄榄型”或“哑铃型”，组织的构成单位就从职能部门转化成以任务为导向、充分发挥个人能动性和多方面才能的过程小组，使企业的所有目标都直接或间接地通过团队来完成。组织的边界不断被扩大，在建立起组织要素与外部环境要素互动关系的基础上，向顾客提供优质的产品或服务。企业能随时把握企业战略调整和产品方向转移、组织内部和外部团队的重新构成，以战略为中心建立网络组织，通盘考虑顾客满意和自身竞争力的需要，不断进行动态演化，以对环境变化做出快速响应。

2. 学习型组织

同样，不管是企业内部的各部门之间还是企业对外形成的虚拟企业，企业竞争的核心是学习型组织。学习型组织提倡“无为而治”的有机管理，突破了传统的层次组织。企业在其经营过程中，往往处在十分复杂的动态变化中。经营者必须不断地根据环境的变化而做适应性的调整。所以企业的经营过程是企业管理者和员工互动式教育过程。因此，人力资源不

仅要从学校里产生，而且要从企业中产生。企业要建立一种适应动态变化的学习能力。企业的学习过程不仅仅局限在避免组织犯错误或者是避免组织脱离既定的目标和规范，而是鼓励打破常规的探索性的试验，是一种允许出现错误的复杂的组织学习过程。它在很大程度上依赖反馈机制，是一个循环的学习过程。

3. 合作型竞争

企业组织的外部再造所形成的虚拟企业是建立在共同目标上的合作型竞争，在数字化信息时代，合作比竞争更加重要。虚拟企业一般由一个核心企业和几个成员企业组成，在推出新产品时能以信息网络为依托，选用不同企业的资源，把具有不同优势的企业组合成单一的靠信息技术联系起来的动态联盟，共同对付市场的挑战，联合参与国际竞争。虚拟企业以网络技术为依托，跨越空间的界限，在全球范围内的许多备选组织中精选出合作伙伴，可以保证合作各方实现资源共享、优势互补和有效合作。虚拟企业是建立在共同目标上的联盟，它随着市场和产品的变化而进行调整，一般情况下在项目完成后联盟便可以解散。

4. 动态性

在互联网的支持下，企业能动态地集合和利用资源，从而保持技术领先。它快速有效地利用信息技术和网络技术，各成员企业以及各个环节的员工都能参与技术创新的研究和实施工作，从而维持技术领先地位。虚拟企业不仅向顾客提供产品和服务，更重视向顾客提供产品和服务背后的实际问题的“解决方案”。传统的组织常常为大量顾客提供同一产品，而忽视了同一产品对不同顾客在价值上的差异，虚拟企业则能从顾客的这种差异入手，综合所有参与者给顾客提供一个完整的解决方案。因此，虚拟企业能够按照产品新观念和灵活性的要求，有针对性地选择和利用经济上可承受、已有或已开发的技术与方法，同时十分重视高技术的研究与开发，保证了技术的领先性。

5.6.2　网络营销组织的创新

网络营销组织是沟通企业与市场的桥梁。在电子商务时代，企业将面向国际化的大市场进行营销管理。由于互联网存在，中间商将逐步向物流机构转变，对于大多数的企业来说，营销系统的职能已由大力构建营销网络，转变为重点加强网络营销。通过建立网络营销机构，利用电子商务系统，企业可以在 Intranet 上迅速进行市场信息交换、跟踪订单。市场营销人员在世界的任何地方可以访问公司负责维护的最新客户资料库。同时，对完整的销售周期提供支持——包括销售支持资源、销售工具、参考信息的链接定制及销售周期的每一个步骤。

另外，通过与客户在网络上的直接交流，企业能够对客户需求做出快速响应，并可以为客户提供高质量的个性化服务。顾客在与企业双向互动的沟通中得到了最大的满意程度，而企业也可根据市场信息随时调整自己的营销战略规划。总之，在电子商务下企业营销组织的主要功能是实现信息的整合与管理市场开发，以及提供高质量的客户服务。

彼得·道盖尔（Peter Doyle）等人曾将新世纪的营销环境变化归纳为 10 大趋势，即流行化（Fashionisation）、市场微型化（Micro Markets）、预期上升（Rising Expectation）、竞争加剧（Competition）、商品大众化（Commoditisation）以及技术变化（Technological change）、全球化（Globalization）、以服务获得差异性优势的软性化（Software）、因制造商品牌作用的降低而出现的品牌“风化”（Erosion of Brands）、政治经济和社会变化带来新的制约（New Constraints）等。这些趋势也决定了网络营销的发展要求。例如，除时装外，越来越多的产品也呈现出流行化趋势。如手表、摩托车、啤酒、小轿车、药品、影视、音乐、电子产品，甚至服务等。消费者的口味变化极快，忠诚的品牌使用者越来越少，消费者大多追求产品的新颖性。一些新颖性的产品借助某些抽象化的题材迎合人们的心理，可能成为时尚而风行一时，但它们犹如昙花一般，旋即淹没在变化的海洋之中。

变化如此迅速，致使预测变得十分困难，企业只有以快制胜，用最快的速度推出新产品、新款式和新服务。唯有对环境变化有着快速反应能力的企业才能永立潮头。按照传统的组织结构，按部就班地进行营销管理将会失去一个又一个的赢利机会，而这也决定了网络营销的快速性要求。即不仅仅要依靠网络营销体系获得顾客，还要利用网络营销赶在顾客需求变化之前推陈出新，以保持顾客的忠诚度。同样，为了回应消费个性化的挑战，网络营销也要求更加细化。因为个性化不仅使得统一的单一需求的大市场不复存在，无差异化目标市场战略彻底失效，而且也使得一般程度的市场细分战略收效甚微，市场已细化到单个消费者。市场微型化要求企业采用极限市场细分战略，将营销触角直接延伸到每一个具体的消费者，为其提供满足其特殊需要的产品和服务。这一点在传统的营销体系中根本不可能做到。即使是网络营销，如果停留在网上开架出售这个层面，也不可能满足这种要求。只有利用网络营销体系，了解每一个顾客的要求。这不仅仅是个性化的要求，也是竞争的加剧和商品模仿速度的加快对企业提出的要求。由于赢利性产品很快被模仿，今日的特殊产品明日就成了大众产品，今日的特殊服务明日就成了标准化的服务。模仿能力强、模仿速度快使得原本想通过新产品开拓市场吸引新顾客的企业感到难度变大，他们会意识到感到满意的老顾客才是企业丰厚利润的稳定来源。企业将把顾客置于组织结构的中心，通过向顾客提升服务价值，与顾客建立中长期的伙伴关系。

在这个意义上讲，CRM 已经不再是少数大客户的专利，普通消费者也将会享受到。同时，产品的大众化还使得企业的产品创新侧重于产品微小的变化和延伸，而不倾向于投巨资追求技术上的突破，企业尽量使有新鲜感的产品尽快推向市场。这样产品构思主要依赖于顾客或销售、服务等营销人员，而极少来自于实验室。因此，在产品构思阶段，营销部门和研究开发、采购、生产等部门的沟通协调将十分重要。

1. 网络营销组织相对于传统营销组织的本质变化

在上述基础上，企业的网络营销组织将与传统的营销组织有着本质性的变化，其主要表现如下。

（1）真正以市场为导向

在变化纷呈和日趋微型的市场里，营销组织只有密切接触市场，真正以市场为导向，才能产生对市场极为敏锐的嗅觉，捕捉稍纵即逝的机会。而现行不少企业的组织结构是按照经营顺序设置相应的职能部门，以研究开发为起点，顾客为终点，中间依次设置采购、生产、营销部门，这种模式从企业经营的角度来看是合理的，但缺点也是明显的。其一是各职能部门只是被视为企业运行链条中的一个个单向联系的环节，缺乏相互间的有效协作。更为不足的是顾客仅被视为企业运行过程的终点而不是起点，以这种导向构建的营销组织充其量只能视为企业的产品推销部门。而缺少以对市场的关注为起点的研究开发只会使新产品成为实验室里的欣赏品而缺乏市场价值。因此，再造后的营销组织必须是真正的市场导向组织。

（2）以顾客为营销组织的核心

营销的实质是通过满足顾客需求而追求赢利，顾客是企业营销的客体。以标准化产品为代表的“大量生产、大量消费”已经结束，顾客需求日益个性化和多样化的时代扑面而来，企业必须彻底改变传统的组织结构，借助信息技术的发展为顾客提供及时、有效的服务。变革后的营销组织要能通过对所有的客户进行对口管理和终生服务，与顾客建立中长期的伙伴关系，使顾客真正成为营销组织的核心。

（3）有利于企业营销协调和信息沟通

营销不仅是营销部门的事，它依赖于企业各部门的共同配合，在顾客、竞争等微观环境发生深刻变化的情况下更应如此。要通过企业营销组织再造，让营销真正融入到每一业务部门的日常工作中，使各部门都认识到它们自己就是企业营销的一个环节，营销不只是一个部门的名称，而是企业的营业宗旨，在企业内实现真正的营销协调，才能提高企业整体竞争力。

（4）具有弹性和快速反应能力

传统的严格定位、纵向管理和逐级负责的营销组织模式，在行业发展平衡、市场变动不大的环境中常常是有效的，但这种等级分明、层次较多、官僚主义明显的组织已无法适应新的信息革命和社会市场环境的变化。因此，营销组织的再造应突破传统组织的僵化性，必须做到因事设人而非因人设事，使营销组织富有弹性和灵活性，并能针对顾客需求和市场竞争的变化做出快速反应，使企业掌握竞争的主动权。

（5）有利于扩大企业竞争优势

在激烈的竞争中，越来越多的企业放弃多元化战略而转向在其主领域（市场技术）中建立真正的竞争优势。在其具有一定优势的核心领域，谋求将供产、产销等环节纳入企业竞争战略规划。而通过收购或兼并实现垂直一体化代价高昂，企业更愿意与上下游企业建立灵活、协调的生产销售网络，降低投资成本和交易费用，提高经营效益。营销组织的再造应能充分发挥营销组织和外界联系密切的特长，为企业与上下游企业建立起中长期伙伴关系，以扩大企业竞争优势。

2. 网络营销组织的再造

可以说，随着市场的发展，整个企业的一切活动将围绕其网络营销系统而展开。营销系统已经不再仅仅是一个挂接在企业经营链上的环节，而将成为企业 MIS 的一条主线。在这些原则下，企业的网络营销组织将进行如下的改造。

（1）重建以营销协调为特征的市场导向型企业组织

弱化和功能残缺的营销组织是不能适应 21 世纪的营销环境的。通过重建以营销协调为特征的市场型企业组织，正确设定营销组织的功能。即：第一，通过满足消费者需求而非通过促使消费者接受产品为企业创造利润；第二，在企业内部协调各种市场营销工作，让所有的部门树立顾客导向观念，最终实现企业整体目标。要打破传统的按企业经营设置相应功能的业务部门、彼此单向联系的组织模式，设立以消费者既为起点又为终点、营销部门能参与、协调整个企业营销管理过程的循环式企业组织。

（2）营销沟通创新

即使在市场导向型的企业中，营销部门也不拥有比别的职能部门更大的权力，它只能依靠说服和沟通来达到协调整个企业营销活动的目的。在部门间的沟通中，要重视信息的横向流动，创新信息交流方式，建立信息沟通的有效管道。营销沟通创新主要包括以下几点。

① 定期召开部门联席会议。如英特尔公司定期召开“GYAT”（Get Your Act Together）会议，参加者包括营销、研究开发、采购、制造与财务部门，分别报告各自的进度、现状以及部门之间配合的事项。英特尔公司把部门联席会议分为“任务型”和“程序型”两大类。

前者主要是集思广益，借脑力激荡产生产品创新以及解决管理难题。后者主要是信息的横向传递，相互交换看法，了解对方的观点，加强对彼此的目标、工作作风和问题的理解和尊重。营销部门可利用部门联席会议消除由认识分歧导致的营销不协调。

② 经常召开部门间联合研讨会。营销部门和其他部门一起探讨实现企业最佳利益的方法。通过具体的案例分析和理论研讨使其他部门意识到在市场经济中各部门均树立营销观念对于共同实现企业目标的重要性，使他们了解每个部门通过自己的活动与决策都可影响顾客需要的满足，所有部门都要为顾客着想，共同为满足顾客需要和期望而工作。

③ 建立营销部门和其他部门间的联合机构。如通过营销—研究开发联合机构，在产品实际开发之前，共同确定开发重点、目标和进度，在产品开发过程的各阶段互相配合、合作，一直延续到产品商品化后期的评估效益及进一步改善新产品之时。这样可有效避免研究开发部门过于侧重对产品的技术性能的研究而忽视开发产品的销售特色。可通过生产—营销联合机构，共同研究不同营销策略下的生产策略，改变生产部门因过于重视成本、质量而不愿增添有助于推销却难于制造的产品特色的行为，使生产能更好地为营销服务。若能借助于柔性制造系统，生产—营销联合机构还可以有效开展大批量定制营销，满足消费者个性化的需要。

（3）建立客户关系管理系统

客户关系管理系统由下列几部分组成。

① 客户态度管理。通过健全顾客投诉和建设制度以及定期组织顾客调查，将顾客的书面、口头投诉和建议进行记录、整理，对调查结果进行统计、分析，可及早发现顾客态度变化的倾向，为企业较早采取行动消除顾客不满，巩固市场占有率提供早期预警。

② 客户数据库管理。运用电子计算技术，将所有客户的有关信息储存起来，建立详细客户档案，并经常对信息进行整理、分析。既可加深对客户的了解，便于彼此沟通，又能为未来营销决策提供依据，若再辅之营销模型和决策支持系统（DSS），可为企业决策者提供多种营销方案，供其进行模拟操作和选择决策，将大大增强企业应变能力。

③ 客户关系管理。每一个客户都是企业市场的一分子，企业的市场就是由这一个个客户所组成。对于企业的所有客户，要设立相应的客户经理为其提供专门服务。客户经理负责集中企业内部的各种优势，为其所管理的客户提供对口服务，通过提升服务价值来培养忠诚顾客市场。须注意的是，设立客户经理进行顾客关系管理时，既要重视有重要影响力的大客户，更要注重向有特定需求的普通客户和小客户提供长期、周到的服务，这在市场微型化时代更为重要。

任何营销组织都有一定的固定性和对市场反应的滞后性，组织临时性的、以某一任务为导向的营销管理团队能较好地解决这一问题。近来年，团队组织也成为风靡西方的企业组织变革的内容之一。所谓营销管理团队，就是让职工打破原有的部门界限，直接面对顾客和向企业整体目标负责，以群体和协作优势解决营销问题，赢得竞争主导地位。营销管理团队大多是临时性的“专案团队”，在问题解决后，小组即告解散。营销管理团队由于目标明确、直接授权和角色分工，在解决顾客具体问题、处理各种市场突发事件方面有极大的优势。如霍尼韦尔公司为满足用户的监测气象装置的需求，成立了由营销、设计和工程制造部门人员组成的“老虎队”，打破常规，结果把产品开发时间从 4 年缩短到 1 年，成功地留住了客户。IBM 公司为了向顾客提供最佳服务，由当地市场主管助理、客户经理和公司维修中心技师组成“顾客问题解决小组”。

顾客遇到设备故障，客户经理与公司维修中心联系，维修技师立即与一个中心数据库接通，寻找其他地方同类型的设备是否出现类似或相同的故障，并找出诊断和排除方法，及时解决问题。主管助理全权处置顾客问题，确保任何问题在 24 小时内解决。

在企业主领域内，建立稳固的上下游企业联盟，和供应商、分销商一起构成核心营销系统，既降低市场的协调成本和交易费用，又能强化与同行业企业的竞争能力。建立核心营销系统，关键是着眼于培养与供应商、分销商的互惠伙伴关系。在上游方面，企业以长期采购关系作为激励手段开展与供应商的合作。具体而言，企业先可以向多个上游进货，对那些供应质量高，供货时间有保障的供应商，在续签合同时增加订货量，而对那些表现差的供应商则减少或取消订货，通过动态营销管理能与质量和效率都信得过的供应商紧密结合起来。若能借助于网络技术和柔性制造系统，还能和上游企业配合连接成即时供应和生产体系，大大减少流通费用和库存成本。在下游方面，企业也应设法和分销商建立长期的伙伴关系。分销规划是目前西方企业在这方面的最先进的做法，即生产企业建立一套有计划的、实行专业化管理的、垂直的市场营销系统。把生产企业和分销商两者的需要结合起来。生产企业在市场营销部门内设立分销商关系规则处，其任务是了解分销商的需要并制订营销计划，以帮助每一个分销商尽可能以最佳方式经营。

如杜邦公司就建立了一个分销商营销指导委员会，与分销商定期讨论有关经营问题和销售建议，以图将分销商转变为自己的工作伙伴。

下面我们以 DELL 计算机为例来看一看企业的一切活动围绕其网络营销系统而展开，营销系统成为企业 MIS 的一条主线时企业的动作情况。

被称为继比尔·盖茨之后，美国计算机业又一奇迹的戴尔计算机公司创立时，根本无力支付生产配件所需的费用。但其创始人戴尔认为，可以将别人的投资为自己所用，而把注意力放在客户的供货方式和市场开拓上。因为随着计算机行业的发展，越来越多从事具体部件生产的专业公司应运而生，这样就为建立更为专一、高效的公司提供了机会。为此，他以“戴尔”品牌计算机为核心，以能在 1 小时内供货为要求，从外部选择可靠的供应商并与之建立伙伴关系，使之成为自己的一部分。在客户投诉某一零部件时，由供应商的技术人员到现场处理，回来后到戴尔处研究改进质量的方法。戴尔和供应伙伴共享设计数据库、技术、信息和资源，大大加快了新技术推向市场的速度，当客户提出订单后，戴尔公司能在 36 小时内按客户需求装配好计算机，5 天内把货送到客户手中。正是这种新型的企业组织形式使戴尔公司迅速成长为一家知名的计算机公司，供应商也在和戴尔公司的合作中融为一体，分享了企业高速成长的优厚回报。戴尔公司所在地的奥斯汀市市长说：“奥斯汀正从一个小城市变成一个大城市，戴尔扮演着靠山的角色。”戴尔公司在奥斯汀雇佣 9000 人，每周还要另请 100 人工作，此外，更多的人在为戴尔公司的迅速扩张而效力。

3. 网络营销组织再造中应注意的问题

网络营销组织再造是一个复杂的系统工程，这一过程绝不可能一帆风顺，一蹴而就。因此，企业还应该注意这样一些问题。

（1）企业领导者的创新精神至关重要

营销组织再造不是对现有营销流程的一种简单改进，而是实行变革性的创造，只有企业领导者有权有决心才足以发动一场巨大的变革行动。离开领导倡导和发动，企业再造不可能成功，这需要领导者有创新精神，有战略头脑，勇于冒险，追求卓越，具有企业家的素养和能力。而当组织再造成型时，还要求领导在判断力和能力上有绝对的自信，善于创建组织的共同未来远景，并能清楚地向下属阐明目标与要求，鼓励下属为达到目标而努力；中层管理人员在虚拟企业中由考评、监督者的角色转变为教练的角色，为其所领导的小组顺利开展工作提供建议、协助、鼓舞和激励；企业的所有员工应具有更多的知识和更强的适应能力。在虚拟企业管理过程中，对员工的激励必须建立在团队产出的基础上，这就要求激励框架要有对团队内部协调性的刺激，以使员工更加努力工作。

（2）重视计算机和信息网络的运用

在营销组织再造过程中，要大量运用计算机和信息网络作为设计和操作平台。成功地组织再造是以管理信息化和计算机应用为前提的。20 世纪 90 年代，不少西方大企业推进 CALS 的发展来支持组织再造。

CALS 是以数据库、高速网络、多媒体技术等为基础，按照统一的标准与格式，将企业商务信息分级分层次保存和调用的集成化企业信息环境。企业要重视技术人才的培养和引进，加大资金投入，加强企业信息基础设施建设，加快管理信息化和网络化进程。

（3）充分发挥员工的积极性和能动性

员工不是单纯的被管理者，而是企业内部最重要的资源，也是营销组织再造的主体，要向员工进行广泛宣传，通过有效的内部沟通，使员工认识到营销组织再造的意义，产生认同感。相同的认识才会导致一致的行动。同时，要激发起员工在营销组织再造中的热情，充分发挥其主观能动性。可通过内部公关、授权和利润分享等措施，调动员工积极性。只要员工能积极投入到这种变革性的潮流中，那么再造后的营销组织就会充满生机和活力，企业营销管理就会产生飞跃性的效果。

5.6.3 企业内部组织创新

传统的塔层式组织的优点是分工明确、可以发挥专业化优势，其缺点是企业的各职能部门尤其是营销、生产、研发、财务、后勤等管理部门往往各自为政、协调困难，信息流程长且传递效率低。

在电子商务的环境下，信息技术的广泛应用首先使内部组织的有效市场化成为了可能，它打破了官僚主义的官本位，破除了塔层组织信息沟通不畅的弊端，使结构更加精简、扁平，但这种组织结构不是一般意义上的“扁平化”，而是根据企业再造（BPR）的思想将企业内部业务流程和企业间业务流程的重新设计与整合。在进行企业再造的过程中，企业的各子系统如生产、营销、研发、财务、后勤服务等业务部门的功能将重新调整，它们之间的关系也将因此而改变。

传统组织基本上是按照管理职能的专业分工而进行部门化设计和职能部门设置。进入信息地代，在互联网、Intranet、ERP 等基础上的企业电子商务系统能智能化地实现大部分的组织管理职能——计划、组织、指挥、协调、控制（领导、激励除外），因此，组织内部的分工方式将发生革命性的变化，由职能分工型的组织结构向任务分工型的组织结构转变。企业组织将是由价值链上的若干“任务系统”集成的组织系统，即每一任务系统功能是实现市场价值的一部分。企业的主要任务系统包括：营销系统、开发系统、生产系统、物流系统等。

1. 研发（R&D）系统

企业的研发系统是企业持续发展的根本动力，企业电子商务系统不仅为研发系统提供了市场信息、需求信息，而且提供国内外科技方面与新产品方面的资讯，进而为确定研发方向、科研规划、新产品上市计划提供帮助。研发系统的组织可建立以核心能力与科研人员为基础的网络化科研队伍，实施国际化的研发战略和技术开发战略联盟。企业的研发系统通过内部网络与营销系统、生产系统紧密关联，使营销、开发、生产成为一体化的流程组织，避免了传统组织的难以协调与资源浪费的现象。如生产中暴露出来的结构设计问题、工艺设计问题能及时准确地反馈给研发系统，使这些问题立即得以处理与解决。

不仅如此，不同企业的 MIS 经过模块化的组合将可以解决原来各个单独企业的 R&D 部门都无法解决的难题。这种系统整合的优点将使企业间形成一种新的企业联盟模式——知识联盟体。这种知识联盟体可以由国家出面建立，也可以由各企业自己按照客观需要自主建立。前者更容易获得规模效应，而后者则可更灵活快速。特别是企业按照营销系统构建这种知识联盟时，将使目前企业面临的科技成果难以转化为利润，而有利润的商品又难以克服技术难关的两难问题得到较好地解决。

在对外建立知识联盟的同时，企业对内的知识管理同样甚至更为重要。知识管理是指通过改变人的思维模式和行为方式，建立起知识共享与创新的企业内部环境，运用集体的智慧提高应变能力和创新能力，最终实现企业的目标。知识管理强调对人力资源和知识的开发与利用，通过全员参与的以知识的积累、生产、获取、共享和利用为核心的企业战略，促进人力资源、信息、知识和经营过程的紧密结合。虚拟企业的知识管理对协调提出了更高的要求。因为知识管理就是要促进企业内部、企业与企业之间、企业与顾客之间、企业与外部环境之间的联系，它要求把信息与信息、信息与活动、信息与人联接起来，在人际交流的互动过程中达到知识的共享，运用群体的智慧进行 R&D，以赢得竞争优势。

2. 生产系统

在生产系统方面，企业的生产运作方式将由原来的“存货生产方式”变为“订货生产方式”，通过互联网消费者可以直接参与自己所需产品的设计，厂家也可以利用三维动画的方式向用户展示自己现有的商品种类、款式、型号等，使“身临其境”的用户真正实现足不出户的网上购物。DELL 公司“按需订做”的直销模式就是因为最大限度地满足了消费者需求而获得巨大的成功。

因此，生产组织要打破原先的条块分割的工艺专业化组织形式和单一的流水线生产组织形式，建立面向市场的柔性快速制造系统，制造系统应按“混流”方式组织，广泛采用成组技术和应用先进生产管理技术，如并行工程（CE）、精良生产（LP）、准时生产（JIT）、敏捷制造（AM）、计算机集成制造系统（CIM）等，满足多品种小批量生产的需要。一般意义的电子商务与 ERP 等的紧密结合构成企业电子商务系统，它的内端使生产计划、控制等生产管理活动全都在企业内部网（INTRANET）上实现，管理人员可通过采集各环节的数据对生产能力及生产状态（如设备运行负荷、生产进度等）进行实时分析，对生产过程进行实时管理。在这一方面，海尔集团的柔性产生系统是很好的范例。如果用户想要一款冰箱，那么他可以在海尔的网站上选择海尔各种冰箱中最符合自己要求的部分，然后组合成自己想要的冰箱。在网上数据库的支持下，用户可以很快知道自己的要求是否可行以及是否会出现一些自己没有想到的问题，并在此基础上做进一步的修改。当全部确定的时候，就可以由海尔提交生产线，生产线在柔性控制系统（FCS）的指挥下就可以制造出这台冰箱。最后冰箱将通过物流系统送到顾客手中。

当企业的发展到了一定程度，生产的专业化与合作化也将溢出企业边界，生产能力将在企业间进行优化配置。

在信息时代，产品从设计到装配已不一定要局限在一个企业完成，企业根据自己的所长，可能只完成产品某部分的设计或某个零部件的生产，最终在某个企业完成装配工作。这是现代企业生产经营的一个新视角，对我国企业未来的发展无疑有一个很好的提示作用。

在著名的波音公司在设计制造“波音777”时，就采用了这种生产方式。“波音777”的设计没用一张纸，完全实现了在计算机系统中进行虚拟设计，其零部件也由分布在世界各地的几百家零部件供应商分别生产，最终由波音公司完成飞机的装配工作。可见，即使是大如波音这样的公司，也不可能承担产品设计、生产的全部工作，更何况众多的中小企业，再说，从生产成本的角度来看，闭门造车未必就合算。更进一步，企业的生产系统甚至可以完全不在企业内部。只要企业建立了完善的营销系统，特别是当营销系统和企业的其他各个方面较好的融合起来时，企业完全可以用各种形式把实际生产流程转移出去，交给更有比较优势的企业生产。而自已则专心做好营销和其他一些具有核心竞争力的工作。这也就是人们常说起的“借鸡下蛋”的模式。有人形象地把这种生产方式称为“虚拟生产”。如日本的M1SUMI公司，被日本的产业界、学术界认为是21世纪企业模式的代表。这家企业适时地根据企业外部环境的变化从一家销售代理商转变为消费者购买代理商。

M1SUMI是被世界认可的知名品牌，具有良好的信誉，M1SUMI替将近3万家企业，从280余家商品生产企业购买商品和服务，形成了以M1SUMI公司为核心的利益联盟。M1SUMI作为一家流通企业，对客户的需求十分清楚、敏感，公司所做的就是按客户的需求来要求生产企业保证优良品质、快速交货以及价格合理。M1SUMI的优势就在于它从为消费者方便、及时地购买到价廉物美的所需商品出发，根据消费者客观需求委托关系企业，客观上帮助了生产企业，附带的好处是大大减少联盟内企业的销售费用。M1SUMI就是利用其品牌信誉成为供需双方信赖的伙伴，因此，该公司巧妙地打破常规；在为众多客户带来相对丰厚利益和带动了其他生产企业发展的同时，也为自身带来巨大利益。正如其企业理念中的一条“让280家生产企业靠M1SUMI才能更好地成长”，这也正是这一利益联盟得以长期存在、发展的根本所在，这种协助、配合是相当紧密、持久的，围绕M1SUMI形成了一个典型的“虚拟规模”，从而使整个利益联盟具有较强的竞争优势。更为典型的例子是耐克。耐克公司是一家没有厂房的美国公司。经理们只是集中公司的资源，专攻附加值最高的设计和行销，然后坐着飞机来往于世界各地，把设计好的样品和图纸交给劳动力成本较低的国家的企业，最后验收产品，贴上“耐克”的商标，销售到每个喜爱“耐克”的人手中。

随着各地区生产成本的变化，耐克公司的合作对象从日本、西欧转移到了韩国等地，进而转移到中国、印度等劳动力价格更为低廉的发展中国家，到20世纪90年代，耐克更为看好越南等东南亚国家。由于耐克公司在生产上采取了“借鸡下蛋”法，从而本部人员相当精简而又有活力，这样避免了很多生产问题的拖累，使公司能集中精力关注产品设计和市场营销等方面的问题，及时收集市场信息，及时将它反映在产品设计上，然后快速由世界各地的签约厂商生产出来满足需求。

3. 物流系统

由于企业采购、供货的频繁，许多企业面向电子商务纷纷成立物料配送中心，在国外这一概念又被称作CALS（COMPUTE AIDEDLOGISTIC SUPPORT）——计算机辅助后勤支持。成立物料配送中心后，它使各个子系统，如生产、运输、分配等都能协调一致，同时高效发挥各子系统独立运行时自身的最大效率。该中心的成立使企业大规模采购、供货成为可能，并降低了成本。而它在指定的时间，专业化地将原材料配送到生产部门并将产成品送出工厂，也减少了产品生产周期，提高了整个企业的运作效率。目前，美国3大汽车企业已经建立了联合采购网，具体效果还有待进一步观察。

此外，在电子商务环境下，传统的财务部门和新兴的信息中心将从企业的一般职能部门晋升到企业的战略决策层。信息技术的发展使传统的财务核算功能逐步由电子会计取代，而财务管理的负责人（CFO）将更多地在决策层从事企业投资、融资等分析与资本运作活动。信息管理负责人（CIO）则扮演越来越重要的角色，不但对外界信息进行收集，处理、分析、整合后提供给 CEO 作决策参考，而且使决策信息畅通无阻地传达到各环节员工，包括 CTO（技术管理负责人）、CFO、CMO（市场营销负责人）等各部门主管的手中。并保证各部门之间、具体部门的行为与 CEO、董事会的战略决策之间进行双向沟通，使信息这一战略资源发挥其应有作用。

5.6.4 企业外部组织创新

科斯的企业理论认为，企业的存在是由于节省市场交易的费用。同时，企业本身组织费用的存在对企业规模及其发展起着约束作用。只有企业的内部与外部费用之和达到最低，企业的组织结构才达到最优。这里就出现企业的边界问题。科斯理论中的企业界面是“硬界面”。但信息技术尤其是电子商务的发展及组织管理的实践对科斯的企业理论提出了新的挑战。信息技术的应用大大降低了企业的交易费用，而且内部与外部费用同时非线性下降，使企业的界面变得越来越模糊。

随着经济全球化的发展，企业间的竞争日趋激烈，任何一个企业依靠自身的力量都很难垄断市场。为了避免恶性竞争，保存自身实力，有效地整合企业外部资源，抓住有限的市场机会，企业新的经营方式和组织方式不断涌现。

如虚拟企业（Virtual Firm）、战略联盟（Strategic Alignmen）和网络化组织（Networked Organization）等组织形式和概念相继出现。这些都超越了传统企业的边界，使企业在利用品牌、网络和资本优势的基础上，充分整合社会资源。在降低交易费用的同时，取得超常规的发展。

虚拟企业是一种“动态联盟”，他以核心企业为龙头，为实现某种市场机会，将拥有实现该机会所需资源的若干企业集结而成的一种网络化的动态组织。当市场机会不再存在时，虚拟企业则自行解体。这是因为一个企业的能力毕竟是有限的。随着技术更新的加快，产品结构越来越复杂。因此，单凭一个企业要想以最快的速度推出用户满意的产品是很困难的。利用不同地区、不同企业的各自优势进行合作生产则是解决该问题的最好办法，即以敏捷型企业为基础，通过企业间全球化合作形成虚拟公司。这种企业形式充分整合了面向 Intranet 的全球资源，达到了及时满足顾客需求的目的但又未改变原成员企业的产权结构。虚拟公司的主要特征如下。

1. 信息高速公路网络连接

要生产出令顾客满意的个性化产品，必须建立覆盖整个联盟中所有供应商、制造商、分销商及顾客的信息网络，这一网络的触角可能会延伸到世界的每一个角落，随时采集市场数据，跟踪市场需求，将以最快速度收集到的信息及时同最新的设计方法和计算机集成生产技术相结合，同时也可将设计、生产时的问题或建议及时反馈给顾客。

2. 成员间的相互信任与合作

建立了稳定、可靠的关系网，相互信赖，协同工作成为企业的精神支柱。对虚拟企业来说，与供应商、经销商、顾客建立紧密而又和谐的关系是和先进的技术同等重要的因素。可以说，虚拟企业比传统企业更稳定就是因为企业之间、企业与顾客之间的这种密切联系已经把各自的命运紧紧拴在了一起。也就是说，他们是共命运的，只能也必须互相依靠。要建立这种联系并非易事，它需要前所未有的相互信赖。

3．成员企业具有核心能力

核心资源是选择联盟伙伴的依据，只有拥有所需核心资源的企业才有可能成为组成动态联盟的伙伴。因此，在建立动态联盟过程中，需要对企业自身的核心资源进行分析。

4．随市场机遇而存在

虚拟企业的建立是为了解决某种机遇所带来的任务，并进而获得利润。因此，当任务完成时就可能解散。但市场的机遇并不少，在一个任务解决过程中同时还有大量其他机会。因此，虚拟企业实际上处于一个不断建构与解构的动态过程中。这种围绕市场机遇而不断演化的组织形态也正是虚拟企业生命力之源。

5．无严格的公司边界

虚拟公司实际上是企业以自己拥有的优势产品或品牌为中心，由若干规模各异、拥有专长的企业或企业内部的部门、车间，通过信息网络和快速运输系统连接起来而组成的开放式组织形式。再加上他围绕市场机遇而不断地处于建构与解构之中，因此和传统公司相比，已经不再有非常严格的公司界限了。

除了上述的虚拟企业外，战略联盟也是一种最近新起的企业组织。它是指多个具有对等经营实力的企业，为达到共同拥有市场、共同利用资源等战略目标，通过各种协议、契约而形成的优势互长、风险共控的网络组织。与虚拟企业相比，它更强调一种行为的战略性，着眼于长期的合作与发展，并非某个短期的市场机会；他们可以避免两败俱伤的对抗性竞争，达到动态博弈的协同合作的双赢（win 2 win）结果。这样使得每个联盟企业专注于自己的核心能力（Core Competence）的发展，共享各自的资源，巩固自己的市场地位。

此外，网络化组织是按工作流程构成的一个具有固定连接的业务关系为基础的小单元联合体。它既可以是企业内部的工作单位的联合，也可以扩充到外部联盟企业。近年来，网络化组织与虚拟企业、战略联盟之间的界限有日渐模糊的趋势，有学者甚至在一个理论框架下定义它们。

总而言之，为了适应科学技术和经营环境的急剧变化，企业经营战略与组织必须走向求变和创新，以灵活性、敏捷性为特征，一切要面向全球一体化的市场，以顾客满意为导向。因此，柔性化组织结构模式将引导21世纪企业组织潮流。柔性化组织模式则是一个超越组织边界的概念，它是围绕核心企业，融合虚拟企业、战略联盟、网络化组织的基本组织方式，通过对信息流、物流、资金流的控制，将供应商、制造商、分销商、零售商，直到最终用户连成一个整体的、动态的功能网络结构模式，以适应复杂性、动态性、交叉性的经营环境，更好地满足用户需求。

复习思考题

1．网络营销战略的作用有哪些？
2．网络营销战略的目标是什么？
3．常用的网络营销模式有哪些？
4．网络营销战略计划的内容有哪些？
5．市场营销组合和网络营销组合各指什么？
6．网络营销组织创新的特点有哪些？

第6章　网络营销市场调研

【本章要点】

- 网络市场调研的含义
- 网络市场调研的特点
- 网络市场调研的程序
- 网络市场调研的内容
- 网络市场调研的方法及策略

市场调研工作一直是企业在做出关键性商业决策时的重要依据。如果没有市场调研，企业无疑像失去了导航仪和风向标，无法准确的获悉整个市场的发展动态、竞争对手的商业活动，也无法及时地了解消费者的各种需求，最终会使企业陷入绝境。因此，开展市场调研不仅能使企业掌握市场的主动权，而且一个信息灵通的企业将更具备竞争力，应对网络时代带来的机遇和挑战。

随着电子网络技术和基于电子网络的信息传播技术的飞速发展，使得市场调研也在更新升级。网络技术极大地降低了各种调研的成本，并使更为复杂、更为严谨的调研展开成为可能。市场调研对于所有的企业来说越来越重要。传统的调研方法将逐渐与先进的电子网络技术相结合，使得调研方法发生了一次变革。

6.1　网络市场调研概述

6.1.1　网络市场调研的含义

市场调研是营销链中的重要环节，没有市场调研，就把握不了市场。传统市场调研（Marketing Research）是指以科学的方法，系统地有目的地收集、整理、分析和研究有关市场营销方面的信息，特别是有关消费者的需求、购买动机和购买行为等方面的信息，提出解决问题的建议，供营销管理人员了解营销环境，发现问题、把握机会，以此作为市场预测和营销决策的依据。

互联网作为21世纪新的信息传播媒体，它的高效、快速、开放，是无与伦比的。它改变了世界经济结构的调整与重组，形成了数字化、网络化、智能化与集成化的经济走向；深远地影响了国际贸易的环境，正迅速地改变着传统的市场营销方式乃至整个经济面貌。互联网将成为21世纪信息传播媒体的主流。为适应信息传播媒体的转变，一种崭新的调研方式——网络市场调研产生。

网络市场调研就是通过互联网系统地收集、整理、分析和研究各种营销信息，发掘和了解顾客需要、市场机会、竞争对手、行业潮流、分销渠道以及战略合作伙伴等方面的情况，为企业开展营销活动提供决策依据。网络市场调研主要探索的方向是市场可行性研究、销售机会和潜力分析、产品研究、包装测试、价格研究、广告监测和效果研究、企业形象研究等。

人们在浏览网站时常常会看到一些小调查，比如“满意”、“不满意”、“一般”等。当你选定一个答案并单击“提交”按钮，表明你参加了一次在线调查，这种方式所获得的结果就是最简单的网络调研。从某种意义上说，全球互联网上的海量信息、几万个搜索引擎的免费使用，已对传统的市场调研和营销策略产生了很大的影响。它极大地扩展了市场调研的资料来源，丰富了传统的市场调研方法，特别是在互联网在线调查、定性调查和二手资料调查方面具有无可比拟的优势。

6.1.2 网络市场调研的特点

1. 网络市场调研与传统市场调研的比较

网络市场调研有区别于传统调研，表6-1主要从调研费用、范围、运作周期、调研时间及便利性、配合度等方面进行比较，可以非常明显地看出两者的不同。

表6-1　网络市场调研与传统市场调研的比较

	传统市场调研	网络市场调研
调研费用	昂贵，包括：问卷设计、印刷、发放、回收、聘请和培训访问员、录入调查结果、由专业公司对问卷进行统计分析等多方面的费用	较低，主要是设计费和数据处理费，每份问卷所要支付的费用几乎为零
调研范围	受费用限制，调研面广，则费用高，时间周期长；调研面窄，则费用低，时间周期短	无费用限制，无地域控制。可以在多个地区同时调研
运作周期	周期长，需要经过2个月到6个月的时间	周期短，只需要几天的时间便可完成
调研时间	对每个受访者的访问时间各不相同	全天候进行
便利性	不太方便，一般要跨越空间障碍，到达访问地点	非常便利，被访问者可自由决定时间、地点答卷
调研结果的可信性	一般有督导对问卷进行审核，审批严格，可信性高	相对真实可信
实用性	适合面对面地深度访谈	适合长期的大样本调查，要迅速得出结论的情况
被调查者配合度	处于被动地位	自愿、主动
收集信息方式	由访问者发放调查问卷	被访问者网上填写或自行下载

2. 网络市场调研的特点

通过以上的对比，我们可以更加清晰地概括出网络市场调研具有的特点。

（1）及时性和共享性

网络的传输速度快，一方面调研的信息传递到用户的速度加快，另一方面用户向调研者的信息传递速度也加快了。网上投票信息经过软件分析统计初步处理后，可以看到阶段性成果，而传统的市场调研得出结论需经过很长的一段时间，如人口抽样调查统计分析需 3 个月，有些调查甚至需要更长时间。CNNIC（中国互联网信息中心）在对我国互联网发展状况进行调查时，从设计问卷到实施网上调查和发布统计结果，仅仅花了 1 个月时间，这就保证了企业调研信息的及时性。同时，网上调研是开放的，任何网民都可以参加投票和查看结果，这充分体现了网络调研的共享性。

（2）便捷性和低费用

网络调查的便捷性都是显而易见的。在网络上进行市场调研，无论是对调查者还是被调查者，只需拥有一台能上网的计算机、一个调制解调器、一部电话或一台多媒体电视机就可以进行网络沟通交流。调研者在企业站点上发出电子调查问卷，提供相关的信息，或者及时修改、充实相关信息，被调研者只需在计算机上按照自己的意愿轻点鼠标来填写问卷，然后调研者通过计算机对访问者反馈回来的信息进行整理和分析即可。

其次，网络调研的费用比较低。它可以减少传统调查中大量的人力、物力、财力和时间的耗费。省却了问卷调研、派访问员进行访问、电话访问、留置问卷等工作；调研也不会受到天气、交通、工作时间等的影响；调查过程中最繁重、最关键的信息收集和录入工作也将分布到众多网上用户的终端上完成；信息检验和信息处理工作均由计算机自动完成。所以网络调研是最经济、便捷的。

（3）交互性和充分性

网络的最大优势是交互性。这种交互性也充分体现在网络市场调研中，传统营销调研只能提供固定的调查问卷，不能充分表达被调研者的意见，也无法修改和添加问题。而网络市场调研大大增强了被调研者的参与性，被调研者也可以对公司产品及其相关方面提出更多的意见或建议，调研者可以根据被调研者的建议及时修改问卷，并且通过设立电子公告牌、在线讨论、发送电子邮件等方式，更多地了解消费者的信息。这种交互性不仅表现在消费者对现有产品发表的意见和建议，更表现在消费者对尚处于概念阶段产品的参与，这种参与将能够使公司更好地了解市场的需求、洞察市场的潜在需求。这种双向互动的信息沟通方式提高了消费者参与的积极性，更重要的是能使企业的营销决策有的放矢，从根本上提高了消费者的满意度。

同时，网络调研又具有留置问卷或邮寄问卷的优点，使被访问者有充分的时间进行思考，可以自由地在网上发表自己的看法，而传统的市场调研是不可能做到这些的。例如面谈法中的路上拦截调查，它的调查时间一般不能超过 10 分钟，若时间太短，调查不全面；若时间过长，则可能引起被调查者的不满。因此，传统的市场调研对访问调查员的要求非常高。把上述优点集合于一身，体现了网络调研交互性和充分性的特点。

（4）调研结果的可靠性和客观性

调研结果的可靠性主要体现在其参与调查的人员是在完全自愿的原则下进行的。企业站点的访问者通常对企业产品都有一定的兴趣，对企业市场调研的内容做了认真的思考之后进行回复，因而调查结果真实可靠。而传统市场调研如面谈法中的拦截询问法，实质上是带有一定的“强制性”的，导致对其结果的可靠性产生质疑。网上市场调研可以避免传统市场调研中人为因素（如访问员缺乏技巧，诱导回答问卷问题）所导致的调查结论的偏差，被访问者是在完全独立思考的环境中接受调查的，能最大限度地保证调研结果的客观性。

（5）无时空和地域的限制

传统的市场调研往往会受到区域与时间的限制，例如，举国关注的第五次全国人口普查从计划准备到登记、复查再到数据汇总和发布历时5年（1998～2002年），调研范围涉及全国31个省、自治区、直辖市，不能同时开展。

而网络市场调研可以24小时全天候进行，同时也不会受到区域的限制。如澳大利亚一家市场调研公司（www. consult. com）在1999年8、9月份进行的针对中国等7个国家互联网用户在线调查活动中，在中国的在线调查活动是与10家访问率较高的ISP和在线网络广告站点联合进行的。这样的市场调研活动如果通过传统的方式是无法完成的。

（6）可检验性和可控制性

利用互联网进行网上调研收集信息，可以有效地对采集信息的质量实施系统的检验和控制。首先网上市场问卷调查可以附加全面规范的指标解释，有利于减小被访者因对指标理解不深或调查员解释口径不一而造成的调查偏差。其次，问卷的复核检验由计算机依据设定的检验条件和控制措施自动实施，可以有效地保证对调查问卷100%的复核检验，保证检验与控制的客观公正性。最后，通过对被调查者的身份验证技术可以有效地防止信息采集过程中的舞弊行为。

6.1.3 网络市场调研所面临的挑战

利用互联网进行市场调研的优势是明显的，但要全面普及还有一定的难度，在网络调研中尚存在一些棘手的问题。

1. 调研对象的限制

由于我国人口多分布广，各地区在经贸发展、文化素质等方面存在着巨大差异，使互联网不大可能覆盖所有地区及每一个人。我国网上的消费者，大部分来自大中城市、教育程度较高的年轻人或者高收入和高消费的人群。由此看出，网络调研一般不能涵盖本公司所有的客户群体。样本对象是否能代替总体对象呢？以弹出广告调查方式为例，很多消费者就被排除在样本之外，这会导致样本系统性的偏差。

2. 垃圾邮件

通常公司使用电子邮件与客户联系，但公司是否应该向人们发送未经请求的商务电子邮件，请其填写一份问卷调查？大部分公司在开展邮件调研时往往事前未予获得被调查者的许可，因而这样的邮件往往被视作垃圾邮件而予以删除，同时也降低了调研的回应率。折中的办法是大部分电子商务公司向其现有客户发送邮件，但这样又会忽略来自潜在客户的信息。

3. 隐私权

网络调研与顾客的隐私权密切相关。采集了大量顾客信息的公司必须以保护个人隐私权为前提来使用这些信息。但目前由于立法及行业自律规范上的不完善，以及公司为追求更大收益而转售顾客信息，使得很多公司在采集数据时对顾客所做的保护隐私权的承诺不能履行到位。

4. 调研所获信息的真实性和准确性

由于互联网是虚拟的，网上充斥的大量信息来源的真实性和准确性程度其实是难以判断的，因而采用网络间接的方法所采集的信息真实性和准确性不高。在网上进行调研，样本选择的代表性难以控制，也无法检验其真实性，许多时候往往无法知道网络后面的人的真实特征，甚至可能出现一个人多次填写同一问卷的事情，这样会导致调研结果可信度降低。

5. 网络调研技术有待完善、专业人员匮乏

目前，网络调研仍处于发展阶段，现有的网络调研专用技术的欠缺将导致调研流程不畅。尽管网络调研的专门研究单位和专门软件迅猛发展，但仍有不尽如人意的地方。虽然我们的企业拥有一些优秀的网络技术人员和市场调查人员，但能熟练地运用网络技术、调研实践经验强的专业网络人员还相当缺乏，给网络调研技术的实际运用带来很大难度。

6. 企业和消费者缺乏网络调研认识

我国国内企业对市场调研，特别是对于网络调研技术，还相当陌生，与西方发达国家相比较，国内在观念水平、技术运用方面存在着很大差距。消费者作为重要的调研对象，他们对市场调研和网络技术的不理解、不信任将直接影响网络调研的实际运用效果。

随着网络事业的迅猛发展和网民范围的扩大，网络市场调研将是一种社会发展的主流方式，其价值因其能够及时有效地提供最新市场数据，支持营销人员迅速采取行动、营销投资回报达到最大化而日益受到营销人员的重视。

6.2　网络市场调研程序

遵循网络调研程序，使组织能够按照既定目标完成信息收集整理工作，能够有效地推进组织的发展。调研程序的初期准备阶段十分必要，然而大多数企业为了尽快获得调研信息，直接跳到了制订问卷计划阶段。这种做法导致的直接危害是，当数据收集阶段完成，发现还需要其他数据才能进行下一步的研究时，这势必会使得整个调研过程重新开始，又或者在原先设定的分析上进行修正，从而无法达到调研的最初目标和预期结果。

为了避免犯大错误，无论时间如何有限和紧迫，在开始任何调查之前，花费足够的时间去回答一些关键性的问题是至关重要的。

调研的目标是什么？

要实现调查目标需要收集哪些衡量指标？

调研的对象是什么样的群体？

调研的预算是多少？

通过调研打算获得哪些信息？

调研的过程需要多久？

调研结果将会对营销活动带来哪些影响？

这些问题的思考与回答将直接影响是否进行下一步研究的设计方案、范围和方法。

因此，网络市场调研与传统市场调研一样，同样应遵循一定的程序与步骤，以保证调研过程的质量与调研结果的有效性。一般来说，网络市场调研包括以下几个程序和步骤。

6.2.1　确立调研目标

虽然网络市场调研的每一步都是重要的，但是调研问题的界定和调研目标的确定却是最重要的一步。只有清楚地发现市场调研的问题，确立了调研目标，才能正确地设计和实施调研。

首先，需要明确是什么原因引起了我们的关注。互联网是一个永无休止的信息流，当你开始搜索时，你可能无法精确地找到你所需要的重要数据，不过你肯定会沿路发现一些其他有价值、抑或价值不大但很有趣的信息。这似乎验证了互联网上的信息搜索定律：在互联网上你总能找到你不需要的东西。其结果是，你可能花费了大量的时间却没有找到你所想要的信息。因此，在开始网上搜索时，头脑里要有一个清晰的目标并留心去寻找，有的放矢，搜寻效率会较高。

需要注意的是在确定调研问题时要避免犯两类错误：一类是调研问题定义得太宽无法为后续步骤提供明确的指引路线；而如果调研问题定义得太窄，又有可能限制对一些有新意的行动路线的考虑。

6.2.2 确定市场调查对象

在明确了调研目标后，接下来就需要确定调研对象。一般来说，网络调查的对象主要分为 3 大类。

1. 企业产品的消费者

消费者一般为使用该产品的消费群体。在以消费者为调查对象时，需要注意的是，有时某一产品的购买者和使用者不一致，如对婴儿产品的调查，其调查对象应为孩子的父母。其次，还应注意到一些产品的消费对象主要针对某一特定消费群体或侧重于某一消费群体，这时调查对象应注意选择产品的主要消费群体，如对于化妆品，调查对象主要选择女性；对于酒类产品，其调查对象主要为男性。

2. 企业的竞争者

企业的竞争者主要是行业内现有企业的竞争、新加入者的竞争、替代产品的竞争等，这对营销策略有很大的影响。企业需要及时了解这些竞争者的信息对自己做出适当的策略调整。企业调研人员可通过互联网访问竞争对手的网站，查询竞争者在网站上发布的信息，如年度报告、动态新闻等，也可以通过网上的媒体取得竞争者的信息。通过分析竞争对手的信息，可准确把握自身的优势和劣势。在商战中，只有知己知彼，才能百战不殆。

3. 企业的合作者和行业内的中立者

企业的合作者能够成为自己的合作人，发挥双方在人力、物力等方面的优势，互利互惠实现双赢。而中立者，则可站在第三方的角度，提供一些极有价值的信息和比较客观的评估分析报告，帮助企业做出战略选择。

6.2.3 设计调研方案

当调研目标和对象明确后，接下来便是设计调研方案。具体内容包括确定资料来源、调查方法、调查手段、抽样方案和接触方式等。

1. 资料来源

确定收集的资料是一手资料（原始资料）还是二手资料。一手资料是调研人员通过实地调查，直接向调研对象收集的资料。在互联网上，可以直接向被调研者发放问卷，或在网上跟踪顾客，或召开网上小组座谈会，以及利用 BBS 等收集。二手资料是经过他人收集、记录、整理所积累的各种数据和资料的总称。在互联网上可以利用搜索引擎来收集二手资料。

2. 调查方法

网络营销的调查方法主要有问卷调查法、专题讨论法、网上实验法、网上观察法、网上文献法等。

3. 调查手段

网络市场调研常用的调查手段或者说调查工具有：在线问卷，其特点是制作简单、分发迅速、回收方便；交互式计算机辅助电话访谈系统（CATI）是中心控制电话访谈的“计算机化”形式，目前在美国十分流行，它是一种在计算机辅助电话访谈系统上设计问卷结构并在网上传输的软件程序，其服务器直接与数据库连接，对被访者的答案直接进行储存；网络调研软件系统，是专门为网络调研设计的问卷链接及传输软件，它包括整体问卷设计、网络服务器、数据库和数据传输程序。

4. 抽样方案

接下来的问题是确定调研对象。在理想状态下，你应当调查你想了解的人群中的每一个成员，可是在绝大多数情况下，你所面对的人群很大，这样既耗时也耗费资金。例如美国人口调查局就负责这样一项工作，同美国境内所有的成年人进行接触，由于这个过程非常耗时，代价高昂，因此只能每十年进行一次。显然对人群进行普查是不现实的，所以调查人员要依靠不同方法从人群总体中选择出一个子集进行调研，这就要设计抽样方案。

抽样方案的主要内容包括：确定抽样单位、确定样本规模大小以及抽样程序。抽样单位是指在抽样过程中的某一阶段可供选择的个体，或者包含这个个体的单位。样本规模的大小，即样本量，会涉及调研结果的可靠性。抽样程序是指按照抽样方案进行抽样的过程，抽样程序中要用到抽样技术，抽样技术有概率抽样和非概率抽样两种。概率抽样主要有：简单随机抽样、系统抽样、分层抽样和整群抽样。通常概率抽样可以计算出抽样误差的置信度，可以得到有代表性的样本，但概率抽样的成本较高。非概率抽样有：便利抽样、判断抽样、配额抽样和滚雪球抽样。

5. 接触方式

接触方式即以何种方式接触被调查者。企业如果有自己的网站并拥有固定的访问者，就可以利用自己的网站开展网上调研；如果企业自己的网站还没有建好或没有自己独立的网站，可以利用别人的网站进行调研，特别是借助访问率很高的 ISP 或是与调研课题相配合的专业信息站点；除以上两种方式之外，企业如果积累了有效的客户 E-mail 地址，也可以直接向被调查者发送调查问卷。

6.2.4　收集并输入数据

如何收集数据对于任何调查项目来说都是非常重要的挑战。它既是顾客的意见被收集、归类的过程，也是你的假设得到证实或被推翻的过程。收集数据的方法有很多，传统上，调查人员是通过面谈、电话访谈或者信访来实现的。而网络调研是利用搜索引擎及访问相关网站等来获取资料，大多数信息可以直接下载或者拷贝。其具体的方法包括电子邮件和网络调查问卷等。每一种方法都有其长处和短处，各自或多或少适合于某些具体的调查用途。例如，假设某网站希望确定哪种礼品包装的式样设计最受欢迎，它就需要选择一种数据收集方法，来呈现多种多样的礼品包装设计。仅仅通过电子邮件调查，是无法满足这一研究目标的，比较好的方法是进行在线访谈，因为在网上可以将设计的各种样式展示给调查对象看。

与传统的输入数据的方式相比，网上问卷调研可通过提交功能，将被调查者的信息直接传递到数据库。在此过程中，调研人员会利用监测程序来判断被调查者填写的资料是否完整，如有遗漏会拒绝提交并重新返回给被调查者补填完整。整个过程效率高、方便、快捷。

6.2.5 整理和分析数据

由于网上调研不太容易判断收集到的数据的准确性，必须要对数据进行筛选、归类、整理，尽量排除不合格的问卷，做到去伪存真。网上收集到的数据比较零碎，如果孤立地分析和研究，作用不大。因此，信息分析仅需要借用分析软件，此外，还需要调查者有一定的分析能力，运用定量、定性的方法分析研究，找到数据间的内在联系，从而显示出调查信息的价值。目前，国际上较为通用的分析软件有 SPSS、SAS、BMDP、Minitab 和电子表格软件（Excel）。

在传统的市场调研中，数据整理包括数据的编辑、编码、录入和核实。而由于网络调研的特点，这些工作很多可以省略，因为网上调研本身就是在网上直接进行，所以对网络市场调研来说，这一阶段更突出分析信息的重要性。此外，网上信息的一大特征是即时呈现，而且很多竞争者还可能从一些知名的商业网站上看到同样的信息，因此也赋予分析信息一个相当重要的地位，它可以使你在变化中把握到一些商机。

6.2.6 撰写调研报告

撰写调研报告是整个调研活动中的最后也是最重要的阶段。调研报告将市场调研的分析结果进行汇总并呈报给营销部门。通过各种调查方式获得的市场信息，必须经过科学的加工整理，并在此基础上形成规范的市场调研报告。报告最好是图文并茂，数据文字相结合，能直观反映出市场的动态。调研报告的撰写过程，绝不能是数据和资料的简单堆砌，要认真分析所掌握的资料，对所调研的问题做出结论，提出建设性的意见，供企业营销活动决策参考。

调研报告的主要内容包括：封面、内容摘要与关键字、目录。调研报告正文一般包括调研背景、调研内容、相关说明、调研结果、调研方法、数据分析、主要结论与建议，参考资料与附件等。

撰写网络调研报告要注意以下问题。①调研报告应该用清楚的、符合语法结构的语言表达。②调研报告中的图表应该有标题，对计量单位应清楚地加以说明。如果采用已公布的资料，应该注明资料来源。③正确运用图表，对于过长的表格，可在调研报告中给出简表，详细的数据列在附录中。④调研报告的印刷式样和装订应符合规范。

6.3 网络市场调研方法

网络市场调研方法根据收集数据的性质不同分为网络营销直接调研法和网络营销间接调研法两种方式。所谓网络营销直接调研法是通过利用互联网直接收集一手资料的方法。网络营销间接调研法主要是利用互联网的媒体功能，从互联网上收集二手资料的方法。由于越来越多的传统报纸、杂志、电台等媒体以及政府机构、企业等也纷纷上网，使得网上信息量急剧增加，发现和挖掘有价值的信息，已成为网上间接调查的关键。

6.3.1 网络营销直接调研的方法

网上直接调研指的是为当前特定目的在互联网上收集一手资料或原始信息的过程。根据调查方式的不同，网络直接调研又可细分为观察法、网上问卷调研法、专题讨论法、网上试验法和点击流分析法等。网上用的最多的是专题讨论法和问卷调研法。

1. 观察法

观察法是指被观察对象在不知情的前提下进行的市场调研的方法。基于网络环境的观察法主要是观察者通过浏览各大门户网站、在线论坛等途径，观察在线用户发表的文章或参与的评论等方式获得的信息。观察法最大的优点在于其直观性和客观性，被观察对象没有意识到他们正在接受观察调查，结论往往是真实可信的。

2. 网上问卷调研法

网上问卷调研法是将问卷在网上发布，被调查对象通过互联网完成问卷调查。网上问卷调研法根据不同情况可以分为不同的类型。

① 首先，按照调研者组织调研样本的行为，网上问卷调研可以分为主动调研法和被动调研法。

主动调研法是通过 E-mail 方式将问卷发送给被调查者，被调查者完成后将结果通过 E-mail反馈给调研者。这种方式的好处是，可以有选择性控制被调查者，缺点是容易遭到被访问者的反感，有侵犯个人隐私之嫌。

被动调研法是等待被调查对象主动浏览作答的调查方法。由于网络有着分布广泛的特点，被调查者可以分布在天南地北，不受时空限制，网站均可以全天 24 小时不间断地接受调查填表，成本极低，易于操作。如中国互联网信息中心（CNNIC）就曾采取这种调查方法。为了防止大量无效问卷的产生，调查网站可以对众多的访问者设置“过滤网”，在问卷填写前设置些问题来确认其是否符合调查对象的要求，对不符合的，程序将自动判断并拒绝其填写问卷。

② 其次，根据网上调查采用的技术可以分为站点法、电子邮件法、随机 IP 法和视讯会议法等。

a. 站点法。站点法又称主动浏览访问法，即将调查问卷放置在访问率较高的 Web 站点的页面上，由对该问题感兴趣的访问者完成并提交。站点法属于被动调查法，是网上调查的基本方法。

b. 电子邮件法。电子邮件法是通过给被调查者发送电子邮件的形式将调查问卷发给一些特定的网上用户，由用户填写后以电子邮件的形式再反馈给调查者的调查方法。电子邮件法属于主动调查法，与传统邮件法相似，优点是邮件传送的时效性大大的提高了。

c. 随机 IP 法。随机 IP 法也称网络电话法，是以 IP 地址为抽样框，采用 IP 自动拨叫技术，邀请用户参与调查。例如，可将 IP 地址排序，每隔 100 个进行一次抽样，被抽中的用户会自动弹出一个小窗口，询问其是否愿意接受调查，回答“是”，则弹出调查问卷；回答“否”，则呼叫下一个 IP 地址。随机 IP 法属于主动调查法，其理论基础是随机抽样。

d. 视讯会议法。视讯会议法又称网络会议法。它是通过网络会议或网络实时交谈进行访问的调查方法，此调查无须借助大量的调查员访问被调查者。这种方式在调查速度占绝对优势，访谈结束之后，调查员已经记录好结果，大大地缩短了调查周期。调查的过程中，提问者和回答者均在各自独立的环境中进行，此时网民的回答往往是坦诚的，使被调查所反馈的信息质量大大提高。减少无效的或虚假的信息介人，这对调查专题的深入研究有着积极的作用。这调查方式较适合于重点调查或典型调查。

③ 网上问卷调查可以用于获取消费者对特定问题的回应。它可以按目标受众的不同类型进行分类：现有客户和潜在客户。

通常对现有客户进行问卷调查，目的是获取以下信息：

- 了解客户满意度
- 了解他们对本公司网站设计的感受
- 了解他们希望看到本公司经营有怎样的变化
- 确定他们未来的购买意向
- 评估他们对新产品的兴趣

通常对潜在客户进行问卷调查，目的是获取以下信息：

- 了解他们为什么不与本公司进行交易
- 了解他们对本公司网站设计的感受
- 了解他们对本公司营销组合的感受
- 确定促使他们改变购买选择的因素
- 评估他们对提供新产品的兴趣

在问卷调查中，最重要的决策是确定样本。对于现有客户，公司通常使用电子邮箱地址目录。这种情况下，样本可以随机选取（如每 10 名客户中选取 1 名），也可以有目的地选取（如选取有 2 年以上购物记录的忠诚客户）。使用随机样本可以对总体进行推论。

对于潜在客户，没有现成的电子邮箱地址目录，但有其他一些可行的选择。专业市场调查公司拥有可能对调查感兴趣的响应者的电子邮箱地址目录。向代理的市场调查公司询问如何收集和维护这些地址，应该把职业响应者（即参与每一次能够赚钱的问卷调查的人）排除在调查范围之外——他们不具备代表性。

还有就是必须认真设计在线问卷调查中所使用的问题。除需考虑问卷调查设计的一般因素（如选择恰当的词、将棘手的问题排在最后）外，还需要考虑在线问卷调查设计中的特有因素。

- 长度——如果问卷太长，消费者会失去兴趣。
- 实用性——消费者能够理解调查问卷的结构吗？他们能随时知道后面还有多少道问题吗？
- 兼容性——调查问卷可以在所有的浏览器上下载吗？

最后，向问卷调查的参与者提供激励也很重要。是否提供的激励越大，回复率就越高呢？一些研究显示，提高激励不会提高弹出广告调研的回复率；然而，可以提高电子邮件调查方式的回复率。

3. 专题讨论法

专题讨论法是可通过 Usenet 新闻组、电子公告牌（BBS）或邮件列表讨论组进行，从而获得资料和信息的一种调研方法。

专题讨论法遵循一定的步骤：首先，确定要调查的目标市场；其次，识别目标市场中要加以调查的讨论组；再次，确定可以讨论或准备讨论的话题；最后，登录相应的讨论组，通过过滤系统发现有用的信息，或创建新的话题，让大家讨论，从而获得有用的信息。

具体地说，目标市场的确定可根据 Usenet 新闻组、BBS 讨论组或邮件列表讨论组的分层话题选择，也可向讨论组的参与者查询其他相关名录。还应注意查阅讨论组上的 FAQs（常见问题），以便确定能否根据名录来进行市场调查。

专题讨论组的运作方式类似于传统网下方式：规模小（6～10 人）；参与者被引导到公共等候区；对参与者进行审查；合格的人进入到讨论组区域，主持人在那里迎接他们。一般来说，专题讨论的时间为 60 ~ 90 分钟。

在讨论问题的方式上，专题讨论组与传统网下方式有些不同，在网下讨论时，一次只能一个人发言，讨论组的注意力不会被分散，而在在线专题讨论组中，可以多人同时回应，因此可产生更多的信息。

专题讨论法有两个主要优点：成本低和方便。参与者不必驱车聚集到某一个地点——他们可以在家或办公室登录上网。因此，它使不便于驱车的人（如老年人、距离较远的消费者）也有机会参与。整个谈话过程被记录下来，其中发言人也被清楚地识别出来。因此，公司可以迅速收到调研分析报告。

显然专题讨论法也有一些缺点。很明显，这种方法无法包括非语言交流——主持人不能看到消费者转动眼球或做鬼脸。无法确定在整个讨论过程中，每位参与者是否一直都在场——参与者离开去回复电子邮件或回复电话，没有人知道他们做了什么。因此，参与者的参与程度可能降低。

4. 网上实验法

网上实验法则是选择多个可比的主体组，分别赋予不同的实验方案，控制外部变量，并检查所观察到的差异是否具有统计上的显著性。这种方法与传统的市场调查所采用的原理是一致的，只是手段和内容有差别。

实验法有 3 个特点：一是通过分组实验进行调查取得的资料，客观实用，排除了人们主观估计的偏差；其次，调查人员可以针对调查事项的需要进行合理的实验设计，有效地控制实验环境，有意识地使调查对象在相同条件下重复进行实验，使调查的结果更为真实；第三，调查人员可以主动地引起国际市场因素的变化，并通过控制其变化来研究该因素对国际市场产生的影响，而不是被动、消极地等待某种现象的发生，这是其他调查方法所无法做到的精确。

例如，某个不直接进行销售的网站为测试其网站运行的影响力而展开研究。该项研究在开始时先对进入网站的访问者进行随机抽样，并向他们提出一整套初始问题，以便收集访问者特征变量或者行为变量。在初步提问后，有关样本被随机地等分成两个小样本群：受控样本和受测样本。为了获得基础的测量数据，调研人员马上便对受控样本提出一系列涉及他们对公司产品或服务的了解程度、认知以及购买可能性方面的问题。由于这些用户尚未有接触本网站的机会，他们的任何认知都来自于外部的因素。

受测组由于参加初始调查而收到了致谢，之后，他们就返回网站继续开始上网冲浪，一点也没有意识到自己依然是本次调查的一部分。这样是让受测对象认为研究已经结束了，因为一旦受测对象意识到自己在研究项目中的作用时，往往会人为地变得敏感起来。当受测用户在网站里自由冲浪的时候，他们对产品情况的了解、对品牌的认知以及购买的可能性都在以一种自然的方式受到影响。为了确定网站是以何种方式影响这些指标，我们现在可以通过电子邮件二次接触方式请求这些用户完成一份简短的后续调查表，这份调查表中含有受控组接受抽样时曾经回答过的相同问题。

由于两个小组所完成的调查表是相同的，因此，我们可以通过比较受控样本和受测样本的各种回应，对网站的影响效应进行评估。

5. 点击流分析法

点击流数据是个人在网站上移动轨迹的记录。这种数据记录可分为 4 种类型：接入记录、代理记录、错误记录和引导记录。接入记录包括与用户经历相关的大部分信息——用户的IP地址、接入日期和时间、用户需求的性质等。代理记录提供了用户所使用的浏览器和操作系统的数据。错误记录提供了导致错误的特定请求的信息（如没有找到文件）。引导记录提供了网站对用户起了引导作用的信息。

点击流分析的主要好处是：用户在网站上的足迹和行为信息可以帮助分析者理解用户属于哪一类人。一旦公司了解了这类用户的更多信息，就可以按其兴趣设计网站和提供产品。

点击流数据可用于以下方面的分析。

（1）路径或导航分析。这种分析是指以消费者到达网站所采用的路径以及在网站中的浏览路径为基础，对消费者进行聚类分析。典型的调查问题包括：他们从哪儿来/到哪儿去？他们需要多少次点击才能发现需要的信息？

（2）广告分析（电子邮件和旗帜广告）。每个组织都想要测量其广告的有效性，点击流数据提供了消费者如何进入网站的信息。如果消费者通过点击旗帜广告或电子邮件进入网站的，在点击流记录中会显示出来。对这些数据进行研究有助于测量广告的有效性。

（3）购物车分析。在线销售中存在的一大问题是大部分在线购物车在放入商品后又被丢弃了——在一些地方，这个比例高达75%。使用点击流数据有助于确定购买者对什么感兴趣，对什么不感兴趣、什么时间离开了网站。

（4）网站点击分析。网站点击分析是点击流分析的一个重要部分。通过网站点击分析，可以了解到网站哪个部分吸引了最多的消费者；哪个部分导致的直接购买行为最多；哪个部分是多余的或者访问量最少的。充分了解以上信息，能够帮助企业改进网站建设，吸引更多的消费者。

6.3.2 网络营销间接调研的方法

网上间接调查主要通过互联网收集与企业经营相关的市场、竞争者、消费者以及宏观环境等信息。企业用的最多的还是网上间接调查方法，这种方法较容易收集到信息，方便快捷，能广泛地满足企业管理决策需要。网上间接调查渠道主要有WWW、Usernet News、BBS、E-mail。其中，WWW是最主要的信息来源。用于收集二手资料的常用方法有网上搜索法、网站跟踪法、订阅邮件列表等。

1. 网上搜索法

互联网上有着海量的二手资料，但要找到自己需要的信息，首先必须熟悉搜索引擎（Search Engine）的使用，其次要掌握在公告栏（Bulletin Board System，BBS）、新闻组（Usenet或Newsgroup）上如何开展信息收集。

（1）利用搜索引擎收集资料

搜索引擎一般按分类、网站和网页来进行搜索。需要注意的是：按分类只能粗略查找；按网页虽然可以比较精确查找，但查找结果却比较多，因此，搜索最多的还是按网站搜索；在按网站搜索时，它是将要搜索的关键字与网站名和网站的介绍进行比较，显示出比较相等的网站，例如要查找网络调研类的网站，可以在搜索引擎的主页，通过搜索输入栏输入汉字“网络调研”并确认，系统将自动找出满足要求的网站。如果找不到满足要求的网站，这时可以按照网页方式查找，系统将自动找出满足要求的网页。

使用搜索引擎，必须注意以下几个步骤。

① 选择最恰当的关键词或搜索条件。选择正确的关键词是一切的开始。学会从复杂搜索意图中提炼出最具代表性和指示性的关键词对提高信息查询效率至关重要。选择搜索关键

词的原则是，首先需要明确检索目标是什么，进行检索是资料性的文档？还是某种产品或服务？然后再分析这些信息都有些什么共性，以及区别于其他同类信息的特性，最后从这些方向性的概念中提炼出此类信息最具代表性的关键词。

②运用搜索的基本数学规则。基本的数学规则包括使用＋号，使用－号、使用“”号和使用管道符｜。使用＋号时，检索词必须出现在搜索结果中。如输入“聂海胜＋神十”，则聂海胜和神十这两个词都会出现在搜索结果的网页中。在搜索中文时想搜索含有多个关键词的内容，词与词之间可以用空格隔开。比如你想搜索马尔代夫的气候情况，光输入“马尔代夫”或者“气候”都是片面的，需要输入的关键字是“马尔代夫气候”。你想了解北京旅游方面的信息，就输入“北京 旅游”，这样才能获取与北京旅游有关的信息。有时你可能在查询某个题材时又不希望在这个题材中包含另一个题材，这时你就可以使用减号了。

－号的作用是为了去除无关的搜索结果，提高搜索结果相关性。比如，你要找“申花”的企业信息，输入“申花”却找到一大堆申花队踢足球的新闻，在发现这些新闻的共同特征是“足球”后，输入“申花—足球”来搜索，就不会再有体育新闻来麻烦你了。而“”的使用则可以保证你的搜索结果非常准确。使用管道符｜表示输入的搜索词中，只要出现一个即可。例如查找“武当｜少林寺”，在搜索结果中武当和少林寺这两个词出现一个即可。

目前，在互联网上可选择的搜索引擎有许多，不同的搜索引擎有各自的特点和相对优势，选择哪一个搜索引擎，应根据企业市场调研对象和内容的不同而定。表 6-2 所示为一些目前使用较多的搜索引擎。

表 6-2　　常用搜索引擎

常用中文搜索引擎	
百度	http：//www. baidu. com
搜狐	http：//www. sohu. com
网易	http：//www. 163. com
3721	http：//www. 3721. net
天网	http：//www. pku. edu. cn
常用英文搜索引擎	
Yahoo!	http：//www. yahoo. com
Google	http：//www. google. com
Excite	http：//www. excite. com
Info seek	http：//www. infoseek. com
Alta Vista	http：//www. altavista. com

（2）利用公告栏收集资料

公告栏也称 BBS，它是互联网上的一种电子信息服务系统。它提供一块公共电子白板，每个用户都可以在上面书写，可发布信息、留言、发表意见或回答问题，也可以查看其他人的留言，好比在一个公共场所进行讨论一样，你可以随意参加也可以随意离开。公告栏的用途多种多样，既可以作为留言板，也可以作为聊天、讨论的场所，还可以用于商业方面，如发布工商产品的求购信息等。

网上实践：通过 Telnet 登录到瀚海星云 BBS 站。

操作方法一：单击“开始”→“运行”命令，出现“运行”对话框；在“打开”下拉列表框中输入“telnet bbs. ustc. edu. cn”，然后单击“确定”按钮。

操作方法二：在 IE 窗口的地址栏内输入“http：//bbs. ustc. edu. cn”，然后按回车键。出现主页后，单击“Telnet”超链接文本，就会出现 telnet 超级终端窗口。该站提供了一个公共账号，使用者输入规定的通用姓名（guest）和通用密码（password），就能注册进入，当然只能浏览一些公开版面。若合法注册的用户还可以发表文章，发邮件。

（3）利用新闻组收集资料

新闻组（Usenet 或 Newsgroup），简单地说就是一个基于网络的计算机组合，这些计算机被称为新闻服务器，不同的用户通过一些软件可连接到新闻服务器上，它是一个完全交互式的超级电子论坛，类似于一个公告板，由成千上万个致力于不同主题的新闻组组成，所有的人都可以随意发表自己的观点、阅读别人的意见、补充修改别人的观点，甚至组织一次讨论、主持一个论坛，实现观点、信息的交流。且这种交流不限于几个人之间，可能同时有成千上万的人在讨论一个大家所关心的问题。

由于新闻组使用方便，内容广泛，并且可以精确地对使用者进行分类（按兴趣爱好及类别），且信息量大，其中包含的各种不同类别的主题已经涵盖了人类社会所能涉及的所有内容，如科学技术、人文社会、地理历史、休闲娱乐等，使得利用新闻组收集信息越来越得到重视。但需要注意的是，在利用新闻组收集资料时必须要遵守新闻组中的网络礼仪，并尽可能地了解它的使用规则，避免一切可能引起别人反感的行为。

网上实践：练习使用 Outlook Express 软件配置新闻组账号。

（1）单击“开始”→“程序”→“Outlook Express”→“工具”→“账户”→“添加”→“新闻”，按照提示输入姓名、电子邮件地址。

（2）添加已经申请的希望连接的新闻组服务器地址“工具”→“账户”→“新闻”→“属性”→“常规”，依次输入新闻账户名称与回复的电子邮件地址。

2. 网站跟踪法

网络每天都会更新大量的数据信息，即便是功能最强大的搜索引擎也无法将所有的信息都通过检索得到。其中包含的有价值的信息是不可能通过简单的搜索得到，它或多或少潜藏着一些限定条件，例如有些网站的信息只对会员开放，有些搜索引擎由于数据库更新比较缓慢，不同程度的减弱了信息的时效性。作为市场调研的日常资料收集工作，这就需要对一些提供信息的网站进行定期跟踪，对有价值的信息及时收集记录。对于一个特定的市场调研项目，至少要在一定时期内对某些领域的信息进行跟踪。根据调研的性质和目的不同，需要的资料也有很大差别。一般来说，可以提供大量一手市场信息和二手资料的网站有：各类网上博览会、各行业经贸信息网、企业间电子商务（B2B）网站、行业垂直网站、大型调研咨询公司网站、政府统计机构网站等。

根据企业市场策略的需要，选定一批有价值的网站进行定期资料收集是很有必要的。无论是企业的市场调研部门自行开展市场调研，还是委托专业代理机构进行，都有必要对企业相关的市场信息资料有所了解。

3. 订阅邮件列表

如果觉得每天跟踪访问大量的网站会占用太多时间，也可以利用一些网站提供的邮件列表服务来收集资料，这种方式实际上也是网站跟踪法的一种形式。很多网站为了维持与用户的关系，常常将一些有价值的信息如公司的最新动态和有关产品服务信息，以新闻邮件、电子刊物等形式免费向用户发送，用户通常只要进行简单的登记即可加入邮件列表，常用的比较有价值的邮件列表如：各大电子商务网站初步整理的市场供求信息、各种调查报告等。

网上实践：登录希网（www. cn99. com），使用指定的免费或收费电子邮箱，订阅该网站的电子杂志与邮件列表，尝试创建自己的邮件列表。

6.4　网络市场调研的策略

网络市场调研的最终目的是希望通过调研获得现有消费者和潜在客户的市场信息，并根据收集的信息调整公司的营销策略，留住老顾客，扩大新顾客。为了使营销人员能够了解和掌握更多更详细的信息，企业需要想办法让更多的消费者访问本企业的网站，让他们有更多的机会接受企业的调研询问。但这其中最复杂的一个问题就是你从来不会确切的知晓谁是本公司站点的访问者。网络营销企业的营销人员必须采取适当的策略来识别访问者。而且，在互联网上要求访问者回答有关问题并不是一件容易的事情，他们不愿意花时间填写一份他们不感兴趣的问题。当调查问卷涉及收入等个人信息的时候，该问卷就更少有人问津了。因此，采取适当的网络调研策略，吸引尽可能多的网民参与调查，以获得尽可能多的信息，是成功开展网络市场调研的关键。常用的策略如下。

6.4.1　识别访问者并激励其访问企业站点

网络市场调研的关键之一是如何鉴别并吸引更多的访问者，使他们有兴趣在企业站点上进行双向的网上交流，为此需要注意以下几点。

1. 改造企业的站点

要努力改造企业自己的站点，使得它产生更多吸引力，这是提高访问量的关键。一个吸引人的站点一般应具备以下几项内容。

（1）华丽的页面

尽量使用最新的Web技术来设计你的页面。因为即使内容是站点的关键，但没有好的视觉享受，会使得访客有枯燥无味的感觉。但在使用新技术时，不要凌驾于访客之上，尽量与每一个人的系统兼容。

（2）随时更新

随时更新企业网站，可以让访问者时刻保持新鲜感，而这种新鲜感正是吸引访客的重要因素。

（3）有价值的内容

企业的站点能经常为顾客提供有价值的信息，将更能吸引访客，而如果你只是照搬别人的信息，时间长了就会令访客感到厌倦。

（4）网站速度快

作为企业站点，在选择免费空间服务器时，要选择速度快的，而不是连接超时的、速度极慢的服务器。

（5）交互的内容

越来越多的访客希望有互动的内容，他们不想只是被动去看，还想主动参与，所以企业可以在网站上增加一个 BBS 或者聊天室，这些都会提高站点的流量。

（6）组织的活动

如果企业能够定期在网站上举办一些活动，例如在线抽奖活动或者征集产品设计等，通过这些方式，能够增加访客的兴趣并带来更多的访问者。

2. 利用电子邮件或来客登记簿获得市场信息

互联网能在厂商和客户之间搭起一座友谊的桥梁，而在其中起关键作用的是电子邮件和来客登记簿。这两种方式是互联网上企业与顾客交流的重要工具与手段。邮件可以附有 HT-ML 表单，访问者能在表单界面上点击相关主题并且填写附有收件人电子邮件地址的有关信息，然后发回给企业。来客登记簿（Guest Book）是让访问者填写并发回给企业的表单。如果公司愿意，通过电子邮件和来客登记簿，访问者均可以读到并了解企业的情况，市场营销调研人员也可获得相关的市场信息。例如，在确定访问者的邮编后，就可以知道访问者所在的国家、地区、省市等地域分布范围；对访问者回复的信息进行分类统计，就可以进一步对市场进行细分。

3. 奖励访问者以激发其参与调研的积极性

如果厂商能够提供一些奖品、免费商品或给访问者购买商品一定的折扣优惠，会容易从访问者那里得到更多想要知道的信息，包括姓名、住址和电子邮件地址等。这种策略被证明是有效可行的。例如，全国首家陶瓷零售商城——“金瓷商城”（www. 163sale. com）在开张半个月后，就着手开展了网上市场调查，并以参与调查赠送礼品的形式吸引网民参与。调查内容主要是顾客对金瓷商城的了解途径、购物体验、产品认可程度、支付和配送选择、促销的接受程度、售后服务和其他意见和建议等。整个调查时间持续一个月，通过网页在线调查的形式吸引了大量网民的参与，掌握了大量的第一手资料，为网站今后的工作改进和业务开展提供了重要参考。

4. 在网络上建立情感的纽带

在企业站点上不仅仅展示产品的图片、文字等，而且要有针对性地提供公众感兴趣的内容，如时装、音乐、电影、家庭、幽默等有关话题。以大量有价值的与企业产品相辅相成的信息和免费软件吸引大量的访问者，促使访问者乐于告诉你有关个人的真实情况。这样调研人员可以较方便地进入被访者的个人主页，逐步在网上建立友谊和加深感情，达到网上市场调研的目的。

5. 公布保护个人信息声明

在电子商务活动中，为了研究用户的上网、购买习惯或者提供个性化的服务，往往需要用户注册，并要求填写姓名、电话、电子邮件等联系信息，甚至还会要求用户提供个人兴趣、性别、职业、收入、爱好等详细内容。但是无论哪个国家，消费者对个人信息都有不同程度的自我保护意识，所以调研人员要想获得这些信息，一定要让用户了解调研目的，并确保个人信息不会被公开或者用于其他任何场合。

6. 与访问量大的网站合作以增加参与者数量

为了吸引更多的人访问企业站点，可以采取与其他网站合作，以吸引更多的访问者。除了现在流行的友情链接这一最简单的合作方式外，还有一些其他方式。如栏目内容合作：创造一些很多网站都需要的有价值的内容，主动与可能会感兴趣的网站联系。多类型公司互联即是与主题有相似之处而又非竞争对手的网站建立联盟，若尝试进行旅游行业客户联盟，站点联盟中的相互链接比宣传个别站点的效果更好。

6.4.2　网站站点上的市场调研

市场调研人员在企业站点上进行网络调研应注意以下问题。

1. 认真设计在线问卷以吸引访问者

一份完整的网上调查问卷通常包括如下几个部分：卷首语、问题指导语、问卷主体以及结束语。

（1）在线问卷设计的原则

① 目的性原则，即询问的问题与调查主题密切相关，重点突出。

② 可接受性原则，即被调查者回复哪一项，是否回复有自己的自由，故问卷设计要容易让被调查者所接受。

③ 简明性原则，即询问内容要简明扼要，使访问者易读、易懂，而且回复内容也简洁省时。

④ 匹配性原则，即要使对访问者回复的问题便于检查、数据处理、统计和分析，以提高市场调研工作的效率。

⑤ 顺序原则，即考虑问卷的流程安排，被调查者感兴趣的问题或一般问题放在前面，需要思考的问题放在问卷中间，敏感性的问题放在最后。

（2）在线问卷的设计技巧

在国外出版的一些市场营销管理、营销调研的相关书籍中，都反复强调了问题措辞应该遵循的 4 点原则。借用到网络营销调研问卷的设计中也是可行的。4 点原则具体如下。

① 问题应该简短。无论采取何种收集模式，不必要的和多余的单词应该剔除。以下就是一个复杂问题，“假设你注意到你冰箱中的自动制冰功能并不像你刚买回冰箱时的制冰效果那么好，于是打算去修理一下，遇到这些情况，你脑子里会有什么顾虑？”简短的问题应该是“若你的制冰机运转不正常，你会怎么解决？”

② 问题应该针对单一论题。调研者必须立足于特定的论题，如“您通常几点上班？”是一个不明确的问题。这到底是指你何时离家还是在办公地点何时正式工作呢？问题应改为“通常情况下，你几点离家去上班？”

③ 问题应该以同样的方式解释给所有的应答者。所有的应答者应对问题理解一致。例如，对问题“您有几个孩子？”可以有各种各样的解释方式。有的应答者认为仅仅是居住在家里的孩子，然后，另一个可能会把上次结婚所生的孩子也包括进去。这个问题应该改为“您有几个 18 岁以下并居住在家里的孩子？”

④ 问题应该尽量使用简单句。简单句之所以受到欢迎是因为它只有单一的主语和谓语。然而复合句就可能有多个主语、谓语、宾语和状语等。句子越复杂，应答者出错的可能性就越大。例如，“如果你正在寻找一辆家用轿车，你和你的妻子会如何评价你们试用的一辆车的安全性？”若回答“是”，接着问“你们对安全性的要求是‘很低’、‘一般’、‘很高’还是‘非常高’？”

与传统的市场调研问卷相比，网络调研的最大优势是可以极方便地随时调整、修改调查问卷上的内容，可以实现不同调研内容的组合，例如，产品的性能、款式、价格以及网络订购的程序、如何付款、如何配送产品等。因此，遵循问卷设计的原则，并及时根据需要修改问卷内容，使调研主页对访问者更具吸引力。

2. 监控在线服务

企业站点的访问者能利用互联网上的一些软件程序来跟踪在线服务。因此，企业的营销调研人员则可以通过监控在线服务来观察访问者主要浏览哪类企业、哪类产品的主页、挑选和购买何种产品，以及他们在每个产品主页上耗费的时间长短等。通过研究这些数据，分析得出顾客的地域分布、产品偏好、购买时间、购买习惯以及行业内产品竞争状况等信息，为决策提供一定的依据。

3. 有针对性地跟踪目标顾客

① 市场调研人员在互联网上或通过其他途径获得顾客或潜在顾客的电子邮件网址，则可通过电子邮件向他们发出或询问有关产品和服务的信息，并请求回复。也可以在电子调查表中设置让顾客自由发表意见和建议的版块，请他们发表对企业、产品、服务、竞争对手等各方面的看法和期望。通过这些信息，调研人员可以把握产品的市场动向及消费者的消费心理、消费爱好、消费倾向的变化，根据这些变化来调整企业的产品结构和市场营销策略。

② 以网页内容的差别化赢得访问者。如果企业市场调研人员采用在线跟踪手段跟踪访问者，浏览其他企业的站点，或阅读过有关杂志的产品广告主页，则应及时给目标访问者需求的信息，以使其充分注意到本企业站点的主页，并能对本企业的产品和服务做进一步的了解和选择。例如，如果访问者刚浏览过同行业竞争企业的站点，则市场调研人员应及时做出差别化宣传，在企业站点的主页上着重描述本企业产品的优势和特色，以吸引访问者访问。

4. 传统市场调研和电子邮件相结合

可以在其他各种传统的传播媒体上，如报纸、电视或有关杂志上刊登相关的调查问卷，并公告企业的电子邮箱和网址，让消费者通过电子邮件回答所要调研的问题，以此收集市场信息。采用这种方法，调研的范围比较广，灵活性较强，同时可以减少企业市场调研中相应的人力和物力的消耗。

5. 通过产品的网上竞卖掌握市场信息

对于企业推出的新产品，可以通过网上竞卖了解消费者的倾向和心理，掌握市场趋势，从而制定相应的市场营销策略。也可以通过其他的网上竞卖活动收集信息，如通过一些二手产品的网上竞卖来了解消费者的品牌偏好、各产品在消费者心中的卖点等信息。通过网上竞卖，企业市场调研人员可以掌握有关的市场信息，并以此为依据对未来市场趋势做出理性的分析与判断。

复习思考题

1. 作为一家主要的消费品公司（如 General Mills 或宝洁）的经理，你觉得在线开展全部的市场调查工作合适吗？为什么？你认为你的回答在几年内会改变吗？

2. 你对于从键盘上输出你的思想与口头说出这些观点能够一样适应吗？作为在线讨论组或传统讨论组的一名成员，你都会畅所欲言吗？现在，作为一名经理，谈一谈你对使用在线讨论组的看法。

3. 你如何确保消费者不对垃圾邮件产生抱怨？

4. 访问第一调查网 www.1diaocha.com 网站，注册登录后在线开展一个小规模的问卷调查并对其进行管理。你对这一过程的感觉如何？

5. 使用 5 种搜索引擎（Google、Yahoo!、3721、搜狐、天网）搜索关于“谷雨”的信息。不同搜索引擎的搜索结果有何不同？在通过搜索引擎获取的信息质量方面，你得到什么结论？

6. 访问 Yahoo!，使用聊天工具经营一个主题为“在线购物的未来”的在线讨论组，成员从你的同学中选取。它的挑战和好处是什么？你认为采用面对面讨论组可以获取更好的结果吗？

第7章 网络市场的购买行为分析

【本章要点】

➢ 网络市场的概念及其分类
➢ 网络消费者分析
➢ 影响消费者购买行为的因素
➢ 网络消费者购买决策过程
➢ 网络组织市场及其购买行为

随着互联网的产生和发展，以及网络营销的出现，消费者越来越受到企业的重视，他们如何购买和使用产品和服务，以及他们生活的方式都会对企业的营销活动产生深远的影响，进而影响到企业的生存。网络客户的购买行为是影响网络营销的重要因素。传统的商务活动中，客户仅仅是商品和劳务的购买者，对于整个流通过程的影响往往只有在最后的阶段才能显现出来，而且影响的范围较小，主要是在家庭、朋友中间产生影响。而在网络营销中，每一个客户首先是一个活跃在不断变化的虚拟网络环境之中的“冲浪者”，他一方面扮演着个人购买者的角色，另一方面则扮演着社会客户的角色，起着引导社会消费的作用。所以，网络客户的消费行为是个人消费与社会消费交织在一起的复杂行为。消费者市场以及其购买行为永远是营销者关注的一个热点问题，对于网络营销者也是如此。网络用户是网络营销的主要个体消费者，也是推动网络营销发展的主要动力，他们的现状决定了今后网络营销的发展趋势和道路。我们要搞好网络市场营销工作，就必须对网络消费者的群体特征进行分析以便采取相应的对策。本章将深入探讨网络客户的购买行为，为企业的网络营销决策提供科学依据。

7.1 网络市场的概念及其分类

7.1.1 网络市场的发展

互联网技术的发展使企业的市场营销进入了一个全新的发展阶段，1999～2001年是中国电子商务由起步走向初步发展的阶段，从2002年开始中国的电子商务步入了快速发展的时期。我国外经贸部在1996年2月成立了国际贸易EDI（Electronic Data Interchange，电子数据交换）中心，也就是现在的中国国际电子商务中心（CIECC）。借助于中国电信公用网，中国国际电子商务中心实现了与联合国全球贸易网等国际商务网络的连接，并在全国33个城市开通了结点（联网点）。这种先进、高效的贸易方式很快吸引了国内外众多外贸与进出口企业的加入。目前从网络市场交易的主体来看，网络市场可以分为企业对消费者、企业对企业、国际性交易3种类型。随着互联网的迅速发展，网络营销将对传统的贸易方式形成巨大的冲击，并以其快捷、方便、高效率和高效益的显著优势成为21世纪国际、国内贸易的主要方式。网络营销将是每一个商家的必然选择。

1. 网络市场演变的阶段

从网络市场交易的方式和范围看，网络市场经历了 3 个发展阶段。

第一阶段，生产者内部网络市场阶段。20 世纪 60 年代末，西欧和北美的一些大企业用电子方式进行数据、表格等信息的交换，两个贸易伙伴之间依靠计算机直接通信传递具有特定内容的商业文件，这就是所谓的电子数据交换（Electronic Data Interchange，EDI）。后来，一些工业集团开发出用于采购、运输和财务应用的标准，但这些标准仅限于工业界内的贸易，如生产企业的 EDI 系统，收到订单后，会自动进行处理，检查订单是否符合要求，向订货方发出确认报文，通知企业内部管理系统安排生产，向零配件供应商订购零配件，向交通运输部门预定货运集装箱到海关、商检部门办理出口手续，通知银行结算并开 EDI 发票，从而使整个订货、生产、销售过程贯穿起来，从而形成生产者内部网络市场的雏形。

第二阶段，国内的、全球的生产者网络市场和消费者网络市场。企业用互联网对国内的或全球的消费者提供商品和服务，其发展的前提是家庭个人计算机（PC）的普及，提高“假象购物商品区”的商业空间魅力，同时利用信用卡连线来清算，以加速“假象购物”的进展。目前，应用互联网络的邮购，其最大特征是消费者的主动性，选择主动权掌握在买方的手里，它从根本上改变了传统的推销方法，即演变为消费者的“个人行销”导向。“在线浏览、离线交易”阶段是我国和全球现阶段主要的网络交易方式。

第三阶段，“在线浏览、在线交易”阶段。这是网络市场发展的最高境界，网络不再仅仅被用来进行信息发布，而是实现在线交易。这一阶段到来的前提条件是产品和服务的流通过程、交易过程、支付过程实现数字化、信息化，其中最关键的是支付过程的电子化即电子货币、电子银行、电子支付系统的标准化及其可靠性和安全性。

2. 网络市场的现状

目前，从网络市场交易的主体看，网络市场可以分为企业对消费者、企业对企业、国际性交易 3 种类型。企业对消费者的网上营销基本上等同于商业电子化的零售商务。企业对企业的网络营销是指企业使用互联网向供应商订货、签约、接受发票和付款（包括电子资金转移、信用卡、银行托收等）以及商贸中其他问题，如索赔、商品发送管理和运输跟踪等。国际性的网络营销是不同国家之间，企业对企业或企业对消费者的电子商务。互联网的发展，国际贸易的繁荣和向一体化方向的发展，为在国际贸易中使用网络营销技术开辟了广阔前景。

市场研究公司 e Marketer 测算，2012 年全球电子商务销售额首次超过 1 万亿美元。较 2011 年增长 21.1%，预计 2013 年可以增长 18.3%，达到 1.3 万亿美元。具体说来，从网上交易的业务看，有 6 种类型。

① 企业间从事购销、人事管理、存货管理、处理与顾客关系等，在当今美国此类业务的营业额约为 60 亿美元，且发展速度很快。

② 有形商品销售：先在网上做成交易，然后送货上门，如书籍、花卉、汽车、服装等。据统计，2012 年，中国网络零售市场交易规模超过 1.3 万亿元，同比增长 64.7%，占社会消费品零售总额的 6.3%；70% 以上的网购业务需依靠快递来完成，网络零售产生的包裹量已占到快递业务总量近六成。近几年，电商平台培育出了“双 11”、“双 12”等一些具有网购特点的购物狂欢节日，使快递业务量在短时间内快速增长。2011 年“双 11”快递单日处理最高突破 1500 万件，随后行业的整体运行基本维持在这个状态。2012 年快递单日最高值突破 3000 万件，旺季期间平均日处理量为 2000 万件。

③ 通过数字通信在网上销售数字化的商品和服务，使顾客直接得到视听等享受，目前主要销售的是音乐、电影、游戏等产品。

④ 银行、股票、保险等金融业务。2004 年，韩国网上股票交易总额仅为 737 万亿韩元，但之后呈现逐年增加的趋势，到了 2007 年增加至 1926 万亿韩元。但到了 2008 年因受全球金融危机影响再次骤减，减至 1588 万亿韩元。2009 年韩国经济开始复苏，网上股票交易总额也随之快速增加，突破了 2 千万亿韩元大关，2010 年达到 2086 万亿韩元。2011 年韩国网上股票交易总额同比增加 18. 3%，达 2468 万亿韩元（约合人民币 13. 9 万亿元）。

⑤ 广告业务，据美国互动广告署 IAB（Internet Adv. Bureau）发布的统计数据显示，1995 年美国网络广告收入仅为 0. 5 亿美元，2005 年便增至 125. 4 亿美元，2006 年美国网络广告收入达到的 168. 8 亿美元，2007 年增至 212. 1 亿美元，2008 年为 234. 5 亿美元，2009 年为 226. 6 亿美元，2010 年达到了 260. 4 亿美元。而根据艾瑞发布的 2012 年度中国互联网广告核心数据显示，中国网络广告市场规模也从 2006 年的 60. 7 亿元到 2012 年达到 753. 1 亿元。

⑥ 交通、通信、卫生服务、教育等业务。

3. 网络市场的发展趋势

① 互联网技术正走向成熟，企业间或企业与个人之间的电子网络已加速普及。

② 各国政府、社会和个人对加快信息化建设表现出了极大的热情，采取各种适合本国的措施。

③ 世界经济的全球化和网络化。

④ 全球消费者的网络购物观念和网际生活方式正在快速地形成。

⑤ “电子空间商场”已成为诱人的、高利润的投资方向。

7. 1. 2　网络市场的含义及特点

网络营销是在市场营销的基础上发展起来的，网络营销可以被认为是借助于互联网、计算机通信和数字交互式媒体来实现营销目标的一种营销方式。传统的市场营销主要研究卖方的产品和劳务如何转移到消费者手中的全过程，以及企业在市场上的营销活动及其规律性。无论是网络营销还是传统的市场营销都离不开市场。

1. 网络市场的概念

众所周知，市场是商品经济的产物。哪里有社会分工和商品生产，哪里就有市场。市场的概念不是一成不变的，而是随着商品经济和社会的发展而变化的。不同的历史时期，不同的场合，市场就具有不同的概念和含义。

现代营销学之父、美国西北大学教授菲利普·科特勒指出：“市场是由一切有特定欲望和需求并且愿意和能够以交换来满足这些需求的潜在顾客所组成的。”因此，市场规模的大小由具有需求且拥有他人所需要的资源，并且愿意以这些资源交换其所需的人数而定。

网络市场则是指那些对某种产品和服务具有特定欲望和需求并且愿意和能够通过互联网络来获得这些产品和服务的消费者总和。它包括两个部分：一部分是现在已经能够上网并有相应支付能力的网民；另一部分是现在没有上网，但在一定条件下可以上网购物的潜在网民。

网络市场作为企业营销的对象，它的规模、结构、行为习惯等因素都会对企业的营销战略产生深远的影响。企业要在实施营销策略之前深入了解目标市场的特征。

2. 网络营销市场的特点

网络市场由一群上网的人组成，它也被看成是一个不同分块的市场集合。它具有全球化、开放性、多样化、个性化、即时性、虚拟性等多种特征。其中，虚拟性是网络市场区别于现实市场的根本所在，互联网的使用者不仅仅连接数以百万计的计算机和数以亿计的文字和图像，而且还是巨大的全球性虚拟社会中的一员。互联网上的网络市场将成为 21 世纪最有发展潜力的市场。从市场运行的机制来看，网络市场主要有以下方面的特点。

（1）无限的经营范围

网络技术的发展使市场的范围突破了区域和国界的限制。网络营销市场面对的是开放的和全球化的市场，从过去受地理位置限制的局部市场，一下子拓展到范围广泛的全球性市场。面对提供了无限商机的互联网，企业可以积极加入进去，开展全球性的营销活动。

（2）全天候的经营时间

网络市场上的虚拟商店可以每天 24 小时全天候提供服务，一年 365 天持续营业，方便了消费者的购买，特别是对于平时工作繁忙、无暇购物的人来说有更大的吸引力。

（3）无店铺的经营方式

网络市场上的虚拟商店，只是通过互联网络作为它使用的媒体，而不需要店面、装饰、摆放的商品和服务人员等。

（4）无库存的经营方式

网络市场的虚拟商店，可以在接到顾客订单后，再向制造的厂家订货，而无须将商品陈列出来供顾客选择，它只需在网页上打出货物菜单即可。特别是随着社会的发展，在网络市场上消费需求向个性化的趋势发展，那么就更无需进行商品的存储。这样一来，店家不会因为存货而增加成本，其售价一定比一般商店要低，有利于增加网络商家和网络市场的竞争力。

（5）成本低廉的竞争策略

因为普通商店在经营过程中，需要支付店面租金、装饰费用、电费、营业税及人员的管理费等，而网络市场上的虚拟商店只需支付自设网站及网页成本、软硬件费用、网络使用费，以及以后的维持费用。这样就大大降低了成本，增加了竞争能力。

（6）精简化的营销环节

网络技术的发展使消费者的个性化需求成为可能，消费者由原来的被动接收转变为主动参与，顾客不必等待企业的帮助，就可以自行查询所需产品的信息，还可以根据自己的需求自下订单，参与产品的设计制造和更新换代，使企业的营销环节大为简化。

总之，由传统的实体化市场发展到网络市场是一种质的飞跃，网络市场具有传统市场所不具有的特点，而这些特点正是网络市场的优势所在。

3. 网络市场的分类

网络市场跟传统市场一样，按照不同标准，可以划分为不同的类型。网络营销主要根据购买者的特点划分网络市场，将网络市场分为两大基本类型：消费者市场和组织市场。

消费者市场又称最终消费者市场、消费品市场或生活资料市场，是指个人或家庭为满足生活需求而购买或租用商品的市场。它是市场体系的基础，是起决定作用的市场。消费者市场是现代市场营销理论研究的主要对象。成功的市场营销者是那些能够有效地发展对消费者有价值的产品，并运用富有吸引力和说服力的方法将产品有效地呈现给消费者的企业和个人。因而，研究影响消费者购买行为的主要因素及其购买决策过程，对于开展有效的市场营销活动至关重要。

组织市场是由各种机构构成的对产品和劳务需求的总和。组织市场购买商品是为了维持经营活动，对产品进行再加工或转售，或者向其他组织或社会提供服务。根据购买目的的不同，组织市场又可以分为产业市场、中间商市场和非赢利组织市场。

产业市场又称生产者市场，是指一切购买产品和服务并将之用于生产其他产品和劳务，以供销售、出租或供应给他人的组织。

中间商市场是指那些通过购买商品和劳务以转售或出租给他人获取利润的组织。它由各种批发商和零售商组成。其中，批发商购买商品和劳务并不是为了卖给最终消费者，而是为了转卖给零售商和其他商人以及产业用户，而零售商的业务则是把商品和劳务直接卖给消费者。

非赢利组织市场包括政府、社会团体等，其中，政府市场是指那些为执行政府的主要职能购买或租用商品的各级政府、所属机构和事业团体。各国政府通过税收集中了相当大的一部分国民收入，用于社会分配，所以形成了一个很大的政府市场。

组织市场的购买目标要比消费者市场复杂。消费者购买是为了满足个人及家庭消费需要，而组织市场购买往往有多重目标，如制造产品、降低成本创造利润、满足员工需要或履行社会的和法律的责任与义务。其中，产业市场和中间商市场的购买有特别明确的赢利目标。

与消费者市场相比，组织市场上参与购买决策的人员多，尤其是一些重要项目的购买。而且，这些参与者多是在该方面受过专门训练的专家，并担负着自己所在部门的责任，受组织制定的各种政策、制度的限制和指导，因此，更多的是一种理性购买。

7.2 网络消费者分析

商家要借助于网络强大的信息存储优势和广阔的传播优势，扩大网络营销的份额，就必须要了解市场的需要和欲望，对消费者的行为进行分析。例如，如何吸引顾客的注意力，如何才能让顾客满意。网络消费者分析是企业进行市场营销的出发点，其最终目的便是开发适销对路的商品来满足消费者的需求。而一个策划完美的营销方案又必须建立在对市场细致而周密的调研的基础上。市场调研能够促使公司及时地调整营销策略，引导营销人员制订出合理的产品推广和促销方案。在数字化科技迅速发展的今天，互联网为市场的调研提供了更加强有力的工具。

7.2.1 网络消费者的总体特征

网络消费者是一个独特的群体，他们有着自己独特的总体特征。

1. 很注重自我

由于目前网络用户多以年轻、高学历用户为主，他们拥有不同于他人的思想和喜好，有自己独立的见解和想法，对自己的判断能力也比较自负。所以他们的具体要求越来越独特，而且变化多端，个性化越来越明显。因此，从事网络营销的企业应想办法满足其独特的需求，尊重用户的意见和建议，而不是用大众化的标准来寻找大批的消费者。

索尼制订了旨在“将公司网站建设成全球在线娱乐场”的网络战略宗旨，声称：“我的目标是要创造一个能为顾客提供新型娱乐场所的公司……索尼公司将努力实现数字时代的梦想。”数字化、娱乐化和寻求梦幻境界的技术、软件及产品，为索尼网站的定位。索尼以创造人们的需求为自豪，上网后更致力于增值服务，形成其独特的竞争力。尽管该网站取得了成功，但索尼从未想过要维持现状，站点仍在不断自我更新，目的是抢在模仿者和追随者之前，增加新内容，提高技术，创造一个永远值得用户访问的环境。“索尼美国在线”中设有“音乐”、“影视”、“电器”、“娱乐站”、“在线游戏”等栏目，各自链接至不同的索尼子公司站点。如索尼音乐和索尼影片网站提供音乐和电影促销、声像剪辑和艺术家访谈，索尼电器则介绍款式齐全的新型家电产品。除了娱乐外，索尼也同 Visa 国际公司合资建立了在线商场，使顾客能在线购买索尼产品。音乐、影视产品的营销有相当的难度，但也最容易形成以文化为背景的特殊竞争优势，且这种竞争优势一旦形成后，一般对手难以用模仿战术或替代战术来抗争。

2. 头脑冷静，擅长理性分析

由于网络用户是以大城市、高学历的年轻人为主，不会轻易受舆论左右，对各种产品宣传有较强的分析判断能力，因此从事网络营销的企业应该加强信息的组织和管理，加强企业自身文化的建设，以诚信待人。

根据网络用户的此项特点，各个品牌计算机硬件销售商开始关注并进军中关村在线攒机 DIY。“DIY”一词最早起源于计算机行业，意指“自己搞定（Do It Yourself）”；“DIYer”即指有在计算机软件硬件方面有一定动手能力，对一般的计算机问题“能够自己搞定”的人了。现在计算机价格透明度相当高，各地差价已经不大，像品牌机等更是早已实施全国统一报价。此时的计算机硬件销售商们为了能够扩大产品的市场，开始尝试网上实时报价。面对大量高学历的年轻消费者，此举立刻赢得了头脑冷静的 DIYer 的欢迎。

3. 对新鲜事物有着孜孜不倦的追求

这些网络用户爱好广泛，无论是对新闻、股票市场还是网上娱乐都具有浓厚的兴趣，对未知的领域报以永不疲倦的好奇心。

搜狐的品牌策略是：首先，打造个人品牌；其次，将个人品牌移植到搜狐品牌中去，提高搜狐的知名度与美誉度。张朝阳的“时尚手机之旅”，张朝阳时而明星扮相携亚姐亮相，时而大都市巡游，时而背起硕大的登山包勇登雪山，时而出人意料地出现在某个乡镇的简陋网吧。在某些时候，张朝阳的作秀跟他的年龄相比甚至显得有点令人难过，但张朝阳做的这一切，确确实实地让人们感受到了互联网的人性化和丰富多彩，使得人们想起网络的时候，首先想到的是娱乐、时尚和生活。张朝阳的策略非常巧妙，将其年轻时尚的个人形象移植到搜狐的品牌中去，打造搜狐年轻时尚的品牌个性，使得搜狐的知名度和个性逐步展现在公众面前。

4. 品味越来越高而耐心越来越少

现在的网络用户通常都是以年轻人为主。他们年轻而时尚，品味较高。而且他们都比较缺乏耐心，当他们搜索信息时，经常比较注重搜索所花费的时间，如果连接、传输的速度比较慢的话，他们一般会马上离开这个站点。

网络广告在过去的几年中发展事态良好，取得了骄人成绩。当前网络上由于 Flash 动画的出现，使众多的企业更加关注网络的宣传手段。许多企业开始投入资金到网络广告的征集活动，从 NVIDIA 显卡到 IRIVER 系列，从索尼爱立信手机到海飞丝，从 Kingson 内存到百事可乐，网上开始热闹起来了，到处都是独具创意的 Flash 广告。

网络用户的这些特点，对于企业加入网络营销的决策和实施过程都是十分重要的。营销商要想吸引顾客，保持持续的竞争力，就必须对本地区、本国以及全世界的网络用户情况进行分析，了解他们的特点，制定相应的对策。

7.2.2 网络消费者的类型

进行网上购物的消费者可以分为以下几种类型。

1. 简单型

简单型的顾客需要的是方便、直接的网上购物。他们每月只花少量时间上网，但他们进行的网上交易却占了一半。零售商们必须为这一类型的人提供真正的便利，让他们觉得在你的网站上购买商品将会节约更多的时间。

2. 冲浪型

冲浪型的顾客占常用网民的8%，而他们在网上花费的时间却占了32%，并且他们访问的网页是其他网民的4倍。冲浪型网民对常更新、具有创新设计特征的网站很感兴趣。

3. 接入型

接入型的顾客是刚接触网络的新手，占36%的比例，他们很少购物，而喜欢网上聊天和发送免费问候卡。那些有着著名传统品牌的公司应对这群人保持足够的重视，因为网络新手们更愿意相信生活中他们所熟悉的品牌。

4. 议价型

议价型顾客占网民8%的比例，他们有一种趋向购买便宜商品的本能。著名的 eBay 网站一半以上的顾客属于这一类型，他们喜欢讨价还价，并有强烈的愿望在交易中获胜。

5. 定期型和运动型

定期型和运动型的网络使用者通常都是被网站的内容所吸引。定期网民常常访问新闻和商务网站，而运动型的网民喜欢运动和娱乐网站。

目前，网上销售商面临的挑战是如何吸引更多的网民，如何努力地将网站访问者变为消费者。因此，营销人员应该将自己的注意力集中在以上几类网民中，从中确定自己的潜在消费群体，这样才能做到有的放矢。

2000年，总部在上海的亿唐网（www. etang. com）为了赢得中国大学生这批最具消费潜质的网民，树立并提升亿唐品牌形象和知名度，传达亿唐的企业文化和价值观，开始了“校园酷车行”和“亿唐校园A计划”的营销活动。“校园酷车行”用一辆涂有醒目的明黄色标志的大卡车驶进大学校园，“酷车”上载有6台计算机，学生均可借助其上网学习，并可获取免费的邮箱。“亿唐校园A计划”则以竞赛、抽奖及网民投票的方式层层筛选，最终产生10名大奖，获奖学生将可免费前往美国硅谷参观访问。此次亿唐的推广活动是成功的，它在各大校园中引起轰动，吸引了近10万名大学生的参与。在短期内迅速推广了亿唐校园频道，给网站带来了大量的访问量和注册用户数量。

7.2.3 网络消费者的行为分析

消费者行为分析是经济学研究的重要内容。这方面的研究过去主要集中于传统的购物行为，而网上购物与传统的购物活动则有所区别。因此，网上销售商应该多加关注网上消费者行为。

1. 网络消费者的购物活动分析

网上购物是指用户为完成购物或与之有关的任务而在网上虚拟的购物环境中浏览、搜索相关商品信息，从而为购买决策提供所需的必要信息，并实施决策和购买的过程。

心理学家将消费者的购物活动称做问题解决过程或购买决策的信息处理过程。它一般分为 3 个阶段：需求确定、购前信息搜索和备选商品的评价。消费者的购买决策过程实际上是一个搜集相关信息与分析评价的过程，它具有不同的行为程度和脑力负荷。

2. 网络消费者的信息空间分析

消费者网络信息空间的认知和任务活动可分为以下 3 种方式。

（1）浏览

网络消费者的浏览是非正式和机会性的，没有特定的目的，完成任务的效率低且较大程度地依赖外部的信息环境，但能较好地形成关于整个信息空间结构的概貌。此时，用户在网络信息空间的活动就像随意翻阅一份报纸，他能大概了解报纸信息包括了哪些内容，能否详细地阅读某一消息就依赖于该信息的版面位置、标题设计等因素了。

（2）搜索

网络消费者的搜索是在一定的领域内找到新信息。搜索中收集到的信息都有助于达到发现新信息的最终目的，搜索时用户要访问众多不同的信息源，搜索活动对路标的依赖性较高。用户在网络信息空间的搜索，就如根据目录查阅报纸，获取某一类特定信息。

（3）寻找

网络消费者的寻找是在大信息量信息集里寻找并定位于特定信息的过程。寻找的目的性较强，活动效率最高。例如，用户根据分类目录定位于寻找旅游信息之后，他在众多旅游信息中进行比较、挑选等活动。

我们仿照 SWOT 分析法对网络消费者的行为做一下分析，见表 7-1。

表 7-1　　网络消费者 5W1H 分析

5W1H	上网行为	网上购物行为
Who	谁是网民	谁是网上购物者
What	上网查找什么信息	上网购买哪些商品和服务
Why	为什么上网	为什么在网上购物
When	何时上网	送货时间长短
Where	在何处上网	上哪些网站
How	如何上网	如何支付

ChinaRen 网站的首席执行官陈一舟在仔细研究网络消费者的行为后认为：“ChinaRen 的目标是成为全球华人青年的目标站点，而校友录即是我们向年轻人推出的特色产品之一。我们将不断改进和完善我们的服务和产品，推出更多像校友录这样的人性化和个性化产品。进一步贴近年轻人的爱好和需求，使 ChinaRen 成为年轻人交流、娱乐、生活的首选站点。”像校友录这样的产品有两个特点。一是群体性，即它不是一个人的用户，而是一个用户群。一旦一个人注册，他的相关的同学都将成为 ChinaRen 的用户，这是一个群体。二是忠诚性，即一个人一旦在 ChinaRen 使用了一段时间，投入了很多心血之后，他肯定不会再用别人的产品了。

正因为 ChinaRen 对此类消费者的行为做了透彻的分析，才会决定投入大量的精力和资金进行校友录的开发和推广。为了推广校友录，ChinaRen 开展了一系列营销活动，包括

“橙涩 Yesterday”、“顶尖校友录”、“青春征集令”、“思念一闪念”、“解你千千结” 和 “嘉年华” 等一系列精心设计的栏目相继展开。ChinaRen 网站还注意及时根据大量用户的反馈意见对校友录进行改进和完善，使页面更加优化，运行速度更快，系统更稳定。此外，ChinaRen 还在原有的班级相册、班级讨论区、班级聊天室、班级群体信件等功能和内容的基础上，增加了一系列的个性化服务。如 “网络寻人”、“贺卡” 等，以便使用户都能享受到全方位的量身定制的网络服务和关怀。而在与搜狐的合并案中，ChinaRen 所倚仗的拳头产品就是这个有着 40 万个班级、超过 100 万个网民的校友录。

7.2.4 网络消费需求的特征

由于互联网商务的出现，消费观念、消费方式和消费者的地位正在发生着重要的变化，互联网商务的发展促进了消费者主权地位的提高；网络营销系统巨大的信息处理能力，为消费者挑选商品提供了前所未有的选择空间，使消费者的购买行为更加理性化。网络消费需求主要有以下 8 个方面的特点。

1. 消费者消费个性回归

在近代，由于工业化和标准化生产方式的发展，使消费者的个性被淹没于大量低成本、单一化的产品洪流之中。随着 21 世纪的到来，这个世界变成了一个计算机网络交织的世界，消费品市场变得越来越丰富，消费者进行产品选择的范围全球化、产品的设计多样化，消费者开始制定自己的消费准则，整个市场营销又回到了个性化的基础之上。没有任何两个消费者的消费心理是相同的，每一个消费者都是一个细小的消费市场。因此，个性化消费成为消费的主流。

2000 年 7 月中旬，我国哈尔滨市居民宋明伟别出心裁地通过互联网向海尔冰箱公司订购一台纯属特殊需求的左开门冰箱，并要求 7 天内交货。一周后，这台国内绝无仅有的海尔 BCD—130E 左开门冰箱如期送到了购买者家中。这是海尔通过电子商务售出的第一台个性化冰箱，也是国内第一台通过网上定制的家电产品。这意味着消费者被动接受商品的时代已经结束，他们可以根据自己的需求、喜欢设计自己所喜爱的产品，从而实现了家电业由传统营销模式向新经济时代满足消费者个性化需求经营方式的战略转移。

海尔集团 CEO 张瑞敏认为，个性化需求正成为新经济时代的消费趋势，家电企业中谁能洞悉更多的个性化市场需求，制造出更多的个性化产品，谁就拥有更多的市场先机和市场份额。他断言，只要用户需要，也许明天海尔能给你一台三角形冰箱。

2. 消费者需求的差异性

不仅仅是消费者的个性消费使网络消费需求呈现出差异性；对于不同的网络消费者因其所处的时代环境不同，也会产生不同的需求，不同的网络消费者，即便在同一需求层次上，他们的需求也会有所不同。因为网络消费者来自世界各地，有不同的国别、民族、信仰和生活习惯，因而会产生明显的需求差异性。所以，从事网络营销的厂商，要想取得成功，就必须在整个生产过程中，从产品的构思、设计、制造，到产品的包装、运输、销售，认真思考这些差异性，并针对不同消费者的特点，采取相应的措施和方法。

2002 年 8 月底，科龙电器推出其世界首创的 10 款容声 “爱宝贝” 儿童成长冰箱。这 10 款儿童冰箱外形都由卡通动物形象构成，有小熊乐乐、小狗奇奇、企鹅冰冰、小狗沙沙、知了博士、熊猫小小、巧嘴鹦鹉、小猴聪聪、太空超人、独眼侠等。这些动物造型均采用最先进的点阵 LCD 显示屏模式。儿童冰箱主要针对 15 岁以下的少年儿童，全部容积限定在 90

升，高度 90 厘米以下。

科龙公司的此次行动是建立在充分研究目标市场的基础上的，它了解到目前世界各地的冰箱使用人群中，儿童的比例达到 4 成以上。而在中国，儿童对冰箱的依赖程度更高。儿童需要安全性、人性化程度更高的冰箱。但遗憾的是儿童消费者需求的差异性还没有得到生产企业的重视。因此，科龙公司根据儿童的需求特点，完全改变了冰箱立柱式的呆板形象，赋予了冰箱鲜活的卡通形象，使科龙电器打入了一个暂时还没有对手的广阔市场。

同样情况，麦当劳、肯德基也利用消费者需求的差异，更有效地进行市场分析，满足不同的消费者的需求，最终获得了大量的效益。

3．消费的主动性增强

在社会化分工日益细化和专业化的趋势下，消费者对消费的风险感随着选择的增多而上升。在一些大件耐用品以及高技术含量产品的购买上，消费者往往会主动通过各种可能的渠道获取与商品有关的信息并进行分析和比较。或许这种分析、比较不是很充分和合理，但消费者能从中得到心理的平衡，减轻风险感或减少购买后产生的后悔感，增加对产品的信任程度和心理上的满足感。消费主动性的增强来源于现代社会不确定性的增加和人类需求心理稳定和平衡的欲望。

玫琳凯化妆品有限公司（www. marykay. com. cn）的网站中包含了许多女性消费者所希望了解的商品信息。它介绍了玫琳凯女士、公司历史、企业文化、特色服务、国际分布、产品系列、美容护肤游戏、当月新品及促销信息等内容。消费者可以通过自己的主动浏览，了解到玫琳凯品牌的创始人、世界最成功的女企业家玫琳凯女士传奇的一生；了解到玫琳凯的销售策略和方法；可以通过模拟彩妆大师，在线测试化妆效果；可以点击购买按钮直接进行在线购物。网络消费者通过以上的一系列主动的体验，更加深了对目标商品的信任程度，也强化了购买的欲望。

4．消费者直接参与生产和流通的全过程

传统的商业流通渠道由生产者、商业机构和消费者组成，其中，商业机构起着重要的作用，生产者不能直接了解市场，消费者也不能直接向生产者表达自己的消费需求。而在网络环境下，消费者能直接参与到生产和流通中来，与生产者直接进行沟通，减少了市场的不确定性。

现在网络中许多广告都设法让消费者加入到广告的过程中，增加了广告的互动性，也扩大了广告的效果。台湾和信电讯（www. kgt. com. tw）的网络互动式广告——“和信电讯轻松打，网络上任贤齐爱的选择——是琳达还是安淇?”这个名为“轻松打，爱的选择”的手机广告，成功地结合了传统媒体与网络媒体，通过网络投票和电话投票的形式做互动式广告，出人意料地捧红了女主角，使琳达和安淇成为家喻户晓的广告明星。而任贤齐该选谁，更成为网络上的热门话题。同时，和信电讯的产品也凭借广告的魅力，销售一空。

5．追求消费者过程的方便和享受

在网上购物，除了能够完成实际的购物需求以外，消费者在购买商品的同时，还能得到许多信息，并得到在各种传统商店没有的乐趣。今天，人们对现实消费过程出现了两种追求的趋势：一部分工作压力较大、紧张程度高的消费者以方便性购买为目标，他们追求的是时间和劳动成本的尽量节省；而另一部分消费者，是由于劳动生产率的提高，自由支配时间增多，他们希望通过消费来寻找生活的乐趣。一些自由职业者或家庭主妇希望通过购物消遣时间，寻找生活乐趣，保持与社会的联系，减少心理孤独感。因此，他们愿意多花时间和精力去购物。购物能给他们带来乐趣，能满足这些人的心理需求。今后，这两种相反的消费心理将会在较长的时间内并存。

如今的网络消费过程，越来越简单化和人性化。从购物网站的页面设计，到可供选择的商品类别，从商品信息的性能介绍，到商品价格的多方比较，从在线支付的方便快捷，到送货上门的贴心服务，无一不显示出购物网站营销人员的精心策划。消费者在这样一种轻松娱悦的购物环境中，得到的不仅仅是物质上的满足，更追求的是一种精神上的享受。

6. 消费者选择商品的理性化

在网络环境条件下，消费者面对的是网络系统，是计算机屏幕，可以避免嘈杂的环境和各种影响与诱惑。商品选择的范围也不限地域和其他条件的约束，消费者可以理性地规范自己的消费行为。理性的消费行为主要表现在以下方面。

（1）大范围地选择比较

对个体消费者来说，购买者往往会“货比多家”精心挑选。那种因信息来源和地理环境所限，不得已而为之的“屈尊”购物现象将不复存在。网络营销系统巨大的信息处理能力，为消费者挑选商品提供了前所未有的选择空间，消费者会利用在网上得到的信息对商品进行反复比较，以决定是否购买。对单位采购进货人员来说，其进货渠道和视野也不会再局限于少数几个定时定点的订货会议或几个固定的供货厂家，而是会大范围地选择质量好、价格合理、信用条件最佳的厂家和产品。

（2）理智的价格选择

对个体消费者来说，不再会被那些先是高位出价，然后再是没完没了的讨价还价的价格游戏弄得晕头转向，他们会利用手头的计算机快速算出商品的实际价格，然后再做横向的综合比较，以决定是否购买。对单位采购进货人员来说，他们会利用预先设计好了的计算程序，迅速地比较进货价格、运输费用、优惠折扣、时间效率等综合指标，最终选择最有利的进货渠道和途径。也就是说，在网络环境条件下，人们必然会更充分地利用各种定量化的分析模型，更理智地进行购买决策，因为上网购物一般都是知识型的购买者。

（3）主动地表达对产品及服务的欲望

在网络环境下，消费者不再会在被动的方式下接受厂家或商家提供的商品或服务，而是根据自己的需要主动上网去寻找适合的产品。如果找不到，则消费者会通过网络系统向厂家或商家主动表达自己对某种产品的欲望和要求，其结果是使消费者从实际上参与和影响到企业的生产和经营过程。

7. 价格仍是影响消费心理的重要因素

从消费的角度来说，价格不是决定消费者购买的唯一因素，但却是消费者购买商品时肯定要考虑的因素。网上购物之所以具有生命力，重要的原因之一是因为网上销售的商品价格普遍低廉。尽管经营者都倾向于以各种差别化来减弱消费者对价格的敏感度，避免恶性竞争，但价格始终对消费者的心理产生重要的影响。因消费者可以通过网络联合起来向厂商讨价还价，产品的定价逐步由企业定价转变为消费者引导定价。

价格一直是影响消费者心理的重要因素，一点点价格的波动都会给消费者的行为造成不同的影响。卓越网（www. joyo. com）与当当网（www. dangdang. com）都是中国国内书籍、音像制品市场上的重量级人物，两者之间的竞争也不可避免。卓越曾是中国最大的网上图书音像商城，而当当也在紧追不舍。两者的经营模式、销售规模、产品种类甚至客户群几乎都是一模一样。因此，竞争也就集结在了对价格和客户群的竞争上。在 2003 年国内共同抗击非典期间，当当网适时地推出了“新注册用户 1 元品免费送货”的活动，即在所有新注册的用户都可以以 1 元钱的价格购买指定的书籍和音像商品，并可同时享受免费送货的待遇。这项活动立即引起了广大网民们的积极影响，到此项活动结束后，当当网宣称注册用户已超过卓越。

8. 网络消费仍然具有层次性

在传统的商业模式下，人们的消费层次一般是从低层次需要开始，逐渐向高层次需要延伸、发展，即先满足个人的生存基本需要，再追求精神上的需要。但在网络消费中，由于网络消费者一般是年轻的知识族，本身网络消费就是一种高级消费，因此，在消费开始时一般都是为了满足精神需求。到了网络消费的成熟阶段，等消费者完全掌握了网络消费的规律和操作，并且对网上购物有了一定的信任感之后，才会逐渐由精神消费品的购买转向普通消费品的购买。例如，通常都是通过网络书店购书，通过网络光盘商店购买光盘，最后逐渐转向耐用消费品和日常消费品的购买。

7.3　影响消费者购买行为的主要因素

消费者不是在真空里做出自己的购买决策，他们的购买决策在很大程度上是要受到文化、社会、个人和心理因素等各方面的因素影响。尽管其中大部分因素是营销人员所无法控制的，但是也必须要充分予以重视。

7.3.1　影响普通消费者的因素

1. 文化因素

文化是人类欲望和行为最为基本的决定因素，文化因素直接影响着人们的欲望和行为。每一种文化都包含着不同的内涵。从影响消费者购买行为的文化因素看，是指所形成的共同的价值观、信仰、道德、风俗习惯。而面对不同文化背景、不同种族、不同国家甚至不同地区的消费者，营销的策略和手段都应有所不同。营销人员必须根据消费者的变化来调整自己的方法。

可口可乐凭借其敏锐的嗅觉，发现了 2008 北京奥运会蕴含的巨大商机，在火炬全球传递前夕，可口可乐与腾讯网合作推出奥运火炬在线传递活动。为此，他们设计了 8888 跳线路，并通过网站招募了 8888 名第一棒火炬在线传递大使。2008 年 3 月 24 日，北京奥运圣火在雅典古奥林匹克遗址点燃，同时“可口可乐奥运火炬在线传递”启动。可口可乐饮料公司充分利用奥运契机和中国人的“8”文化，做了一次成功的广告，不愧为全球饮料巨头。

2. 社会因素

消费者的购买行为同样受到一系列社会因素的影响，这些社会因素主要包括家庭因素、朋友因素、宗教因素、社会阶层和相关群体等。企业营销人员要关注这些因素的变化，以便能够及时调整相关的营销策略。

（1）家庭因素

家庭是社会的细胞，也是社会基本的消费单位，家庭成员对消费者的购买行为起着直接和潜意识的影响。对消费者购买行为的影响，在不同类型的家庭中其影响是有区别的。有人曾把家庭分为 4 种类型，即丈夫决定型、妻子决定型、共同决定型、各自做主型。另外，在不同商品的购买中，家庭成员的影响亦有区别。一般说，丈夫对电视机、汽车等重要产品的影响较大，妻子则对洗衣机、吸尘器等商品的购买的影响力较大，夫妻影响均等的商品包括住宅、家具等。另外，家庭成员对购买者决策过程影响的角度亦有不同：丈夫一般在“何时购买”、“何处购买”影响较大；妻子则在商品的外形、颜色等方面的影响较大。

（2）朋友因素

朋友是与消费者关系比较密切的一个群体，朋友能对消费者的购买行为和购买价值产生直接或间接的影响。通常来说，朋友的建议或是示范都能对消费者的购买行为产生有效地作用。很多消费者的购买欲望都是因为看到朋友购买类似的商品而产生的，也有很多消费者的购买行为是因为朋友的建议而发生改变的。微博营销就是利用的朋友因素。快书包是一家家底薄的小公司，最开始谋求的是一个不花钱的推广方式。开心、人人、豆瓣、BBS 都试过了，最后发现效果最好的还是在微博上。老徐很是雷厉风行，先是要求营销部门把微博当成第一重点来做，后来索性亲自上阵，直到今天，快书包在新浪的微博运营仍由老徐直接指挥。因为绝对保证一小时送达、独特的蓝色小花布包装，快书包在微博上引发了大量评论和转发，短期内就赢得了口碑。

3. 个人因素

消费者的购买行为也会受到其个人因素的影响。特别是要受到其个人职业情况、经济收入和生活方式以及个性自我的影响。通常一个蓝领工人会买工作服、工作鞋等耐用服饰，而一个公司的总裁则会买贵重的名牌西装；一个计算机软件开发人员可能会购买一些学习书籍和素材光盘，而一个中学生却可能会购买一些流行杂志和游戏软件。

4. 心理因素

消费者的购买行为和选择还会因心理因素的变化而变化。这些心理因素包括购买动机、购买经验、品牌认可等。每个人总有许多不同的需要，有些是由生理状况而引起的，如饥饿、口渴、不安等；有些是由心理状况而引起的，如尊重、发展需要等。在不同的状态下人们的购买需要是不同的。

亚伯拉罕·马斯洛有一个十分有名的“马斯洛需求层次论”。这个理论的基本内容如下。第一，人类是有求知欲望的，随时有待于满足；需求的是什么，要看已满足的是什么，已满足的需求不会形成动机，只有未满足的需求才会形成导致行为的动机。第二，按照需求的强度不同，人类的需求可以划分成为不同的层次，只有在低一层次的需求得到相对满足时，高一层次的需求才会起主导作用，形成支配人行为的动机。一般来说，需求强度的大小和需求层次的高低成反比，即需求的层次越低，需求的强度越大。第三，按照需求强度的大小，按由低到高的顺序排列，人类的需求可以分为 5 个层次，即生理的需求、安全的需求、社交的需求、尊重的需求和自我实现的需求。一般来说，当低一层次的需求基本满足后，就会出现较高层次的需求，人们就是在不断追求高一层次需求的满足中，不断产生新的动机与行为。例如，一个人首先要解决自己的生存情况（第一需要），在得到保障的前提下，才可能进一步要解决自己的安全情况（第二需要），再次得到满足时，才会进而产生其他层次的需要。网络营销人员要根据消费者不同层次的需求来确定自己的营销方向和重点。

（1）生理的需求

这是人类生活和生存的最基本需求。一般来说，吃、穿、住、用、行等方面的需求就属于生理需求，它涉及消费者最基本生活资料的获取问题。马斯洛认为，在人的所有需求都未得到满足时，生理上的需求是压倒一切的，最为优先的，因而，生理需求是人们最原始、最基本的需求。传统的网下营销模式中，消费者购物时通常将有关生理需求的物品放在首位。

然而，对网上消费者来说，这种情况则有了较大地变化。作为一种先进的购物方式，网上购物目前还不普及，而且购物者购物需求有一定的物质条件，如至少要有一台一定配置的计算机、电话线、调制解调器，还要有支付一定数额的电话费和上网费的能力。因此，网上消费者已经解决了基本生活用品的购买问题，因此，他们的注意力往往不在这一层次的需求上。当然，消费者上网购买生活用品也是比较普遍的，这主要是他们追求便利、省时效用的原因，而主要不是为了省钱的原因。

（2）安全的需求

人们在满足了生理需求之后，总是希望自己的人身安全、财产和生活条件能够得到一定程度的保障，并为此购买相应的产品或服务。网络个人客户也不例外，他们能够通过网络的查询，寻找最适合于自己情况的这类产品。然而，也正是由于人们对网上交易的安全问题持怀疑态度，因而对这一新兴的交易形式表现出不信任的态度。一些顾客从网络上的“中国光盘超级市场”查到自己喜爱的光盘，却不敢相信这个市场所提供的付款方式的服务，仍要打电话证实并亲自跑到光盘超级市场的开办地——国家信息中心所属的北方国信网络技术发展有限公司直接购买。这种情况说明，网络营销要取得长足的发展，必须能够满足人们对安全的需求。所以，网络营销一方面要考虑提供满足网上消费者在安全方面需求的产品或服务；另一方面，要使网络营销过程本身最大限度地满足网上消费者购物的需求。

（3）社交的需求

人在社会中生活，离不开必要的社交活动。希望自己能够成为群体的一员，希望能够从群体中获得友谊、温暖和爱情，人们自然产生社交的需求。人们通常都有希望被社会上某些团体或者个人接受的需求，从而使自己在精神上或心理上有所归属。这种需求促使人们致力于与他人建立感情上的联络或建立某种社会关系，如朋友交往、伙伴关系、参加某些社会团体聚会等。互联网因为能提供电子邮件、公告板、聊天室等传递信息、发表言论的条件和场所，因此对有这种需求的客户产生了巨大的吸引力。企业在网络营销活动中，可以向消费者提供像旅游、会议、社团活动等方面的信息服务。同时，如果能借助互联网电子邮件、公告牌、聊天室等功能，尽量满足网上消费者沟通信息情感交流、发表言论的需求，不失为一种吸引潜在顾客的有效营销策略。

（4）尊重的需求

尊重的需求包括自尊和受到社会尊重的需求。自尊的需求主要表现在消费者有自主、自由、自尊、自豪等方面的需求。受到社会尊重的需求主要表现在消费者有受到社会认同接受，并要求他人给予尊敬、赞美、赏识以及承认一定社会地位的需求。在这方面，从内部营销的角度来说，企业网站应该提供一些员工个人主页，特别是一些具有榜样作用的、对企业做出突出贡献的优秀员工个人主页或在企业主页上注重模范员工的宣传；从外部营销的角度来说，在营销活动中，要尽量满足消费者受尊重的需求，为消费者提供一些能体现个人身份与地位的形象性产品。

（5）自我实现的需求

这是最高层次的需求，是指人们对个人价值得到社会实现的追求。如努力获得某种成就，尽量发挥自我潜能，追求崇高理想的实现等。这种需求在其他需求都得到满足之后才有可能产生，是最高层次的需求。网络营销活动中，企业一方面可以利用网络资源向网上消费者提供更多的实现个人价值、获得成就感的、满足成功欲望的产品或服务；另一方面，还可以为人们提供有用的就业信息，为消费者提供发展或表现自身价值的场所或机会等。

在上述5个层次的需求中，第一、第二、第三层次是属于低级需求，而第四、第五层次则属于高级需求。

应当指出的是，对多数人来说，实际生活中的需求不是单一层次的，而是多层次的，即在每一个需求层次上都有需求，但由于条件的限制，这些需求只能部分地得到满足。例如，对一个收入水平较低的人来说，可能对生理的需求是85，对安全的需求是70，对社交的需求是50，对尊重的需求是40，对自我实现的需求是10；而对于一个收入较高的人来说，这个比例则可能倒过来。不同收入的阶层，对不同层次需求的渴望程度是不同的。这种差别是每一个网络营销人员必须清楚了解的。马斯洛的需求层次理论可以解释虚拟市场中客户的许多购买行为，但是，虚拟社会与实体社会毕竟有很大的差别，马斯洛的需求层次理论也面临着不断补充的要求。

7.3.2 影响网络消费者的因素

网络消费者的行为受多种因素所影响，其中包括内在因素和外在因素。个人的内在因素对网络消费者的行为产生很重要的影响，包括网络消费者自身的消费习惯、收入水平、兴趣爱好和学历层次等。不同的网络消费者所关注的商品类型和商品属性都不相同。我国网民主要是由年轻人和具有较高教育程度的人组成，作为网上商品的潜在消费者，他们就是网络营销市场的客户群。因此，在制定网络营销战略时，主要应该考虑如何满足这些消费群体的需求。中国网民的年龄构成图和知识结构图分别见图7-1和图7-2。

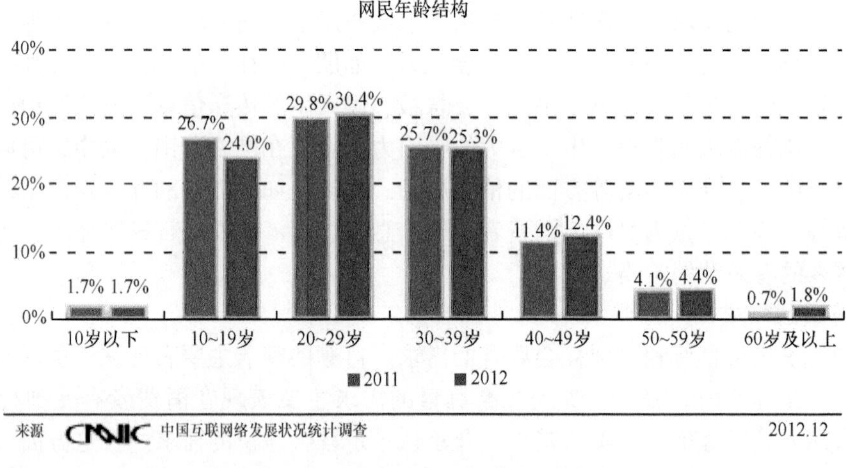

图7-1 2011~2012年网民年龄构成图

2012年，网民中10~19岁人群比例从2011年底的26.7%下降至24.0%，这与我国该年龄段整体人口总数下降相关。此外，网民中40岁以上各年龄段人群占比均有不同程度的提升，互联网在这些群体中的普及速度加快。高中和大专以上学历人群中互联网普及率已经到了较高的水平，尤其是大专以上学历人群上网比例接近饱和，网民的增长动力来自低学历人群，截至2012年底网民中小学及以下人群占比提升至10.9%。

影响消费者上网购买的内在因素还有社会阶层、家庭环境、风俗时尚、个人心理等诸多方面。除此之外，在网络环境中消费者还要受到以下几点外在因素的影响。

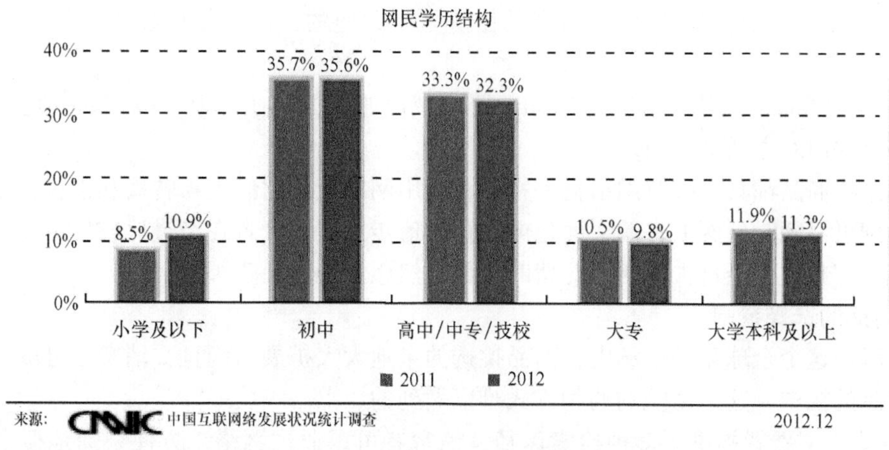

图7-2 2011～2012年中国网民知识结构图

1. 商品的价格

按销售学的观点，影响消费者消费心理及消费行为的主要因素是价格，即使在今天完备的营销体系和发达的营销技术面前，价格的作用仍是不可忽视的。只要价格降幅超过消费者的心理界限，消费者因此心动而改变既定的消费原则也是在所难免的。对一般商品来说，价格与需求量常常表现为反比关系，同样的商品，价格越低，销售量越大。目前，在网上行销的商品多是计算机软硬件、书籍杂志、娱乐产品等，这些商品的价格一般都不太高，加上网上直接销售减少了许多中间环节，使得网上销售的商品价格低于传统流通渠道的商品价格，因此对消费者产生了越来越大的吸引力。

2. 购物的时间

这里所说的购物时间包含有两方面的内容；购物时间的限制和购物时间的节约。传统的商店，每天只能营业十几个小时，网上商店的全天候营业，使消费者可在任何时间上网购物，没有任何时间的限制。

现代社会中人们生活节奏的加快，使时间对于每个人来说都变得十分宝贵，人们用于外出购物的时间越来越少。拥挤的交通、日益扩大的购物场所，延长了购物所消耗的时间和精力；商品的多样化使得消费者眼花缭乱，而层出不穷的假冒伪劣商品又使消费者应接不暇，人们迫切需求新的快速方便的购物方式和服务。网上购物适应了人们的这种愿望。人们可以坐在家中与厂商沟通，及时得到邮寄的商品或获得上门服务，节省了购物时间。

网上购物顺应了现代社会生活的快节奏，理所当然地成为人们上网购买的动机之一。

3. 购买的商品

就目前的网上商品情况来看，比较时尚、流行的商品以及价格上占绝对优势的商品容易在网上发售。而对于一些价格昂贵的耐用消费品就比较难以实现在线发售。例如，许多电子商务网站都推出了书刊、音像、时尚礼品等商品的在线购物方式，却很少有家电产品能够真正实现网上购物。从购买方式上看，目前在网上销售的一些商品尤其能体现方便快捷的特色。这里来分析一下当今网上销售的部分商品的特点。

① 软件：销售者可以借助网站来发布试用版本的软件，让消费者试用，然后在一定期限内提供服务，如果消费者满意就会购买。

② 书籍杂志：在网上可以提供试阅读版本，使消费者先了解该书籍或杂志的基本内容，

然后再定购，这种把自主权交给消费者的做法是受欢迎的，而不是传统的那种“强迫”式的购物方法。

③ 鲜花或礼品：由于网络是跨时间、跨地域性的媒体，在网上可以订购任何地方的鲜花或礼品，并由对方送货上门。

纵观这些商品都具有某些网络化的特点，借用网络使得它们更易转播和出售。虽然市场还未成熟到可以随时到网上去购买面包或香蕉的地步，但消费者在经过比较后觉得，网上购物的方便程度超过他亲自去商店的花费时，他当然愿意到网上购买。

4. 商品的选择范围

在互联网这个全球化的市场中，商品挑选的余地大大扩展，而且，消费者可以从两个方面进行商品的挑选，这是传统的购物方式难以做到的。

① 网络为消费者提供了多种检索途径，消费者可以通过网络，方便快速地搜寻全国乃至全世界相关的商品信息，挑选满意的厂商和满意的产品，获得最佳的商品性能和价格。

② 消费者也可通过新闻组、电子公告牌等，告诉千万个厂商自己所需求的产品，吸引众多的厂商与自己联系，从中筛选符合自己要求的商品或服务。有这样大的选择余地，精明的消费者自然倾向于网上购物了。

5. 商品的新颖性

追求商品的时尚与新颖是许多消费者，尤其是青年消费者重要的购买动机。这类消费者一般经济条件较好，他们特别重视商品的款式、格调和流行趋势，而不太在意商品使用价值和价格的高低。他们是时髦服装、新潮家具和新式高档消费品的主要消费者。网上商店由于载体的特点，总是跟踪最新的消费潮流，适时地为消费者提供最直接的购买渠道，加上最新产品的全方位网上广告，对这类消费者所产生的吸引力越来越大。同时，网上商店要营造一种购物的环境，以刺激消费者产生购买的欲望。通常用不断弹出的广告窗口、美观的产品图片等手段来强化消费者的购买欲望。

6. 其他因素

影响网络消费者在线消费的因素还包括许多因素，如网速快慢、支付方式、送货方式等。

表 7-2 所示是 2009 年和 2010 年网上消费者在线购买产品的人数比例统计，或许更能说明现阶段网上消费者的网上购买方向。

表 7-2　　不同商品网购人数比例

购买产品	2009 年	2010 年
服装	66.4%	77.4%
数码产品及电器	32.2%	42.8%
手机	10.7%	14.2%
数码相机/摄像机	3.7%	4.8%
台式计算机、其他数码及配件	16.2%	21.9%
家具/家居用品	35.2%	36.2%
图书/音像制品	34.6%	24.3%
化妆品	16.9%	13.8%

续表

购买产品	2009 年	2010 年
游戏币/游戏账号和装备	9.3%	11.0%
电话卡/手机充值卡	7.0%	9.4%
母婴用品	3.8%	2.9%
玩具	7.2%	6.0%
珠宝首饰	8.2%	3.7%
运动/健身/户外产品	3.2%	2.6%
机票/火车票/船票	1.6%	3.2%

由此可见，网上消费者在网上购物时青睐的商品大多是服装、数码产品及电器、家具/家居用品以及图书/音像这样的商品，因为此类商品一般不会出现太多的质量问题。而企业也可以根据上述的数据以及自己的情况，来分析网络消费者的购物需求情况，并确定自己的营销方案。

7.3.3　网络消费者的购买动机

所谓动机，是指推动人进行活动的内部原动力，即激励人们行为的原因。人们的消费需要都是由购买动机而引起的。网络消费者的购买动机，是指在网络购买活动中，能使网络消费者产生购买行为的某些内在的动力。我们只有了解消费者的购买动机，才能预测消费者的购买行为，以便采取相应的促销措施。由于网络促销是一种不见面的销售，消费者的购买行为不能直接观察到，因此对网络消费者购买动机的研究，就显得尤为重要。

网络消费者的购买动机基本上可以分为两大类：需求动机和心理动机。

1. 需求动机

网络消费者的需求动机是指由需求而引起的购买动机。要研究消费者的购买行为，首先必须要研究网络消费者的需求动机。美国著名的心理学家马斯洛的需求理论对网络需求层次的分析，具有重要的指导作用。而网络技术的发展，使现在的市场变成了网络虚拟市场，但虚拟社会与现实社会毕竟有很大的差别，所以在虚拟社会中人们希望满足以下 3 个方面的基本需要。

（1）兴趣需要

兴趣需要即人们出于好奇和能获得成功的满足感而对网络活动产生兴趣。

（2）聚集

通过网络给相似经历的人提供了一个聚集的机会。

（3）交流

网络消费者可聚集在一起互相交流买卖的信息和经验。

2. 心理动机

心理动机是由于人们的认识、感情、意志等心理过程而引起的购买动机。网络消费者购买行为的心理动机主要体现在理智动机、感情动机和惠顾动机 3 个方面。

（1）感情动机

感情动机是由人的感情需要而引起的购买动机。感情动机分为情绪动机和情感动机两类。情绪动机是低级形态的感情购买动机，它是由人们情绪的喜、怒、哀、乐变化所引起的购买动机，这种购买动机具有冲动性和不稳定性。针对情绪购买动机，在促销时，卖方有必要营造一种可引导购买者或购买者可接受的情绪环境。情感动机是高级形态的感情购买动机，它主要是由于人们的道德感、美感、群体感、友谊感等情感需要所引发的购买动机，这种购买动机一般比较稳定、深刻，如通过互联网络提供的网上购买异地送货服务为异地的亲朋好友购买鲜花和馈赠礼品。

（2）理智动机

理智动机是客户对某种特定的商品或服务有清醒的认识和了解，并在此基础上，做出理性决策和理性购买行为的购买动机。理性购买动机具有客观、周密、理性控制等特点。网络客户大多具有较强的分析判断力，他们一般阅历丰富，受教育程度高，在网上购物时往往是经过多轮反复比较各个在线商场的商品，详细了解所要购买商品的性能、功效、价格、使用方法等以后才决定是否购买，购买活动较少受外界的影响与干扰。

（3）惠顾动机

惠顾动机是基于对某个品牌、某种产品或服务、某个企业的信任而产生的重复性的购买动机。网络客户基于理智经验和感情，对一些特定的网站、商品、广告因为特殊的信任与偏好而经常重复性、习惯性地访问。信任动机在网上一般是由于搜索的便利、图标广告的独特性和吸引力、站点内容、企业的相当地位和权威性以及产品或服务的良好声誉而形成。网络客户一旦对某一网站产生信任动机，不但自己会经常光顾、忠诚消费，还会在网上对众多网民和网下对自己的社交圈层进行宣传和影响，这对企业网站的推广极为有利。

在现实生活中，网络客户的心理动机还呈现出一些不同的表现形式，如求实、求同、求美、求名、求廉、求便、求新等。不同的购买动机导致不同的购买行为，企业必须认真、深入地研究网络客户的消费心理动机，科学决策和组织营销活动。

7.4 网络消费者的购买决策过程分析

网络消费者在完成购物或相关的任务前，会在网上虚拟的购物环境中浏览、搜索相关商品信息，从而为购买决策提供所需的必要信息，并实施决策和购买的过程。

消费者的购买决策过程实际上是一个搜集相关信息与分析评价的过程，它具有不同的行为程度和脑力负荷。在购买决策过程中，会受相关因素的影响，从而会产生不同的购买行为。

7.4.1 网络消费者的购买决策过程所受影响因素

网络消费者在购买时，会受企业营销策略的影响，如网络页面、网上产品价格、购买是否便捷等因素。

1．网页界面设计的影响

传统实体商店可以通过门面装潢来展示自己与众不同的形象，从而吸引客户的光顾。对于网络零售商店来说，网页界面是网络零售商店与网络客户相互交换信息和执行各种交互活动的媒介，因此，网页界面设计的好坏将会对网络客户的第一印象产生重要作用。很难想象一个界面设计混乱、不协调的网站会吸引网络客户的注意并进入浏览、购物。

通常，网页界面设计的优良与否将会使网络客户产生如下几种行为。第一，立刻离开；

当客户访问某个网络零售商店时，若网页界面设计与客户的审美观严重相左，或者网页设计过分复杂导致出现严重的传输延迟现象时，客户会毫不犹豫地离开。第二，浏览：网站的界面设计引起了客户一定的兴趣，但客户仅仅在网络商店中浏览而没有发生购买行为，或者客户浏览了后继的其他网站后重又回到该网络商店购买商品的行为。第三，浏览并购买：客户在浏览网络商店的过程中，网站的界面设计刺激客户产生了某种需求并引起相应的购买行为。

2. 商品陈列的影响

传统型商店可以通过不同的商品陈列方式达到展示商品和吸引客户购买的目的，但是在虚拟的网络空间中没有了店堂货架的概念，取而代之的则是网页、商品分类目录和店内商品搜索引擎，所列出的也不再是商品的实体，而是有关该商品的说明介绍和图片等，这必然也会影响到网络客户的行为。

在网络零售商店中，商店实体和商品的说明介绍以及其他相关资料是分离的，客户无法像在传统的商店中购物那样，通过与商品实体的直接接触来了解商品的质量和适用性。网络零售商店对单个商品的介绍只能依赖于文字说明和图片信息，这些资料是否详细将会极大地影响网络客户的购买决策，一个文字说明太少而且图片模糊不清的商品是很难激发起客户的购买欲望的。

3. 商品特性

互联网上市场有别于传统市场，由于互联网客户群体的独特性，并不是所有的产品都适合通过互联网开展网上销售和网上营销活动。根据网上客户的特征和其网上购买行为模式特点，网上销售商品首先要考虑其新颖性，即必须是时尚类商品。追求时尚与新颖是许多网上客户进行网上购物的主要原因，这类客户注重商品的款式、格调和社会流行趋势，追求新潮、时髦和风格独特，力争站在时尚潮流的浪尖，而对商品的价格高低不予计较。

其次是商品的个性化。其表现为企业根据网络客户的个性化需求为网络客户对商品在功能、外观、结构上进行重新设计和组配，剔除冗余功能与结构，添加新的个性化功能，并根据个性化要求优化外观结构，以满足客户高度个性化需求。

第三是网络客户的商品购买参与程度。体验式消费要求客户参与程度较高，这种体验往往要求客户必须亲临现场感受商品和服务。这种体验或消费受到时间、空间、规模、价格等诸多因素的制约。但在网络时代，许多企业已开发了许多模拟体验软件，客户在互联网上可通过模拟软件的引导，体验身临其境的消费感受，如网络游戏等。现在一些汽车商家通过模拟驾驭软件使客户足不出户就实现驾驭体验，大大降低了传统汽车销售中的驾驭体验成本，有利于提高汽车的销售业绩。

4. 商品的价格

价格不是决定销售的唯一原因，但是它是一个极其重要的影响因素，单价为 100 元的牙刷市场销售肯定很不容易。对同种商品，客户的购买总是倾向价格更低者。而互联网营销没有传统店面昂贵的租金成本，没有传统营销中沉重的商品库存压力，低行销成本和可预期的低结算成本使网络商品在价格上比传统销售更具价格优势。这种价格优势不仅体现在网上销售的标准化大件必需品、网络客户熟知的各种必需品（如图书、音像等），还体现在绕过物流问题的商品（如酒店的客房，飞机的舱位，电影、剧院、音乐厅的票位，讲座、培训、高档餐饮的座位、金融、保险产品以及媒介版面等）。互联网上免费和低价策略已深入人心。亚马逊的赢利秘诀，正是导致其他网上企业关门大吉的原因，即大额折扣和免费送货。

开始，亚马逊取消了99美元及以上订单的送货费，此后不久又将免费送货的门槛降到了49美元，然后是25美元，差不多就是两本精装书或者两张CD的钱。亚马逊称，将在假日季节后决定是否提供25美元这个低限，但公司以后还会提供某种条件下的免费送货。

5. 购物的便利与快捷

购物便利性是客户选择购物渠道的首要考虑因素之一。由于互联网上商品贩卖与服务突破了时间和空间地域的限制，网上购物已经比传统购物更加方便了。但另一方面，不同网上商店是否容易被搜索到、搜索的速度以及其网站页面、导航设计、商品的选择范围与详细目录、信息服务速度等都会影响到网络客户对购买渠道的购买选择。

（1）与传统购物相比的便利与快捷

① 购物的便利性。传统的零售服务业每天的营业时间也只能10～14小时，即早上8：00开门，晚上最迟22：00收档，还有特别的公休、节假歇业。同时，传统购物中的零售店与客户存在空间距离，有时为了买到称心商品还要奔赴异地。在互联网上，虚拟商店全天24小时营业，网络全天候开放，客户与网上零售商店实现跨时空零距离接触，可以半夜醒来买东西，购物极其便利。

② 商品挑选的范围。传统商业中，百货商店曾以货品丰饶自傲，但在今天网上零售商店里商品的种类、数量极为丰富，而且在种类、数量、款式、风格上还在保持高速增长，网上商品可供客户选择的空间被大大扩展了。客户可以通过网络，方便而快速地搜索到全世界相关商品的信息，进而比较、评估，从中选择自己满意的商品。同时，对于个性化消费需求，客户可将具体要求以多种网络互动沟通方式告知商家，从与自己联系的商家中筛选符合要求的个性商品。

（2）网上商家对购物便利与快捷的竞争

互联网络时代，客户对兴趣爱好和效率的要求达到了极致。尽管与传统购物相比，通过互联网开展网上购物已经极为便利和快捷了，但网络客户对“等待”是难以容忍的。网络客户在购物便利性和快捷方面仍有诸多的抱怨和不满，这些抱怨和不满主要集中在：① 难以找到有效的网站和某种特定的商品；② 网上商店的页面、导航设计存在操作不便；③ 网上商店的信息服务速度过慢；④ 网上订购手续复杂、烦琐等。

在互联网上，商家对客户的这些抱怨与不满应引起重视。首先，要强化自身网络站点的网上市场推广，以利于客户通过搜索引擎便能快速找到；其次，规划和重新设计网站的导航系统、网站页面和内容等，使网络站点更贴近客户，更方便客户操作使用；第三，升级服务器，优化数据库，提高网上信息服务速度与效率；第四，合理简化订购手续。

6. 安全性与服务

传统的购买一般是一手交钱一手交货，即“钱花出去了，商品在自己手里”。网上购物一般需要先付款后送货，改变了传统交易的模式，这种购买的安全性、可靠性总让客户担心与不安。网上客户担心商品质量与宣传不符或差异过大，担心售后服务得不到保障，担心网商的信用与信誉，担心交易划账时信用卡的安全与个人信息的外泄，以及网商的订单处理速度、质量、送货费用和各项顾客服务等问题。

网商必须在网络购物的各个环节加强安全和控制措施，增强客户的购物信心，从安全性和顾客服务的加强与优化着手，培育客户对网站的信心。同时，随着网络安全技术的不断发展和提高，网上购物将越来越安全，越来越有保障，网上购物服务将越来越优质。

7.4.2　网络消费者的购买决策过程

与传统的消费者购买行为相类似，网络消费者的购买行为早在实际购买之前就已经开始，并且延长到实际购买后的一段时间，有时甚至是一个较长的时期。从酝酿购买开始到购买后的一段时间，网络消费者的购买过程可以粗略地分为 5 个阶段：唤起需求、收集信息、比较选择、购买决策和购后评价。5 个阶段的相互关系如图 7-3 所示。

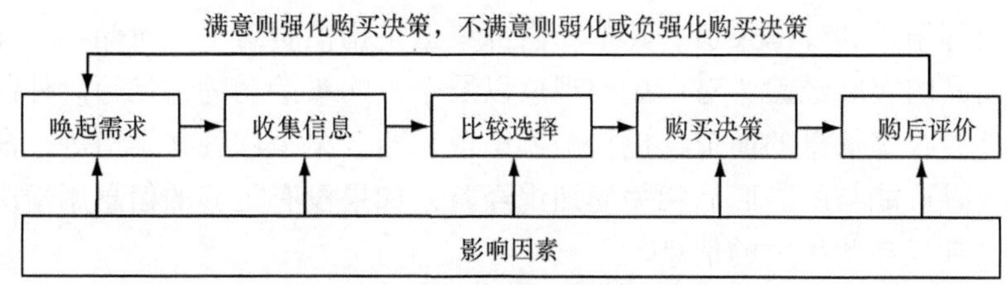

图 7-3　网络消费者购买决策过程

当然，就许多产品而言，想要识别购买者是相当容易的。一般来说，烟草制品是男性选择的，紧身内衣是女性选择的。然而，另外一些产品所涉及的单位往往不止一个。例如，家用汽车的购买则是由多个家庭成员决定的，不同的家庭成员挑选的标准可以完全不同。这时，一个营销人员所要做的就是研究不同人的心理，唤起他们的需求，直至最后购买完成。

1. 唤起需求

网络购买过程的起点是诱发并唤起需求。通常，内在的需求和外部刺激都可能唤起消费者的需求。当消费者认为已有的商品不能满足需求时，就会产生购买新产品的欲望。这是消费者做出消费决定过程中所不可缺少的基本前提。但在同时，在传统的购物过程中，诱发并唤起需求的动因也是多方面的。人体内部的刺激，外部的刺激都可以成为“触发诱因”。

对于网络营销来说，诱发需求的动因只能局限于视觉和听觉。因而，网络营销对消费者的吸引是有一定难度的。作为企业或中介商，一定要注意了解与自己产品有关的实际需要和潜在需要，掌握这些需求在不同的时间内的不同程度以及刺激诱发的因素，以便设计相应的促销手段去吸引更多的消费者浏览网页，诱导他们的需求欲望。而作为营销人员，要去研究和了解引起消费者内在需求的环境，并为消费者构建一种“触发诱因”，以唤起消费者的需求。当前许多电子商务网站采用多种方法来唤起消费者的需求。

当当网（www. dangdang. com）号称全球最大的中文网上商城，它在激发消费者购买欲望方面有着独到之处。2002 年月 12 月，当当网推出了一次名为“2 元与当当第一次亲密接触”的营销活动。活动规则是在 12 月 15 日到 12 月 25 日期间，在当当注册并第一次购物的顾客，即可在 2 元特价区选购不超过两件的商品。网上购物在当时的中国还是个新鲜事物，在许多网民还在心存疑虑的情况下，当当网采用“2 元特价”、“快捷注册”和“送货上门”这 3 件法宝，适时地开展了一次近乎于“零风险”的网上购物体验活动。

“2 元特价”是诱惑之一，面对价值远超过 2 元的特价书籍和 VCD，再附加一次网上购物经历，谁都会付出物超所值的 2 元钱；“快捷注册”是诱惑之二，当当网采用不同于某些网站“人口普查式”的注册方式，新用户只要输入电子邮件地址和密码即可注册成功；不超过 1 分钟的注册便捷令许多网民轻松成为当当的用户；“送货上门”则是诱惑之三，这一条也是最具诱惑力的一点，面对第一次进行了网上购物体验，网民对其安全与信誉难免产生疑虑，但是送货上门、货到付款的配送方式让网民们彻底打消了疑虑。由此，当当的“2 元与当当第一次亲密接触”活动吸引了大量的网民的注意，也唤起了大量网民的购物需求。许多网民也就是从此时开始接触网上消费，同时也自然地成为了当当的注册用户了。

2. 收集信息

当需求被唤起后，每一个消费者都希望自己的需求能得到满足，所以，收集信息、了解行情成为消费者购买的第二个环节。

一位被唤起需求的消费者可能会去积极地寻求更多的信息。一般来说，消费者收集信息的渠道可分为内部渠道和外部渠道。其中，内部渠道是指消费者个人所储存、保留的市场信息，包括购买商品的实际经验、对市场的观察以及个人购买活动的记忆等。外部渠道则是指消费者可以从外界收集信息的通道，包括个人渠道、商业渠道和公共渠道等。消费者首先在自己的记忆中搜寻可能与所需商品相关的知识经验，如果没有足够的信息用于决策，他便要到外部环境中去寻找与此相关的信息。

当然，不是所有的购买决策活动都要求同样程度的信息和信息搜寻。根据消费者对信息需求的范围和对需求信息的努力程度不同，可分为以下 3 种模式。

（1）广泛的问题解决模式

广泛的问题解决模式指消费者尚未建立评判特定商品或特定品牌的标准，也不存在对特定商品或品牌的购买倾向，而是很广泛地收集某种商品的信息。处于这个层次的消费者，可能是因为好奇、消遣或其他原因而关注自己感兴趣的商品。这个过程收集的信息会为以后的购买决策提供经验。

（2）有限问题的解决模式

处于有限问题解决模式的消费者，已建立了对特定商品的评判标准，但尚未建立对特定品牌的倾向。这时，消费者有针对性地收集信息。这个层次的信息收集，才能真正而直接地影响消费者的购买决策。

（3）常规问题的解决模式

在这种模式中，消费者对将来购买的商品或品牌已有足够的经验和特定的购买倾向，它的购买决策需要的信息较少。

3. 比较选择

消费者究竟是怎样在众多可供选择的产品中进行选择的呢？

每一名消费者需求的满足都是有条件的，这个条件就是实际支付能力。消费者为了使消费需求与自己的购买能力相匹配，就要对各种渠道汇集而来的信息进行比较、分析、研究，根据产品的功能、可靠性、性能、模式、价格和售后服务，从中选择一种自认为“足够好”或“满意”的产品。

通常情况下，网络消费者都会采取比较选择的办法来对要购买的商品进行分析。常见的方法有看发布渠道、看广告用语、看主页内容更换的频率和尝试性购买等几个方面。而由于网络购物不能直接接触实物，所以，网络营销商要对自己的产品进行充分的文字描述和图片描述，以吸引更多的顾客。但也不能对产品进行虚假的宣传，否则可能会永久地失去顾客。

同样的计算机用户，由于其使用的关注点不同，比较的方法也就不同，最终会导致相反的选择。苹果计算机的用户为什么选择苹果呢？“苹果计算机在教育领域应用的广泛性，视频产品与解决方案的完整性，极高的性能价格比，这是我们选择苹果的原因所在。”DELL 计算机的用户为什么选择 DELL 呢？“因为 DELL 计算机直销的低廉价格、个性化定制及周到的售后服务。”同样是一种产品，因为消费者的关注点不同，比较选择的结果也就不同，关注性能的选择了苹果，关注个性的选择了 DELL。

4. 购买决策

网络购买决策是指网络消费者在购买动机的支配下，从两件或两件以上的商品中选择一件满意商品的过程。网络消费者在完成对商品的比较选择之后，便进入到购买决策阶段。与传统的购买方式相比，网络购买者在购买决策时主要有以下 3 个方面的特点：首先，网络购买者理智动机所占比重较大，而感情动机的比重较小；其次，网络购物受外界影响小；第三，网上购物的决策行为与传统购买决策相比速度要快。

（1）决策购买的条件

网络消费者在决策购买某种商品时，一般要具备以下 3 个条件。

① 对厂商有信任感。

② 对支付有安全感。

③ 对产品有好感。

所以，网络营销的厂商要重点抓好以上工作，促使消费者购买行为的实现。同时，消费者在做出购买决策时，通常影响消费者购买决策的有两种因素：其一是他人的态度，包括其他人对此商品的评价和意见；其二是一些突发的、未预期的因素。

网络消费者在线购买一些商品时，他人的态度对其购买决策起着重要的影响。这里的他人包括 3 类：一是家人、亲友、邻居、同事等，通常这些人的态度和建议能起着决定性的作用；二是广告商、推销员、经销商等，这些人对于商品的宣传和介绍也能影响并改变消费者的决策；三是大众传媒、报刊杂志、专家学者等中立者的评价。消费者会综合上面各个角色的评估信息，对每个方案进行比较，同时依照自己的偏好，确定出各种产品的优劣顺序。

（2）购买决策的内容

① 购买动机。

消费者的购买动机是多种多样的。同样购买一台洗衣机，有人为了节约家务劳动时间；有人为了回避涨价风险；有人则是买来孝敬父母。

② 购买对象。

这是决策的核心和首要问题。决定购买目标不只是停留在一般类别上，而是要确定具体的对象及具体的内容，包括商品的名称、厂牌、商标、款式、规格和价格。

③ 购买数量。

购买数量一般取决于实际需要、支付能力及市场的供应情况。如果市场供应充裕，消费者既不急于买，买的数量也不会太多；如果市场供应紧张，即使目前不是急需或支付能力不足，也有可能购买甚至负债购买。

④ 购买地点。

购买地点是由多种因素决定的，如路途远近、可挑选的品种数量、价格以及服务态度等。它既和消费者的惠顾动机有关，也和消费者的求廉动机、求速动机有关。

⑤ 购买时间。

这也是购买决策的重要内容，它与主导购买动机的迫切性有关。在消费者的多种动机中，往往由需要强度高的动机来决定购买时间的先后缓急；同时，购买时间也和市场供应状况、营业时间、交通情况和消费者可供支配的空闲时间有关。

⑥ 购买方式。

(3) 消费者决策的原则

① 最大满意原则。

就一般意义而言，消费者总是力求通过决策方案的选择、实施，取得最大效用，使某方面需要得到最大限度的满足。按照这一指导思想进行决策，即为最大满意原则。遵照最大满意原则，消费者将不惜代价追求决策方案和效果的尽善尽美，直至达到目标。最大满意原则，只是一种理想化原则，现实中，人们往往以其他原则补充或代替之。

② 相对满意原则。

该原则认为，现代社会，消费者面对多种多样的商品和瞬息万变的市场信息，不可能花费大量时间、金钱和精力去搜集制定最佳决策所需的全部信息，即使有可能，与所付代价相比也绝无必要。因此，在制定购买决策时，消费者只需做出相对合理的选择，达到相对满意即可。例如，在购置皮鞋时，消费者只要经过有限次数的比较选择，买到质量、外观、价格比较满意的皮鞋，而无须花费大量时间跑遍所有商店，对每一双皮鞋进行挑选。贯彻相对满意原则的关键是以较小的代价取得较大的效用。

③ 遗憾最小原则。

若以最大或相对满意作为正向决策原则，遗憾最小则立足于逆向决策。由于任何决策方案的后果都不可能达到绝对满意，都存在不同程度的遗憾，因此，有人主张以可能产生的遗憾最小作为决策的基本原则。运用此项原则进行决策时，消费者通常要估计各种方案可能产生的不良后果，比较其严重程度，从中选择情形最轻微的作为最终方案。例如，当消费者因各类皮鞋的价格高低不一而举棋不定时，有人便宁可选择价格最低的一种，以便使遗憾减到最低程度。遗憾最小原则的作用在于减少风险损失，缓解消费者因不满意而造成的心理失衡。

④ 预期满意原则。

有些消费者在进行购买决策之前，已经预先形成对商品价格、质量、款式等方面的心理预期。消费者在对备选方案进行比较选择时，与个人的心理预期进行比较，从中选择与预期标准吻合度最高的作为最终决策方案，这时他运用的就是预期满意原则。这一原则可大大缩小消费者的抉择范围，迅速、准确地发现拟选方案，加快决策进程。

5. 购后评价

消费者在购买商品之后会体验某种程度的满意和不满意。因此，商品在被购买之后，营销人员的工作并没有结束。消费者购买商品后，往往通过使用和他人的评价，对自己的购买选择进行检验和反省，重新考虑这种购买是否正确，效用是否理想以及服务是否周到等问题。产品的购后评价往往决定了消费者今后的购买动向。如果产品符合期望甚至超出期望，消费者对商品的满意度会很高；反之如果与期望不符，消费者对商品会产生抱怨。满意度高的商品，在今后的购买中，重复购买的可能性就高；反之满意度低的商品，厂商极有可能从此丧失了这些消费者。因此，我们说："满意的顾客就是企业的最好广告。"

为了提高企业的竞争能力，最大限度地占领市场，企业必须虚心听取顾客的反馈意见和建议。方便、快捷、便宜的电子邮件，为网络营销者收集消费者购后评价提供了得天独厚的优势。厂商在网络上收集到这些评价之后，通过计算机的分析、归纳，可以迅速找出工作中的缺陷和不足，及时了解消费者的意见和建议，制定相应对策，改进自己产品的性能和售后服务。

一般来说，厂商在产品销售的过程中都会极力强调自己的售后服务。电子产品的消费者更注意的是厂商所承诺的固件升级。但许多电子产品的厂商往往对所做的承诺不予兑现，这就极大地降低了消费者的购后评价值。消费者会用自己的行动拒绝这些厂商的产品，最终导致这些不尊重顾客的品牌被淘汰出局。韩国各个系列的 MP3 产品在我国和其他各国的播放器市场有着较高的声誉，除了其产品的性能质量外，还与他们的优质售后服务分不开的。韩国的 IRIVER、MPIO 品牌，十分注重对产品固件的升级，提供了网上在线升级服务，极大地方便了消费者，这些做法也为其获得了许多忠诚的顾客群。相比之下，某些国产品牌只求眼前效益、只售不修的做法无异于“杀鸡取卵”。

7.5　网络组织市场及其购买行为

企业的市场营销对象不仅包括众多的消费者，也包括生产企业、商业企业和政府机构等组织，它们是原材料、零部件、机器设备、供给品和企业服务的庞大需求者，在现代营销学中，通常称之为组织市场，包括生产者市场、中间商市场和政府机构市场。为满足组织市场的需要，供货企业必须了解各类组织的购买行为特征及其采购决策过程。

7.5.1　生产者市场分析

1. 生产者市场的主要特点

① 购买者数量比较少，但购买规模较大，地理位置集中。由于资本和生产集中，一些行业的生产者市场由少数几家买主占了大部分购买量，给双方带来管理方便、降低成本的好处，同时使双方关系更加紧密。因为顾客较少，大宗买主对供应商来说更为重要；顾客地理位置往往集中在某些区域，这些区域的购买占很大比重。

② 需求具有派生性。产业需求性质上是一种派生需求或引申需求，源于各自下游顾客的消费需求，并随之变化。这种派生需求或引申需求又往往是多层次的。如消费者对皮衣的需求，派生出服装生产者对皮革的需求，进一步派生出皮货商对兽皮的需求，还派生出养殖业对配种及饲料等的需求。

③ 需求缺乏弹性。因多数工业用品、服务的总需求从根本上取决于消费者需求，所以短期内生产者用户需求的刚性更为明显，受价格变动影响不大。一般是离消费者越远的产品，需求弹性越小。

④ 需求波动性大。由于产业需求因消费需求而生，因此受消费者市场需求影响很大，消费者市场的少量变化，会引发生产者市场需求的剧烈波动，西方经济学家称之为加速理论。

⑤ 参与购买决策的人多，常由各类专业人员组成采购小组，共同做出采购决策。受购买目的制约，决策时更多考虑成本、利润等方面，行为更理智规范，方法技巧更老练，其购买决策过程更为复杂。

⑥ 买卖双方的关系一般较稳定，往往倾向于建立长期的业务关系。

⑦ 购买方式更多是直接购买和互购，租赁业务较发达。直接购买是指不经中间环节，买卖双方直接接洽的购买行为，特别是价格昂贵或技术复杂的项目尤其如此；互惠购买是指“你买我的，我就买你的”，有时表现为三边或多边贸易；租赁业务在生产者市场上很常见，对某些价格昂贵或技术更新较快的机器设备、车辆等产品，采用租赁方式，可以起到资金融通、节约成本的作用。

2. 网络生产者市场营销特征

分析了生产者市场的特性之后，企业要研究如何充分利用网络这种优势，开展有效的营销活动，吸引企业客户的购买。

① 供需信息实时交换。互联网快速、全天候、影响全面的特点改变了企业信息化的程度。以往仅仅因为所掌握信息的有效和及时而形成竞争力的现象将不复存在，对信息的处理、分析能力的高低才是企业竞争力高低的一种表现。网络环境下，买卖双方都将自己的公司或产品的最新动态公布网上，这些信息包括产品需求信息、公司的运营情况、公司内外政策等。供需信息可以在网上一览无余，不需要花费很大的精力与时间去寻找。这些信息的及时发布和快速传递加强了双方收集信息的能力，提高了信息的利用率，缩短了企业从收集到投入使用的时间，信息的时效性得到了更大的发挥。即使是企业更新了信息，营销人员也可以在第一时间内及时收集、分析，取得营销的主动权。此外，网络沟通的交互实时性也迎合了营销信息的双向性（信息传递与反馈）需求，供需双方信息的实时交换和分工协作使得市场营销信息系统更加有效和畅通。

② 通过虚拟组织加强供需双方的沟通。在网络环境下，企业的经营活动打破了时间和空间的限制，出现了虚拟组织。这种虚拟组织是企业利用业务关系和新闻、论坛等网络工具形成的以企业站点为中心的网络商务社区。通常包括企业站点、目标顾客、供应商、分销商、目标市场以及其他因素。由于这类社区是由利益驱动的，各个成员都会密切关注社区活动，所以通过创建满足多方利益要求的站点可以加强供需双方的沟通，把这个社区组织得更紧密。网络商业社区是一个互惠互利的组织，成员都能从参与中获取利益。并且，社区的形成可以减少信息交流的成本，形成规模经济效应。对于企业营销的重要意义在于通过努力创建以企业为中心的网络社区，可以强化社区成员的关系，获取顾客的永远忠诚，提高本身的知名度，使自己成为某个领域的权威信息指南。

③ 人员沟通和网络沟通并重。互联网作为一种全新的沟通手段，它的运用给传统的交易过程带来了一次革命。但并非任何交易都因为有网络的参与就变得方便快捷。网络本身的局限性，如缺乏信任感、安全问题，缺乏直接交流等都决定了在企业网络营销中人员沟通不可缺少。人员沟通与网络沟通的并重是企业网络交易的重要营销特征。人员沟通是以一种直接、生动与客户相互影响的方式进行的。在沟通过程中，销售人员可以通过直觉和观察来探究客户的动机与兴趣，从而有的放矢地调整沟通策略。

④ 中间商务环节进一步减少。传统企业进入市场中间环节过多，销售渠道过长，难以打开局面的现象在网络环境下逐渐消失。在网上，企业可以直接洽谈业务，开展商务活动，甚至对客户进行技术培训和售后服务。同时，用户可以直接在网上挑选、购买并通过网络方便地支付款项。一方面减少了流通环节，降低了流通成本；另一方面省却了传统的多层次传播中介，使得信息传播时间大大减少。与传统的市场交易相比，网上交易使得计算机网络形成的“媒体空间”取代了物理空间，“虚拟市场”取代了传统市场。它帮助企业解决了产销的直接见面，产品的流通环节减少了，生产企业采购者行为的复杂程度和中间商务环节的作用正在逐渐弱化。

3. 生产者市场采购业务的主要类型

采购决策项目的多少，取决于采购业务类型。业务类型大致可分为 3 种：一种是直接重购，基本上属于复杂程度最低、决策项目最少的惯例化决策；第二种是修正后重购，企业需做一定的市场调查；第三种是全新采购，企业需要做大量的调查研究，其决策过程最复杂，决策项目最多。面对不同的采购类型，供应企业的营销对策应有所不同。

（1）直接重购

它是指客户按照原有的购买方案不做任何调控，直接进行采购的业务。这是一种重复性的采购活动，供应者、购买对象、购买方式等都不变，按一定程序办理即可。面对这种采购，原有的供应商应努力保持产品和服务的质量水平，尽量简化手续，提高工作效率，节约顾客的时间。此外，还要经常保持与顾客的联系，一方面随时了解对方的满意程度，解决问题；另一方面通过沟通加深感情，维持长期稳定的供应关系。此时，新的供应商竞争机会很少，但也不要轻易放弃，可从零星小量交易开始，逐步扩大，力争一席之地。

（2）修正后重购

它是指产业用户改变原方案，如对产品的规格、型号、价格、交货期等要素提出新的要求来进行采购业务。这种采购活动比较复杂，参与采购决策的人数也较多。该类型采购对原有的供应商是威胁，他们应了解顾客提出新要求的原因及确切内容，以便决定是否要迎合顾客的新需要改变供应工作，抑或放弃该顾客。相反，对新的供应商来说，这种类型的采购是一次机会，应充分利用，争取订单。

（3）全新采购

它是指产业用户第一次采购某种产品或劳务，是最复杂的采购业务。企业没有相关的经验，需要大量信息。这种情况对所有供应商都是平等的竞争机会，可以派出专门的推销小组携带样品上门推销，尽量提供必要的信息，帮助顾客解决疑问，促成交易。

4. 生产者市场采购业务参与者

各企业的采购组织有所不同，小企业只有几个采购人员，大公司则设有庞大的采购部门。采购组织的权限也因采购的复杂程度不同而有所区别。在复杂的采购中，采购组织一般由多个人参与决策过程，他们组成一个“采购中心”共同完成采购任务。采购中心不是一个固定不变的实体，其成员随着决策过程的继续而不断变化，他们可能有 5 种不同的角色。

（1）使用者

它是指使用产品和服务的人。在多数情况下，使用者是最初提出购买倡议的人，他们在计划购买产品的品种、规格中起着重要作用。

（2）影响者

它是指对购买决策有直接或间接影响力的人。他们协助制定产品规格，提供评估方案的信息。企业的技术人员通常是最重要的影响者。

（3）购买者

它是指拥有正式职权去选择供应商及安排采购条件的人。他们一般是具体执行采购任务的人员，负责与供应商谈判、签约。在比较重要的采购工作中，通常有企业的高层管理人员参加。

（4）决策者

它是指企业里有权批准采购项目和供应商的人。在日常采购中，决策者就是采购者；在复杂的采购中，决策者通常是企业的主管。

（5）信息控制者

它是指可以控制信息流向的人员，他们可以控制外界与采购有关的信息流入企业内部。如决策者的秘书，企业的相关技术人员等。

生产者市场的营销者必须了解顾客内部哪些人参与决策过程，扮演什么角色，有何影响力，他们的评价标准是什么等。摸清这些情况后，才能有针对性地采取促销措施，特别是对大客户应作为重点对象，大量开展调研和促销工作。

5. 影响生产者市场购买行为的因素

生产者在整个购买决策过程中受许多因素的影响，这些因素可以分为 4 大类，如表 7-3 所示。

表 7-3　　影响生产者市场购买行为的因素

环境因素	组织因素	人际关系因素	个人因素
经济环境	目标	地位	年龄
科技环境	政策	权力	收入
政治环境	程序	说服力	教育
竞争环境	组织结构	影响力	个性
文化环境	制度		
自然环境			

（1）环境因素

环境因素即一个企业外部环境的因素。诸如市场环境和经济前景对产业的发展影响很大，从而也必然影响到产业客户的采购计划。假如预计经济前景不佳，需求暗淡，企业必然要压缩投资，减少采购，这时供应者只有减价到一定程度，才有足够的刺激，使顾客愿意购买。

（2）组织因素

组织因素即企业本身的因素。每个企业都各有其目标、政策、作业程序、组织结构和制度等，生产者市场营销者应尽力了解顾客的组织因素，详细收集有关资料。

（3）人际因素

如上所述，采购组织的各参与者在权利、地位、影响力等方面各不相同，采购组织内部也存在着微妙的关系，这些无不影响采购决策。如果生产者市场上的营销人员了解客户在人际关系方面的特点，将对开展营销工作大有裨益。

（4）个人因素

个人因素即每个参与采购决策的人在个人特征，包括年龄、受教育程度、工作积极性、工作职位和个性等方面的特点，难免会影响其对产业用品和供应商的看法，从而影响其选择和决策。营销人员要了解采购组织中每个人的个人特征，特别是决策者的个人特征，有助于业务活动的开展。

以上影响生产者市场采购的 4 个因素中，前两个因素起决定性作用，它们决定企业是否购买，而后两个因素只有在企业做出购买的决定后才发挥作用。

6. 生产者市场采购决策过程

生产市场上的营销人员还要了解顾客购买过程的各个阶段的情况，并采取适当措施，满足各阶段顾客的需要，才能实现企业目标。生产者市场采购决策过程根据采购类型不同而不同，最复杂的新购要依次经过 8 个阶段。

（1）提出需要

购买工作开始于企业内部有人提出对某种产品或服务的需要。需要可由企业内部或外部刺激引起。内部刺激，如管理层决定推出新产品，因而需要采购生产新产品的设备和原料；管理者发现原有机械发生故障或磨损严重，需要更新等。外部刺激，如在供应商的展销会上发现物美价廉的替代产品，推销员介绍的更节约成本的设备等。供应商应该了解，客户提出需要是由于他发现了问题，如何促使顾客发现问题就是刺激其需要的关键。

（2）确定需要

确定所需品种的特征和数量。对于复杂品种的采购，采购人员要会同使用者、工程师等研究确定。供应企业的营销人员此阶段要为采购单位的采购人员提供信息，帮助顾客确定其具体需求。

（3）说明需要

企业组织有关人员，对需要品种的每一个细节进行分析，对其中价格昂贵的部分品种还要进行价值分析，写出详细的技术说明作为采购人员取舍的标准。

（4）查询供应商

采购人员在该阶段寻找、确定潜在供应商，对于复杂的、价值高的产品采购，需要花费较多时间寻找合适的供应商。此时，作为供货企业的营销人员就要利用各种现代化信息工具和广告等方式，向目标顾客发布本企业产品的信息，千方百计提高自己的知名度和美誉度。

（5）征求供应信息

采购者找到技术好、信誉佳，有资格供应产品的供应商后，会邀请他们提出供应建议，然后进行分析选择。因此，供货企业的市场营销人员要善于提出与众不同的建议书，引起顾客的注意和信任，争取成交。

（6）选择供应商

对供应商的建议书进行评价，根据采购小组每个成员认为重要的选择标准评估每项建议。经过讨论，各成员的意见最终会达成一致，选择一个或几个供应商。在做出最终决定之前，采购小组还要和那些较中意的供应商谈判，争取较低价格和更好的交易条件。

（7）发出正式订单

向选定的供应商发出订单，列出需要品种、规格、数量、质量水平、价格和交货期等详细项目。目前，大型企业更倾向于签订连续采购计划，连续不间断地、小批量地从供应商处进货，这样可以尽量压低库存，甚至做到“零库存”，降低成本。

（8）评估履约情况

采购部门进行产品性能反馈和评价，可以通过正式或非正式渠道，了解使用者对购进产品的意见，定期检查和评估供应商履行合同的情况。这种检查和评价，成为决定是否继续向某个供应商采购产品的主要依据。

上述 8 个阶段是最复杂的采购类型需经历的过程，对于较简单的采购经历的阶段要相对少一些。

7.5.2　中间商市场分析

中间商市场也叫转卖者市场，由那些为了直接转卖而赢利的买主组成。中间商市场的顾客，主要是各种商人中间商（经销商）、代理中间商（经纪人）。他们介于生产者和消费者之间，专门媒介商品流通获取利润。中间商在地理分布上比产业购买者分散，但比消费者集中，其需求主要也是由消费者市场需求引申或派生，且多带有组织购买的性质，与生产者市场有较多的相似特征。

1. 中间商的购买类型

(1) 新产品采购类型

新产品采购类型即中间商决定增加新品种，扩大经营品种的范围，需要购买某种以前从未经营过的产品。与生产者不同的是，中间商没有必须经营的商品品种，是否要经营某种产品完全取决于该产品市场前景的好坏、买主的需求强度、产品获利的可能性等多方面因素。

(2) 选择最佳卖主类型

选择最佳卖主类型即中间商仍然经营原有的品种，但是对原供应商不满，要重新选择最合适的供应商。通常中间商的货源充裕，而经营场地和资金有限，不可能接受所有供应商的产品，必然从中选择对企业最有利的供应商；或者中间商打算自创品牌，为此寻求愿意配合的制造商。

(3) 谋求更佳交易条件类型

谋求更佳交易条件类型即中间商并不想更换供应商，但是由于成本上升等原因，希望通过重新谈判从现有供应商处获得更好的交易条件。如更低的进价、更长的账期、更积极的广告支持等。

2. 影响中间商采购的主要因素

由于中间商是低价买高价卖，赚取差价，因此非常重视进货价格和控制成本。凡是能使供应商降低成本，增加利润的方法，都会受到欢迎。影响中间商采购的主要因素一般是商品的价格和利润，商品的独特性和受顾客欢迎的程度，供货者对该产品的定位和策略，供货者的声誉和企业形象，供货者为该产品提供的广告和促销补贴。

3. 中间商的采购组织与采购决策过程

在中间商市场，实际沟通供应商和中间商关系的，是中间商内部那些决定购买和实际购买的人员及组织，他们同样形成了“采购中心”，并在不同程度上直接左右着供应商的命运。中小批发商和零售商，一般不配备专职采购人员。选择与采购通常是由店主（经理）承担，或熟悉业务的员工负责，同时兼做其他工作。较大的批发商、零售商，采购成为专门职能，采购人员设有专职岗位。但各企业有很大差异，不同类型的企业也存在很大差异。

7.5.3 政府机构市场分析

政府机构市场，是由那些为了执行自己的职能而采购或租用产品的各级政府部门和机构组成。政府机构市场的顾客，是国家各级政府组织、事业单位和其他社会团体的采购部门，由于他们的采购资金来源于国家财政性拨款，因此可以统称为政府采购。

为了加强对政府采购的管理，提高财政支出的使用效益，促进公开、公平和公正交易，我国一些地方政府的机关、事业单位和其他社会组织使用财政性资金采购物资或服务的行为开始受到法律的约束和规范，不少地方已陆续出台了政府采购条例。研究政府采购行为，对于满足政府市场需求，扩大企业销售具有重要意义。

1. 政府市场购买者行为的特点

(1) 采购范围广

由于政府采购是为了满足国防、行政、公共福利的需要，因而其采购范围涵盖了从普通的办公文具到航天飞机、导弹军火等各行各业，政府采购在任何国家都是巨大的市场，为企业提供大量的营销机会。

（2）采购手续复杂

由于支出决策要受到审查，政府机构在采购前要做许多文案工作，如填写一系列表格和按一定的程序审批等，所需时间较长。有的政府机构存在官僚作风，营销人员要有足够的耐心。

（3）采购受到公众的监督

由于政府的收入主要依靠税收，因此，纳税人关心、监督政府的支出就不足为奇。

（4）受到非经济因素的影响

产业政策和其他政策等非经济因素会影响到政府的采购方向，如要照顾老少边穷地区，照顾衰退行业等。

2. 政府网络采购优势

政府采购是政府给供应商下订单的经营行为，而网上采购则使对这一过程的控制得到了加强，并且带来了更多的利益。其主要有以下几点。

（1）增加透明度

长期以来，我国政府的采购一直具有浓厚的计划体制色彩，缺乏市场运行机制。同时，由于市场公开化程度低，成本失控比较严重。主要存在着以下弊端。其一，预算资金使用效益不高，财政基本上无法进行有效的监督职能，盲目购置、重复购置、随意购置现象相当普遍。其二，由于缺乏公开的招标体制，在产品与服务购置的价格谈判中，往往是个人因素起决定作用。腐败现象严重，损害了党和政府的形象。其三，产品采购中不公平交易现象普遍。受地方部门利益机制的驱使，一些地方政策常常强制本地区的单位购买本地产品，基本上不进行价格与质量的比较。以上弊端出现的根本原因在于没有具体的人格化的代表。政府采购的主体是国家，有关部门则代表了国家，这类似国有企业与国家的关系，出了问题是国家的，与个人无关。而现在，采购过程在网上进行，投标信息、评标结果都被及时发布到网上，确保了采购过程的公开化，提高了政府采购的透明度，有效地预防了采购过程中出现的不公正、不公平、不廉洁的行为。一方面政府采购取得了显著的经济效益；另一方面也促进了政府廉洁建设，维护了党和政府的形象。

（2）节约采购成本

政府采购的独特之处就在于受到外界公众严密的注视。由于政府支出决策受到公众的监督，采购者受到环境、组织、人际和个人因素的影响，所以在传统的采购过程中，政府要做大量细致的文书工作，采购流程烦琐、效率低下、要耗费大量的金钱与时间。而随着采购工作的透明化，政府可以利用产品交易中心数据库中存储的大量企业信息、产品信息和组织体系，实现“货比百家”，有效地降低了政府的采购成本。

（3）节省招标的时间

以往政府采购项目的投标工作需要耗费大量的人力、财力、物力来完成，因此政府在这部分开销很大。实行网上招标后，由于招标和投标过程都是在网上进行的，有效地节省了时间，提高了效率。例如，北京市政府采购办委托市政府采购中心和北京国际招标有限公司，联合使用计算机网络技术对 1692 台（套）医疗器械、办公用品进行网上投标。投标文件的制作由过去的两周缩短为现在的半个工作日，开标时间由 18 个小时减为 1 个小时，这在过去是难以想象的。

（4）政务公开，便于加强沟通

尽管政府各部门都在积极为提高工作效率，实现高质量的运作做大量的工作，但因为种种原因使得政府与公众之间的沟通比较欠缺。政府的办事程序、招投标工作不为社会公众广泛了解，影响了政府形象。政府上网采购以后，公众只需要进入政府网站就可以了解有关的政策法规和办事程序，及时掌握政府最新动态和可公开的政务。由于公众增进了对政府事务的了解，政府作为社会管理主体的角色也得到了加强。同时，互联网作为互动沟通的媒介，公众可以“倾听”政策事务，提出合理化建议，提高了政府在公众心目中的形象。

3. 政府机构的采购方式

（1）公开招标选购

按照采购主管部门规定的方式向社会发布招标公告，并至少应有3家符合投标资格的供应商参加投标。采购主管部门应当就集中采购的项目编制采购目录，说明拟购商品及品种、规格、数量等，邀请供应商投标。

有意争取业务的企业，在规定期限内填写标书（格式通常由招标人规定），密封送交。采购主管部门在规定日期开标，选择报价低且符合要求的供应商成交。

参与公开招标的企业必须注意，自己的产品能否达到招标要求，合约条件是否对己有利，能否符合买方的一些特殊需求等一系列问题。企业的报价既要有利可图，又要保证夺标。

（2）议价合约选购

当政府采购的是复杂的工程项目，涉及重大的研究开发费用和风险时，采购主管部门可以采取议价和约的形式，和几个有资格的企业接触，最后与其中一个符合条件的企业签订合同。

（3）日常性采购

日常性采购是政府为维持日常工作正常运转而进行的采购。一般是金额小，交款和交货方式常为即期交付。其采购类似于生产者市场的“直接重购”，有时像中间商市场的“最佳卖主选择”或“谋求更好的交易条件”类型。

4. 影响政府采购的主要因素

政府采购者的采购行为同样也受到环境因素、组织因素、人际关系因素和个人因素的影响。但值得指出的是，政府采购者的行为还要受到社会公众的制约。纳税人有责任监督和制约政府采购者的采购行为。在我国，这种公众制约是通过各级人民代表大会行使权力来完成的。近年来，随着各级人大监督机制的日益增强，社会公众对政府采购行为的制约力度在不断加大。

5. 政府采购者的决策过程

政府采购者的决策过程根据购买情况不同而各异，这一点与企业市场的采购者决策过程基本一致。在政府的常规性商品的采购活动中，由于购买对象、数量和时间有较强的计划性，供应商的更换频率不高，所以，决策的内容并不复杂，但审批手续比较烦琐，拖延的时间很长。根据政府采购者决策程序的特点，政府市场的营销者应做到两点：第一，对于政府的常规性采购，在进行大力促销工作的同时，要有较强的耐心和自制力，以保持长期的供货关系；第二，对于新购，特别是投资巨大的复杂项目，企业要给予高度的重视，要组成技术专家、财务专家和公关专家的专家小组进行行之有效的促销工作，在竞争中充分显示公司的实力，方能一举成功。世界各大公司为获得政府订单而专门建立营销部门，如柯达公司和英特尔公司等，已经证明了这两点。

7.5.4 网络组织市场购买行为

B2B网站经营模式不同在一定程度上会影响网络组织市场的购买行为。B2B（Business

to Business，在英文中 2 的发音同 to 一样）是指企业对企业之间的营销关系。B2B 电子商务网站的主要经营模式可以分为 3 类：传统企业自营的 B2B 网站、第三方经营的服务性 B2B 网站、行业性 B2B 网站。不同类别的 B2B 网站有着自身的特点和动作方式。

1. B2B 网站经营模式及其特点分析

（1）传统企业自营的 B2B 网站

传统企业自营的 B2B 网站是指，在网络经济条件下，传统企业为了充分发挥互联网在企业经营中的作用，最终实现企业与其用户或供应商之间商务贸易活动在互联网上完成，达到提高效率、减少库存、降低成本、增加企业营销能力与水平的目的，积极建设电子商务软硬件平台而建立起来的企业自主经营的企业间的电子商务网站。

在各种电子商务网站业态经营模式 B2B 电子商务交易总额中，传统企业自主经营的 B2B 网站交易额占有较大的比例。传统企业自营的 B2B 又可以分为：以买方为中心，由买方自己投资建设的采购型网站，如英特网、沃尔玛、IBM、通用汽车公司等；以卖方为中心，由某一供应商投资兴建的市场推广网站，如戴尔计算机公司。

相对于第三方经营的服务性 B2B 网站来说，大型企业的 B2B 网站实现了真正意义上的商务：企业间商务活动的绝大多数环节基本上都在网上进行，如供应信息的发布、交易谈判与协商、订单的收发、电子单据的传输、网上支付与结算、货物配送以及顾客服务等都可以在互联网上完成。例如，思科公司和 B2B 交易近 80% 是在网上完成的。

显然，能够建立起如此规模电子商务网站的企业主要是一些大型企业，特别是一些跨国公司或全球性企业。对于其他大多数来说，电子商务、网络营销的开展主要依靠第三方经营的服务性 B2B 网站。

（2）第三方经营的服务性 B2B 网站

第三方经营的服务性 B2B 网站，是指一些网络公司专门为市场双方寻求交易机会、发布供求信息、提供网上交流的电子商务平台的 B2B 网站。这是一种不由买方和卖方投资，而由中立的第三方投资建立的网上市场交易中枢。这种网站最大的贡献在于，为传统经济中大量不能建造自营电子商务系统的企业提供了发现市场机会、比较供货渠道、促成项目合作、宣传企业品牌的网上交易平台。例如，阿里巴巴全球贸易信息网、环球资源（Globai Sources）、中国钱经贸就属于这种类型的网站。但是，这种网站服务总归是有限度的，并且不利于长远发展和建立自己独立的电子商务牌的形象，就好比在一座电子商厦里租用了一个门面，好处是有人给你提供物业管理服务，比较省心。

（3）行业性 B2B 网站

行业性的 B2B 网站，其实可以理解为第三方经营的服务性 B2B 网站的一个特例。也就是说，它是定位于某个行业内企业间电子商务的网站，有时也称为垂直门户或者行业门户网站。与综合型的 B2B 网站相比，其特点是专业性强，更容易集中行业资源，吸引行业生态系统内多数成员的参与，同时也容易引起国际采购商和大宗买主的关注。因此，近一个时期以来，行业性 B2B 网站成了企业间电子商务备受推崇的发展模式。

这种类型的网站又可分为：采购入口网站、供货入口网站和第三方经营的行业网站。采购入口网站是集中几家大的采购商共同构建的联合采购网站，主要目的在于通过联合提高议价能力，获得价格上的优惠。例如，Covisint 是由 3 个汽车企业通用、福特、克莱斯勒共同建立的网站。供货入口网站是集中几家大型的供应商联合构建的电子商务网站。例如，第一商务、艾瑞巴、甲骨文就是属于这种类型的网站。第三方经营行为的行业网站是由独立于买方与卖方之外的第三方建立的行业性交易平台。例如，中国化工交易市场就是一个以交易为核心的专业 B2B 电子商务网站；中国钟表网除提供供求信息发布、会员网站链接服务外，还为会员提供录入与管理资料等服务；中国粮食贸易网则集成网上采购、拍买、交易等一系列服务，收取一定的年度会员费。

2. B2B 网站用户行为分析

用户需求与行为分析是制定企业营销战略与策略的主要依据。B2B 网站经营模式的不同，导致它所对应的用户身份也有所不同。根据 B2B 电子商务用户在网上交易中参与形式，可将 B2B 网站基本用户分为 3 类，即卖方、买方、中间商。不同类型的用户对 B2B 网站需求的要求是有差异的，可能某些 B2B 网站比较适合于买方的需求，而另一些 B2B 网站则更受卖方的欢迎，这些差异决定了不同经营模式的 B2B 网营销策略应有所区别。

（1）B2B 网站用户行为一般特征

在 B2B 网站中，用户登记 B2B 网站的目的在于推广企业网站、发布产品信息、发现商业机会、寻找新的供应商、研究同行业竞争状况、寻求合作伙伴等。无论是哪种目的，其共同之处都在于有着明确的利益预期，归根结底是为了赢利。B2B 网站用户行为赢利性的本质决定了其行为的经济性考虑与理性化决策，从而也决定了其网上用户的非固定性特征。由于大量 B2B 网站的不断涌现，出于理性决策与经济性考虑，也为了能充分地利用网上信息资源，用户会对一些新发布的网站进行试探性的访问和试用。无疑，这些用户是企业潜在的市场，将来很有可能发展成为企业的长期用户。因此，网络营销活动中，吸引并控制这些用户，是十分重要的。

（2）卖方用户的行为特征

从卖方用户的需求状况来看，多数为没有建立自己的网站或网上经营活动处于初级阶段的企业，一些网页自动生成系统或自助营销系统通常就是考虑到这些企业的需要而设计开发的。但是，企业登录网站的目的不只是建立一个简单的网页，而是利用网络营销手段来扩大企业的市场空间，所以卖方对 B2B 网站有更大的预期。在 B2B 网站上发布产品供应信息的用户企业，为保证自己所发布的信息能够获得较好的回应，希望 B2B 网站有合适的产品分类，并且希望自己产品的信息能够排列在最容易被访问者发现的地方。

（3）买方用户行为特征

首先，买方用户希望通过网站获取某一方面比较齐全的信息。显然，对于买方用户来说，通常不会在商品信息比较少的网站花费太多的时间。所以 B2B 网站应该尽量提供比较全面的商品信息。其次，买方用户希望方便快捷地获得对自己有用的信息。因此，B2B 网站应该提供科学的信息分类与展示，方便用户发现对自己有用的信息。最后，买方用户上网的目的在于希望在网上发现更有利的供货条件或成本更低的供应商。

（4）中间商的行为特征

网上的中间商既有商业流通领域中的中间商，如批发商、零售商等，又有信息中介商。他们对 B2B 网站的需求特征表现为：不仅希望能得到大量的供求信息，而且要求这些信息要有较高的实效性，并且希望 B2B 网站能够提供完善的交易保全机制。

不同类别的用户对 B2B 网站的需求和要求是不一样的，对网站内容关注和侧重的问题也是不一样的。因此，如何满足不同用户群的特殊需求，是 B2B 网站需要认真考虑的问题。

3. 企业网上采购业务流程

在网络经济条件下，企业与企业间利用互联网进行交易已经成为当前主流的电子商务模式，也是企业面对激烈的市场竞争，拓展市场的有效手段。在现阶段，对于网络营销企业来说，如果自己的营销网站知名度很高，采购企业也很容易找到，而且网上交易与结算功能完备先进，则可以利用自己的网站交易。作为卖方，可以主动出击，寻找买方主导型的采购网站，进行采购信息查询，采购条件商谈等工作，也可以利用第三方主办的电子交易中介市场进行交易。企业之间网上交易大致可以为分交易前、交易中及交易后 3 个阶段。B2B 交易流程图如图 7-4 所示。

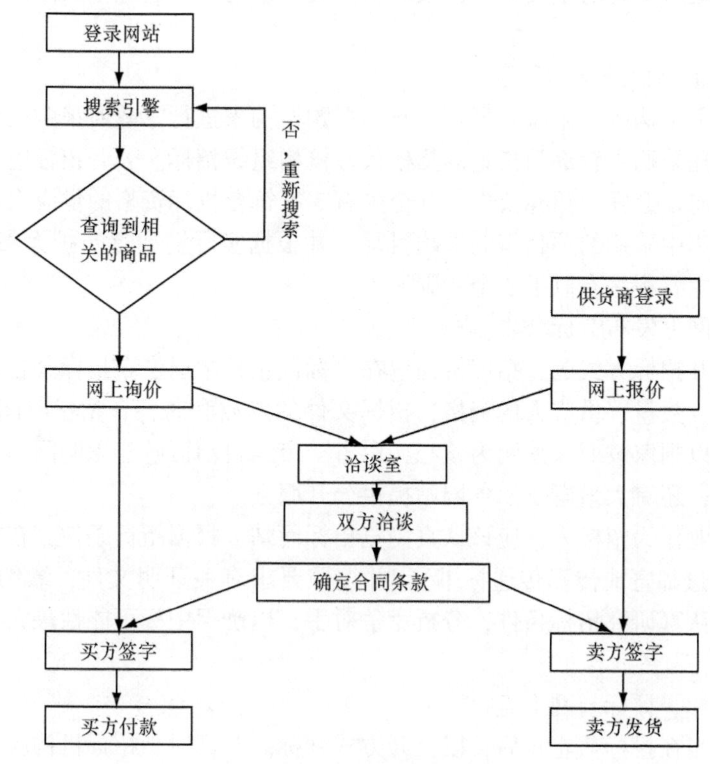

图 7-4　B2B 交易流程图

（1）交易前业务

交易前业务主要指企业购买者在签订交易合同前所做的一系列前期准备工作。具体包括，采购商根据自己的经营需要明确采购商品的种类、价格、数量、规格、购货地点、购货时间和交易方式，从而制订采购计划，并进行供货市场分析，了解供货行情与政策，网上搜索供货企业信息，向供货商咨询供货条件，初步圈定供货企业名单等工作。同时，应该办理的手续有申请 CA 认证书，办理银行信用卡等。

（2）交易中业务

网上采购的具体业务流程一般来说，也包括登录供货商或电子交易中介市场网站，注册成为会员，搜索供货商品信息，发出询价单，交易谈判和签订合同，选择物流方式，选择支付方式以及约定供货日期等。

（3）交易后业务

签订交易合同后，对于供货商而言，要积极组织准备货源，并按期保质发货到合同约定货场或仓库。对于采购方而言，一般要进行订单查询、货款及时支付结转、应付货款查询、进行统计、配合收货等工作。

4．政府网上招标采购行为

(1) 政府网上招标采购的概念

政府采购是指各级国家机关、事业单位和团体组织，使用财政资金采购机构依法制定的集中采购目录以内或者采购限额标准以内的货物、工程和服务行为。政府采购有多种形式，可以采用招标、竞争性谈判、邀请报价、采购卡、单一来源采购，或者其他方式采购所需商品。公开招标是政府采购的主要方式，政府网上招标采购就是通过互联网，以公开招标的方式进行采购。

(2) 政府网上招标采购的程序

应当进行招标采购的，采购人员须托政府采购机构来进行。政府采购机构可以自己组织招标，也可以转托采购主管部门指定的招标代理机构组织招标。公开招标应当按照采购主管部门规定的方式向社会发布招标公告，并至少有 3 家符合投标资格的供应人参加投标。采购主管部门应当就集中采购的项目编制采购目录，并根据实际需要逐步扩大集中采购的范围。网上招标投标的主要程序有以下 3 个步骤。

第一步，在网上发布竞标公告。

采取网上公开招标方式的，招标机构应在投标截止日之前发布招标公告。招标公告应包括招标项目名称、数量、供应人的资格，招标文件的发放和时间，招标时间和地点等内容。我国已经建立了以国家政府采购网为核心，以省、市、自治区政府采购网为分支机构的政府采购网络。同时，还有大量电子商务网站提供公开服务。

网络营销企业作为招标人，应该认真浏览招标网站，根据招标条件，在规定时间以前上传标书（也可通过邮寄或传真传递标书），并按照要求有关证明文件，缴纳招标保证金等。作为招标人应该认真研究招标条件，分析竞争对手，以确保中标可能性最大与赢利最大之间的平衡。

第二步，开标、评标与网上竞投。

招标机构应当在投标截止日后，以公开方式开标。开标时，招标机构应当邀请评标委员会成员、供应人代表和有关单位代表参加。政府网上采购通常使用两种方法进行开标与评标。一是通过网上竞价即时开标，投标人可以全程监控网上招标竞价过程。二是通过谈判招标，招标人利用网上视频洽谈系统与招标人进行洽谈，综合评估后确定中标人。

第三步，签订采购合同与支付价款。

招标活动结束后，采购人和中标人应当按照《中标通知书》指定的时间、地点，并根据招标文件和中标的投标文件签订合同。签订采购合同后，资金来源属预算内资金的，采购人凭采购合同及财政部门要求的其他材料到财政部门办理付款手续，由财政部门根据采购合同的规定向供应人直接支付价款；属预算外资金和事业性收入的，由资金管理部门向供应人支付价款。

复习思考题

1．某国际知名快餐食品想打入中国市场，却顾虑中国人群不能接受该种食品。如果请你做一下营销策划，想一想如何才能使之融入中国的饮食文化？

2．作为某电子产品的营销人员，你应采取哪些措施来稳定住你的顾客群，并提高顾客对你产品的信任度，甚至让顾客主动向别人推荐你的产品？

3. 如果你是下列组织的营销经理，请问你将如何根据马斯洛的需求层次理论来制定网络营销战略？

(1) 雅芳化妆品

(2) 美国癌症协会

(3) 西服

(4) 全聚德烤鸭店

(5) 北京图书大厦

4. 为什么许多传统的商店网上经营不成功，而没有多少零售经验的 8848 却成功呢？

5. 网上消费者需求特点与传统消费者购物特点是一样的吗？网上消费者需求有哪些特点呢？

6. 网上消费者是如何进行购物选择的呢？企业应该如何抓住网上消费者的心呢？

第 8 章　网络营销基本策略

【本章要点】

- 网络产品策略
- 网络定价策略
- 网络渠道策略
- 网络促销策略
- 网络公共关系策略

网络营销是科技发展的产物，在市场营销活动中主要采用互联网作为主要营销手段。企业根据国际市场营销环境，在建立大市场营销的基础之上，通过市场营销战略指导，采用不同的网络营销组合策略可以取得事半功倍的效果。

8.1　网络产品策略

8.1.1　网络营销产品概述

企业的网络营销活动是以满足市场需要为中心，而市场需要的满足只能通过提供某种产品来实现，所以产品是市场营销组合的一个重要因素。产品决策是企业营销活动的支柱和基石，是网络营销活动的核心，直接影响和决定企业的产品价格决策，分销决策和促销决策的管理。因此，产品决策对企业的市场营销的成败关系重大，每个企业都应该致力于产品质量的提高和产品组合结构的优化，并随着产品生命周期的发展变化特点，及时调整市场营销决策和新产品开发战略，以更好地满足市场的多样化需求，打造和维持企业的核心竞争力，实现企业的经营目标，完成企业的社会使命。

1. 网络营销产品概念

在网络营销中，产品的整体概念可分为 5 个层次。

（1）核心利益层次

核心利益层次是指产品能够提供给消费者的基本效用或益处，是消费者真正想要购买的基本效用或益处。如消费者购买计算机是为了学习计算机、利用计算机作为上网工具；购买软件是为了压缩磁盘空间、播放 MP3 格式的音乐或上网冲浪等。由于网络营销是一种以顾客为中心的营销策略，企业在设计和开发产品核心利益时要从顾客的角度出发，要根据上次营销效果来制定本次产品设计开发。

（2）有形产品层次。

有形产品层次是产品在市场上出现时的具体物质形态。对于物质产品来说，第一，产品的品质必须保障；第二，必须注重产品的品牌；第三，注意产品的包装；第四，在式样和特征方面要根据不同地区的亚文化来进行针对性加工。

（3）期望产品层次

在网络营销中，顾客处于主导地位，消费呈现出个性化的特征，不同的消费者可能对产品的要求不一样，因此产品的设计和开发必须满足顾客这种个性化的消费需求。这种顾客在购买产品前对所购产品的质量、使用方便程度、特点等方面的期望值，就是期望产品。为满足这种需求，对于物质类产品，要求企业的设计、生产和供应等环节必须实行柔性化的生产和管理。对于无形产品如服务、软件等，要求企业能根据顾客的需要来提供服务。

（4）延伸产品层次

延伸产品层次是指由产品的生产者或经营者提供的购买者各种需求，主要是帮助用户更好地使用核心利益的服务。在网络营销中，对于物质产品来说，延伸产品层次要注意提供满意的售后服务、送货、质量保证等。

（5）潜在产品层次

潜在产品层次是在延伸产品层次之外，由企业提供能满足顾客潜在需求的产品层次。它主要是产品的一种增值服务，它与延伸产品的主要区别是顾客没有潜在产品层次仍然可以很好地使用顾客需要的产品的核心利益和服务。在高新技术发展日益迅猛时代，有许多潜在需求和利益还没有被顾客认识到，这需要企业通过引导和支持，更好地满足顾客的潜在需求。

2. 网络营销产品特点

一般而言，目前适合在互联网上销售的产品通常具有以下特性。

（1）产品性质

由于网上用户在初期对技术有一定要求，用户上网大多与网络等技术相关，因此网上销售的产品最好是与高技术或与计算机、网络有关。一些信息类产品如图书、音乐等也比较适合网上销售。还有一些无形产品，如服务也可以借助网络的作用实现远程销售，如远程医疗。

（2）产品质量

网络的虚拟性使得顾客可以突破时间和空间的限制，实现远程购物和在网上直接订购，这使得网络购买者在购买前无法尝试只能通过网络来尝试产品。

（3）产品式样

通过互联网对全世界国家和地区进行营销的产品要符合该国家或地区的风俗习惯、宗教信仰和教育水平。同时，由于网上消费者的个性化需求，网络营销产品的式样还必须满足购买者的个性化需求。

（4）产品品牌

在网络营销中，生产商与经营商的品牌同样重要，一方面要在网络浩如烟海的信息中获得浏览者的注意，必须拥有明确、醒目的品牌；另一方面，由于网上购买者可以面对很多选择，同时网上的销售无法进行购物体验，因此，购买者对品牌比较关注。

（5）产品包装

作为通过互联网经营的针对全球市场的产品，其包装必须适合网络营销的要求。

（6）目标市场

网上市场是以网络用户为主要目标的市场，在网上销售的产品要适合覆盖广大的地理范围。如果产品的目标市场比较狭窄，可以采用传统营销策略。

（7）产品价格

互联网作为信息传递工具，在发展初期是采用共享和免费策略发展而来的，网上用户比较认同网上产品低廉的特性；另一方面，由于通过互联网络进行销售的成本低于其他渠道的产品，在网上销售产品一般采用低价位定价。

3. 网络营销产品分类

上述网络营销产品的特点其实是由于网络的限制，使得只有部分产品适合在网上销售，随着网络技术发展和其他科学技术的进步，将有越来越多的产品在网上销售。在网络上销售的产品，按照产品性质的不同，可以分为两大类：实体产品和虚体产品。

（1）实体产品

将网上销售的产品分为实体和虚体两大类，主要是根据产品的形态来区分。实体产品是指有具体物理形状的物质产品。在网络上销售实体产品的过程与传统的购物方式有所不同。在这里已没有传统的面对面的买卖方式，网络上的交互式交流成为买卖双方交流的主要形式。消费者或客户通过卖方的主页考察其产品，通过填写表格表达自己对品种、质量、价格、数量的选择；而卖方则将面对面的交货改为邮寄产品或送货上门，这一点与邮购产品颇为相似。因此，网络销售也是直销方式的一种。

（2）虚体产品

虚体产品与实体产品的本质区别是虚体产品一般是无形的，即使表现出一定形态也是通过其载体体现出来，但产品本身的性质和性能必须通过其他方式才能表现出来。

网络上的虚体产品可以分为两大类：软件商品和在线服务。软件商品包括各种软件游戏、电子图书、电子报刊等。此类产品获得的方式一种是由顾客直接从网上下载该产品；另一种是与有形产品类似，将无形的数字类产品通过一定的介质（如光盘、磁盘等）进行有形化，通过送货上门的方式送达给网络订购者。一般地，软件销售企业会设置一定的免费使用期限，让消费者试用，用得好，消费者自然会购买。

在线服务又可以分为信息咨询服务、互助式服务和网络预约服务。如股市行情分析、金融信息、远程医疗、法律救助、机票火车票预定等。

8.1.2 网络营销新产品开发

1. 网络营销新产品开发概述

（1）在网络时代新产品开发面临着许多的挑战

新产品开发是许多企业市场取胜的法宝。但互联网的发展，使得在今后获得新产品开发成功的难度增大，其原因如下。

① 在某些领域内缺乏重要的新产品构思。

② 不断分裂的市场。激烈的竞争正在导致市场不断分裂。互联网的发展加剧了这种趋势，市场主导地位正从企业主导转为消费者主导，个性化消费成为主流，未来的细分市场必将是以个体为基准的。

③ 社会和政府的限制。网络时代强调的是绿色发展，新产品必须以满足公众利益为准则，诸如消费者安全和生态平衡。

④ 新产品开发过程中的昂贵代价。

⑤ 新产品开发完成的时限缩短。

⑥ 成功产品的生命周期缩短。当一种新产品成功后，竞争对手立即就会对之进行模仿，从而使新产品的生命周期大为缩短。

网络时代，特别是互联网的发展带来的新产品开发的困难，对企业来说既是机遇也是挑战。企业开发的新产品如果能适应市场需要，可以在很短时间内占领市场，打败其他竞争对手。

（2）网络时代新产品开发策略

与传统新产品开发一样，网络营销新产品开发策略也有下面几种类型，但策略制定的环境和操作方法不一样。下面分别予以介绍。

① 新问世的产品。即开创了一个全新市场的产品。

② 新产品线。即使得公司首次进入一现有市场的产品线。

③ 现有产品线外新增加的产品。即补充公司现有产品线的新产品。

④ 现有产品的改良品或更新。即提供改善了的功能或较大感知价值并且替换现有产品的新产品。

⑤ 降低成本的产品。即提供同样功能但成本较低的新产品。

⑥ 重定位产品。即以新的市场或细分市场为目标市场的现有产品。

企业网络营销产品策略中采取哪一种具体的新产品开发方式，可以根据企业的实际情况决定，但结合网络营销市场特点和互联网特点，开发新市场的新产品是企业竞争的核心。对于相对成熟的企业采用后面几种新产品策略也是一种短期较稳妥策略，但不能作为企业长期的新产品开发策略。

2．网络营销新产品构思与概念形成

网络营销新产品开发的首要前提是新产品构思和概念形成。在每一个阶段，都有一些伟大发明推动技术革命和产业革命，这个时期的新产品构思和概念形成主要是依靠科研人员的创造性推动的。

新产品的构思可以有多种来源，可以是顾客、科学家、竞争者、公司销售人员、中间商和高层管理者，但最主要来源还是依靠顾客来引导产品的构思。网络营销的一个最重要特性是与顾客的交互性，它通过信息技术和网络技术来记录、评价和控制营销活动，来掌握市场需求情况。网络营销通过其网络数据库系统处理营销活动中的数据，并用来指导企业营销策略的制定和营销活动的开展。

3．网络营销新产品研制

与过去新产品研制与试销不一样，顾客可以全程参加概念形成后的产品研制和开发工作。顾客参与新产品研制与开发不再是简单的被动接收测试和表达感受，而是主动参与和协助产品的研制开发工作。与此同时，与企业关联的供应商和经销商也可以直接参与新产品的研制与开发，因为网络时代企业之间的关系主流是合作，只有通过合作才可能增强企业竞争能力，才能在激烈的市场竞争中站稳脚跟。通过互联网，企业可以与供应商、经销商和顾客进行双向沟通和交流，可以最大限度提高新产品研制与开发速度。

值得关注的是，许多产品并不能直接提供给顾客使用，它需要许多企业共同配合才有可能满足顾客的最终需要，就更需要在新产品开发的同时加强与以产品为纽带的协作企业的合作。

4．网络营销新产品试销与上市

网络市场作为新兴市场，消费群体一般具有很强的好奇性和消费领导性，比较愿意尝试新的产品。因此，通过网络营销来推动新产品试销与上市，是比较好的策略和方式。但须注意的是，网上市场群体还有一定的局限性，目前的消费意向比较单一，所以并不是任何一种新产品都适合在网上试销和推广的。一般对于与技术相关的新产品，在网上试销和推广效果比较理想，这种方式一方面可以比较有效地覆盖目标市场，另一方面可以利用网络与顾客直接进行沟通和交互，有利于顾客了解新产品的性能，还可以帮助企业对新产品进行改进。

利用互联网作为新产品营销渠道时，要注意新产品是否能满足顾客的个性化需求的特性。即同一产品能针对网上市场不同顾客需求生产出功能相同但又能满足个性需求的产品，这要求新产品在开发和设计时就要考虑到产品式样和顾客需求的差异性。如 DELL 计算机公司在推出计算机新产品时，允许顾客根据自己的需要自行设计和挑选配件来组装自己满意的产品，DELL 公司可以通过互联网直接将顾客订单送给生产部门，生产部门根据个性化需求组装计算机。因此，网络营销产品的设计和开发要能体现产品的个性化特征，适合进行柔性化的大规模生产，否则再好概念的产品也很难在市场让消费者满意。

8.1.3　网络营销品牌策略

1. 网上市场品牌内涵

(1) 网上市场品牌

在传统中国的商业市场，品牌的概念就类似于“金字招牌”；但在现代西方的营销领域，品牌是一种企业资产，涵盖的意念比表象的正字标记或是注册商标更胜一筹。品牌是一种信誉，由产品品质、商标、企业标志、广告口号、公共关系等混合交织形成。

根据市场研究公司 Opinion Research International 在 1998 年针对五千万名美国民众所做的调查，AOL、Yahoo、Netscape、Amazon. com、Priceline. com、Infoseek、Excite 称得上是网上 7 大超级品牌。而另外一家市场研究公司 Intelliquest 则以随机抽样的方式，请一万名美国网友就下列几项产品进行品牌的自由联想，结果有一半的受访人士一看到书籍，脑中就首先浮现出 Amazon. com 的品牌，1/3 的人看到计算机软件，立刻想到微软，1/5 的网友看到计算机硬件就想到戴尔计算机。

(2) 网上品牌的特征

网上品牌与传统品牌有着很大不同，传统优势品牌不一定是网上优势品牌，网上优势品牌的创立需要重新进行规划和投资。美国著名咨询公司 Forrester Research 公司在 1999 年 11 月份发表了题为《Branding For A Net Generation》的调查报告，该报告指出：“知名品牌与网站访问量之间没有必然的联系。”在调查报告中指出“通过对年龄 16 ~ 22 岁的青年人的品牌选择倾向和他们的上网行为进行比较，研究人员发现了一个似是而非的现象。尽管可口可乐、耐克等品牌仍然受到广大青少年的青睐，但是这些公司网站的访问量却并不高。既然知名品牌与网站访问量之间没有必然的联系，那么公司到底要不要建设网站就是一个值得考虑的问题。从另一角度看，这个结果也意味着公司要在网上取得成功，绝不能指望依赖传统的品牌优势。”

2. 企业域名品牌内涵

(1) 互联网域名的商业作用

互联网上的商业应用将传统的以物质交换为基础的交易带入以信息交换替代物质交换的虚拟交易世界，实施媒体由原来的具体物理层次上的物质交换上升为基于数据通信的逻辑层次上信息交换。这种基于信息交换的网上虚拟市场同样需要交易双方进行协商和参与，同样需要双方选择交易对方，因此网上市场虚拟交易主体双方选择和协商等行为依然存在，只是实施的媒体发生变化，减少双方选择和协商的交易成本而已。随着互联网上的商业增长，交易双方识别和选择范围增大，交易概率随之减少，因此互联网上同样存在一个如何提高被识别和选择概率的问题，及如何提高选择者忠诚度的问题。

传统的解决问题的办法是借助各种媒体树立企业形象，提高品牌知名度，通过在消费者中树立企业形象来促使消费者购买企业产品，企业的品牌就是顾客识别和选择的对象。

企业上互联网后进行商业活动，同样存在被识别和选择的问题，由于域名是企业站点联系地址，是企业被识别和选择的对象，因此提高域名的知名度，就是提高企业站点知名度，也就是提高企业被识别和选择的概率，域名在互联网上可以说是企业形象的化身，是在虚拟网上市场环境中商业活动的标识。所以，必须将域名作为一种商业资源来管理和使用。

也正因为域名具有商标特性，与商标一样具有“域名效应”，使得某些域名已具有潜在价值。如以 IBM 作为域名，使用者很自然联想到 IBM 公司，联想到该站点提供的服务或产品同样具有 IBM 公司一贯承诺的品质和价值，如果被人抢先注册，注册者可以很自然利用该域名所附带的一些属性和价值，对于被伤害企业不但丧失商业利润还冒着品牌形象受到无形损害的风险。

（2）商标的界定与域名商标

根据美国市场营销协会（AMA）定义，商标是一名字、术语、标志、符号、设计或者它们的组合体，用来识别某一销售者或组织所营销的产品或服务，以区别于其他竞争者。商标从本质上说是用来识别销售者或生产者的一个标识，依据《商标法》，商标拥有者享有独占权，单独承担使用商标的权利和义务。另一方面，商标还携带一些附加属性，它可以给消费者传递使用该商标的产品所具有的品质，是企业形象在消费者心理定位的具体依据，可以说商标是企业形象的化身，是企业品质的保证和承诺。

① 商标定义内涵与域名的商标特性。

对比商标的定义，域名则是由个人、企业或组织申请的独占使用的互联网上标识，并对提供的服务或产品的品质进行承诺和提供信息交换或交易的虚拟地址。

域名不但具有商标的一般功能，还提供互联网上进行信息交换和交易的虚拟地址。虽然目前的域名申请规则和法律没有明文规定域名的法律地位和商标特性，但从域名的内涵和商标的范畴来看，可以将域名定义为从以物质交换为基础的实体环境下延伸到以信息交换为基础的网上市场虚拟环境下的一种商标，是商标功能在新的虚拟交易环境中的一种新的形式和变种，是企业商标外延的拓展和内涵的延伸，是适应新的商业环境的需要而产生的。重新认识域名在商业环境中的商业价值和法律地位，对企业的发展是刻不容缓的事情。

② 域名命名与企业名称和商标的相关性。

目前，许多商业机构纷纷上网，虽然大多数企业还未能从中获取商业利润，但作为未来的重要商业模式和具有战略意义，这些企业审时度势依然投资上网，并对上网注册尤其重视，考虑企业现在的发展和未来的机遇，有的企业为获取一个好的名字不惜代价，大多数商业机构注册域名与企业商标或名称有关，如微软公司、IBM 公司、可口可乐等，根据对互联网域名数据库网上信息中心的 288873 个商业域名进行分析，有直接对应关系的占 58%，有间接关系的也占很大比例，因此可见在实践中，许多企业已经意识到域名的商标特性，为适应企业的现代发展，才采取这种命名策略。

（3）域名商标的商业价值

互联网上的明星企业网景公司（Netscape）和雅虎公司（Yahoo），由于其提供的 WWW 浏览工具和检索工具享有极高的市场占有率和市场影响力，公司成为网上用户访问最多的站点之一，使其域名成为网上最著名域名之一。由于域名和公司名称的一致性，公司的形象在用户中的定位和知名度是水到渠成，甚至超过公司的专门形象策略和计划。因此，域名的知名度和访问率就是公司形象在互联网商业环境中的具体体现，公司商标的知名度和域名知名度在互联网上是统一和一致的，域名从作为计算机网上通信的识别提升为从商业角度考虑的企业的商标资源，与企业商标一样它的商业价值是不言而喻的。

（4）域名抢注问题

在互联网上日益深化的商业化过程中，域名作为企业组织的标识作用日显突出，虽然目前还不能从中获取商业利润，但越来越多企业纷纷注册上网，据统计目前在顶级域名.COM下注册的占注册总数65.2%之多，可见域名的商业作用和识别功能已引起注重战略发展企业的重视。

互联网域名管理机构没有赋予域名以法律上的意义，域名与任何公司名、商标名没有直接关系，但由于域名的唯一性，因此任何一家公司注册在先，其他公司就无法再注册同样的域名，因此域名已具有商标、名称类似意义。由于世界上著名公司大部分直接以其著名产品名命名域名，域名因此在网上市场营销中同样具有商标特性。加之大多数使用者对专业知识知之甚少，很容易被一些有名的域名所吸引，因此，一些显眼的域名很容易博得用户的青睐，如美国著名打火机公司域名为：www.lighter.com。正因域名的潜在商业价值，许多不法之徒抢先注册一些著名域名，用一些著名公司的商标或名称作为自己的域名注册，并向这些公司索取高额转让费，由此引起法律纠纷，如美国的Dennis Toppen抢注域名案，英国的首宗域名抢注案。

3. 企业域名品牌管理

（1）域名商标命名

域名的选取和命名是以英文字母为基础进行的，由于英文字母的有限性，加之域名越短越容易记忆和使用以及顶级域名的国际标准规定，导致域名的选择是具有很大的局限性的。同时，由于申请者的广泛性，使域名选择重复和类似的概率非常高，企业还面临域名被抢先使用或类似使用的障碍。针对这些善意抢注或类似注册，企业必须检索清楚后采取相应策略予以解决。

如果单考虑域名的标识功能，可能认为域名的选择只要符合国际标准和惯例，便于记忆使用即可。但考虑到域名的商标资源特性，还应考虑到下面几个方面。

① 与企业已有商标或企业名称具有相关性。

② 简单、易记、易用。

③ 多个域名。由于域名命名的限制和申请者广泛，极易出现申请类似的域名，减弱域名的识别和独占性，导致顾客的错误识别，因此企业一般要同时申请多个类似相关的域名以保护自己。

④ 国际性。目前，互联网上事实的标准语言是英语，因此命名一般用英语单词为佳，如“中国”的拼音“ZhongGuo”可以很容易被中国人识别出来，可对于不了解中国文化的人就不知所云，如果用“China”就可以兼顾国内和国外的用户。

（2）域名商标注册方式

域名的申请注册必须向授权组织申请。根据互联网国际特别委员会（IAHC）报告，将顶级域名分成3类：国家顶级域名（nTLD），国家顶级域名代码由ISO3166定义，如.cn表示中国；国际顶级域名（iTLD），即.int；通用顶级域名（gTLD），根据1994年3月公布的RFC1591规定有.com（公司企业）、.net（网上服务机构）、.org（非赢利组织）、.edu（教育机构）、.gov（政府部门）、.mil（军事部门）；另外，IAHC又增加7个顶级域名，分别是.firm（公司企业）、.store（销售公司）、.web（www活动单位）、.arts（艺术）、.rec

(娱乐)、. info（信息）、. nom（个人）。由于互联网发展，原来由 InterNIC 单独受理域名申请，现在发展为多个申请注册中心，如果申请通用顶级域名 . com、. org 和 . net 则由 InterNIC 负责；但企业也可以根据需要在本国顶级域名下申请，体现企业的国籍，如中国的企业可以在顶级域名 . cn 下注册（CNNIC 负责，http：//www. cnnic. net. cn），如果引起冲突还可以在国内得到妥善解决。

一般顶级域名选择是没有多大本质区别，但如果是国际性企业则应在通用域名下申请，以体现企业的国际性。从实际使用的角度来讲，到底注册哪类域名，取决于该企业的开展业务的地域范围 、主要用户群的居住地、主要目标市场的地域和企业未来的发展和目标。

在注册域名时可以自己直接到域名管理机构进行注册，这种方式直接但需要自己准备有关材料，而且也不是很专业；另外一种方式，是比较常用的委托专业公司代理注册，只需要缴纳一定代理费用即可，专业公司不但可以提供注册服务，还可以帮助企业推广注册的域名，扩大企业在网上的知名度。域名注册费用是，国内域名一般收费是 300 元/2 年，国际域名的收费是 700 元/2 年，以后只需要缴纳一定的管理费用即可。

（3）域名商标管理

域名商标的管理主要是针对域名对应站点内容的管理，因为消费者识别和使用域名是为了获取有用信息和服务，站点的页面内容才是域名商标的真正内涵。站点必须有丰富的内涵和服务，否则再多的访问者可能都是过眼云烟一视即消，难以真正树立域名商标的形象。要保证域名使用和访问频度高，必须注意下面几点。

① 信息服务定位。域名作为商标资源，必须注意与企业整体形象保持一致，提供信息服务必须和企业发展战略进行整合，避免提供信息服务有损企业已建立的形象和定位。

② 内容的多样性。丰富的内容才能吸引更多用户，才有更大的潜在市场，一般可以提供一些与企业相关联的一些内容或站点地址，使企业页面具有开放性。还必须注意内容的多媒体表现，采取生动活泼的形式提供信息，如声音、文字和图像的配合使用。

③ 时间性。页面内容应该是动态的经常变动的，因为固定页面访问一次就可，没有回头访问必要，这一点非常重要，因为企业大部分收益是由少数固定消费者消费实现的。

④ 速度问题。由于互联网发展过于迅猛，使得通信成为一个制约瓶颈，使用者的选择机会很多，因此对某站点的等待时间是极其有限的几秒钟，如果在短短时间内企业未能提供信息，消费者将毫不犹豫选择另一域名站点。因此，企业的首页一般可设计简洁些，以便用户可以很快有内容查看，不致感觉等待太久。

⑤ 国际性。由于访问者可能来自国外，企业提供的信息必须兼顾国外用户，一般对于非英语国家都提供两个版本，一个是母语，另一个是英语，供查询时选择使用。

⑥ 用户审计。加强对域名访问者的调查分析，针对特定顾客提供一对一的特殊服务，如采取 Cookie 技术对用户进行记录和分析，以提高与顾客交互的质量，提高顾客域名忠诚度。必须注意的是不能强行记录顾客有关个人隐私的信息如姓名、住址和收入等，这是目前上网者最担心问题。

4. 企业域名品牌发展

提高站点内容的丰富性和服务性，还须注重对域名及站点的发展问题，以尽快发挥域名的商标特性和站点的商业价值，避免出现影响企业形象的有关域名站点问题。创建网上域名品牌其实与建立传统品牌的手法大同小异。

① 多方位宣传。域名是一个符号和标识，企业在开始进入互联网时域名还鲜为人知，

这时企业应善用传统的平面与电子媒体，并舍得耗费巨资大打品牌广告，让网址利用大小机会多方曝光。此外，通过建立相关链接扩大知名度。

② 通过产品本身的品质和顾客的使用经验来建立品牌。这一点对网站品牌格外重要。两大网上顾问公司 Jupiter Communications 和 Forrester 都不约而同地指出，广告在顾客内心激发出的感觉，固然有建立品牌的功效，但却比不上网友上网站体会到的整体浏览或购买经验。如戴尔计算机让顾客在线上根据个人需求订制计算机，Yahoo 和 AOL 都提供一系列的个性化工具。

③ 利用公关造势建立网上品牌，这对新兴网站非常重要。

④ 遵守约定规则。互联网开始是非商用的，使其形成了使用低廉、信息共享和相互尊重的原则。商用后企业提供服务的收费最好是免费或者非常低廉，注意发布信息的道德规范，未经允许不能随意向顾客发布消息，因为可能引起顾客反感。

⑤ 持续不断塑造网上品牌形象。对于一些年轻的网上企业可以飞快建立起品牌，但没有一家公司能够违背传统营销的金科玉律：永垂不朽的品牌不是一天造成的。想要成为网上的可口可乐或是迪士尼，需要长久不断的努力与投资。在瞬息万变的网上世界之中，只有掌握住这个不变的定律，才能建立起永续经营的基石。

8.2 网络定价策略

8.2.1 网络营销定价概述

1. 网络营销定价内涵

(1) 价格的概念

老百姓、网络消费者买东西，张口就会问："多少钱?"最关心的就是价格。经销商、生意人心里的"小九九"，首先盘算可赚多少钱，价格也是关键。所以，做生意、做买卖、做产品、做市场，都是从价格谈起。

那么，什么是价格呢？从狭义上说，价格是对一种产品和服务的标价；从广义上说，价格表现的是在商品交换中，消费者所获得和使用的产品或服务的价值。

(2) 一般性产品的定价原理

产品价格的高低取决于产品价值的高低。经营者对产品价值的评价以货币形式表现出来称之为供给价格。供给价格由产品平均消耗的劳动量决定，同时还受产品自身的社会价值等因素的影响，而消费者对产品的价值评价以货币形式表现出来，即为需求价格，是消费者愿意购买产品的价格。产品在市场中最终实现的价格既不是供给价格也不是需求价格，而是当经营者和消费者对产品价值的评价一致时，即当供给价格和需求价格相等时的产品销售价格，即为市场成交价格。这个价格有一个变动区间，下限是经营者为保本赢利所能承受的最低价格，上限是对该产品效用评价最高的消费者所愿意支付的价格。由于受到市场商品供求和市场竞争等因素的影响，实际市场成交价格会在这个区间内变动。在特殊时期、特殊情况下市场成交价格也有可能低于供给价格的下限。

(3) 由需求引导的市场资源配置是网络时代的重要特征

产品的价格是由市场供应方和需求方共同决定的。市场是通过价格杠杆来配置资源的。意大利著名经济学家帕累托考察了资源的最优配置和产品的最优分配问题，提出通过改变资源的配置方法来实现“最优供需配置状态”，又称“帕累托最优状态”。

在工业经济时代，需求方特别是消费者，由于信息不对称，并受市场的空间和时间隔离，不得不处于一种被动地位，从属于供应方来满足需求。互联网的出现不但使得收集信息的成本大大降低，而且还能得到更多的免费信息。网络技术的发展使得市场资源配置朝着最优方向发展。这意味着，市场的主动权不再是供应方而是需求方，由需求引导的市场资源是网络时代的重要特征。价格作为资源的配置杠杆，它的主动权是由需求方把握和决定的，供应方只有提供能满足需求方理想中价值的产品，才可能占领市场，获得发展机会，而需求方则能利用自己的选择权，在信息越来越充分的市场中选择最接近自己满意的价值标准的产品。

2. 网络营销定价基础

（1）定价方法

企业在确定了定价目标，掌握了各有关影响因素的资料后，就开始具体定价工作，这是一项十分复杂又难以掌握的工作。在现代经济生活中，任何企业都不能只凭直觉随意定价，而必须借助科学的、行之有效的定价方法。

影响定价最基本的 3 个因素是产品成本、市场需求和竞争。因此，定价方法也可以分为 3 类：成本导向定价法、需求导向定价法和竞争导向定价法。

① 成本导向定价法。

成本导向定价法就是以产品的总成本为中心来定价，这一类定价法有很多具体形式，如成本加成定价法和目标利润定价法。

② 需求导向定价法。

需求导向定价法是依据买方对产品价值的感受和需求的强度来定价，而不是依据卖方的成本定价。这一类定价方法主要是感受价值定价法。所谓感受价值定价或认知价值，是指买方在观念上所认同的价值，而不是产品的实际价值。

③ 竞争导向定价法。

竞争导向定价法就是主要依据竞争者的价格来定价，或与主要竞争者价格相同或高或低于竞争者价格，这是要视产品和需求情况而定。其特点是，只要竞争者价格不变，即使成本或需求发生变动，价格也不动，反之亦然。

（2）定价的程序

网络营销定价程序一般包括 6 个步骤，即测定需求、计算成本、分析竞争者成本及价格、确定价格目标、选定价格策略和最终确定价格。

① 分析测定市场需求。

需求测定是企业确定营销价格的一项重要工作，其主要包括市场需求总量、需求结构的测定以及不同价格水平上人们可能购买的数量与需求价格弹性等。

② 估计产品生产成本。

产品的原始生产成本将直接影响产品的价格。对于不同的网上企业，由于他的产品线的重点倾向不同，所以即使是同样的产品，价格也可能不同。

③ 分析竞争对手营销价格与策略。

由于企业进入市场的目的不同，所以价格可能出现差异。例如，先进入市场的企业开始多以“撇脂”的价格策略占有市场利润，而后进入市场的企业则多以低价提高市场占有率和知名度。

④ 选择价格目标。

一般情况下，价格目标主要有以下几种类型。

a. 以提高市场占有率为目标。市场占有率越高，竞争实力则越强。

b. 以获得利润为目标。利润是企业扩大再生产的基础，价格水平与企业能力有直接关系。

c. 以改善企业形象为目标。价格是消费者判断企业行为及其产品的一个重要因素，企业的产品价格与其为消费者所提供服务的价值比例协调，就可以获得诚实可信的形象，进而吸引目标市场的顾客。

d. 以应付市场竞争为目标。在竞争环境中，定价与竞争密不可分，价格目标有可能是对竞争者挑起的“价格战”进行反击，也有可能是利用价格构筑进入市场的障碍，防止竞争对手的进入。

⑤ 选择定价策略。

不同的定价策略各有其优势和适用环境。在网络营销中，网络市场还处于起步阶段和发展阶段，企业在网上主要是占领市场求得发展的机会，然后才是追求利润。目前，网络市场的定价一般是免费的和低价的。络上的两大市场，一是消费市场，另一个是工业组织市场。

⑥ 确定价格方案。

价格方案是实现价格目标和价格策略的价格构思，所以在明确了价格目标和价格策略后，必须构思价格方案。方案必须是可操作的，能运用具体环境条件实现。其方案主要有成本导向定价法、需求导向定价和竞争导向定价法 3 种。

3. 网络营销定价的特点

（1）全球性

网络营销市场面对的是开放的和全球化的市场，用户可以在世界各地直接通过网站进行购买，而不用考虑网站属于哪个国家或者地区。这种目标市场从过去受地理位置限制的局部市场，一下拓展到范围广泛的全球市场，这时的网络营销产品定价时必须考虑目标市场范围的变化给定价带来的影响。

（2）低价位定价

在早期互联网开展商业应用时，许多网站采用收费方式想直接从互联网上赢利，结果证明是失败的。成功的雅虎公司是通过为网上用户提供免费的检索站点起步，逐渐拓展为门户站点，到现在拓展到电子商务领域，一步一步获得成功的。

（3）弹性化

网络营销的互动性使用户可以与企业就产品的价格进行协商，实现灵活的弹性价格。同时企业需要根据竞争对手的价格变化随时进行价格调整。

（4）智能化

通过网络，企业不仅可以完全掌握产品对用户的价值，而且可以根据每个用户对产品的不同需求，生产定制产品，由于在产品的设计和制造过程中，数字化的处理机制可以精确地计算出每一件产品的设计制造成本，企业完全可以在充分信息化的定价系统，实现根据每件产品的定制要求制定相应价格。

（5）顾客主导

顾客主导定价，是指为满足顾客的需求，顾客通过分析市场信息来选择购买或定制生产自己满意的产品或服务，同时以最小代价获得这些产品或服务。顾客主导定价的策略主要有：顾客定制生产定价和拍卖市场定价。

8.2.2　网络营销定价策略

网络定价策略目前应用的主要有以下几种。

1. 竞争定价策略

（1）免费定价策略

其主要有两个目的：一是让用户在免费使用，形成习惯后，再开始收费；二是想取得后续的商业价值，先占市场再在市场上获得收益。具体的讲，有以下 4 种形式：产品和服务实行完全免费；产品和服务实行限制免费；产品和服务实行部分免费；产品和服务实行捆绑式免费。另外，免费产品必须具备以下特征：数字化产品；无形化产品；零制造成本产品；成长性产品；冲击性产品。

（2）低价定价策略

低价定价策略一般采用 3 种方式，即直接低价定价策略、折扣定价策略和有奖促销定价策略。

2. 定制定价策略

定制化生产把对象顾客分成两类：一类是面对工业组织市场的定制生产，这属于生产商与供应商的协商范围；另一类是面对消费者的定制化生产，按消费者的个性化需求，在产品外形、颜色、样式等方面进行差异化生产。

由于定制化生产需求量少、差异性大，因此企业必须适应这种小批量、多式样、多品种的生产和销售变化，在生产、管理、供应、销售上加强信息化管理，采用 CIMS（计算机集成制造系统）和 ERP（企业资源计划系统）数字化系统，加强网上互动，使之成为网络时代的一种经济特色。

3. 使用定价策略

所谓使用定价策略，就是顾客通过互联网注册后，在直接使用某企业产品前，只需要根据使用次数付费，而不需要将产品完全购买。

4. 品牌定价策略

网上购物的最大顾虑就是产品质量和交付保证，注意在网上交易中企业的声誉和形象就显得更为重要，而质量和形象最终都凝结在产品品牌上。

5. 捆绑销售的定价策略

这种销售策略在许多网上企业中已经应用，网上购物完全可以通过购物车或其他形式巧妙运用合理有效的捆绑手段，突破网上产品的最低价格限制，减少顾客对价格的敏感程度。

6. 拍卖竞价策略

网上拍卖是目前发展较快的一种方式，经济学认为拍卖竞价是一种最合理的价格形成方式。网上拍卖是厂家可以只规定一个底价，有消费者通过互联网轮流公开竞价，在规定时间内由出高价者赢得产品。网上拍卖竞价方式有下面几种。

（1）英式拍卖

英式拍卖是最普通的一种拍卖方式，其形式是：在拍卖过程中，拍卖标的物的竞价按照竞价阶梯由低至高、依次递增，当到达拍卖截止时间时，出价最高者成为竞买的赢家（即由竞买人变成买受人）。拍卖前，卖家可设定保留价，当最高竞价低于保留价时，卖家有权不出售此拍卖品。当然，卖家亦可设定无保留价，此时，到达拍卖截止时间时，最高竞价者成为买受人。

网上英式拍卖与传统英式拍卖有所区别。传统拍卖对每件拍卖品来说，不需要事先确定拍卖时间，一般数分钟即可结束拍卖；而对于网上拍卖来说，则需要事先确定拍卖的起止时间，一般是数天或数周。例如，在 eBay 拍卖站点，拍卖的持续时间一般是 7 天。由于网上拍卖的持续时间较长，这使得许多网上竞买人具有“狙击”情况，即直到拍卖结束前的最后数分钟才开始出价，试图提交一个能击败所有其他竞买人的出价，并使得其他竞买人没有时间进行反击。

解决在拍卖的最后时刻出价的一种方式是在固定的时期内增加“扩展期”。例如，扩展期设定为 5 分钟，这意味着如果在最后 5 分钟内有出价，则拍卖的关闭时间自动延长 5 分钟。这一过程一直持续下去，直到 5 分钟以内没有出价，拍卖才终止。这种方式有效地解决了“狙击”现象。另一种方式是实施“代理竞价”机制。eBay 解释它的代理系统为“每一个竞买人都有一个代理帮助出价，竞买人只需告诉代理希望为该物品支付的最高价格，代理会自动出价，直到达到最高价格”。

英式拍卖的缺点是：既然获胜的竞买人的出价只需比前一个最高价高一点，那么每个竞买人都不愿马上按照其预估价出价。另外，竞买人要冒一定的风险，他可能会被令人兴奋的竞价过程吸引，出价超出了预估价，这种心理现象称为“赢者诅咒”。

（2）荷兰式拍卖

荷兰式拍卖是一种特殊的拍卖形式。拍品有一个起拍价格（即拍卖的最高期望价格），随着拍卖进行，该价格会随时间的变动自动向下浮动，如果在浮动到某个价格时有竞拍者愿意出价，则该次拍卖即成交。因此，荷兰式拍卖的竞价是一次性竞价，即在拍卖中第一个出价的人成为中拍者。网上荷兰式拍卖一般用于拍卖周期较短（如几个小时）的拍卖。上述文字很费解，其实，荷兰盛产鲜花，鲜花容易腐烂，只好尽量缩短成交时间。我国云南昆明就有鲜花拍卖市场采用荷兰式拍卖。

（3）标准增量式拍卖

这是一种拍卖标的物数量远大于单个竞买人的需求量而采取的一种拍卖方式（此拍卖方式非常适合大量积压物资的拍卖活动）。卖方为拍卖标的设计一个需求量与成交价格的关系曲线。竞买人提交所需标的物的数量之后，如果接受卖方根据他的数量而报出的成交价即可成为买受人。

（4）速胜式拍卖

这是增价式拍卖的一种变体。拍卖标的物的竞价也是按照竞价阶梯由低到高、依次递增，不同的是，当某个竞买人的出价达到（大于或等于）保留价时，拍卖结束，此竞买人成为买受人。

（5）反向拍卖

反向拍卖是为满足会员个性化需求而设计的拍卖方式。注册会员可以提供希望得到的产品的信息、需要服务的要求和可以承受的价格定位，由卖家之间以竞争方式决定最终产品提供商和服务供应商，从而使注册会员以最优的性能价格比实现购买。

（6）定向拍卖

这是一种为特定的拍卖标的物而设计的拍卖方式，有意竞买者必须符合卖家所提出的相关条件，才可成为竞买人参与竞价。

比较适合采用网上竞价拍卖的产品是企业库存积压品，也可以是新产品，通过拍卖起到促销效果。

8.3　网络渠道策略

8.3.1　网络营销渠道概述

1. 网络营销渠道功能

与传统营销渠道一样，以互联网作为支撑的网络营销渠道也应具备传统营销渠道的功能。营销渠道是指与提供产品或服务以供使用或消费这一过程有关的一整套相互依存的机构，它涉及信息沟通、资金转移和事物转移等。一个完善的网上销售渠道应有 3 大功能：订货功能、结算功能和配送功能。

（1）订货系统

它为消费者提供产品信息，同时方便厂家获取消费者的需求信息，以求达到供求平衡。一个完善的订货系统，可以最大限度降低库存，减少销售费用。

（2）结算系统

消费者在购买产品后，可以有多种方式方便地进行付款，因此厂家（商家）应有多种结算方式。目前国外流行的几种方式有：信用卡、电子货币、网上划款等。而国内付款结算方式主要有：邮局汇款、货到付款、信用卡等。

（3）配送系统

一般来说，产品分为有形产品和无形产品，对于无形产品如服务、软件、音乐等产品可以直接通过网上进行配送，对于有形产品的配送，要涉及运输和仓储问题。国外已经形成了专业的配送公司，如著名的美国联邦快递公司（http：//www. FedEx. com），它的业务覆盖全球，实现全球快速的专递服务，以至于从事网上直销的 DELL 公司将美国货物的配送业务都交给它完成。因此，专业配送公司的存在是国外网上商店发展较为迅速的一个原因所在，在美国就有良好的专业配送服务体系作为网络营销的支撑。

2. 网络营销渠道特点

网络渠道具有以下特点。

（1）网络营销渠道的作用更为广泛

传统营销渠道是指某种商品或劳务从生产者向消费者转移时所经过的流通途径。而网络营销渠道是借助互联网将产品从生产者转移到消费者的中心环节。在网络营销渠道中其作用得到了多方面的扩展。

① 网络营销渠道是信息发布及反馈的渠道。

② 网络营销渠道是销售产品提供服务的快捷途径。

③ 网络营销渠道既是企业间洽谈业务、开展商业活动的场所，也是对客户进行技术支持和售后服务的理想园地。

④ 对于可以电子化的虚拟产品，更是最快捷的物流传播渠道。

（2）网络营销渠道的结构更加简单

网络营销渠道可以分为直接分销渠道和间接分销渠道。但与传统营销渠道相比，网络营销渠道的结构要简单得多，网络的直接分销渠道和传统直接分销渠道都是零级分销渠道，这方面没有多大的差别。而对于间接分销渠道而言，电子商务的营销中只有一级分销渠道，不存在多个批发商和零售商的情况。

(3) 网络营销渠道建设及管理费用更加低廉

网络营销渠道的结构与传统营销结构相比，大大减少了流通环节，有效降低了成本。

3. 网络营销渠道建设

由于网上销售对象不同，因此网上销售渠道是有很大区别的。一般来说网上销售主要有两种方式。一种是B2B，既企业对企业的模式，这种模式每次交易量很大、交易次数较少，并且购买方比较集中，因此网上销售渠道的建设关键是建设好订货系统，方便购买企业进行选择；由于企业一般信用较好，通过网上结算实现付款比较简单；另一方面，由于量大次数少，因此配送时可以进行专门运送，既可以保证速度也可以保证质量，减少中间环节造成损伤。第二种方式是B2C，即企业对消费者模式，这种模式的每次交易量小、交易次数多，而且购买者非常分散，因此网上渠道建设的关键是结算系统和配送系统，这也是目前网上购物必须面对的门槛。由于国内的消费者信用机制还没有建立起来，加之缺少专业配送系统，因此开展网上购物活动时，特别是面对大众购物时必须解决好这两个环节才有可能获得成功。

在选择网络销售渠道时还要注意产品的特性，有些产品易于数字化，可以直接通过互联网传输；而对大多数有形产品，还必须依靠传统配送渠道来实现货物的空间移动，对于部分产品依赖的渠道，可以通过对互联网进行改造以最大限度提高渠道的效率，减少渠道运营中的人为失误和时间耽误造成的损失。

在具体建设网络营销渠道时，还要考虑到下面几个方面。

首先，从消费者角度设计渠道。只有采用消费者比较放心，容易接受的方式才有可能吸引消费者使用网上购物，以克服网上购物的“虚”的感觉。如在中国，目前采用货到付款方式比较让人认可。

其次，设计订货系统时，要简单明了，不要让消费者填写太多信息，而应该采用现在流行的“购物车”方式模拟超市，让消费者一边看物品比较选择，一边进行选购。在购物结束后，一次性进行结算。另外，订货系统还应该提供商品搜索和分类查找功能，以便于消费者在最短时间内找到需要的商品，同时还应对商品提供消费者想了解的信息，如性能、外形、品牌等重要信息。

再次，在选择结算方式时，应考虑到目前实际发展的状况，应尽量提供多种方式方便消费者选择，同时还要考虑网上结算的安全性，对于不安全的直接结算方式，应换成间接的安全方式，如8848网站将其信用卡号和账号公开，消费者可以自己通过信用卡终端自行转账，避免了网上输入账号和密码被丢失的风险。

最后，关键是建立完善的配送系统。消费者只有看到购买的商品到家后，才真正感到踏实，因此建设快速有效的配送服务系统是非常重要的。在现阶段我国配送体系还不成熟的时候，在进行网上销售时要考虑到该产品是否适合于目前的配送体系。正因如此，目前网上销售的商品大多是价值较小的不易损坏的商品，如图书、小件电子类产品等。

8.3.2 网上直销

1. 网上直销概述

网上直销与传统直接分销渠道一样，都是没有营销中间商。网上直销渠道一样也要具有上面营销渠道中的订货功能、支付功能和配送功能。网上直销与传统直接分销渠道不一样的是，生产企业可以通过建设网络营销站点，让顾客可以直接从网站进行订货。通过与一些电子商务服务机构如网上银行合作，可以通过网站直接提供支付结算功能，简化了过去资金流转的问题。对于配送方面，网上直销渠道可以利用互联网技术来构造有效的物流系统，也可以通过互联网与一些专业物流公司进行合作，建立有效的物流体系。

与传统分销渠道相比，不管是网上直接营销渠道还是间接营销渠道，网上营销渠道有许多更具竞争优势的地方。

第一，利用互联网的交互特性，网上营销渠道从过去单向信息沟通变成双向直接信息沟通，增强了生产者与消费者的直接连接。

第二，网上营销渠道可以提供更加便捷的相关服务。一是生产者可以通过互联网提供支付服务，顾客可以直接在网上订货和付款，然后就等着送货上门，这一切大大方便了顾客的需要。

第三，生产者可以通过网上营销渠道为客户提供售后服务和技术支持，特别是对于一些技术性比较强的行业如 IT 业，提供网上远程技术支持和培训服务，既方便顾客，同时生产者可以以最小成本为顾客服务。

第四，网上营销渠道的高效性，可以大大减少过去传统分销渠道中的流通环节，有效降低成本。对于网上直接营销渠道，生产者可以根据顾客的订单按需生产，做到实现零库存管理。同时，网上直接销售还可以减少过去依靠推销员上门推销的昂贵的销售费用，最大限度控制营销成本。对于网上间接营销渠道，通过信息化的网络营销中间商，它可以进一步扩大规模实现更大的规模经济，提高专业化水平；通过与生产者的网络连接，可以提高信息透明度，最大限度控制库存，实现高效物流运转，降低物流运转成本。

2. 网上支付

（1）网上支付系统

传统交易中个人购物时的支付手段主要是现金，即一手交钱一手交货的交易方式，双方在交易过程中可以面对面的进行沟通和完成交易。网上商店的交易是在网上完成的，交易时交货和付款在空间和时间上是分割的，消费者购买时一般必须先付款后送货，付款时可以用网上支付系统完成网上支付。网上支付系统包括 4 个主要部分。

① 电子钱包（e-Wallet），负责客户端数据处理，包括客户开户信息、货币信息以及购买交易的历史记录。

② 电子通道（e-POS），这里主要指从客户端电子钱包到收款银行网关之间的交易部分，包括商家业务操作处理（负责商家与客户的交流及订购信息的发出）、银行业务操作处理（负责把交易信息直接发给银行）、来往信息的保密。

③ 电子银行（e-Bank），这里电子银行不是完整意义上的电子银行，而是在网上交易过程中完成银行业务的银行网关，包括接受转账卡、信用卡、电子现金、微电子支付等支付方式；保护银行内部主机系统；实现银行内部统计管理功能。

④ 认证机构（Certificate Authority），负责对网上商家、客户、收款银行和发卡银行进行身份的证明，以保证交易的合法性。

网上支付系统是一个系统工程，它需要银行、商家、消费者和信息技术企业的共同参与，系统中缺少任何一个环节都无法正常运行。由于网上商店面对的是千千万万的个体消费者，要将这些消费者纳入电子支付系统是比较困难的，一方面它要求个体消费者必须有良好的信用；另一方面消费者对网上支付的隐私安全存在顾虑。因此，目前电子支付面临的最大问题是引导和教育消费者对电子支付了解和认同。

(2) 网上支付方式

网上支付是指电子交易的当事人，包括消费者、厂商和金融机构，使用安全电子支付手段通过网络进行的货币支付或资金流转。其主要有 3 类。一类是电子货币类，如电子现金、电子钱包等。其中，电子现金是一种以数据形式流通的货币，它把现金数值转换成一系列的加密数据序列，通过这些序列数来表示现实中各种交易金额的币值。用户在开展现金业务的银行设立账户并在账户内存钱，就可以接受电子现金进行购物。电子现金交易时类似实物现金，交易具有匿名性。

另一类是电子信用卡类，包括智能卡、借记卡、电话卡等。其中，智能卡在卡片内安装了嵌入式微型控制芯片，可以存储数据，卡上的价值受个人识别码（PIN）保护，只有用户能够访问。在电子商务交易中，智能卡的应用类似于实际交易过程，网上交易时通过发卡银行完成。

还有一类是电子支票类，如电子支票、电子汇款（EFT）、电子划款等。其中，电子支票是一种借鉴纸张支票转移支付的，利用数字传递将钱款从一个账户转移到另一个账户的电子付款形式。电子支票的支付是在商户与银行相连的网络上以密文的方式传递的，多数使用公用关键字加密签名或个人身份证号码（PIN）代替手写签名。

(3) 网上支付的安全控制

在网上商店进行网上购物时，消费者面对的是虚拟商店，对产品的了解只能通过网上介绍完成，交易时消费者需要将个人重要信息如信用卡号、密码和个人身份信息通过网上传送。由于互联网的开放性，网上信息存在被非法截取和非法利用的可能，存在一定的安全隐患。同时，在购买时消费者将个人身份信息传送给商家，可能被商家掌握消费者的个人隐私，有时这些隐私信息被商家非法利用，因此网上交易还存在个人隐私被侵犯的危险。

随着技术的发展和网上交易的规范，现在出台了一系列的网上交易安全规范如 SET 协议，它通过加密技术和个人数字签字技术，保证交易过程信息传递的安全和合法，可以有效防止信息被第三方非法截取和利用。为防止个人隐私受到侵犯，避免交易中泄露个人身份信息，电子现金的出现是一有效的匿名电子支付手段，它的原理很简单，就是用银行加密签字后的序列数字作为现金符号，这种电子现金使用时无须消费者签名，因此在交易过程中消费者的个人身份信息可以不被泄露，从而保护个人隐私。

8.3.3 网络销售渠道设计

网上分销渠道的设计不但要考虑各种要素的影响，同时还要设计一个有效、实用的网上分销渠道步骤。

(1) 确定渠道目标与限制

分销渠道设计问题的中心环节是确定到达目标市场的最佳途径。从事网络营销的生产企业必须要确定企业预期达到的顾客服务水平以及电子中间商应执行的职能。

(2) 明确各种网上分销渠道交替方案

在确定了网上分销渠道的目标与限制后，渠道设计的下一步工作就是要明确应该采用何种类型的电子中间商，应该采用多少这样的电子中间商开赴该网络市场的地理分布范围，同时还要明确其特定任务。

(3) 评估各种可能的网上分销渠道交替法案

企业必须对各种可能的网上分销渠道交替方案进行评估。评估的标准有 3 个，即经济性，控制性和适应性。

① 经济性标准。网络营销还处于初级阶段，尤其是网上消费者市场，目前的营销环境还不成熟，所以判别一个方案好坏的标准，不应该只是其能否导致较高的销售额和较低的成本费用，而是能否使企业的网络营销市场得到长足发展的机会。

② 控制性标准。使用电子商务无疑会增加控制上的问题。对代理商的控制尤其显得重要，因为代理商是一个独立的企业，它所关心的是自己如何取得最大的利润。对货款问题、营销政策的贯彻的问题、产品的存储运输问题等，企业应该设想如何进行控制，要有相应的合同条款加以约束。

③ 适应性标准。在评估各网上分销渠道选择方案时，企业还必须考虑渠道与企业发展规划的适应性。同时，企业还要考虑渠道和产品是否相协调的问题。

（4）渠道创新

在进行网络营销渠道设计时还必须考虑到渠道创新，因此企业生产者就必须进行渠道创新的信号分析。5 种信号分析标志着渠道需要创新或存在创新的可能。

① 不满意的最终用户。不满意的最终用户通常难以察觉到，特别是当整个行业都经营不善，新的分销渠道会给企业带来全新的顾客期望值，并且可以重新定义分销成本或服务标准。

② 有许多未被使用的分销渠道。新的分销渠道会给企业带来全新的顾客期望值，并且可以重新定义分销成本或服务标准。

③ 持续上升的渠道费用。忽视渠道成本意味着没有通盘考虑整个系统的竞争性。其实最大最重要的因素往往就是渠道管理。渠道改进创造的收益往往会大大超过内部成本削减或经营收入的提高。

④ 不思进取的分销商。当制造商力争增长或面对竞争挑战时，那些不愿主动去适应新市场，却收入颇丰且贪图安逸、不思进取的分销商会成为企业的最大障碍。

⑤ 客户关系管理方法落后。安装费用较低的电子信息交换系统和顾客快速反馈系统帮助分销商管理库存，不但可以帮助企业减少成本，而且可以较大限度的密切厂商关系，提高管理效率。

8.3.4　网络时代的新型中间商

1. 电子中间商类型

由于网络的信息资源丰富、信息处理速度快，基于网络的服务可以便于搜索产品，但在产品（信息、软件产品除外）实体分销方面却难以胜任。目前出现许多基于网络（现阶段为互联网）的提供信息服务中介功能的新型中间商，可称之为电子中间商（Cybermediaries）。下面分类介绍这种以信息服务为核心的电子中间商。

（1）目录服务

利用互联网上的目录化的 Web 站点提供菜单驱动进行搜索，现在这种服务是免费的，将来可能收取一定的费用。现在有 3 种目录服务，一种是通用目录（如 Yahoo!），可以对各种不同站点进行检索，所包含的站点分类按层次组织在一起；另一种是商业目录（如互联网商店目录），提供各种商业 Web 站点的索引，类似于印刷出版的工业指南手册；最后一种是专业目录，针对某个领域或主题建立 Web 站点。目录服务的收入主要来源于为客户提供互联网广告服务。

（2）搜索服务

与目录不同，搜索站点（如 Lycos、Infoseek）为用户提供基于关键词的检索服务，站点利用大型数据库分类存储各种站点介绍和页面内容。搜索站点不允许用户直接浏览数据库，但允许用户向数据库添加条目。

（3）虚拟商业街

虚拟商业街（Virtual Malls）是指在一个站点内连接两个或以上的商业站点。虚拟商业街与目录服务的区别是，虚拟商业街定位某一地理位置和某一特定类型的生产者和零售商，在虚拟商业街销售各种商品、提供不同服务。站点的主要收入来源依靠其他商业站点对其的租用。如我国的新浪网 Sina. com 开设的电子商务服务中，就提供网上专卖店店面出租。

（4）网上出版

由于网络信息传输及时而且具有交互性，网络出版 Web 站点可以提供大量有趣和有用的信息给消费者，目前出现的联机报纸、联机杂志属于此类型。由于内容丰富而且基本上免费，此类站点访问量特别大，因此出版商利用站点做互联网广告或提供产品目录，并以广告访问次数进行收费。如 ICP 属于此类型。

（5）虚拟零售店（网上商店）

虚拟零售店不同于虚拟商业街，虚拟零售店拥有自己货物清单和直接销售产品给消费者。通常这些虚拟零售店是专业性的，定位于某类产品，它们直接从生产者进货，然后折扣销售给消费者（如 Amazon 网上书店）。目前，网上商店主要有 3 种类型：第一种是电子零售型（e-Tailers），这种网上商店它直接在网上设立网站，网站中提供一类或几类产品的信息供选择购买；第二种是电子拍卖型（e-Auction），这种网上商店提供商品信息，但不确定商品的价格，商品价格通过拍卖形式由会员在网上相互叫价确定，价高者就可以购买该商品；第三种是电子直销型（e-Sale），这类站点是由生产型企业开通的网上直销站点，它绕过传统的中间商环节，直接让最终消费者从网上选择购买。

（6）站点评估

消费者在访问生产者站点时，由于内容繁多站点庞杂，往往显得束手无策，不知该访问哪一个站点。提供站点评估的站点，可以帮助消费者根据以往数据和评估等级，选择合适站点访问。通常一些目录和搜索站点也提供一些站点评估服务。

（7）电子支付

电子商务要求能在网络上交易的同时，实现买方和卖方之间的授权支付。现在授权支付系统主要是信用卡如 Visa、Mastercard，电子等价物如填写的支票，现金支付如数字现金，或通过安全电子邮件授权支付。这些电子支付手段，通常对每笔交易收取一定佣金以减少现金流动风险和维持运转。目前，我国的商业银行也纷纷上网提供电子支付服务。

（8）虚拟市场和交换网络

虚拟市场提供一虚拟场所，任何只要符合条件的产品可以在虚拟市场站点内进行展示和销售，消费者可以在站点中任意选择和购买，站点主持者收取一定的管理费用。如我国对外贸易与经济合作部主持的网上市场站点——中国商品交易市场就属于此类型。当人们交换产品或服务时，实行等价交换而不用现金，交换网络就可以提供此以货易货的虚拟市场。

（9）智能代理

随着互联网的飞速发展，用户在纷繁复杂的互联网站点中难以选择。智能代理是这样一种软件，它根据消费者偏好和要求，预先为用户自动进行初次搜索，软件在搜索时还可以根据用户自己的喜好和别人的搜索经验，自动学习优化搜索标准。用户可以根据自己的需要，选择合适的智能代理站点为自己提供服务，同时支付一定的费用。

2. 电子中间商功能

与传统中间商一样，电子中间商起着连接生产者和消费者的桥梁作用，同样帮助消费者进行购买决策和满足需求，帮助生产者掌握产品销售状况，降低生产者为达成与消费者交易的成本费用。但电子中间商与传统的中间商存在着很大区别。

（1）存在前提不同

传统中间商是因为生产者和消费者直接达成交易成本较高，而电子中间商是对传统直销的替代，是中间商职能和功效在新的领域的发展和延伸。

（2）交易主体不同

传统中间商是要直接参加生产者和消费者交易活动的，而且是交易的轴心和驱动力；而电子中间商作为一个独立主体存在，它不直接参与生产者和消费者的交易活动，但它提供一个媒体和场所，同时为消费者提供大量的产品和服务信息，为生产者传递产品服务信息和需求购买信息，高效促成生产者和消费者的具体交易实现。

（3）交易内容不同

传统中间商参与交易活动，需要承担物质、信息、资金等交换活动，而且这些交换活动是伴随交易同时发生的；而电子中间商作为交易的一种媒体，它主要提供的是信息交换场所，具体的物质、资金交换等实体交易活动则由生产者和消费者直接进行，因此交易中间的信息交换与实体交换是分离的。

（4）交易方式不同

传统中间商承担的是具体实体交换包括实物、资金等；而电子中间商主要是进行信息交换，属于虚拟交换，它可以代替部分不必要的实体交换。

（5）交易效率不同

通过传统中间商达成生产者和消费者之间的交易需要两次，而中间的信息交换特别不畅通，造成生产者和消费者之间缺乏直接沟通；而电子中间商提供信息交换可以帮助消除生产者和消费者之间的信息不对称，在有交易意愿的前提下才实现具体实体交换，可以极大减少中间因信息不对称造成无效交换和破坏性交换，最大限度地降低交易成本，提高交易效率和质量。

8.4　网络促销策略

8.4.1　网络营销促销概述

1. 网络营销促销内涵

网络促销是指利用现代化的网络技术向虚拟市场传递有关产品和服务的信息，以启发需求，引起消费者的购买欲望和购买行为的各种活动。

（1）网络营销促销的特点

网络营销促销具有以下 3 个明显的特点。

① 网络促销是通过网络技术传递产品和服务的存在、性能、功效及特征等信息的。它是建立在现代计算机与通信技术基础之上的，并且随着计算机和网络技术的不断改进而改进。

② 网络促销是在虚拟市场上进行的。这个虚拟市场就是互联网。互联网是一个媒体，是一个连接世界各国的大网络，它在虚拟的网络社会中聚集了广泛的人口，融合了多种文化。

③ 互联网虚拟市场的出现，将所有的企业，不论是大企业还是中小企业，都推向了一个世界统一的市场。传统的区域性市场的小圈子正在被一步步打破。

（2）网络营销促销与传统促销的区别

虽然传统的促销和网络促销都是让消费者认识产品，引导消费者的注意和兴趣，激发他们的购买欲望，并最终实现购买行为，但由于互联网强大的通信能力和覆盖面积，网络促销在时间和空间观念上，在信息传播模式上以及在顾客参与程度上都与传统的促销活动发生了较大的变化。

① 时空观念的变化。

以产品流通为例，传统的产品销售和销售者群体都有一个地理半径的限制，网络营销大大地突破了这个原有的半径，使之成为全球范围的竞争；传统的产品订货都有一个时间的限制，而在网络上，订货与购买可能在任何时间进行。这就是现代最新的电子时空观。时间和空间观念的变化要求网络营销者随之调整自己的促销策略和具体实施方案。

② 信息沟通的变化。

多媒体信息处理技术提供了近似于现实交易过程中的产品表现形式：双向的，快捷的，互不见面的信息传播模式，将买卖双方的意愿表达得淋漓尽致，也留给对方充分思考的时间。在这种环境下，传统的促销方式显得软弱无力。

③ 消费群体和消费行为的变化。

在网络环境下，消费者的概念和客户的消费行为都发生了很大的变化。上网购物者是一个特殊的消费群体，具有不同于消费大众的消费需求。这些消费者直接参与生产和商业流通的循环，他们普遍大范围地选择和理性地购买。

④ 对网络促销的新理解。

网络促销虽然与传统促销在观念和手段上有较大区别。但是因为它们推销产品的目的是相同的，所以整个促销过程中的设计具有很多相似之处。然而，对网络促销的理解，一方面，应站在全新的角度去认识这一新型的促销方式；另一方面，应吸收传统促销方式的整体设计思想和行之有效的促销技术，打开网络促销的新局面。

2. 网络营销促销形式

传统营销的促销形式主要有 4 种：广告、销售促进、宣传推广和人员推销。网络营销是在网上市场开展的促销活动，相应形式也有 4 种，分别是网络广告、销售促进、站点推广和关系营销。其中，网络广告和站点推广是网络营销促销的主要形式。

（1）网络广告

网络广告类型很多，根据形式不同可以分为旗帜广告、电子邮件广告、电子杂志广告、新闻组广告、公告栏广告等。

（2）站点推广

网络营销站点推广就是利用网络营销策略扩大站点的知名度，吸引网上流量访问网站，起到宣传和推广企业以及企业产品的效果。站点推广主要有两类方法，一类是通过改进网站内容和服务，吸引用户访问，起到推广效果；另一类通过网络广告宣传推广站点。前一类方法，费用较低，而且容易稳定顾客访问，但推广速度比较慢；后一类方法，可以在短时间内扩大站点知名度，但费用不菲。

（3）销售促进

销售促进就是企业利用可以直接销售的网络营销站点，采用一些销售促进方法如价格折扣、有奖销售、拍卖销售等方式，宣传和推广产品。

（4）关系营销

关系营销是通过借助互联网的交互功能吸引用户与企业保持密切关系，培养顾客忠诚度，提高顾客的收益率。

3．网络营销促销作用

网络促销的作用主要表现在以下几个方面。

（1）告知功能

它能够把企业的产品、服务、价格等信息传递给目标公众，引起他们的注意。

（2）说服功能

它通过各种有效方式解除目标公众对产品或服务的疑虑，说服目标公众坚定购买决心。

（3）反馈功能

通过电子邮件及时收集和汇总顾客的需求与意见，迅速反馈给企业管理层。

（4）创造需求

它不仅诱导需求，而且可以创造需求，发掘潜在的顾客，扩大销售量。

（5）稳定销售

通过适当的网路促销活动，树立良好的产品形象与企业形象，使更多的用户形成对企业产品的偏爱，从而达到稳定销售的目的。

4．网络营销促销实施

对于任何企业来说，如何实施网络促销都是一个新问题，每一个营销人员都必须摆正自己的位置，深入了解产品信息在网络上传播的特点，分析网络信息的接收对象，设定合理的网络促销目标，通过科学的实施程序，打开网络促销的新局面。

根据国内外网络促销的大量实践，网络促销的实施程序可以由 6 个方面组成。

（1）确定网络促销对象

网络促销对象是针对可能在网络虚拟市场上产生购买行为的消费者群体提出来的。随着网络的迅速普及，这一群体也在不断膨胀。这一群体主要包括 3 部分人员：产品的使用者、产品购买的决策者、产品购买的影响者。

（2）设计网络促销内容

网络促销的最终目标是希望引起购买。这个最终目标是要通过设计具体的信息内容来实现的。消费者的购买过程是一个复杂的、多阶段的过程，促销内容应当根据购买者目前所处的购买决策过程的不同阶段和产品所处的寿命周期的不同阶段来决定。

（3）决定网络促销组合方式

网络促销活动主要通过网络广告促销和网络站点促销两种促销方法展开。但由于企业的产品种类不同，销售对象不同，促销方法与产品种类和销售对象之间将会产生多种网络促销的组合方式。企业应当根据网络广告促销和网络站点促销两种方法各自的特点和优势，根据自己产品的市场情况和顾客情况，扬长避短，合理组合，以达到最佳的促销效果。

网络广告促销主要实施“推战略”，其主要功能是将企业的产品推向市场，获得广大消费者的认可。网络站点促销主要实施“拉战略”，其主要功能是将顾客牢牢地吸引过来，保持稳定的市场份额。

（4）制定网络促销预算方案

在网络促销实施过程中，使企业感到最困难的是预算方案的制定。在互联网上促销，对于任何人来说都是一个新问题。所有的价格、条件都需要在实践中不断学习、比较和体会，不断的总结经验。只有这样，才可能用有限的精力和有限的资金收到尽可能好的效果，做到事半功倍。首先，必须明确网上促销的方法及组合的办法；其次，需要确定网络促销的目标；最后，需要明确希望影响的是哪个群体，哪个阶层，是国外的还是国内的。

（5）衡量网络促销效果

网络促销的实施过程到了这一阶段，必须对已经执行的促销内容进行评价，衡量一下促销的实际效果是否达到了预期的促销目标。

（6）加强网络促销过程的综合管理

8.4.2　网络营销站点推广

1. 站点推广概述

网络营销站点作为企业在网上市场进行营销活动的阵地，站点能否吸引大量流量是企业开展网络营销成败的关键，也是网络营销的基础。站点推广就是通过对企业网络营销站点的宣传吸引用户访问，同时树立企业网上品牌形象，为企业的营销目标实现打下坚实的基础。站点推广是一个系统性的工作，它与企业营销目标是相一致的。

网站推广与传统的产品推广一样，需要进行系统安排和计划，需注意的几个问题如下。

① 注意效益/成本原则，即增加一千个访问者带来的效益与成本费用比较，当然效益包括短期利益和长期利益，需进行综合考虑。

② 稳妥慎重原则，宁慢勿快，在网站还没有建设好而且不够稳定时，千万不要急于推广网站，第一印象是非常重要的，网民给你的机会只有一次，因为网上资源太丰富了，这就是通常所说的网上特有的“注意力经济”。

③ 综合安排实施原则，因为网上推广手段很多，不同方式可以吸引不同的网民，因此必须综合采用多种渠道以吸引更多网民到网站上来。

2. 站点推广方法

（1）搜索引擎注册

根据调查显示网民找新网站主要是通过搜索引擎来实现的，因此在著名的搜索引擎进行注册是非常必要的，而且在搜索引擎进行注册一般都是免费的。

（2）建立链接

与不同站点建立链接，可以缩短网页间距离，提高站点的被访问概率。一般建立链接有下面几种方式。

① 在行业站点上申请链接。如果站点属于某些不同的商务组织，而这些组织建有会员站点，应及时向这些会员站点申请一个链接。

② 申请交互链接。寻找具有互补性的站点，并向它们提出进行交互链接的要求（尤其是要链接上到站点的免费服务，如果提供这样的服务的话）。为通向其他站点的链接设立一个单独的页面，这样就不会使刚刚从前门请进来的顾客，转眼间就从后门溜到别人的站点上去了。

③ 在商务链接站点申请链接。特别是当站点提供免费服务的时候，可以向网络上的许多小型商务链接站点申请链接。只要站点能提供免费的东西，就可以吸引许多站点为你建立

链接。寻找链接伙伴时，通过搜索寻找可能为站点提供链接的地方，然后向该站点的所有者或主管发送电子邮件，告诉他们可以链接的站点名称、URL 以及 200 字的简短描述。

（3）发送电子邮件

电子邮件的发送费用非常低，许多网站都利用电子邮件来宣传站点。利用电子邮件来宣传站点时，首要任务是收集电子邮件地址。为防止发送一些令人反感的电子邮件，收集电子邮件地址时要非常注意。一般可以利用站点的反馈功能记录愿意接受电子邮件的用户电子邮件地址。另外一种方式是，通过租用一些愿意接受电子邮件信息的通信列表，这些通信列表一般是由一些提供免费服务的公司收集的。

（4）发布新闻

及时掌握具有新闻性的事件（如新业务的开通），并定期把这样的新闻发送到你的行业站点和印刷品媒介上。将站点在公告栏和新闻组上加以推广。互联网络使得具有相同专业兴趣的人们组成成千上万的具备很强针对性的公告栏和新闻组。比较好的做法是加入这些讨论，让邮件末尾的“签名档”发挥推广的作用。

（5）提供免费服务

提供免费资源，在时间和精力上的代价都是昂贵的，但其在增加站点流量上的功效可以得到回报。应当注意，所提供的免费服务应是与所销售的产品密切相关的，这样，所吸引来的访问者同时也就可以成为良好的业务对象。也可以在网上开展有奖竞赛，因为人们总是喜欢免费的东西。如果在站点上开展有奖竞赛或者是摸奖活动，将可以产生很大的访问流量。

（6）发布网络广告

利用网络广告推销站点是一种比较有效的方式。比较廉价做法是加入广告交换组织，广告交换组织通过不同站点的加盟后，在不同站点交换显示广告，起到相互促进的作用。另外一种方式是在适当的站点上购买广告栏发布网络广告。

（7）使用传统的促销媒介

使用传统的促销媒介来吸引访问站点也是一种常用方法，如一些著名的网络公司纷纷在传统媒介发布广告。这些媒介包括直接信函、分类展示广告等。对小型工业企业来说，这种方法更为有效。应当确保各种卡片、文化用品、小册子和文艺作品上包含有公司的 URL。

3. 提高站点访问率方法

目前网站主要分为这样几类。

（1）内容信息类

这类站点主要为访问者提供各种信息、知识等有价值的内容，如新浪提供的新闻服务，搜狐提供网站搜索服务。

（2）中介服务类

这类站点主要通过网站架设桥梁为访问者提供某种服务，如网易提供的虚拟社区信息交流服务，3721 网站提供的中文域名服务。

（3）电子商务类

这类站点主要是通过互联网作为开展商务活动的平台。对于电子商务类站点，一般有两种方式，一种是纯粹的网上电子商务企业，另一种是传统企业将其业务拓展到电子商务，如 8848 网站属于前种，北京图书大厦网站属于后种。

（4）其他

这类网站一般不是以赢利为目的的，如个人网站、组织机构网站等，它们一般是结合自己的具体情况，开展网上信息交流活动。

不同类型的网站，要增加访问回头率需要采取不同的策略。对于内容信息类，它的目标就是起到一个媒体的作用，要扩大访问量主要是通过提供及时的信息和大容量的数据库检索服务；对于中介服务类，它的关键是要提供有特色的别的网站所不具备，同时又是网民需要的服务；对于电子商务类，它的关键是为网民提供更便捷的网上购物渠道，更丰富的产品和更优惠的价格。对于传统企业将业务拓展到电子商务的站点，要注意遵循互联网的规律，传统市场优势品牌在网上不一定能吸引大量访问量，必须提供网上用户需要的一些服务，如产品知识、网上直销、免费增值服务等。

4. 利用搜索引擎推广

（1）搜索引擎的作用

搜索引擎是对搜索引擎（Search Engine）和搜索目录（Search Directory）的统称，是通过互联网进行网络营销的重要途径。目前，全世界的网站总数已经超过了3000万个，并且还在不断的增加，因此，搜索引擎对于那些在互联网上游弋、寻找信息的人们来说已经变得非常重要了。

（2）搜索引擎索引网站的方法

与搜索引擎的类型相对应，其索引网站的方式也基本分为以下两种。

① 使用Spider对网站进行索引。当要推广的站点向搜索引擎提交网站后，Spider就会对整个网站进行索引。

② 目录索引。依靠用户提交注册信息并依赖搜索引擎的管理人员来增加索引的数目，也称做分类数据库（Category Database）。大部分的目录索引在把你的站点增加到索引中时，只是连接您的主页而不是把网站的全部网页进行索引。如Yahoo!、Sohu等。

（3）搜索引擎排名优先级标准

搜索引擎排名优先级标准有时也可能被称做“相关分数”（Probable Relenance Scoring）。搜索引擎主要是通过“Spider”程序或用户提交的申请来增加自己的数据库（即索引）的。当用户访问Lycos、Yahoo、AltaVista或其他的搜索引擎时，只要输入搜索的关键字，就可以简单地进行数据库查询。为了确定是哪一个文档或网站返回了这个特定关键字搜索，每一个搜索引擎必须有它自己规定的文档优先级的标准。

（4）增加搜索引擎注册广告效果

增加搜索引擎注册的广告效果，主要是访问者在使用搜索引擎时能在显著位置找到你的站点。搜索引擎使用方式有两种方式，一是分类目录式查找，另一种是按关键字检索查找。对于第一种情况，就是在网站注册时就要将网站排名在最前面，如通常说的Top 10和Top 20,一般说来，在页首的网站的访问率比后面要高，这就要求在搜索引擎注册时要了解搜索引擎是如何排名的，如搜狐网站的排名是按照网站名称的字典序来进行排列的，即根据网站名称在计算机内编码大小排序的。对于第二种情况，一般说来就是提供足够多的关键字，以便于访问者在访问时能检索到网站，同时还要了解网站的检索排序算法，尽量采用按搜索引擎的算法来排列关键字，不过许多搜索引擎的排序算法是不公开的，所以需要不断尝试。

（5）搜索引擎注册

根据国外研究，搜索引擎能够检索的网站还不到所有网站的30%，因此企业为推广网站一般要在多个搜索引擎进行注册。

在多个引擎进行注册时，首先要确定选定哪些引擎进行注册，一般说来能同时在8个最重要的搜索引擎进行注册就足够了，注册过多引擎一方面时间代价比较大，另一方面大多数引擎使用者少，主要集中在少数上面。在多个引擎注册时，有多种方式，一种方式是利用专业软件代理注册；另一种方式是利用专业服务公司代理注册。

8.4.3　网上销售促进

销售促进主要是用来进行短期性的刺激销售。互联网作为新兴的网上市场，网上的交易额不断上涨。网上销售促进就是在网上市场利用销售促进工具刺激顾客对产品的购买和消费使用。一般，网上销售促进主要有下面 3 种形式。

（1）有奖促销

在进行有奖促销时，提供的奖品要能吸引促销目标市场的注意。同时，要会充分利用互联网的交互功能，充分掌握参与促销活动群体的特征和消费习惯以及对产品的评价。

（2）拍卖促销

网上拍卖市场是新兴的市场，由于快捷方便，吸引大量用户参与网上拍卖活动。我国的许多电子商务公司也纷纷提供拍卖服务。拍卖促销就是将产品不限制价格在网上拍卖，如前面介绍的 Compaq 公司与网易合作，通过网上拍卖计算机，获得很好的收效。

（3）免费促销

免费资源促销，主要目的是推广网站。所谓免费资源促销就是通过为访问者无偿提供访问者感兴趣的各类资源，吸引访问者访问，提高站点流量，并从中获取收益。目前利用提供免费资源获取收益比较成功的站点很多，有提供某一类信息服务的，如提供搜索引擎服务的 Yahoo！和中国的 Sohu。

8.5　网络公共关系策略

8.5.1　网络公共关系策略概述

网络公共关系是利用各种网络传播手段唤起人们对企业及企业产品的好感、兴趣和信赖，争取人们对企业经营理念的理解，树立企业形象的一种营销工具。通过实施公共关系策略，企业可以培养消费者对企业产品和服务的信任和忠诚，提升企业在社会公众和消费者心目中的形象，为企业营造出良好的经营环境。

1. 网络公共关系的作用和构成要素

网络公共关系并不是直接销售产品，而是一种以长期目标为主的间接促销手段。是从社会角度出发，通过各种网络传播媒介达到与社会的相互沟通和了解，满足社会公众的需求、促进企业产品销售的活动。与其他的促销策略相比，公共关系在企业经营活动中能够起到以下的作用。

① 建立良好的企业形象，争取社会对企业的广泛和长期的支持与合作。

② 通过公共关系活动中双向的信息沟通，建立与社会公众的良好关系，获得消费者和社会各界的信任与好感。

③ 利用各种网络传播形式把企业产品、服务等大量信息传递给消费者，激发其兴趣，引导公众的消费行为。

④ 通过相关的活动，培养消费者对企业及企业产品的忠诚度。

⑤ 通过信息反馈，不断修正企业自身的缺陷，维护企业的形象，提升企业在社会上的地位。

网络公共关系强调的是信息的传递和双向的沟通，在企业的公共关系活动中，不可缺少的3个构成要素是：企业、公众、传播媒介（网络）。只有3个要素相互结合、充分发挥每个要素的作用，才能获得良好的沟通效果。

① 企业——公共关系的主体。

企业在公共关系构成中处于主体的地位，它是有关信息的主要发布者和接收者。一方面，企业作为社会中的一个组织不可避免地要与其他公众发生各种关系、产生各种交流活动，为了保证企业的生存和发展，环境要求企业必须有意识、有目的的主动开展公共关系活动，以增进企业与公众的相互了解、沟通和合作；另一方面，企业作为赢利性的组织，为了获得良好的经济效益，也必须以公共关系主体的身份积极开展各种公关活动，为企业营造良好的内、外部环境。

② 公众——公共关系的客体。

公众是指与企业相互联系、具有相关目的和利益的社会群体。企业所面对的公众主要由内部公众和外部公众两个方面构成。所谓内部公众即企业内部的员工和股东，外部公众是指与企业经营活动有密切联系的消费者、中间商、供应商、传播媒介、社区、政府等。企业在经营中应注意处理好与上述公众的关系。

③ 传播媒介（网络）——公共关系的载体。

信息传播的过程是一个双向交流的过程，传播媒体指的是在企业和公众之间传递信息的介质和途径。在公共关系中，信息传播的过程既是一个企业有计划的行动过程，也是一种信息分享的过程。一方面，企业利用传播媒体及时有效地向公众传递企业的信息、收集公众对企业的各种意见和建议、了解公众的态度；同时，公众从企业发布的信息中获取有用的信息并做出反馈。

2. 网络公共关系的形式

企业在进行公共关系活动时，可以根据活动的目的和对象的不同利用不同的沟通媒介、选用不同的活动方式。常见的公共关系形式有以下几种。

（1）利用新闻媒介

由于新闻媒介在社会上具有较高的权威性和传播的广泛性，因此，企业利用这种方式向社会介绍企业和企业产品能够达到事半功倍的效果。这些活动包括新闻稿件、电视专题采访、记者招待会等。

（2）出版物

出版物是宣传企业、联系公众得力的沟通手段。它包括企业的年度报表、企业的宣传手册、企业内部的期刊杂志、企业的业务通信等。

（3）专题活动

通过举办各种有影响的专题活动来吸引公众对企业和企业产品的关注。其形式包括各类庆典活动、竞赛、对体育竞赛或文化活动的赞助等。

（4）公益活动

企业通过参加社会的各种公益福利活动来树立在公众心目中的良好形象。其形式包括赞助社会公益活动、资助失学儿童、募捐、扶贫救灾等。

（5）建立企业文化

通过对企业的经营理念、行为方式和视觉识别进行系统的革新和统一的传播，使公众对企业产生一致的认同感和价值观，赢得社会和消费者的信赖和肯定，从而实现产品的销售目标，为企业带来更好的经营绩效。

3．网络公共关系的特点

① 网络公共关系主体的主动性增强。

② 网络公共关系客体的权威性得到强化。

③ 网络公共关系传播的效能大大提高。

④ 网络公共关系的传播时空更广泛。从传播空间上来看，传统公共关系活动中企业或媒介机构所撰写的新闻，受到载体版面的局限，许多重要的信息只能简明扼要，提纲挈领，受众也难从简短的新闻中得到完整的消息。网络公共关系活动，借助网络的无限空间，网络公关人员可以尽可能地详细报道企业有关新闻，并且通过链接将企业信息传播到其他的信息领域；从传播时间上来看，传统公共关系传播媒介有固定的播放或发行时间，如报刊杂志是按日周月等时间发行，广播电视是按时段播放，而网络公共关系的传播可以 24 小时全天候地发布企业新闻，做到即时播放。

8.5.2　网络公共关系中信息传递的优势

公共关系强调通过使用有效的信息传递和沟通方式与各类社会公众之间建立相互信任、支持的良好关系。由于互联网技术给企业营销工作提供了新的信息交流平台和交流手段，因此，也给公共关系策略带来了新的方式和特有的优势。网络公共关系与传统的公共关系相比较具有以下方面的优势。

1．主体主动性增强

在利用传统传媒的公共关系活动中，媒介是一个必不可少的信息传递桥梁。企业要通过传统传媒发表相关的信息，除了要符合国家的有关法律法规外还要经过媒体的相关部门对信息内容和形式进行编辑审查，并对发布时间给予规定。而利用网络传媒进行的公共关系活动，由于网络给企业提供了大量的信息传递和沟通的新方式和新机会，可以转变企业在信息发布内容和时间上被动的状态，使作为公关主体的企业的主动性得以增强。例如，企业可以选择在自己的网站、论坛、BBS 等上面发布信息，而不必再受中间传播媒体的制约。

2．突破了时间和地域上的限制

网络技术消除了信息传播在时间和地域上的限制，通过互联网，企业可以随时随地更新和发布信息。同时，广大的网上受众也可以及时地获取企业的有关信息，并进行信息的反馈。

3．提高了公共关系活动的效能

由于网上社区、论坛及 E-mail 等信息传递方式有着极强的互动性，因此，企业可以在网上和公众实现“一对一”的信息沟通、为目标公众提供他们特需的企业和企业产品等方面的信息。同时，还可以收集目标公众的信息反馈，了解他们的需求和爱好，有针对性地提供产品和服务。所以，与传统的公共关系相比，随着信息传播和沟通效能的提高，企业公共关系活动的效能也有了很大的提高。

8.5.3　网络公共关系的新形式

1．传统印刷媒体的电子版刊物

为了扩大刊物的知名度和影响力，许多传统的印刷传媒都在网上建立了网站，并开办了相应的电子版刊物。利用网络，这些刊物不仅可以刊登与实体刊物相同的信息内容，还可以提供相关的即时信息和有针对性的信息反馈。同时，发布信息的形式也多种多样，如网上专家论坛、公共论坛、读者俱乐部等。有许多传统的期刊杂志在这方面做得非常出色。例如，计算机世界报网站（http：//www. ccw. com. cn）、IT 经理世界（http：//www. cecceo. com. cn）等。

2. 网络媒体出版物

网络媒体出版物通常是企业为了在网上发布有关产品信息、行业信息或技术支持培训信息所创办的定期或不定期的电子刊物。通过电子刊物，企业可以宣传和推广企业的产品和技术服务，有计划地开展相关知识的传播，增强消费者对企业产品的了解和信任。

3. 网络广播节目

网络广播节目是指在网上建立广播台，根据不同的专题制作节目，通过对公众关心的热点问题的讨论，对政府、不同领域专家的网上采访和网上的即时讨论等方式，向目标受众传播有价值的信息并进行有效的信息交流。一般采用的形式有广播台、电视台、网络会议等。

4. 网络社区

网络社区是指由组织或个人在互联网上组成的群体，这个群体的成员具有共同的兴趣和爱好，并乐于在社区中提供和传递有价值的信息。企业可以利用网络社区的信息传递能力，增强目标受众对企业及企业产品的了解和认识，树立企业的形象。

8. 5. 4　发展网络公共关系

1. 调研

调研可分为组织内部调研、公众调研、问题/机会调研和评价调研等类型。它不仅是网络公关的起点，而且贯穿网络公关的全过程，是决定公关成败的关键。它的目的在于识别目标公众、评价组织的内外部关系现状以及从环境变化中识别问题和机会，为提出和实施公共关系计划提供经验数据支持。

2. 计划

公共关系的成败很大程度上取决于计划的好坏，计划必须包括以下几个要素。首先，具体的可以测量的目标；其次，具体的战术；再者，时间进度表；最后，费用的预算表。

3. 执行

公关主体最重要的阶段就是执行，执行的好坏关系到公共关系的成败。所以在执行阶段，要讲究策略，在此我们将阐述几种策略。

① 与新闻记者建立友好关系的策略：坦诚，要开诚布公；成为有用的信息来源，使自己成为他依赖的可靠有效信息的来源；利用电子邮件和记者联络；考虑到记者接受信息的方式，在向记者传递信息之前，要问清楚他喜欢哪种信息接受方式；不要滥用电子邮件；在邮件清单新闻组等场所发现记者的要求；参与记者编辑主持的网上闲谈。

② 网络社区的公关策略：通过网上新闻服务商直接发送公司新闻，这样可以避免新闻媒体的介入，直接面向网络社区发送公司的新闻稿；在自己的站点上发布新闻稿；在与本公司有关的网络论坛上招贴公司新闻；创建面向网络社区成员的单向邮件清单；帮助网络社区成员解决问题；提供简明扼要的专题文章；鼓励其他途径对文章的采用，提高企业知名度；利用网上会议建立面向网络社区的公共关系，互联网和网络服务商能为企业提供多种形式的网络会议的服务，企业可以举办网络新闻发布会和网上年会，在网络会议，教育论坛班上做客串主持；为社区成员安排活动。

③ 电子邮件的公关策略：注意网络礼仪，在撰写、发送、接收、查阅、回复信息方面要注意礼仪；先发 E-mail 给自己，看看是否合适，让每则 E-mail 看上去都像为他特意制作；将文档存为 ASC2 码格式；创建信息包裹和自动应答系统，保证最低的配置都能阅读你的 E-mail；在 E-mail 末尾加 sig 文件；不要使用直邮提供的邮件清单；创建单向邮件清单，通过他你可以发送新闻稿、产品信息、回答问题，让人们知道站点上的新内容，甚至还可以让成员们相互交谈，相互帮助解决问题；创建双向邮件清单，这样成员之间可以开展交流，可以互相帮助解决问题，一起讨论公司的优劣势，公司还可以提供参考意见、新闻等影响他们。

4. 评价

经常这样的活动被忽略，实际上，不论公关活动成败如何，进行最终的评价是非常必要的，评价是未来导向的活动，它为今后类似的活动积累经验。

复习思考题

1. 什么是网络产品策略、网络定价策略、网络渠道策略、网络促销策略、网络公共关系策略？
2. 如何开发网络新产品？
3. 网络营销定价策略包括哪些？
4. 网络渠道有哪些？
5. 怎样实施网络营销站点推广？
6. 怎样运用网络公共关系？

第 9 章　网络广告

【本章要点】

- 网络广告的定义
- 网络广告的特点
- 网络广告的类型与发布
- 网络广告计费方式和效果评价
- 网络广告策划过程
- 网络广告实施策略

与传统的 4 大传播媒体（报纸、杂志、电视、广播）广告及近来备受垂青的户外广告相比，网络广告具有得天独厚的优势，是实施现代营销媒体战略的重要组成部分。网络技术的飞速发展给网络广告的制作、表现手段及内容承载提供了强大的技术支持。由于网络广告具有价格便宜、统计准确、互动交流、跨越时空、图形生动等特征，所以尝试网络广告已经成为一种必然趋势。

9.1　网络广告的定义与特点

9.1.1　网络广告的定义

广告作为一种有偿的信息传播形式，它与媒体的发展紧密相连。网络广告是指通过互联网发布的广告的一种形式，是同传统广告相联系的概念。

网络广告是利用网站上的广告横幅、文本链接、多媒体的方法，在互联网刊登或发布广告，通过网络传递到互联网用户的广告运作方式。

追本溯源，网络广告起源于美国。1994 年 10 月 14 日，美国著名的《热线杂志》（Hotwired）杂志推出了网络版 Hotwired，其主页上开始有 AT&T 等 14 个客户的广告 Banner。这是互联网广告里程碑式的一个标志。

我国的第一个商业性的网络广告出现于 1997 年 3 月，传播网站是 Chinabyte，广告表现形式为 468 × 60 像素的动画旗帜广告。Intel 和 IBM 是国内最早在互联网上投放广告的广告主。我国网络广告一直到 1999 年初才稍有规模。历经多年的发展，网络广告行业经过数次洗礼已经慢慢走向成熟。

9.1.2　网络广告的特点

企业对网络广告如此高度重视，是因为网络广告与传统媒介相比具有巨大的优势。这些优势特点主要表现在以下方面。

1. 信息容量大

网络广告由于其所运用的媒体即互联网的特点而拥有信息涵盖广大、形式丰富多变、画面绚丽多彩等特点。与传统广告相比，网络广告主可以通过网络技术把企业产品、服务等多方面详细的信息制成网页融入一个网络广告中，等待受众来点击观看，而具有不同需求层次的广告受众对象可以根据自己的需要来查看不同的广告页面。

2. 覆盖范围广

网络广告传播的广泛性体现在两个方面：一方面，网络广告信息受众广泛，网络广告的受众可以是世界上不同地区、不同职业、不同年龄的任何浏览者；另一方面，广告传播的范围广泛，通过互联网这个信息传播的平台，网络广告可以不受时间和空间的限制发送到世界上所有互联网络覆盖的各个角落，这突破了传统广告在时间和空间上的局限性。

3. 交互性强

互联网络媒体可以使信息时时更新，信息发送方和接受方可以实现不受时间和空间限制的双向沟通。网络媒体的这个交互性特点也赋予了网络广告区别于传统广告的一个最突出的特点——交互性。

因此，广告受众可以在访问网络广告时，通过自己的相关操作，如点击提交在线表单或即时消息等方式，向广告主传达自己的感受和意见，广告主则根据目标受众的要求及时更新和调整广告信息，回复广告受众疑问，满足广告目标受众的要求。

4. 灵活便捷

网络广告的灵活性，首先，体现在广告类型和表现形式的多样性上，从点击广告到电子邮件广告；从文字广告到动画、三维、多媒体广告，广告设计者可以根据广告的目的和目标受众的喜好利用不同技术表现手段实现满意的视听效果。其次，网络广告可以根据市场和受众的需要时时进行内容和形式上的调整。最后，网络广告可以及时地得到广告信息反馈，受众可以根据自己的感受直接与广告主进行沟通，广告主也可以从广告的统计中及时地了解网络广告的效果。

5. 效果容易测评

这是网络广告有别于传统广告的重要特点。传统广告只能通过调查、分析和推测来判定消费者对广告的感受，因为它无法准确地统计接收广告信息的人数及接收人群的分布状况。而网络广告借助流量统计软件等统计工具可以精确地对广告浏览者的有关情况进行统计，如广告的浏览量、点击率、浏览者的情况等，为广告主和广告商进一步分析广告的效果提供了准确的依据。

6. 经济实惠

对于广告主而言，网络广告比传统广告更为经济。首先，网络广告的制作和发布费用比传统广告低廉和简便；其次，网络广告运用了自动化的软件工具进行创作设计和统计管理，能够及时、方便地调整广告内容和形式以适应广告受众的需求，容易获得更好的广告效果；第三，利用统计工具对网络广告进行有目的和针对性地统计使得收集和分析广告效果所用的时间和费用都有所降低。

9.2　网络广告的类型

借助于互联网络和计算机技术，网络广告的表现形式丰富多彩。目前，在互联网上，网络广告最常见的表现形式有以下几种。

9.2.1 旗帜广告（Banner 广告）

旗帜广告也称横幅广告、条幅广告或标志广告。它利用图像展现广告内容，利用简练文字体现广告主题，通常是一些色彩艳丽的矩形图片，置于页面的顶部、底部或醒目处。通过点击可链接到广告主的企业网站，或虽未与广告主网站链接，但浏览者通过点击也可以看到更详细的广告信息。

旗帜广告一般设计和制作都很精致，含有经过浓缩的广告词句和精美画面的图片，具有很强的视觉吸引。它与传统的印刷媒体的广告十分相似，广告中一般含有企业的产品、地址、电话、传真等信息。旗帜广告如图 9-1 所示。

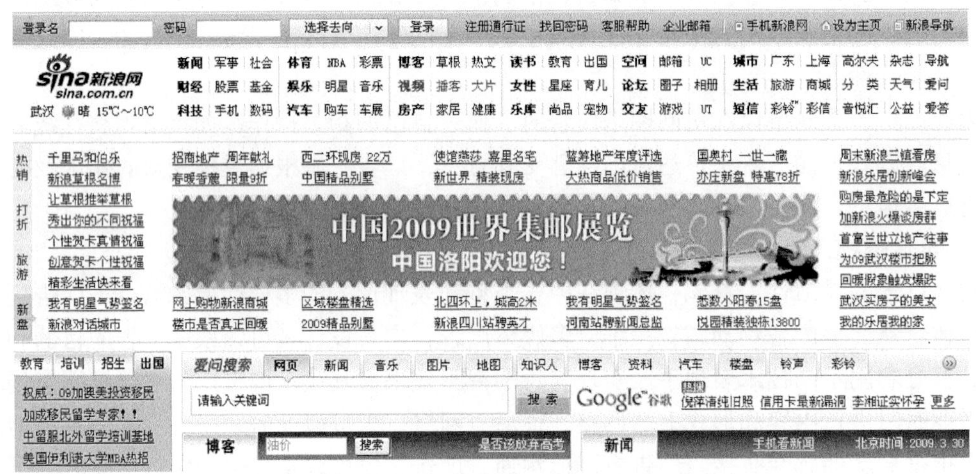

图 9-1　中国 2009 世界集邮展览在新浪网的旗帜广告

旗帜广告是最早的网络广告形式。根据美国互动广告署（IAB）1997 年的大规模网络广告综合调查报告，并结合大多数站点发布的旗帜广告，旗帜广告的尺寸主要有 4 种，如表 9-1所示。

表 9-1　　美国 IAB 发布的旗帜广告的常见类型

	类型	尺寸（像素）
旗帜广告	全尺寸	468 × 60
	全尺寸带导航条	392 × 72
	半尺寸	234 × 60
	垂直	120 × 240

9.2.2 按钮型广告

按钮型广告也称图标广告。一般显示公司产品或品牌的标志，采取与有关信息实现超链接的互动方式，用鼠标点击它时，可链接到广告主的站点或相关信息页面上。按钮广告如图 9-2 所示。

图 9-2　美的集团、丰田汽车、腾讯在前程无忧的按钮型广告

按照美国互动广告署 IAB（Internet Adv. Bureau）的规定，按钮型广告的尺寸主要有以下 4 种，如表 9-2 所示。

表 9-2　　美国 IAB 发布的按钮广告的常见类型

	类型	尺寸（像素）
按钮广告	按钮 1	120 × 90
	按钮 2	120 × 60
	方形	125 × 125
	小按钮广告	88 × 31

9.2.3　文本链接广告

文本链接广告采用文字标识的方式，点击后可以进入相应的广告页面。这种广告形式简单、价格低廉，对浏览者干扰少，效果较好，通常运用于分类栏目中。为了追求良好的广告效果，文本链接广告一般放置在热门站点首页的关键位置，借助浏览者对热门网站的访问，吸引他们关注和点击广告。文本链接广告如图 9-3、图 9-4 所示。

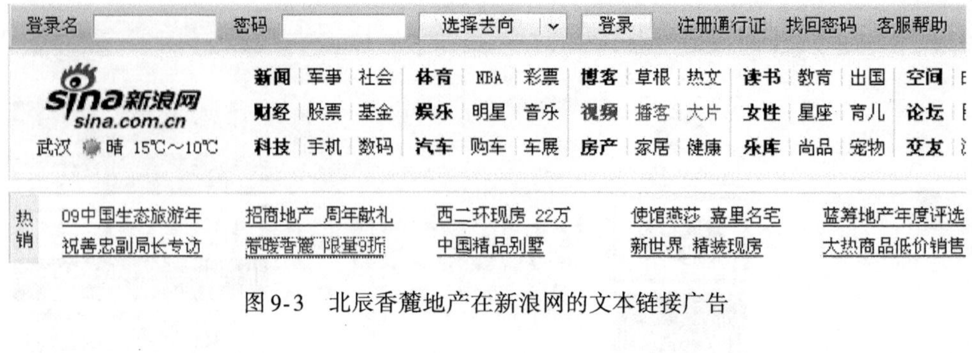

图 9-3　北辰香麓地产在新浪网的文本链接广告

图 9-4　北辰香麓地产在新浪网的文本链接广告

9.2.4　电子邮件广告

它是指利用电子邮件或邮件列表发布广告。广告的形式可以是图片或文字。电子邮件广告具有针对性强（除非你肆意滥发）、费用低廉的特点，尤其是针对目标受众对象发送电子邮件广告可达到其他网上广告无法比拟的作用。电子邮件广告如图 9-5 所示。

9.2.5　关键词广告

关键词广告往往要与搜索引擎结合起来使用。当网民检索到被搜索引擎收录的关键词后，在搜索结果页面上就会出现网站链接广告，这就是关键词广告，也称为关键字广告。不同的搜索引擎有不同的关键词广告显示，有的将关键词广告显示在搜索结果列表的最前面，有的显示在特定位置，如右侧。关键词广告如图 9-6 所示。

图 9-5　商业地产周刊发给网络用户的电子邮件广告

图 9-6　与搜索引擎相结合使用的关键词广告

9.2.6 弹出式广告

弹出式广告又称为插播式广告。弹出式广告是指随着网页页面的打开会自动弹出一个新窗口来展示网络广告内容。弹出式广告有两种表现形式，一种是当用户打开网页时马上弹出广告窗口；另一种是当用户离开网站时才弹出广告窗口。弹出式广告虽然能带来访问量的上升，但同时浏览者也会对过量的弹出式广告产生反感情绪。因此，广告主应该注意，到底有多少用户真正观看了打开的弹出式广告。弹出式广告如图 9-7 所示。

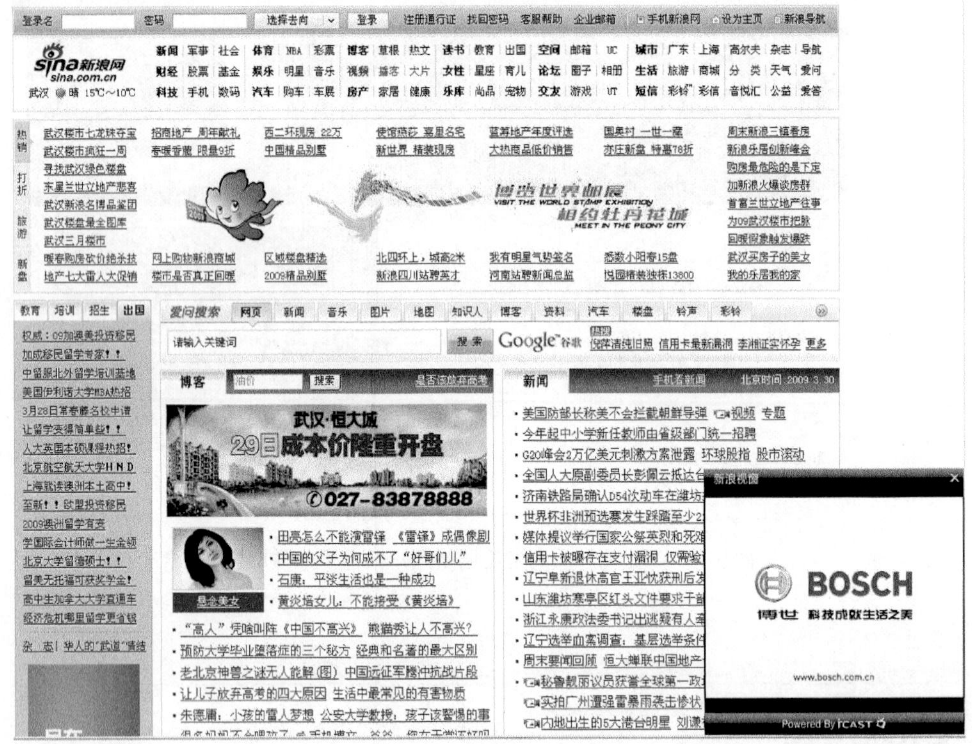

图 9-7 博世集团在新浪网的弹出式广告

9.2.7 飘浮广告

飘浮广告是一种可以在屏幕上移动的小型图片广告，它的设计出发点是为了避免旗帜广告、按钮广告等比较呆板的缺点，更主动和有效地吸引浏览者的注意。但由于飘浮广告随着页面的移动会影响浏览者的视觉，所以设计不当的移动广告会引起浏览者的反感。为避免上述问题，可以改进飘浮广告的播放位置。

9.2.8 富媒体广告（Rich Media 广告）

富媒体广告是基于富媒体技术之上的一种互联网广告形式。它的特点是利用富媒体技术把较大流量的广告文件（视频广告片、FLASH 广告等）通过在大流量的网站上流畅的播放，且具有网络互动性强的优势，达到一种强曝光、高点击的效果。富媒体广告如图 9-8 所示。

图 9-8　青岛啤酒在搜狐上的富媒体广告

9.2.9　其他常见网络广告类型

1. 赞助式网络广告

它是把广告主的营销活动内容与网络站点本身的内容有机融合起来，并取得最佳效果的广告。它一般有内容赞助、节日赞助或节目赞助等形式。

2. 游戏互动广告

在游戏开始、间隙或结束时出现的广告，并且可根据广告主的产品特性量身定制游戏互动广告。

3. 墙纸网络广告

把广告主所要表现的广告内容体现在墙纸上，浏览者查看网站内容时可浏览到墙纸上的网络广告，并且浏览者可在网站下载含有广告信息的墙纸。

4. 电子杂志广告

电子杂志广告是利用免费订阅的电子杂志发布的广告。

5. 巨型广告

巨型广告一般要占屏幕显示的 1/3 空间。

9.3　网络广告计费方式和效果评价

网络广告的效果评价关系到网络媒体和广告主的直接利益，也影响到整个行业的正常发展，广告主总希望了解自己投放广告后能取得什么回报，于是就产生了这样的问题。究竟怎样来全面衡量网络广告的效果呢？一方面，我们可以通过网络广告计费方式侧面反映网络广告效果；另一方面，可通过定性和定量等方法直接测评网络广告效果。

9.3.1 网络广告计费方式

网络广告的计费受多种因素影响，如访问人数的多少、广告幅面的大小、广告服务商的知名度等。目前，网络广告常用的计费方式有以下几种。

1. CPM（Cost Per Mille，或者 Cost Per Thousand；Cost Per Impressions）每千人次成本

按访问人次收费已经成为网络广告的惯例。CPM（每千人次成本）指的是广告投放过程中，每一千人次听到或者看到广告则是广告主应付的费用。例如一个网络广告的单价是 1 元/CPM 的话，意味着每一千人看到这条广告，则广告主付费 1 元，如此类推 ，10，000 人次访问主页则网络广告主付费为 10 元。至于每 CPM 的收费究竟是多少，要根据放置广告的站点的热门程度（即浏览人数）来确定。通过划分价格等级，采取固定费率来计算。

2. CPC（Cost Per Click；Cost Per Thousand Click-Through）每点击成本

每次点击的费用，根据广告被点击的次数收费。如关键词广告一般采用这种定价模式，它也是宣传网站站点的一种行之有效的方法。但是，不少经营广告的网站却不愿意采纳此种方法，因为即使浏览者没有点击，但是他已经看到了广告，对于这些看到广告却没有点击的流量来说，经营广告的网站并没有获得广告收入。

3. CPA（Cost Per Action）每行动成本

每次行动的费用，即根据每个访问者对网络广告所采取的行动收费的定价模式。对于用户行动有特别的定义，往往由广告主来确定，包括形成一次交易、获得一个注册用户或者对网络广告的一次点击等。

4. CPP（Cost Per on-line Purchase）每购买成本

广告主为规避广告费用风险，只有在网络用户点击网络广告并进行在线交易后，才按销售笔数或销售金额付给广告站点费用。

无论是 CPA 还是 CPP，广告主都要求发生目标消费者的“点击”，而 CPP 更注重形成购买，才予付费；CPM 则只要求发生“目击”（或称“展露”、“印象”），就产生广告付费。

5. CPT（Cost Per Time）每广告位时间成本（如：包天、包月、包时等）

CPT 是目前国内网络广告计费方式的主导，它是传统媒体广告计费模式的延续。广告主可以根据自身需求在特定时间段选取特定广告位进行有针对性的宣传。它适合国内广告主在广告购买上的方便，但由于网络媒体区别于传统媒体的优势在于易统计性，因此，CPT 无法精确体现互联网便于衡量广告效果的优势。

6. 其他计价方式

某些广告主在进行特殊营销专案时，会提出以下方法个别议价。

① CPL（Cost Per Leads）：以搜集潜在客户名单多少来收费。

② CPS（Cost Per Sales）：以实际销售产品数量来换算广告刊登金额。

9.3.2 网络广告效果评价

相比而言，CPM 和 CPT 方式对放置网络广告的站点有利，而 CPC、CPA、CPP、CPL、CPS 则对广告主有利。除了通过上述计费方式侧面反映网络广告效果外，我们还应从定性和定量的角度直接分析网络广告效果。

1. 对比分析法

无论是旗帜广告，还是电子邮件广告，由于都涉及点击率或者回应率以外的效果，因此，除了可以准确跟踪统计的技术指标外，利用比较传统的对比分析法仍然具有现实意义。当然，不同的网络广告类型，对比的内容和方法也不一样。

对于E-mail广告来说，除了产生直接反应之外，利用E-mail还可以有其他方面的效果。例如，E-mail关系营销有助于我们与顾客保持联系，并影响其对我们的产品或企业的印象。顾客没有点击E-mail并不意味着不会增加将来购买的可能性或者增加品牌忠诚度，从定性的角度考虑，较好的评价方法是关注E-mail营销带给人们的思考和感觉。这种评价方式也就是采用对比研究的方法，将那些收到E-mail的顾客的态度和没有收到E-mail的顾客做对比，这是评价E-mail广告对顾客产生影响的典型的经验判断法。利用这种方法，也可以比较不同类型网络广告对顾客所产生的效果。

对于按钮型广告，除了增加直接点击以外，调查表明，广告的效果通常表现在品牌形象塑造方面，这也就是为什么许多广告主不顾点击率低的现实而仍然选择按钮型广告的主要原因。当然，品牌形象的提升很难随时获得可以量化的指标，不过同样可以利用传统的对比分析法，对网络广告投放前后的品牌形象进行调查对比。

2. 加权计算法

加权计算法是指网络广告投放后的一定时间内，对网络广告产生效果的不同层面赋予一定的权重，以判别不同广告所产生效果之间的差异。这种方法实际上是对不同广告类型、不同投放媒体或者不同投放周期等情况下的广告效果比较，而不仅仅反映某次广告投放所产生的效果。加权计算法的完成要建立在对广告效果有基本监测统计手段的基础之上。

例如，第一种情况，假定在A网站投放的Banner广告在一个月内获得的效果为：产品销售100件（次），点击数量4000次。

第二种情况，假定在B网站投放的Banner广告在一个月内获得的效果为：产品销售120件（次），点击数量2000次。

如何判断这两次广告投放效果的区别呢？可以为产品销售和获得的点击分别赋予权重，根据一般的统计显示，每100次点击可形成2次实际购买，那么可以将实际购买的权重设为1.00，每次点击的权重为0.02，由此可以计算上述两种情况下，广告主分别可以获得的总价值。

第一种情况，总价值为：$100\times1.00+4000\times0.02=180$。

第二种情况，总价值为：$120\times1.00+2000\times0.02=160$。

可见，虽然第二种情况获得的直接销售比第一种情况要多，但从长远来看，第一种情况更具有价值。以上例子说明，网络广告的效果除了反映在直接购买之外，对品牌形象提升或者用户认知同样重要。

权重的设定，对加权计算法最后结果影响较大。例如，假定每次点击的权重降低到0.005，则结果就不一样。如何决定权重，需要在大量统计资料分析的前提下，对用户浏览数量与实际购买之间的比例有一个相对准确的统计结果。

3. 点击率与转化率的测算

点击率是网络广告最基本的评价指标，也是反映网络广告最直接、最有说服力的量化指标。不过，随着人们对网络广告了解的深入，点击它的人反而越来越少，除非特别有创意或者有吸引力的广告，造成这种状况的原因可能是多方面的，如网页上广告的数量太多而无暇顾及、浏览者浏览广告之后已经形成一定的印象无需点击广告等，因此，平均不到1%的点击率已经不能充分反映网络广告的真正效果。

于是，对点击以外的效果评价问题显得重要起来，与点击率相关的另一个指标——转化率，被用来反映那些观看而没有点击广告所产生的效果。

“转化率”最早由美国的网络广告调查公司 AdKnowledge 提出，它将“转化”定义为受网络广告影响而形成的购买、注册或者信息需求。浏览而没有点击广告同样具有巨大的意义。根据 AdKnowledge 的调查发现了一个有趣的现象：随着时间的推移，由点击广告形成的转化率在降低，而观看网络广告形成的转化率却在上升。点击广告的转化率从 30 分钟内的 61% 下降到 30 天内的 8%，而由观看广告的转化率则由 11% 上升到 38%。

这一组数字对增强网络广告的信心具有很大意义，但问题是，转化率怎么来监测，在操作中还有一定的难度，仍然要参照上述第一种对比分析法。

综上所述，体现网络广告投放价值的最佳衡量方法是将上述直接和间接的评价方法综合起来进行衡量，以达到全面、准确地反映网络广告效果。

9.4 网络广告策划

广告策划是对广告从整体出发的一种运筹和规划。在一定的广告信息上，广告策划需要对整个广告活动加以协调安排，包括对未来的设计、广告投入、地域安排等各个具体环节做到充分考虑。

网络广告策划在本质上仍然属于广告策划的一种，但网络媒体的特点决定了网络广告的策划过程与传统媒体有许多相似之处，同时又具有自身的特点。例如，互联网络的高度互动性使网络广告不再只是单纯地创意表现与信息发布，广告主对广告浏览者的回应要求会更高；网络信息传递速度快、更新更快，要求网络广告的制作时间要短，上线时间要快，并能随时更新和调整；网络广告策划可能只是企业整体广告策划的一个组成部分，这要求网络广告策划要服务于企业整体广告策划的安排和布置。因此，企业有必要掌握其具体操作过程与方法，认清并熟练运用这些特点是成功进行网络广告的前提条件。网络广告一般策划过程如下。

9.4.1 明确企业的整体广告目标

广告目标的作用是通过信息沟通使消费者产生对品牌的认识、情感、态度和行为的变化，从而实现企业的营销目标。在公司的不同发展时期有不同的广告目标，无论是形象广告还是产品广告，对于产品广告在产品的不同发展阶段广告的目标可分为提供信息、说服购买和提醒使用等。网络广告作为企业整体广告策略的重要组成部分，在策划和运作之前，企业应该首先明确企业整体广告策略的目标定位，使网络广告与传统广告有机地结合起来，共同实现广告目标。

9.4.2 定位网络广告目标

网络广告目标定位就是要明确网络广告所要达到的目的。网络广告目标定位一般可采用 AIDA 法则。

1. 第一个字母 A 是“注意”（Attention）

在网络广告中意味着消费者在计算机屏幕上通过对广告的阅读，逐渐对广告主的产品或品牌产生认识和了解。

2. 第二个字母 I 是“兴趣”（Interest）

网络广告受众注意到广告主所传达的信息之后，对产品或品牌发生了兴趣，想要进一步了解广告信息，他可以点击广告，进入广告主放置在网上的营销站点或网页中。

3. 第三个字母 D 是“欲望”（Desire）

感兴趣的广告浏览者对广告主通过商品或服务提供的利益产生“占为己有”的企图，他们必定会仔细阅读广告主的网页内容，这时就会在广告主的服务器上留下网页阅读的记录。

4. 第四个字母 A 是“行动”（Action）

广告受众把浏览网页的动作转换为符合广告目标的行动，可能是在线注册、填写问卷参加抽奖或者是在线购买等。

定位网络广告目标，既可以选择达到 AIDA 法则中的某一条目标，也可以将预期目标定位为 AIDA 法则的 4 种情形都要满足。

9.4.3　确定目标群体

简单来说就是确定网络广告希望让哪些人来看，确定他们是哪个群体、哪个阶层、哪个区域。只有让合适的用户来参与广告信息活动，才能使网络广告更有针对性，更有效地实现预期目标。

9.4.4　进行网络广告创意及策略选择

1. 要有明确有力的标题

广告标题是一句吸引消费者的带有概括性、观念性和主导性的语言。如“安踏”在新浪网上的广告标题，如图 9-9 所示。

图 9-9　“安踏”在新浪网上的广告标题

2. 简洁的广告信息

3. 充分发挥互动性

如在网络广告上增加游戏功能，提高访问者对广告的兴趣。

4. 合理安排网络广告发布的时间因素

网络广告的时间因素是网络广告策划的重要内容。它包括对网络广告时限、频率、时序及投放时间的考虑。此项工作的顺利完成必须建立在对网民的特点和投放广告的站点的充分了解基础上，甚至要掌握当前互联网发展状况。

5. 合理确定网络广告费用预算

公司首先要确定整体促销预算，再确定用于网络广告的预算。用于网络广告的预算可依据目标群体情况及企业所要达到的广告目标来确定，既要有足够的力度，又要符合企业当前预算支出。

9.4.5　网络广告制作与发布

网络广告的制作是运用技术手段实现网络广告的设计。在制作完成后，需要选择合适的网络广告途径进行发布和传播。

9.4.6 网络广告效果监测

网络广告的效果到底如何，需要通过监测相关数据并进行后期分析。一般主要监测广告的展示量、点击量、平均访问页数、地域分布等。根据这些数据并结合网络广告效果测评方法去评价广告效果，改进广告投放策略。

9.5 网络广告的实施策略

要使投放的网络广告达到预期效果，必须把握两个要点：一是要选择合适的网络广告发布途径；二是运用恰当的推广策略和技巧让更多的网民对投放的网络广告感兴趣。

9.5.1 网络广告发布途径

网络广告是为了更好地宣传企业和企业产品，吸引广告目标受众的注意和浏览，达到树立企业形象、增进产品销售的目的。因此，企业应该根据不同广告受众的需求特点和网上行为特点、根据企业的产品特性、企业实力及广告目标，选用不同的发布途径，以达到预期的广告效果。企业常用的网络广告发布途径有以下几种。

1. 创建自己的企业网站或页面，并投放广告

建立自己的企业网站或主页并在上面发布广告，这是企业发布网络广告最简单、最常用的方式，也是企业网络营销发展的必然趋势。

企业网站或企业主页本身就是树立企业形象和信誉、增进产品宣传的一种最直接和有效的广告。有了自己的网站和主页，企业可以方便地利用其他的广告发布形式，如企业名录、新闻组等进行与公司主页的链接，加强广告宣传的力度；此外，在自己的网站上发布广告可以在广告创意、广告形式和广告内容以及广告位置等方面拥有自主权。

2. 通过网络内容服务商（ICP）

由于提供了大量的网上浏览者感兴趣的免费信息服务，因而ICP网站成为了访问量大、引人关注的站点，如新浪、搜狐等。在这些网站上发布广告，可以借助网站流量大的优势，提高浏览者关注和点击的几率。

3. 利用在线专类销售网站

这是一种相关产品直接在互联网上进行销售的方式。如早期的当当网，主要销售各类书籍，在当当网网站上，消费者只要根据自己的需求输入相关的书籍产品需求条件，按下搜索键，网站就会马上提供最适合你的条件的各种产品和服务的信息。由于这类网站给消费者提供了有针对性的、详尽方便的信息服务，因此消费者在考虑购买相关产品时会首先登录这类网站进行产品信息的查询，所以对于相关产品的生产企业、代理商和销售商来说，选择这类网站做产品广告会取得事倍功半的效果。

4. 加入企业名录

在一些政府机构或行业协会网站上往往会有“优秀企业窗口”、“企业网站特别推荐”等栏目，以滚动名录的方式展示企业的名称，点击企业名称后可以直接链接到企业的网站主页上。将企业网站注册到这些权威机构的网站中，实际上也在发挥着网络广告的作用。

5. 利用新闻组

新闻组与电子公告栏相似，是一种很好的讨论交流和分享信息的平台。新闻组严格按内容分类，企业可以选择参与和企业产品相关的新闻组，在上面提出相关的建议和观点。

6. 利用网络社区和 BBS

任何用户只要遵循一定的礼仪，都可以成为网上虚拟社区的成员，并可以在上面发表自己的观点和见解，因此，也可以在此发表与公司产品相关的评论和建议，起到良好的免费宣传作用。但要注意，应该严格遵守相关的网络礼仪，并应时刻关注和引导广告发布后的舆论效果，使广告发布朝着预期效果进展。

7. 利用电子邮件或邮件列表

企业可以像传统营销中发送邮寄广告一样以 E-mail 的方式向网上用户发送产品或服务的信息。邮件列表是在向用户提供有价值信息的同时附带一定的产品或服务的信息。虽然两者在操作策略上略有不同但是没有本质的区别。

在利用电子邮件发送广告时应注意：首先要事先得到用户的许可，如利用注册会员的方式等；其次，在发送 E-mail 邮件广告时，应明确发件人的地址，允许用户拒绝接收邮件。

9.5.2　网络广告的投放技巧

一个成功的网络广告不仅需要好的广告策划和高超的技术，如广告的形式、创意、动画效果等，还需要恰当的广告投放技巧的配合。企业在网络广告投放时应关注以下注意事项。

1. 预留一定的测试时间

由于网络广告技术含量高，相关环节较多，为避免广告投放中发生不应有的错误，应在广告投放前测试：广告播放是否正常、广告链接是否正确、数据库是否正常运作、广告监测系统能否正常计数，保证正常投放。

2. 网络广告创意的更换

同一广告创意投放久了，会造成网民疲劳，点击下降，建议两周或更短时间内更换一次创意。但如果是新品牌的推广，希望增强品牌记忆度，可以采取同一创意、固定广告位、长期投放，培养用户的浏览习惯。

3. 必要的投放管理与优化

① 投放前对创意进行测试，尤其是大型投放。

② 在广告投放之初建立必要的备份方案，以保证在投放效果出现波动时进行替换与弥补。

③ 对活动网站进行详细的流量检测，客观评估不同媒介组合所贡献的曝光与受众行动的质量。

复习思考题

1. 网络广告的特点有哪些？
2. 网络广告的类型有哪些？
3. 网络广告的计费方式有哪些？如何评价网络广告效果？
4. 简要介绍网络广告的策划过程。
5. 简要介绍网络广告发布途径及投放技巧。

第 10 章　网络营销相关技术

【本章要点】

➢ 互联网技术

➢ 计算机网络技术

➢ 数据挖掘与数据分析技术

➢ 电子交易安全技术

➢ 电子支付技术

➢ 网络信息检索技术

要开展网络营销活动，就必须了解相关网络营销技术，正如唱戏需要“舞台”一样。这些关键技术包括互联网技术、计算机网络技术、数据挖掘与数据分析技术、电子交易安全技术、电子支付技术及网络信息检索技术等。

10.1　互联网技术

互联网自形成至今不过几十年，但是已经渗入到人们的日常生活、工作、学习环境中，并以前所未有的速度向前发展，改变着人们的生活，改变着企业的行为，同时也影响着各国贸易往来的政策。互联网的迅猛发展，促进了网络营销的诞生和发展；反过来，网络营销的出现和发展又促进了互联网规模和应用范围的进一步扩展。

10.1.1　互联网的形成与发展

互联网是一个全球性的计算机网络系统。它利用现代通信技术与计算机技术，通过卫星、电缆、光纤等媒介将各种不同位置、不同规模、不同类型的高速数据通信网络、相应的信息系统以及主机连接起来，实现国际信息交流和资源共享。其前身是美国国防部高级研究计划局（ARPA）主持研制的 ARPANET。

互联网的形成与发展经历了如下阶段。

（1）互联网的形成阶段

20 世纪 60 年代末，美国军方为了保证计算机网络在受到袭击时，即使部分网络被摧毁，其余部分仍能保持通信联系，建设了 ARPANET。

（2）互联网初期发展阶段

20 世纪 70 年代，为了解决不同的计算机网络互联的问题，ARPANET 提出“互联网”的概念。TCP/IP 协议的出现解决了这一问题，实现任何厂家生产的计算机都能相互通信，使互联网成为一个开放的系统。

（3）互联网军用转民用阶段

20 世纪 80 年代，美国国家科学基金组织（NSF）形成 NSFNET，并替代 ARPANET 成为互联网的主干网。NSFNET 采用 TCP/IP 技术，准许各大学、政府或私人科研机构的网络加入。1989 年，ARPANET 解散，互联网从军用转向民用。

（4）互联网的商业化运作阶段

1992 年，美国 IBM、MCI、MERIT 这 3 家公司联合组建了高级网络服务公司（ANS），建立了 ANSNET，成为互联网的另一个主干网。1995 年，NSFNET 正式停止运作，互联网完成私有化。此时，互联网的骨干网已经覆盖了全球 91 个国家，主机已超过 400 万台。最近十几年来，互联网更以惊人的速度向前发展，很快就达到了今天的规模。

我国于 1994 年正式接入互联网，并形成 5 个主要干道，分别是中国公用计算机互联网（ChinaNet）、中国教育和科研计算机网（CERNet）、中国科学技术计算机网（CSTNet）、中国金桥信息网（ChinaGBN）和中国联通公用互联网（UNINet）。

互联网将分布于世界各地的网络站点、数据资源和用户有机地联为一个整体，其信息资源共享迅速，通信方便快捷，突破了传统信息系统技术的资源拥有能力。现在，互联网已经成为以 WWW 服务为主体的、多种服务形式并存的比较完善的服务体系，是人们工作、学习、休闲、娱乐、相互交流、从事商业活动的主要工具和载体。

10.1.2　互联网中的重要概念

1. TCP/IP

TCP/IP 即传输控制协议/网际互联协议（Transmission Control Protocol/Internet Protocol），是互联网最基本的协议。TCP/IP 是以套件形式推出的，包含了一组互相补充、互相配合的协议，这组协议超过 1000 个，它定义了电子设备（如计算机）如何连入互联网，以及数据如何在它们之间传输的标准。

（1）TCP/IP 整体架构描述

TCP/IP 并不完全符合 OSI 的 7 层参考模型。传统的开放式系统互连参考模型，是一种通信协议的 7 层抽象的参考模型，其中每一层执行某一特定任务。该模型的目的是使各种硬件在相同的层次上相互通信。这 7 层是物理层、数据链路层、网络层、传输层、会话层、表示层和应用层。而 TCP/IP 通信协议采用了 4 层的层级结构，每一层都呼叫它的下一层所提供的网络来完成自己的需求。这 4 层分别如下。

应用层：应用程序间沟通的层，如简单电子邮件传输（SMTP）、文件传输协议（FTP）、网络远程访问协议（Telnet）等。

传输层：在此层中，它提供了节点间的数据传送服务，如传输控制协议（TCP）、用户数据报协议（UDP）等，TCP 和 UDP 给数据包加入传输数据并把它传输到下一层中，这一层负责传送数据，并且确定数据已被送达并接收。

互联网络层：负责提供基本的数据封包传送功能，让每一块数据包都能够到达目的主机（但不检查是否被正确接收），如网际互联协议 IP。

网络接口层：对实际的网络媒体的管理，定义如何使用实际网络（如 Ethernet、Serial Line 等）来传送数据。

（2）TCP/IP 中的主要协议

① IP

网际互联协议 IP 是 TCP/IP 的心脏，也是网络层中最重要的协议。IP 层接收由更低层（网络接口层，例如以太网设备驱动程序）发来的数据包，并把该数据包发送到更高层——TCP 或 UDP 层；同样，IP 层也把从 TCP 或 UDP 层接收来的数据包传送到更低层。IP 数据包中含有发送它的主机的地址（源地址）和接收它的主机的地址（目的地址）。

② TCP

如果 IP 数据包中有已经封好的 TCP 数据包，那么 IP 将把它们向“上”传送到 TCP 层。TCP 将包排序并进行错误检查，同时实现虚电路间的连接。TCP 数据包中包括序号和确认，所以未按照顺序收到的包可以被排序，而损坏的包可以被重传。TCP 将它的信息送到更高层的应用程序，例如，Telnet 的服务程序和客户程序。应用程序轮流将信息送回 TCP 层，TCP 层便将它们向下传送到 IP 层，设备驱动程序和物理介质，最后到接收方。

③ UDP

用户数据报协议（User Datagram Protocol）是 OSI 参考模型中一种无连接的传输层协议，提供面向事务的简单不可靠信息传送服务。它是一个简单的面向数据报的传输层协议，IETF RFC 768 是 UDP 的正式规范。UDP 协议基本上是 IP 协议与上层协议的接口。UDP 协议适用端口分别运行在同一台设备上的多个应用程序。UDP 与 TCP 位于同一层，但它不管数据包的顺序、错误或重发。因此，UDP 不被应用于那些使用虚电路的面向连接的服务，UDP 主要用于那些面向查询/应答的服务。

④ ICMP

网际控制报文协议（互联网 Control Message Protocol）是 TCP/IP 协议族的一个子协议，用于在 IP 主机、路由器之间传递控制消息。控制消息是指网络通不通、主机是否可达、路由是否可用等网络本身的消息。这些控制消息虽然并不传输用户数据，但是对于用户数据的传递起着重要的作用。ICMP 与 IP 位于同一层，它被用来传送 IP 的控制信息。它主要是用来提供有关通向目的地址的路径信息。ICMP 的“Redirect”信息通知主机通向其他系统的更准确的路径，而“Unreachable”信息则指出路径有问题。另外，如果路径不可用，ICMP 可以使 TCP 连接终止。Ping 是最常用的基于 ICMP 的服务，Ping 是潜水艇人员的专用术语，表示回应的声纳脉冲，在网络中 Ping 是一个十分好用的 TCP/IP 工具。它主要的功能是用来检测网络的连通情况和分析网络速度。

2. 域名

网络在区分所有与之相连的网络和主机时，均采用了一种唯一、通用的地址格式，即每一个与网络相连接的计算机和服务器都被指派了一个独一无二的地址。网络中的地址方案分为两种：IP 地址系统和域名地址系统。

（1）IP 地址

网络是基于 TCP/IP 协议进行通信和连接的，每一台主机都有一个唯一的标识固定的 IP 地址，以区别在网络上成千上万个用户和计算机。目前，IP 地址格式有 IPv4 和 IPv6 两种格式，但 IPv6 尚未普及，通常所说的 IP 地址仍是 IPv4 格式。IP 地址用二进制数来表示，每个 IP 地址长 32 比特，由 4 个小于 256 的数字组成，数字之间用点间隔，例如 125. 220. 245. 11 表示一个 IP 地址。

（2）域名

域名即企业、政府、非政府组织等机构或者个人在互联网上注册的名称，是互联网上企业或机构间相互联络的网络地址。由于 IP 地址是数字标识，使用时难以记忆和书写。因此，在 IP 地址的基础上引入一种字符化地址方案，以有特殊含义的字符串组合来代替数字型 IP 地址，并实现字符化的地址都与特定的 IP 地址相对应。这个与网络上的数字型 IP 地址相对应的字符型地址，就被称为域名。域名的引入，方便用户记忆和访问。

在互联网上，每一个域名的注册都是独一无二的、不可重复的。因此，域名是一种相对有限的资源，它的价值将随着注册用户的增多而逐步为人们所重视。需要指出的是，域名的注册遵循先申请先注册原则，管理机构对申请人提出的域名是否违反了第三方的权利不进行任何实质审查。

① 域名的分级。

域名可分为不同级别，包括顶级域名、二级域名等。

顶级域名可分为两类。一是国家顶级域名。目前 200 多个国家都按照 ISO3166 国家代码分配了顶级域名，如中国是 . cn，美国是 . us 等。但由于互联网最初是美国国内网络，因此 us 作为国家顶级域名通常可以省略；二是国际顶级域名，如表示工商企业的 . com，表示网络提供商的 . net，表示非赢利组织的 . org 等。为加强域名管理，解决域名资源的紧张，相关国际组织经过协商，在原来 3 个顶级域名的基础上，新增加了 7 个国际通用顶级域名，分别是 . firm（公司企业）、. store（销售公司或企业）、. web（突出 WWW 活动的单位）、. arts（突出文化、娱乐活动的单位）、. rec（突出消遣、娱乐活动的单位）、. info（提供信息服务的单位）、. nom（个人），并在世界范围内选择新的注册机构来受理域名注册申请。

二级域名是指顶级域名之下的域名，在国家顶级域名下，它是表示注册企业类别的符号，例如 . com，. edu，. gov，. net 等；在国际顶级域名下，它是指域名注册人的网上名称，例如 ibm、yahoo、microsoft 等。

② 我国域名命名规则。

由于互联网上的各级域名是分别由不同机构管理的，所以，各个机构管理域名的方式和域名命名的规则也有所不同。目前，我国域名管理主要采用以下规则。

a. 域名中只能包含以下字符：26 个英文字母、0 ~ 9 十个数字及下划线 "_ "，其字符组合中不区分英文字母的大小写，且每一个域名的长度是有一定限制的。

b. 最高只能申请二级域名。

c. 不得使用或限制使用的域名。

注册含有 "CHINA"、"CHINESE"、"CN"、"NATIONAL" 等经国家有关部门（指部级以上单位）正式批准。

公众知晓的其他国家或者地区名称、外国地名、国际组织名称不得使用。

县级以上（含县级）行政区划名称的全称或者缩写，须相关县级以上（含县级）人民政府正式批准。

行业名称或者商品的通用名称不得使用。

他人已在中国注册过的企业名称或者商标名称不得使用。

对国家、社会或者公共利益有损害的名称不得使用。

经国家有关部门（指部级以上单位）正式批准和相关县级以上（含县级）人民政府正式批准是指，相关机构要出据书面文件表示同意 × × × 单位注册 × × × 域名。

3. HTTP 协议

HTTP 协议（HyperText Transfer Protocol，超文本传输协议）是客户端浏览器或其他程序与 Web 服务器之间的应用层通信协议。在互联网上的 Web 服务器上存放的都是超文本信息，客户机需要通过 HTTP 协议传输所要访问的超文本信息。HTTP 包含命令和传输信息，不仅可用于 Web 访问，也可以用于其他互联网/内联网应用系统之间的通信，从而实现各类应用资源超媒体访问的集成。它可以使浏览器更加高效，使网络传输减少。它不仅保证计算机正确快速地传输超文本文档，还确定传输文档中的哪一部分以及哪部分内容首先显示等。

（1）HTTP 工作模式

首先客户机与服务器需要建立连接。只要单击某个超级链接，HTTP 的工作就开始了。

建立连接后，客户机发送一个请求给服务器，请求方式的格式为：统一资源标识符（URL）、协议版本号，后边是 MIME 信息包括请求修饰符、客户机信息和可能的内容。

服务器接到请求后，给予相应的响应信息，其格式为一个状态行，包括信息的协议版本号、一个成功或错误的代码，后边是 MIME 信息包括服务器信息、实体信息和可能的内容。

客户端接收服务器所返回的信息通过浏览器显示在用户的显示屏上，然后客户机与服务器断开连接。

如果在以上过程中的某一步出现错误，那么产生错误的信息将返回到客户端显示器。对于用户来说，这些过程是由 HTTP 自己完成的，用户只要用鼠标点击，等待信息显示就可以了。

（2）HTTP 的特点

① 客户机/服务器模式：每个服务器可以为分布在世界各地的客户机服务。

② 简单：当客户机与服务器连接时，只需给出请求方法和路径即可，服务器响应程序规模很小。

③ 灵活：HTTP 允许传输任意类型的对象。

④ 无状态：浏览器和服务器每进行一次 HTTP 操作，就建立一次链接，然后随即断开此链接，无论浏览器还是服务器都不会记忆上次链接的状态。

4. URL

URL 即统一资源定位符（Uniform Resource Locator），是用于完整地描述互联网上网页和其他资源的地址的一种标识方法。互联网上的每一个网页都具有一个唯一的名称标识，通常称之为 URL 地址。这种地址可以是本地磁盘，也可以是局域网上的某一台计算机，更多的是互联网上的站点。简单地说，URL 就是 Web 地址，俗称“网址”。

（1）URL 通用格式

URL 的通用格式为（带方括号［ ］的为可选项）：

protocol :// hostname[:port] / path /[;parameters][? query]#fragment

格式说明：

① protocol（协议）：指定使用的传输协议，下面列出 protocol 属性的有效方案名称。其中，最常用的是 HTTP 协议，它也是目前 WWW 中应用最广的协议。常见协议及访问格式如下。

http 通过 HTTP 访问该资源。格式 http://

https 通过安全的 HTTPS 访问该资源。格式 https://

file 资源是本地计算机上的文件。格式 file://

ftp 通过 FTP 访问资源。格式 ftp://

gopher 通过 Gopher 协议访问该资源。格式 gopher://

mailto 资源为电子邮件地址，通过 SMTP 访问。格式 mailto:

② hostname（主机名）：是指存放资源的服务器的域名系统（DNS）主机名或 IP 地址。有时，在主机名前也可以包含连接到服务器所需的用户名和密码（格式：username@ password）。

③ port（端口号）：整数，可选，省略时使用方案的默认端口。各种传输协议都有默认的端口号，如 http 默认端口为 80。采用非标准端口号时，不能省略。

④ path（路径）：由零或多个"/"符号隔开的字符串，一般用来表示主机上的一个目录或文件地址。

⑤ parameters（参数）：这是用于指定特殊参数的可选项。

⑥ query（查询）：可选，用于给动态网页（如使用 CGI、ISAPI、PHP/JSP/ASP/ASP. NET 等技术制作的网页）传递参数，可有多个参数，用"&"符号隔开，每个参数的名和值用"="符号隔开。

⑦ fragment，信息片断，字符串，用于指定网络资源中的片断。例如，一个网页中有多个名词解释，可使用 fragment 直接定位到某一名词解释。

注意，Windows 主机不区分 URL 大小写，但是 UNIX/Linux 主机区分大小写。

（2）常用 URL 定位标识说明

下面是常见的 URL 中定位和标识的服务或文件。

http：文件在 Web 服务器上。

file：文件在您自己的局部系统或匿名服务器上。

ftp：文件在 FTP 服务器上。

gopher：文件在 gopher 服务器上。

wais：文件在 wais 服务器上。

news：文件在 Usenet 服务器上。

telnet：连接到一个支持 Telnet 远程登录的服务器上。

10.1.3　互联网接入技术

互联网接入技术，由早期的 Modem 接入发展到现在的 xDSL、光纤接入，无论在带宽以及应用规模都有了极大的发展。目前，可供选择的接入方式主要有 PSTN、ISDN、DDN、LAN、ADSL、VDSL、Cable-Modem 和 PON 等几种，它们各有各的优缺点。

1. PSTN 拨号：使用最广泛

PSTN（Published Switched Telephone Network，公用电话交换网）技术是利用 PSTN 通过调制解调器拨号实现用户接入的方式。这种接入方式是大家非常熟悉的一种接入方式，目前最高的速率为 56kbit/s，已经达到香农定理确定的信道容量极限，这种速率远远不能够满足宽带多媒体信息的传输需求；但由于电话网非常普及，用户终端设备 Modem 很便宜，大约 100 ~ 500 元，而且不用申请就可开户，只要家里有计算机，把电话线接入 Modem 就可以直接上网。因此，PSTN 拨号接入方式比较经济，至今仍是网络接入的主要手段。

2. ISDN 拨号：通话上网两不误

ISDN（Integrated Service Digital Network，综合业务数字网）接入技术俗称"一线通"，它采用数字传输和数字交换技术，将电话、传真、数据、图像等多种业务综合在一个统一的数字网络中进行传输和处理。用户利用一条 ISDN 用户线路，可以在上网的同时拨打电话、收发传真，就像两条电话线一样。ISDN 基本速率接口有两条 64kbit/s 的信息通路和一条 16kbit/s 的信令通路，简称 2B + D，当有电话拨入时，它会自动释放一个 B 信道来进行电话接听。

就像普通拨号上网要使用 Modem 一样，用户使用 ISDN 也需要专用的终端设备，主要由网络终端 NT1 和 ISDN 适配器组成。网络终端 NT1 好像有线电视上的用户接入盒一样必不可少，它为 ISDN 适配器提供接口和接入方式。ISDN 适配器和 Modem 一样又分为内置和外置两类，内置的一般称为 ISDN 内置卡或 ISDN 适配卡；外置的 ISDN 适配器则称之为 TA。ISDN内置卡价格在 300～400 元，而 TA 则在 1000 元左右。

用户采用 ISDN 拨号方式接入需要申请开户，初装费根据地区不同而会不同，一般开销在几百至 1000 元不等。ISDN 的极限带宽为 128Kbit/s，各种测试数据表明，双线上网速度并不能翻番，从发展趋势来看，窄带 ISDN 也不能满足高质量的 VOD 等宽带应用。

3. DDN 专线：面向集团企业

DDN 是英文 Digital Data Network 的缩写，这是随着数据通信业务发展而迅速发展起来的一种新型网络。DDN 的主干网传输媒介有光纤、数字微波、卫星信道等，用户端多使用普通电缆和双绞线。DDN 将数字通信技术、计算机技术、光纤通信技术以及数字交叉连接技术有机地结合在一起，提供了高速度、高质量的通信环境，可以向用户提供点对点、点对多点透明传输的数据专线出租电路，为用户传输数据、图像、声音等信息。DDN 的通信速率可根据用户需要在 $N \times 64$kbit/s($N = 1 \sim 32$)进行选择，当然速度越快租用费用也越高。

用户租用 DDN 业务需要申请开户。DDN 的收费一般可以采用包月制和计流量制，这与一般用户拨号上网的按时计费方式不同。DDN 的租用费较贵，普通个人用户负担不起，DDN 主要面向集团公司等需要综合运用的单位。DDN 按照不同的速率带宽收费也不同，例如在中国电信申请一条 128Kbit/s 的区内 DDN 专线，月租费大约为 1000 元。因此，它不适合社区住户的接入，只对社区商业用户有吸引力。

4. ADSL：个人宽带

ADSL（Asymmetrical Digital Subscriber Line，非对称数字用户环路）是一种能够通过普通电话线提供宽带数据业务的技术，也是目前极具发展前景的一种接入技术。ADSL 素有“网络快车”之美誉，因其下行速率高、频带宽、性能优、安装方便、不需缴纳电话费等特点而深受广大用户喜爱，成为继 Modem、ISDN 之后的又一种全新的高效接入方式。

ADSL 方案的最大特点是不需要改造信号传输线路，完全可以利用普通铜质电话线作为传输介质，配上专用的 Modem 即可实现数据高速传输。ADSL 支持上行速率 640kbit/s～1Mbit/s，下行速率 1Mbit/s～8Mbit/s，其有效的传输距离在 3～5 公里范围以内。在 ADSL 接入方案中，每个用户都有单独的一条线路与 ADSL 局端相连，它的结构可以看做是星形结构，数据传输带宽是由每一个用户独享的。

5. VDSL：更高速的宽带接入

VDSL 比 ADSL 还要快。使用 VDSL，短距离内的最大下传速率可达 55Mbit/s，上传速率可达 2. 3Mbit/s（将来可达 1Array. 2Mbit/s，甚至更高）。VDSL 使用的介质是一对铜线，有效传输距离可超过 1000 米。但 VDSL 技术仍处于发展初期，长距离应用仍需测试，端点设备的普及也需要时间。

目前有一种基于以太网方式的 VDSL，接入技术使用 QAM 调制方式，它的传输介质也是一对铜线，在 1. 5 公里的范围之内能够达到双向对称的 10Mbit/s 传输，即达到以太网的速率。如果这种技术用于宽带运营商社区的接入，可以大大降低成本。

我们分别测算过采用 VDSL 技术与 LAN 技术的社区建设成本，发现对于一个 1000 户的社区而言，如果上网率为 8%，采用 VDSL 方案要比 LAN 方案节省 5 万元左右投资。虽然表面上看 VDSL 方案增加了 VDSL 用户端和局端设备，但它比 LAN 方案省去了光电模块，并用室外双绞线替代光缆，从而减少了建设成本。

6. Cable-Modem：用于有线网络

Cable-Modem（线缆调制解调器）是近两年开始试用的一种超高速 Modem，它利用现成的有线电视（CATV）网进行数据传输，已是比较成熟的一种技术。随着有线电视网的发展壮大和人们生活质量的不断提高，通过 Cable-Modem 利用有线电视网访问互联网已成为越来越受业界关注的一种高速接入方式。

由于有线电视网采用的是模拟传输协议，因此网络需要用一个 Modem 来协助完成数字数据的转化。Cable-Modem 与以往的 Modem 在原理上都是将数据进行调制后在 Cable（电缆）的一个频率范围内传输，接收时进行解调，传输机理与普通 Modem 相同，不同之处在于它是通过有线电视 CATV 的某个传输频带进行调制解调的。

Cable Modem 连接方式可分为两种，即对称速率型和非对称速率型。前者的 Data Upload（数据上传）速率和 Data Download（数据下载）速率相同，都在 500kbit/s ~ 2Mbit/s；后者的数据上传速率在 500kbit/s ~ 10Mbit/s，数据下载速率为 2Mbit/s ~ 40Mbit/s。

采用 Cable-Modem 上网的缺点是由于 Cable Modem 模式采用的是相对落后的总线型网络结构，这就意味着网络用户共同分享有限带宽；另外，购买 Cable-Modem 和初装费也都不算很便宜，这些都阻碍了 Cable-Modem 接入方式在国内的普及。但是，它的市场潜力是很大的，毕竟中国 CATV 网已成为世界第一大有线电视网，其用户已达到 8000 多万。

另外，Cable-Modem 技术主要是在广电部门原有线电视线路上进行改造时采用，此种方案与新兴宽带运营商的社区建设进行成本比较没有意义。

7. 无源光网络接入：光纤入户

PON（无源光网络）技术是一种一点对多点的光纤传输和接入技术，下行采用广播方式，上行采用时分多址方式，可以灵活地组成树型、星型、总线型等拓扑结构，在光分支点不需要节点设备，只需要安装一个简单的光分支器即可，具有节省光缆资源、带宽资源共享、节省机房投资、设备安全性高、建网速度快、综合建网成本低等优点。

PON 包括 ATM-PON（APON，即基于 ATM 的无源光网络）和 Ethernet-PON（EPON，即基于以太网的无源光网络）两种。APON 技术发展得比较早，它还具有综合业务接入、QoS 服务质量保证等独有的特点，ITU-T 的 G. Array83 建议规范了 ATM-PON 的网络结构、基本组成和物理层接口，我国信息产业部也已制定了完善的 APON 技术标准。

PON 接入设备主要由 OLT、ONT、ONU 组成，由无源光分路器件将 OLT 的光信号分到树型网络的各个 ONU。一个 OLT 可接 32 个 ONT 或 ONU，一个 ONT 可接 8 个用户，而 ONU 可接 32 个用户，因此，一个 OLT 最大可负载 1024 个用户。PON 技术的传输介质采用单芯光纤，局端到用户端最大距离为 20 公里，接入系统总的传输容量为上行和下行各 155Mbit/s，每个用户使用的带宽可以从 64kbit/s ~ 155Mbit/s 灵活划分，一个 OLT 上所接的用户共享 155Mbit/s 带宽。

随着接入网业务的不断增多，交互性越来越强，接入网的宽带化将是不可避免的趋势。

10.2　计算机网络技术

计算机网络的最简单定义是：一些相互连接的、以共享资源为目的的、自治的计算机的集合。最简单的计算机网络就是只有两台计算机和连接它们的一条链路，即两个节点和一条链路。最庞大的计算机网络就是互联网。它由非常多的计算机网络通过许多路由器互联而成。因此互联网也称为“网络的网络”。

网络类型的划分标准各种各样，通常可以从地理范围划分，可分为局域网、城域网、广域网和互联网 4 种。

10.2.1 局域网

局域网（Local Area Network），简称 LAN，是指在某一区域内由多台计算机互联成的计算机组。“某一区域”指的是同一办公室、同一建筑物、同一公司和同一学校等，一般是方圆几千米以内。局域网可以实现文件管理、应用软件共享、打印机共享、工作组内的日程安排、电子邮件和传真通信服务等功能。

局域网是封闭型的，可以由办公室内的两台计算机组成，也可以由一个公司内的上千台计算机组成。而网络中的计算机等设备要实现互联，就需要以一定的结构方式进行连接，这种连接方式即为拓扑结构。

目前，常见的网络拓扑结构主要有以下 4 大类。

1. 星型结构

这种结构是目前在局域网中应用得最普遍的结构，企业网络几乎都是采用这一方式。星型网络主要应用于基于 IEEE 802.2、IEEE 802.3 标准的 Ethernet（以太网），它是因网络中的各工作站节点设备通过一个网络集中设备（如集线器或者交换机）连接在一起，各节点呈星状分布而得名。这类网络目前用得最多的传输介质是双绞线，如常见的五类线、超五类双绞线、六类双绞线等。

其主要特点如下。

① 节点扩展、移动方便：节点扩展时只需要从集线器或交换机等集中设备中拉一条线即可，而要移动一个节点只需要把相应节点设备移到新节点即可。

② 维护简便：单节点出现故障不会影响其他节点的连接，可任意拆走故障节点；

③ 采用广播信息传送方式：任何一个节点发送信息在整个网中的节点都可以收到，这在网络安全方面存在一定的隐患，许多病毒的传播就是利用此特性。

④ 网络传输数据快，可以提供 100Mbit/s ~ 10Gbit/s 的接入速率。

⑤ 传输距离较近，理论传输距离为 110 m。超过 110 m，必须使用网桥或信号放大设备。这是星型结构网络最大的不足。

2. 环型结构

这种结构仅适用于 IEEE 802.5 的令牌网（Token ring network），所用的传输介质一般是同轴电缆，通过同轴电缆将网络中各设备串接起来，最后形成一个闭环，整个网络发送的信息在这个环中传递，通常可以把这类网络称为“令牌环网”。需要注意的是，在应用的多数情况下并非严格意义上的环型，通常的做法是在环的两端各通过一个阻抗匹配器来实现环的封闭。

其主要特点如下。

① 实现非常简单，投资最小，但网络所能实现的功能最为简单，仅能实现一般的文件服务模式。

② 传输速度较快，可以提供 16Mbit/s 的接入速率。

③ 维护困难，扩展性能差。整个网络各节点间是直接串联，任何一个节点出了故障都

会造成整个网络的中断、瘫痪，维护起来非常不便。同时，由于同轴电缆所采用的插针式的接触方式，易造成接触不良，网络中断，并且排查非常困难。需要添加或移动节点时，必须中断整个网络，在环的两端做好连接器才能连接。

随着 100M 以太网出现，令牌网基本上已被淘汰。

3. 总线型结构

这种结构中所有设备都直接与总线相连，早期所用的传输介质同轴电缆（包括粗缆和细缆）已淘汰。现在基本采用光缆作为总线型传输介质，如 ATM 网、Cable Modem 所采用的网络等均属于总线型网络结构。

其主要特点如下。

① 各节点共用总线带宽，传输速度会随着接入网络的用户的增多而下降。

② 网络用户扩展较灵活：需要扩展用户时只需要添加一个接线器即可，但所能连接的用户数量有限。

③ 维护较容易：单个节点失效不影响整个网络的正常通信，但总线故障会造成整个网络中断。

④ 一次仅能一个端用户发送数据，其他端用户必须等待到获得发送权。

4. 混合型拓扑结构

混合型拓扑结构即将星型结构和总线型结构的网络结合在一起的网络结构，能够满足较大网络的拓展，解决星型网络在传输距离上的局限，同时又解决了总线型网络在连接用户数量的限制。这种结构的网络同时兼顾了星型网与总线型网络的优点，在缺点方面得到了一定的弥补。

10.2.2　城域网

城域网（Metropolitan Area Network），简称 MAN，可以看做是一种大型的 LAN，通常使用与 LAN 相似的技术。但 MAN 基于 IEEE 802.6 标准，采用双总线结构。MAN 目前使用最广泛的应用是宽带城域网。

宽带城域网，就是在城市范围内，以 IP 和 ATM 电信技术为基础，以光纤作为传输媒介，集数据、语音、视频服务于一体的高带宽、多功能、多业务接入的多媒体通信网络。它能够满足政府机构、金融保险、大中小学校、公司企业等单位对高速率、高质量数据通信业务日益旺盛的需求，特别是快速发展起来的互联网用户群对宽带高速上网的需求。

其主要特点如下。

（1）传输速率高

宽带城域网采用大容量的 Packet Over SDH 传输技术，为高速路由和交换提供传输保障。千兆以太网技术在宽带城域网中的广泛应用，使骨干路由器的端口能高速有效地扩展到分布层交换机上。光纤、网线到用户桌面，使数据传输速度达到 100M、1000M。

（2）用户投入少，接入简单

宽带城域网用户端设备便宜而且普及，可以使用路由器、Hub 甚至普通的网卡。用户只需将光纤、网线进行适当连接，并简单配置用户网卡或路由器的相关参数即可接入宽带城域网。个人用户只要在自己的计算机上安装一块以太网卡，将宽带城域网的接口插入网卡就联网了。

(3) 技术先进、安全

技术上为用户提供了高度安全的服务保障。宽带城域网在网络中提供了第二层的 VLAN 隔离，使安全性得到保障。由于 VLAN 的安全性，只有在用户局域网内的计算机才能互相访问，非用户局域网内的计算机都无法通过非正常途径访问用户的计算机。如果要从网外访问，则必须通过正常的路由和安全体系。因此，黑客若想利用底层的漏洞进行破坏是不可能的。虚拟拨号的普通用户通过宽带接入服务器上网，经过账号和密码的验证才可以上网，用户可以非常方便地自行控制上网时间和地点。

10.2.3 广域网

广域网（WAN，Wide Area Network）也称远程网。通常跨接很大的物理范围，所覆盖的范围从几十公里到几千公里，它能连接多个城市或国家，或横跨几个洲并能提供远距离通信，形成国际性的远程网络。广域网的通信子网主要使用分组交换技术。广域网的通信子网可以利用公用分组交换网、卫星通信网和无线分组交换网，它将分布在不同地区的局域网或计算机系统互连起来，达到资源共享的目的。

广域网的特点如下。

① 适应大容量与突发性通信的要求。

② 适应综合业务服务的要求。

③ 开放的设备接口与规范化的协议。

④ 完善的通信服务与网络管理。

通常情况下，广域网的数据传输速率比局域网低，其典型速率从 56kbit/s ~155Mbit/s，但随着技术的发展，目前已出现了 622Mbit/s、2.4Gbit/s 甚至更高速率的广域网；而信号的传播延迟却比局域网要大得多，使用卫星信道时，传播延迟从几毫秒到几百毫秒。

10.2.4 互联网

互联网是广域网、城域网、局域网以及单机按照一定的通信协议组成的国际计算机网络。

根据 1995 年 FNC（The Federal Networking Council，联合网络委员会）的定义：“互联网”指的是全球性的信息系统，通过全球唯一的网络逻辑地址在网络媒介基础之上逻辑地链接在一起。这个地址是建立在 IP 或今后其他协议基础之上的；可以通过 TCP/IP，或者今后其他接替的协议或与 IP 兼容的协议来进行通信；可以让公共用户或者私人用户享受现代计算机信息技术带来的高水平、全方位的服务，这种服务是建立在上述通信及相关的基础设施之上的。

10.3 数据挖掘与数据分析技术

随着社会的信息化程度不断提高，信息资源无限膨胀，这给人们的工作、学习、生活带来便利的同时，也使人们明显感到社会信息流动总量远远超过人们的信息处理能力。对于企业而言，一方面要获取更多的信息，以调整营销策略；另一方面，又不可避免地面对着无序的、泛滥成灾的信息。因此，企业必须采用行之有效地技术手段来对无序的信息进行归类和聚类，使信息有序化，并从中获取有益信息，促进企业健康地发展。这些技术手段中，最常用的就是数据挖掘技术与数据分析技术。

10.3.1　数据挖掘技术

数据挖掘是通过挖掘数据仓库中存储的大量数据，从中发现有意义的新的关联模式和趋势的过程。从商业的角度而言，数据挖掘是一种新的商业信息处理技术，其主要特点是对商业数据库中的大量业务数据进行抽取、转换、分析和其他模型化处理，从中提取辅助商业决策的关键性数据。数据挖掘最有价值之处在于可建立预测模型而非回顾型的模型。数据挖掘与传统的数据分析的不同是在没有明确假设的前提下去挖掘信息、发现知识。

1. 数据挖掘过程

数据挖掘过程一般包括 3 个主要阶段：数据准备、数据挖掘、结果解释和评价。

（1）数据准备

数据准备又可分为数据选取、数据预处理。数据选取的目的是确定发现目标数据。数据预处理一般包括消除噪声、推导计算缺值数据、消除重复记录、完成数据类型转换以及对数据降维。

（2）数据挖掘

首先要确定数据挖掘的目标和挖掘的知识类型。确定挖掘任务后，根据挖掘的知识类型选择合适的挖掘算法；最后实施数据挖掘操作，运用选定的挖掘算法从数据库中抽取所需的知识。

（3）结果的解释和评价

数据挖掘阶段发现的知识，可能存在冗余或无关的知识，因此必须经过评估。然后，根据需要重复上述挖掘过程，直到获取所需知识为止。另外，由于数据挖掘最终要面临用户，因此，还需要对所挖掘的知识进行解释，便于用户理解和使用。

以上整个数据挖掘过程不断地循环和反复，以对所挖掘出来的知识不断求精和深化，最终达到用户满意的结果。

2. 电子商务中信息挖掘的目标

（1）帮助企业确定营销机制

数据信息经过数据挖掘技术进行处理后，可从中得到用于特定消费群体或个人定向营销的决策信息，从而确定企业的营销机制。

（2）帮助企业电子商务网站创造效益

电子商务网站每天都可能有上百万次的在线交易，生成大量的记录文件和登记表。利用数据挖掘技术，可以对这些数据进行分析和挖掘，充分了解客户的喜好、购买模式，设计出满足不同客户群体需要的个性化网站，进而增加企业的竞争力。

3. 电子商务中数据挖掘的技术与方法

数据挖掘源于人工智能。它利用人工智能中成熟的技术和方法对经过处理的数据进行分析，其利用的技术方法越多，所得到的信息也就越精确。

在电子商务中数据挖掘技术和方法，主要包括以下 6 种。

（1）聚类分析

聚类分析可在电子商务过程中从 Web 查找信息中聚集出具有相似特性的客户。划分出客户群后，能够帮助企业开发和执行其市场策略，Web 可根据客户群提供特定的服务。

（2）关联规则

关联规则挖掘是发现大量数据库中集之间的关联关系，这些关联关系可以帮助许多商务决策的制定。

（3）分类规则

分类是找出一个类别的概念描述，它代表了这类数据的整体信息，一般用规则或决策树模式表示。其目的是把新的记录分配到预先定义好的类中。

（4）时间序列模式的发现

按时间顺序查看时间事件数据库，从中找出另一个或多个相似的时序事件，通过时间序列搜索出重复发生概率较高的模式。发现序列模式，便于进行电子商务组织预测客户的查找模式，从而对客户进行针对性的服务。在时序模式中，一个重要影响的方法是相似时序。

（5）偏差分析

描述和分析数据的异常或极端现象，包括不规则数据、反常实例和观测结果与期望值的偏离等。其主要用于分析客户异常行为、信用欺诈甄别和数据质量控制以及网络安全管理和故障检测等领域。

（6）预测与评价

对历史数据进行综合分析和归纳，推理出数据分布的时效性和规律性，从而预测未来事件发展的趋势。

4．数据挖掘在电子商务中的作用

数据挖掘技术之所以可以服务电子商务，是因为它能够挖掘出活动过程中的潜在信息以指导电子商务营销活动，在电子商务中其作用有 4 个方面。

① 挖掘客户活动规律，以便针对性的在电子商务平台下，提供“个性化”的服务。

② 可以在浏览电子商务网站的访问者中挖掘出潜在的客户。

③ 优化电子商务网站中的信息导航，方便客户浏览。

④ 通过电子商务访问者的活动信息的挖掘，可以更加深入地了解客户需求。

5．数据挖掘技术在电子商务中的应用

（1）实施 CRM 战略，为客户提供个性化服务

基于数据挖掘的电子商务推荐系统通过对客户的访问行为、访问频度、访问内容等信息进行挖掘，提取客户的特征，获取客户访问模式。据此创建个性化的营销服务，主动向客户提供商品推荐，帮助客户便捷地找到感兴趣的商品。

（2）制定产品营销策略，优化促销活动

通过对商品访问和销售情况进行挖掘，企业能够获取客户的访问规律，针对不同的产品制定相应的营销策略。

（3）优化网站组织结构和服务方式，提高网站的效率

通过挖掘客户的行为记录和反馈情况为站点设计者提供改进的依据。进一步优化网站组织结构和服务方式以提高网站的效率。

（4）改进系统各项性能，增强系统安全性

数据挖掘可以通过客户的拥塞记录发现站点的性能瓶颈，以提示站点管理者改进 Web 缓存策略、网络传输策略、流量负载平衡机制和数据的分布策略。此外，还可通过挖掘分析网络的非法人员数据找到系统弱点并改进，提高站点可靠性，保证电子商务的正常开展。

（5）增强商业信用评估，构建和谐社会

通过数据挖掘技术对企业经营进行跟踪，开展企业的资产评估、利润收益分析和发展潜力预测，构建完善的安全保障体系，实施网上全程监控，强化网上交易和在线支付的安全管理。利用数据挖掘的信用评估模型，挖掘交易历史数据发现客户的交易数据特征，建立客户信誉度级别，有效地防范和化解信用风险，提高企业信用甄别与风险管理的水平和能力。

随着电子商务的发展，电子商务的数据挖掘将是一个非常有前景的领域。它将数据转化为知识，可以帮助决策者寻找数据问题潜在的关联，发现被忽略的因素，因而被认为是解决当今时代所面临的数据爆炸而信息贫乏问题的一种有效方法。它能自动预测客户的消费趋势、市场走向，指导商家提高销售额，改善企业客户关系，提高网站运行效率，改进系统性能，具有良好的发展和应用前景。

10.3.2　数据分析技术

数据分析是组织有目的地收集数据、分析数据，使之成为信息的过程。数据分析的目的是把隐没在一大批看来杂乱无章的数据中的信息集中、萃取和提炼出来，以找出所研究对象的内在规律。在实用中，数据分析可帮助人们做出判断，以便采取适当行动。在产品的整个寿命周期，包括从市场调研到售后服务和最终处置的各个过程都需要适当运用数据分析过程，以提升有效性。数据分析技术最有价值之处在于可建立回顾型模型，并常与数据挖掘技术结合使用。

1. 数据分析过程

典型的数据分析包含以下 3 个步骤。

（1）探索性数据分析

当数据刚取得时，可能杂乱无章，看不出规律，通过作图、造表、用各种形式的方程拟合，计算某些特征量等手段探索规律性的可能形式，即往什么方向和用何种方式去寻找和揭示隐含在数据中的规律性。

（2）模型选定分析

在探索性分析的基础上提出一类或几类可能的模型，然后通过进一步的分析从中挑选一定的模型。

（3）推断分析

通常使用数理统计方法对所定模型或估计的可靠程度和精确程度做出推断。

2. 数据分析过程实施

数据分析过程的主要活动由识别信息需求、收集数据、分析数据、评价并改进数据分析的有效性组成。

（1）识别信息需求

识别信息需求是确保数据分析过程有效性的首要条件，可以为收集数据、分析数据提供清晰的目标。识别信息需求是管理者的职责，管理者应根据决策和过程控制的需求，提出对信息的需求。就过程控制而言，管理者应识别需要利用那些信息支持评审过程输入、过程输出、资源配置的合理性、过程活动的优化方案和过程异常变异的发现。

（2）收集数据

有目的地收集数据，是确保数据分析过程有效的基础。需要对收集数据的内容、渠道、方法进行策划。策划时应考虑以下内容。

① 将识别的需求转化为具体的要求，如评价供方时，需要收集的数据可能包括其过程能力、测量系统不确定度等相关数据。

② 明确由谁在何时何处，通过何种渠道和方法收集数据。

③ 记录表应便于使用。

④ 采取有效措施，防止数据丢失和虚假数据对系统的干扰。

(3) 分析数据

分析数据是将收集的数据通过加工、整理和分析、使其转化为信息。通常用的方法有排列图、因果图、分层法、调查表、散步图、直方图、控制图、关联图、系统图、矩阵图、KJ 法、计划评审技术、PDPC 法、矩阵数据图等。

(4) 数据分析过程的改进

数据分析是质量管理体系的基础。组织的管理者应在适当时，通过对以下问题的分析，评估其有效性。

① 提供决策的信息是否充分、可信，是否存在因信息不足、失准、滞后而导致决策失误的问题。

② 信息对持续改进质量管理体系、过程、产品所发挥的作用是否与期望值一致，是否在产品实现过程中有效运用数据分析。

③ 收集数据的目的是否明确，收集的数据是否真实和充分，信息渠道是否畅通。

④ 数据分析方法是否合理，是否将风险控制在可接受的范围。

⑤ 数据分析所需资源是否得到保障。

10.4 电子交易安全技术

电子交易的安全问题始终束缚着电子商务系统的应用，能否提供安全可靠的环境，是开展电子商务活动的关键。电子交易的安全涉及计算机安全、网络安全和管理安全，是电子商务系统解决方案的重要组成部分。从技术角度而言，电子交易安全主要包括密码技术、公开密钥基础设施（PKI）、防火墙技术和计算机病毒及防治 4 个方面。

10.4.1 密码技术

密码技术是保证信息安全的主要手段之一，包括密码编制和密码分析两方面研究内容。前者是研究安全高效的密码算法，满足对消息加密的需求；后者是研究攻破密码系统的途径，恢复信息的本来面目。密码技术在电子商务中的应用主要是对称加密体制和非对称加密体制。

1. 对称加密体制

对称加密体制是指在加密和解密的过程中使用同一个密钥，也可以称之为单钥加密体制。在这种体制下，算法是公开的，密钥严格保密。工作时，明文和密钥作为数据输入项，经加密算法处理变成密文；密文和密钥作为数据输入项，经解密算法处理变为明文。

(1) 对称加密体制的优缺点

对称加密体制的优点是算法效率高，系统实现简单。但缺点也很明显。

① 通信双方通信前必须交换密钥，此时最易泄密。

② 系统脆弱，容易受到攻击。一旦密钥被非法获取，不仅密文失去机密性，攻击者还

能以合法身份发送伪造信息。

③ 密钥数量与用户数量的关系是 $N*(N-1)/2$。用户数增加时，密钥数量增长过快。

对称加密体制既可用来加密信息，又可鉴别身份。在实际通信中，一般用公钥密码体系保护密钥，用单钥密码系统加密信息。

（2）对称加密体制的加密模式

对称加密体制的加密模式主要有两种：流密码（序列密码）和分组密码。

① 流密码。

其工作原理为：通过有限的状态随机产生伪随机序列，使得该序列逐位对信息流加密，得到密文序列。其优点为：加密模式错误扩展小、速度快、容易同步、安全程度高，适合用硬件实现。

② 分组密码。

其工作原理为：将明文分成固定长度的若干组，如 64bit 为一组，用同一密钥对该信息组加密，得到固定长度的密文组。其优点为：明文信息扩展性好，对非法插入的信息具有敏感性。这种加密方法的思路是给统计分析造成障碍，避免攻击者从密文推测出密钥，适合用软件实现。

（3）对称加密体制中的典型算法

对称加密体制中的典型算法主要包括 DES 算法、IDEA 算法和 AES 算法。其中，最常见的是 DES 算法。

① DES 算法。

数据加密标准（DES）算法是一种典型的分组加密算法，它将二进制序列的明文按 64bit 分为一组，密钥的有效长度是 56 位，基本运算就是替换和移位。替换是为了达到扰乱的效果，使信息块的输出位和输入位没有明显的关系，移位是为了达到扩散的效果，将明文的效果扩展到密文的其他位。加密的强度是通过反复使用基本运算来实现。由于 DES 算法是个可逆的过程，对明文加密和对密文解密的步骤完全相同，因此加密的实现非常方便，但同时也减少了破译的工作量。目前，国际上已经对 DES 的破译取得了突破型进展，有人在网络运算的支持下，利用穷举法在 20 多小时内破译了 56 位的密钥。

② IDEA 算法。

IDEA 算法是一种对称分组加密算法，将明文按 64bit 分为一组，密钥长度为 128 位，加密的主体是循环函数和密钥生成函数。在循环函数中包括异或运算、16 位整数的二进制加法、乘法，形成复录的转换。密钥的生成赖于循环移位。IDEA 共有 8 次循环，每次循环会产生 6 个子密钥。这种算法对密码分析有极强的抵抗能力。

③ AES 算法。

AES 算法由美国国家标准技术研究所提出，用以替代不够安全的 DES 算法，并由西班牙密码专家 Joan Daemen 和 Vincent Rijmen 实现。该算法具有可变的分组长度和密钥长度，3 个长度分别为 128/192/256 的密钥用来加密 128/192/256 的分组，相应的循环次数为 10/12/14。

2．非对称加密体制

非对称加密体制是在加密和解密的过程使用两个数字相关的密钥对信息进行处理，也可称为公钥加密体制。这种体制下，存在一个密钥对，分别是公钥和私钥。使用公钥加密，必须使用私钥解密；反之，使用私钥加密，必须使用公钥解密。如果公钥用于加密，非对称加密体制用于加密与解密；如果公钥用于解密，非对称加密体制主要用于身份鉴别。

(1) 非对称加密体制的优缺点

非对称加密体制很好地解决了密钥的发布和管理问题。其主要优点为：交易实体可以公开自己的公钥，避免交易过程中的密钥交流，安全性高。除了可用于信息加密外，还可用于数字签名。其主要缺点是加密速度慢，特别在数据量较大时。

(2) 非对称加密体制的典型算法

非对称加密体制有许多公钥加密的方法，安全性都是基于复杂的数字难题，被认为安全、有效的主要有3类：大整数因子分解、离散对数和椭圆曲线离散对数。它们各自的典型算法如下。

① RSA算法。

RSA算法是公钥系统中应用最广泛的，其安全性是基于大因子分解。利用RSA算法产生两个密钥的过程简述如下。

a. 任选两个足够大的质数 P 和 Q。

b. 计算 P 和 Q 的乘积 $n=P*Q$。

c. 随机选取一个小于 n 的数，使其与 $(P-1)*(Q-1)$ 互质。

d. 另找一个数 d，使其满足 $(e*d)=1 \bmod [(P-1)*(Q-1)]$；(mod 为求余运算)。

e. (n, e) 是公开密钥，(n, d) 是私有密钥。

f. 加密和解密运算公式：明文 $m=C^{e}(\bmod n)$，密文 $C=m^{e}(\bmod n)$。

RSA算法的强度取决于 n，如果 n 足够大，要想从 (n, e) 中推出 d，只能做大整数的因子分解。由于RSA算法涉及高次幂运算，用软件实现较慢，一般用硬件来实现。

由于DES算法的效率优于RSA算法，RSA算法安全性优于DES算法，因此，在实际通信中，一般用DES加密原始消息，采用RSA中的私钥对原始消息的摘要进行数字签名。

② ElGamal算法。

ElGamal算法是一种基于离散对数的公钥密码系统，仅用于数字签名。其特点为：密文不仅依赖于明文，还依赖于随机数 k，如果 k 取不同的数值，即使是相同的明文，密文也不同。

③ 椭圆曲线密码算法。

椭圆曲线离散对数是比因式分解更难的问题，它是目前已知的最强的公钥密码算法。相较于RSA算法，它计算量小、处理速度更快，占用的存储空间更小，在同等位长密钥的情况下，抗攻击能力更强。

10.4.2 公开密钥基础设施

公开密钥基础设施（Public Key Infrastructure，PKI）是一种遵循既定标准的密钥管理平台，它能够为所有网络应用提供加密和数字签名等密码服务及所必需的密钥和证书管理体系。简而言之，PKI就是利用公钥理论和技术建立的提供安全服务的基础设施。PKI技术是信息安全技术的核心，也是电子商务的关键和基础技术。

1. PKI的基本构成

PKI为电子商务的交易安全确立了框架，一般至少由4个基本部分构成：注册机构（Registration Authority，RA）、认证中心（CA）、技术标准和PKI应用接口。其中，最核心的部分是CA。

(1) 注册机构RA

RA主要是接受用户的申请，其主要职责为：① 对数字证书申请者的合法性和真实性进行确认；② 对数字证书内容变更的审批；③ 对生成密钥对或恢复备份密钥请求进行审批。

（2）认证中心 CA

CA 是电子商务安全的关键，是交易实体相互信任的基础。其两大职能如下。

① 签发证书。

CA 服务器收到 RA 的签发证书请求和数据包后，对数据包进行数字签名，生成数字证书，并将其写入证书库。用户可以通过轻量目录访问协议（LDAP）访问证书库发布的信息。

② 撤销证书。

当证书超过有效期或由于其他原因（如密钥丢失等）需要停止数字证书的使用，CA 即会撤销原有数字证书。撤销策略有 3 种：撤销一个或多个主体的证书；撤销由某一对密钥签发的所有证书；撤销由某 CA 签发的所有证书。CA 服务器撤销证书，并不将其物理删除，而是存放到证书撤销列表（CRL）中。

（3）技术标准

技术标准主要用于对注册流程、数字证书格式、证书撤销列表（CRL）格式、数字签名的格式、各种通信协议等进行定义和规范。

（4）PKI 应用接口系统

PKI 应用接口系统是跨平台的系统，它能使各种应用以安全、一致、可信的方式与 PKI 交互，而避免应用系统过多地与 PKI 内部交互。同时，PKI 应用接口系统方便程序员进行管理和开发。

2. PKI 中的密钥管理

PKI 体系的安全完全依赖于密钥。其签名密钥对的私钥原则上由用户保留，其他机构不存储、不备份，以保证私钥的唯一性；签名密钥对的公钥由于是提供给所有需要用户的，可以在其他机构保留备份。而加密密钥对的私钥和公钥均需要保留备份。这样，如果用户签名密钥对的私钥丢失，则由用户重新生成，以前的签名可以由旧的签名密钥对的公钥验证，以前的密文可以由加密密钥对的私钥解密。

PKI 中的密钥管理是全生命周期的，具体如下。

（1）密钥产生

密钥对可以在客户端产生，也可以在 CA 产生。如果在客户端产生，则需将公钥传递给 CA；如果在 CA 产生，则需将私钥传递给用户。前者安全性相对较高，后者产生的密钥质量较高，方便密钥对的备份，但需要安全的私钥传递通道。

签名密钥对必须在客户端产生，因为其私钥只能由用户唯一拥有，其签名的公钥必传递给 CA，并可根据需要发布。

（2）私钥保存

私钥保存一般有 3 种方法：存储在不可写的硬件中、存储在硬盘的加密文件中、存储在数字证书服务器中。无论哪种方法，对私钥的存取都应引入验证机制。

（3）密钥更新

密钥更新是系统安全和管理的基本要求。无论密钥是否泄露，都应定期更新；如果密钥泄露、超过有效期或相关人员调离，则必须及时更新密钥对。

（4）密钥的备份和恢复

用户密钥丢失或损坏以后，必须由一个可信的第三方机构（如 CA）进行恢复。但是，只有加密/解密密钥对才能备份和恢复，它存储在 CA 的服务器中；而数字签名的密钥对不能恢复，只能由用户重新生成。

（5）密钥撤销和归档

当密钥超过有效期或相关人员调离时，应将该密钥撤销。对于撤销的密钥或更新后的旧密钥，应将其归档。将加密密钥归档，可以解读以前的信息；签名公钥归档，可以校验以前的数字签名，签名私钥必须在客户端彻底消除。

10.4.3 防火墙技术

防火墙指的是一个由软件和硬件设备组合而成、在内部网和外部网之间、专用网与公共网之间的界面上构造的保护屏障。它是一种计算机硬件和软件的结合，使互联网与内部网之间建立起一个安全网关（Security Gateway），从而保护内部网免受非法用户的侵入。

1. 防火墙的特性

防火墙中制定了一套强制性的访问控制策略，具有以下基本特性。

① 内部网络和外部网络之间的所有网络数据流都必须经过防火墙。

② 只有符合安全策略的数据流才能通过防火墙。

③ 防火墙自身应具有非常强的抗攻击免疫力。

2. 防火墙的功能

（1）防火墙是网络安全的屏障

防火墙作为阻塞点、控制点，能极大地提高内部网络的安全性，并通过过滤不安全的服务而降低风险。由于只有经过精心选择的应用协议才能通过防火墙，从而使网络环境变得更安全。

（2）防火墙可以强化网络安全策略

通过以防火墙为中心的安全方案配置，能将所有安全软件（如口令、加密、身份认证、审计等）配置在防火墙上。与将网络安全问题分散到各个主机上相比，防火墙的集中安全管理更加安全、经济。

（3）对网络存取和访问进行监控审计

如果所有的访问都经过防火墙，那么防火墙就能记录下这些访问并做出日志记录，同时也能提供网络使用情况的统计数据。当发生可疑动作时，防火墙能进行适当的报警、主动进行防御，并提供网络是否受到监测和攻击的详细信息。

（4）防止内部信息的外泄

隐私是内部网络非常关心的问题，一个内部网络中不引人注意的细节可能包含了有关安全的线索而引起外部攻击者的兴趣，甚至因此而暴露了内部网络的某些安全漏洞。通过利用防火墙对内部网络的划分，可实现内部网重点网段的隔离，从而限制了局部重点或敏感网络安全问题对全局网络造成的影响。

除了安全作用，许多防火墙还支持具有互联网服务特性的企业内部网络技术体系 VPN（虚拟专用网）。

3. 防火墙的防护机制

防火墙的作用是建立在合理的防护机制上，防护机制是实现防火墙的理论依据。防火墙的防护机制包括过滤机制、代理服务机制、数据加密机制以及审查跟踪机制。

（1）过滤机制

过滤机制是按照一定的规则有选择性地让数据流进/出网络。它可以保证网络的信息不会被非法访问，也不会非法外泄。其分为两种实现方式：数据包过滤机制和应用层过滤机制。前者在网络层实现，根据源 IP 地址和目的 IP 地址来控制对网络的访问，不识别数据流的具体意义；后者在应用层实现，理解数据流的具体意义，按照设定的安全策略和保护规则，过滤掉不合要求的数据，转发其余的信息。由于应用层过滤机制可以识别信息内容，因此对系统的控制灵活、安全性高。数据包过滤机制和应用层过滤机制可以单独使用，也可以综合使用。

（2）代理服务机制

代理服务机制即通过应用网关在内网与外网之间提供转发服务，可以避免暴露网络内部用户的身份和 IP 地址。其分为两种实现方式：透明代理服务和非透明代理服务。前者适用于内部用户访问外部服务器；后者又称为反向代理服务，适用于外部用户访问内部服务器，但访问时必须提供身份验证。

（3）数据加密机制

由于防火墙是进出数据必经之路，因此能够方便地实现加密、解密和完整性检查。除了支持加密算法，数据加密机制还支持对称密钥和 PKI 的公钥管理。

（4）审查跟踪机制

审查跟踪机制即对网络上发生的事件进行记录、分析、并及时产生多种审查和报警报告。防火墙具有日志功能，不间断地对网络进出记录加以监控，并控制对网络敏感信息和资源的访问。

4. 防火墙的关键技术

防火墙机制是建立防火墙系统的基本依据，但其实现需要应用关键技术，主要如下。

（1）包过滤技术

包过滤技术（IP Filtering or Packet Filtering）的原理在于监视并过滤网络上流入流出的 IP 包，拒绝发送可疑的包。在基于 TCP/IP 的网络中，数据被拆成多个 IP 包进行传送。防火墙在访问控制列表中设定包过滤的规则，并根据访问控制逻辑，检查数据包的源 IP 地址及端口、目的 IP 地址及端口以及 TCP 报头中的 ACK（ACKnowledge Character，确认字符）位，以确定访问是否合法。由于包过滤技术控制逻辑相对简单，可以提供透明的安全检查，通常将此技术应用于路由器，构成防火墙系统的第一层防护，但前提是配置必须合理。由于包过滤规则是否完全严密及必要是很难判定的，因而在安全要求较高的场合，通常还配合使用其他的技术来加强安全性。

（2）代理服务技术

代理服务技术可以应用于链路层和应用层，其代表是链路级网关和应用网关。

① 链路级网关。

链路级网关可以是单独的系统，也可以是应用网关的一个模块，工作在会话层。它不允许建立端到端的链接，而是分别对内网和外网建立两个 TCP 连接。一旦允许双方通信，由链路级网关在两个主机之间转发数据包，并不监控通信内容。

② 应用网关。

应用网关可以在应用层拦截数据流，实现比包过滤更严格的安全策略，完成协议过滤和数据转发功能。代理服务针对特定的应用制定规则，只接收和符合规则要求的数据包。应用网关完全监控通信双方的会话过程，支持可靠的用户身份认证，提供详细的日志和安全审计功能。

（3）状态检测技术

状态检测技术应用在网关上，它在不影响网络正常通信的情况下，对网络各层进行检测并抽取数据，以备分析，从而制定安全策略。

（4）网络地址转换技术

网络地址转换（Network Address Translation，NAT）被广泛应用于各种类型互联网接入方式和各种类型的网络中，用以解决 IP 地址不足的问题。同时，可以有效地避免来自网络外部的攻击，隐藏并保护网络内部的计算机。

（5）安全审计技术

安全审计的基础是完整的日志，防火墙必须对进、出操作做详细记录，同时应引入报警机制，实现自动审计。

（6）负载均衡技术

负载均衡技术（Load Balance）建立在现有网络结构之上，它提供了一种廉价、有效、透明的方法，来扩展网络设备和服务器的带宽、增加吞吐量、加强网络数据处理能力、提高网络的灵活性和可用性。它有两方面的含义。

① 大量的并发访问或数据流量分担到多台节点设备上分别处理，减少用户等待响应的时间。

② 单个重负载的运算分担到多台节点设备上做并行处理，每个节点设备处理结束后，将结果汇总，返回给用户，系统处理能力得到大幅度提高。

5．防火墙难以解决的问题

虽然防火墙可以有效解决网络侵害，但无法解决以下问题。

① 不能防范不经防火墙的攻击。

② 不能防范数据驱动型攻击。

③ 不能防范计算机病毒。

10.4.4 计算机病毒及防治

计算机病毒指利用计算机软件与硬件的缺陷，破坏计算机数据并影响计算机正常工作的一组指令集或程序代码。自 1983 年 11 月 3 日美国计算机专家首次提出了计算机病毒的概念并进行了验证以来，病毒的破坏性、隐蔽性不断提高，病毒的类型和数据也急剧增长。病毒的袭击会造成巨大的经济损失和强烈的社会动荡，因此，病毒的防治引起业界广泛关注。近几年来，从病毒恶性破坏的案例来看，病毒制造者逐步由“求名”转向“逐利”，最常见的做法是，病毒制造者和发布者利用病毒和木马窃取用户的网银账户信息、密码以及虚拟物品等，给用户带来极大的损失。

1．计算机病毒的特点

（1）寄生性

计算机病毒寄生在其他程序之中，当执行这个程序时，病毒即起破坏作用，在未启动这个程序之前，不易发觉。

（2）破坏性

计算机中毒后，可能会导致正常的程序无法运行，把计算机内的文件删除或受到不同程度的损坏。通常表现为：增、删、改、移。

（3）传染性

病毒不但本身具有破坏性，更有害的是具有传染性，一旦病毒被复制或产生变种，其速度之快令人难以预防。

（4）潜伏性

潜伏性的第一种表现是指，病毒程序不用病毒检测程序是检查不出来的，有的甚至使用病毒检测程序也无法检测。一旦时机成熟，得到运行机会，就会四处繁殖、扩散；潜伏性的第二种表现是指，计算机病毒的内部往往有触发机制，不满足触发条件时，病毒只感染而不破坏。一旦触发，则破坏性马上凸显出来。

（5）隐蔽性

许多病毒具有很强的隐蔽性，有的可以通过病毒检测程序检查出来，有的根本查不出来，有的时隐时现、变化无常，这类病毒处理起来通常很困难。

（6）不可预见性

有的病毒会利用反监测技术，会改变自身特性，迅速产生变种，让病毒检测程序失效；有的会主动发起攻击，第一时间让病毒检测程序停止服务；还有的病毒感染的同时，下载或生成木马，让用户防不胜防。这些，都增加了病毒的不可预知性。

2. 计算机病毒的类型

计算机病毒具有多种特性，按照不同的特性，有不同的分类方法。根据病毒特有的算法来分，可将病毒分为五种类型：

（1）伴随型病毒

这类病毒并不改变文件本身，它们根据算法产生文件或文件夹的伴随体，当加载时，优先执行伴随体。

（2）“蠕虫”型病毒

通过计算机网络传播，不改变文件和资料信息，利用网络从一台机器的内存传播到其他机器的内存，计算网络地址，将自身的病毒通过网络发送。有时它们在系统存在，一般除了内存不占用其他资源。

（3）寄生型病毒

除了伴随和“蠕虫”型，其他病毒均可称为寄生型病毒，它们依附在系统的引导扇区或文件中，通过系统的功能进行传播。

（4）诡秘型病毒

利用空闲的数据区进行工作，它们一般不直接进行设备中断和删除扇区数据，而是通过设备技术和文件缓冲区等进行内部修改，从而造成破坏。

（5）变型病毒

此类病毒使用复杂的算法，使自己每传播一次都具有不同的内容和长度。它们一般是由一段混有无关指令的解码算法和被变化过的病毒体组成。

3. 计算机病毒检测

由于病毒的多样性，因此检测方法的原理也各不相同，适用的对象也有所差异，常用的检测方法有如下 4 种。

（1）特征代码法

根据已知病毒样本，采集其特征码，检测病毒时比较文件中是否含有该特征码，检测准确，误报率低，但无法检测未知病毒、多态病毒，检测效率低。

（2）检验和法

对正常文件计算其校验和，并保存在某个文件中。只要文件发生变化，校验和即会改变。通过此种办法检测病毒，可检测出已知病毒和未知病毒，但误报率高，不能识别病毒名称。

（3）行为检测法

利用病毒特有的行为来检测病毒，可检测出多数未知的病毒和多态病毒，但误报率高，不能识别病毒名称。

（4）软件模拟法

利用软件方法模拟、分析病毒程序的运行，可以动态监测病毒特征码的变化，一旦发现特征码，即用特征代码方法识别病毒，主要用于检测多态病毒。

4. 计算机病毒的防治

计算机病毒防治是一项综合性的工作，不仅需要软件硬件解决方案，而且需要规范的管理。病毒的防治既要形成一个稳定的体系，又要紧跟技术的发展。以下是计算机病毒防治的建议，但并不是一成不变的，应用时需要根据实际进行调整和完善。

（1）建立多层病毒防护体系

其具体方法可根据网络安全的要求和网络结构而定，有效手段有以下几种。

① 构建反病毒服务器。

构建反病毒服务器，常见的做法是利用网络版杀毒软件构建，在网络中至少包括一台服务器和多个客户端。服务器的病毒代码库连接到互联网更新，所有客户端的病毒代码库连接到反病毒服务器上。这样，即使某些客户端不能连接到互联网，也能保证病毒代码库为最新。

其主要功能包括：实时扫描和监测网络间交换的数据流，查杀绝大部分计算机病毒；通过智能分析模块，能够查杀未命名的新病毒；提供系统扫描日志和报告等。

② 选择合适的杀毒软件。

无论是否有反病毒服务器，每台客户端都必须安装杀毒软件，并保证病毒特征库为最新，并由专人进行检测和更新。同时，杀毒软件必须具备以下特征：必须实现全网络化的远程管理；必须具备优秀的监控能力；必须具备先进的全面的杀毒引擎。

③ 构建防病毒网关。

防病毒毒网关是一种网络设备，用以保护网络内（一般是局域网）进出数据的安全。其主要功能为：病毒清除、关键字过滤（如色情、反动）、垃圾邮件阻止。

④ 设定合理的防火墙规则。

防火墙虽然不能清除病毒，但可以通过设定规则、限制端口来限制许多计算机病毒，特别是网络病毒的运行，降低其破坏性。

⑤ 划分虚拟子网。

虚拟子网（Virtual Local Area Network，VLAN）指把一个 LAN 划分成多个逻辑的 LAN-VLAN，每个 VLAN 是一个广播域，VLAN 内的主机间通信就和在一个 LAN 内一样，而 VLAN 间则不能直接互通。其目的主要为了解决交换机在进行局域网互连时无法限制广播的问题。有效利用 VLAN 技术，可以限制由于病毒而引起的广播风暴，从而降低病毒特别是网络病毒的危害性。

（2）制定严格的管理制度

制定严格的管理制度包括上网管理制度、专机专用制度、密码管理制度、数据备份制度及其他工作制度等，对上机、上网进行严格约束，减少感染病毒的途径，降低病毒造成的系统、数据损失。

（3）形成良好的使用习惯

形成良好的使用习惯包括：建立良好的安全习惯，对一些来历不明的邮件及附件不要打开，不要上一些不太了解的网站等；关闭或删除系统中不需要的服务；经常升级安全补丁；尽量使用复杂的密码；迅速隔离受感染的计算机；了解一些计算机病毒知识；安装专业的杀毒软件进行全面监控；用户还应该安装个人防火墙软件等。

10.5　电子支付技术

电子支付技术是在传统支持方式的基础上发展起来的，以网络为主要通信平台，利用计算机技术、安全和密码技术实现资金的转移。随着互联网的发展，遍布全球的网络已成为电子商务的主要交易场所。因此，电子支付也可以称为网上支付。目前主要的支付协议有 SSL、SET、Digicash、FirstVirtual、Netbill 等，其中最有影响的是 SSL 和 SET。

10.5.1　SSL

安全套接层协议（Secure Socket Layer Protocol，SSL）是美国网景（Netscape）公司开发的基于网络会话层上的安全协议，用于浏览器和 Web 服务器之间的安全连接。它通过数字签名和数字证书实现客户机和服务器的身份验证，通过公开密钥和私有密钥加密保证通信安全，广泛应用于电子商务安全电子支付环节。

1. SSL 协议分析

SSL 协议位于 TCP/IP 与各种应用层协议之间，为数据通信提供安全支持。SSL 协议分为两层，下层是 SSL 记录协议，上层包括 3 个子协议，即握手协议、更改密码规程协议和报警协议，其中最主要的是记录协议和握手协议。SSL 记录协议（SSL Record Protocol）建立在可靠的传输协议（如 TCP）之上，为高层协议提供数据封装、压缩、加密等基本功能的支持。SSL 握手协议（SSL Handshake Protocol）则建立在 SSL 记录协议之上，用于在实际的数据传输开始前，通信双方进行身份认证、协商加密算法、交换加密密钥等。

2. SSL 协议提供的服务

SSL 协议提供的服务主要包括 3 个方面。

① 认证用户和服务器，确保数据发送到正确的客户机和服务器。

② 加密数据以防止数据中途被窃取。

③ 维护数据的完整性，确保数据在传输过程中不被改变。

3. SSL 协议的工作流程

（1）服务器认证阶段

① 客户端向服务器发送一个开始信息“Hello”，以便开始一个新的会话连接。

② 服务器根据客户的信息确定是否需要生成新的主密钥，如需要则服务器在响应客户的“Hello”信息时，将包含生成主密钥所需的信息。

③ 客户根据收到的服务器响应信息，产生一个主密钥，并用服务器的公开密钥加密后

传给服务器。

④ 服务器恢复该主密钥，并返回给客户一个用主密钥认证的信息，以此让客户认证服务器。

(2) 用户认证阶段

在此之前，服务器已经通过了客户认证，这一阶段主要完成对客户的认证。经认证的服务器发送一个提问给客户，客户则返回（数字）签名后的提问和其公开密钥，从而向服务器提供认证。

4. 基于SSL协议的银行卡支付过程

基于SSL协议的银行卡支付涉及多个参与方，包括客户端浏览器（持卡人）、商家服务器、银行服务器、CA认证机构甚至第三方机构的支付网关。但是，在真正的支付过程中，CA认证机构不参与通信，仅仅离线颁发数字证书。

现阶段，银行卡的支付主要有两种方案。

(1) 持卡人通过商家服务器向银行发送账户信息

① 持卡人与商家服务器建立SSL连接，登录网站，向商家发出购买请求。

② 商家响应持卡人要求，发出"同意支付"等信息，包括银行或支付网关的数字证书。

③ 持卡人使用得到的银行或支付网关的公开密钥加密支付信息，并将其与购买信息捆绑，发送给商家服务器。

④ 商家使用银行或支付网关的公开密钥加密支付信息，并将其与持卡人的加密支付信息一起发送给银行或支付网关服务器，请求支付。

⑤ 银行或支付网关服务器用自己的私钥解密商家发来的信息，将商家的账户信息和持卡人支付信息转到银行内部网，由发卡银行验证卡的有效性，并完成账户之间的资金结算。

⑥ 银行或支付网关服务器和自己的私钥加密支付结果，发送给商家。

⑦ 商家服务器用银行或支付网关的公钥解密结果，并发送给持卡人。

⑧ 商品配送。

(2) 持卡人直接向银行服务器发送账户信息

此方案较前一种更加安全，但在支付流程和消息内容上有些差别。持卡人与商家服务器、银行或支付网关分别建立SSL连接，账户信息不经过商家服务器，直接传送到银行或支付网关。

在基于SSL的银行卡支付过程中，SSL协议只是建立了持卡人的客户机到商家服务器、银行或支付网关服务器的安全信通，但持卡人的身份真实性和交易双方的不可抵赖性仍未解决。因此，SSL技术与完备的PKI体系相结合才能更好地支持支付过程。

10.5.2 SET

安全电子交易协议（Secure Electronic Transaction，SET）由威士（VISA）国际组织、万事达（MasterCard）国际组织创建，结合IBM、Microsoft、Netscope、GTE等公司制定的电子商务中安全电子交易的一个国际标准。其主要目的是解决信用卡电子付款的安全保障性问题，这包括：保证信息的机密性，保证信息安全传输，不能被窃听，只有收件人才能得到和解密信息；保证支付信息的完整性，保证传输数据完整接收，在中途不被篡改；认证商家和客户，验证公共网络上进行交易活动包括会计机构的设置、会计人员的配备及其职责权利的履行和会计法规、制度的制定与实施等内容。合理、有效地组织会计工作，意义重大，它有助于提高会计信息质量，执行国家财经纪律和有关规定；有助于提高经济效益，优化资源配置。会计工作的组织必须合法合规。讲求效益，必须建立完善的内部控制制度，必须有强有力的组织保证。

SET 协议将对称密钥和非对称密钥两种加密机制的优势结合在一起，利用 DES 算法、RSA 算法实现数据加密、数字签名和数字信封等安全措施。在公钥基础设施（PKI）和 X. 509 数字证书标准的支持下具体规定了交易参与方的操作流程。这一系列技术手段为电子商务的 B2C 模式提供了可靠保障。SET 是一个完备的信用卡支付协议，可以支持各种银行卡，实现支付过程的所有需求。

1. SET 的特性

（1）数据机密性

SET 协议可以保证持卡人的账户信息和支付信息在网上安全传输。采用 DES 算法加密信息，避免无关方的窥探；利用双重签名的方法保证持卡人的账户信息不会暴露给商家。

（2）数据完整性

SET 协议可以保证支付信息不被篡改。利用 Hash 函数生成 MAC（数字摘要），验证发送消息的完整性。

（3）身份验证

SET 协议支持商家、持卡人和支付网关的多方身份验证。使用 X. 509 数字证书标准和 RSA 算法，在 SET CA 的支持下，实现交易参与方的在线身份认证。

（4）不可抵赖性

在交易中发布的数字证书包含了交易的过程信息，无论是商家还是客户，均不能否认自己发出的信息。

2. SET 交易参与方

SET 支付系统主要由持卡人（CardHolder）、商家（Merchant）、发卡行（Issuing Bank）、收单行（Acquiring Bank）、支付网关（Payment Gateway）、认证中心（Certificate Authority）6 个部分组成。对应地，基于 SET 协议的网上购物系统，至少包括电子钱包软件、商家软件、支付网关软件和签发证书软件。

3. SET 协议的工作流程

① 消费者利用自己的 PC 机通过互联网选定所要购买的物品，并在计算机上输入订货单，订货单上需包括在线商店、购买物品名称及数量、交货时间及地点等相关信息。

② 通过电子商务服务器与有关在线商店联系，在线商店做出应答，告诉消费者所填订货单的货物单价、应付款数、交货方式等信息是否准确，是否有变化。

③ 消费者选择付款方式，确认订单签发付款指令。此时 SET 开始介入。

④ 在 SET 中，消费看必须对订单和付款指令进行数字签名，同时利用双重签名技术保证商家看不到消费者的账号信息。

⑤ 在线商店接受订单后，向消费者所在银行请求支付认可。信息通过支付网关到收单银行，再到电子货币发行公司确认。批准交易后，返回确认信息给在线商店。

⑥ 在线商店发送订单确认信息给消费者。消费者端软件可记录交易日志，以备将来查询。

⑦ 在线商店发送货物或提供服务，并通知收单银行将钱从消费者的账号转移到商店账号，或通知发卡银行请求支付。在认证操作和支付操作中间一般会有一个时间间隔，例如，

在每天的下班前请求银行结一天的账。

前两步与 SET 无关，从第三步开始 SET 起作用，一直到第六步，在处理过程中，通信协议、请求信息的格式、数据类型的定义等 SET 都有明确的规定。在操作的每一步，消费者、在线商店、支付网关都通过 CA（认证中心）来验证通信主体的身份，以确保通信的对方不是冒名顶替，因此，可以简单地认为 SET 规范充分发挥了认证中心的作用，以维护在任何开放网络上的电子商务参与者所提供信息的真实性和保密性。

10.6 网络信息检索技术

面对互联网的海量信息，我们如何方便、快捷地找到自己所需的信息？面对众多的搜索引擎、网络资源目录以及各种专业搜索工具，用户往往会不知所措。其实，我们并不需要了解每种检索工具的性能和特点，只要掌握通用的检索策略及技巧，很容易触类旁通，对网络资源的检索达到应用自如。

10.6.1 检索策略

1. 确定自己的问题是否适合互联网检索

虽然互联网的检索工具已经足够强大，但即使索引数据库最强大的搜索引擎，其覆盖的网页范围也仅占网页总数的 15% ~20%。因此，并不是所有的问题都适宜于互联网检索。“在互联网上能找到任何东西”只不过是句空话。

2. 了解互联网信息检索的特殊性

互联网信息检索的特殊性就在于信息资源的特殊性：① 信息资源数量过于庞大；② 信息资源标识并没有统一的标准。因此，利用互联网检索，通常会出现两个反差：第一种是检索结果过多，难以筛选；第二种则是一无所获。

3. 了解可用的检索工具

选择合适的检索工具，往往会得到较好的检索结果。

4. 仔细分析信息需求并选择合适的检索工具

分析信息需求，是为了了解信息需求的界限，从而确定合适的检索工具。如希望快速找到少量的精确的匹配关键词的结果，可利用搜索引擎，方便快捷。

5. 根据检索结果调整检索策略

成功的检索往往不是一次成功的，是由好几次检索组成的。如果对自己检索的内容不熟或检索专业程度较高的概念，即使是检索专家，也不一定能保证一次就能满足检索需求。正确的做法是，先利用简单的关键词进行测试，从检索结果中获取更多的信息，再设计更好的关键词进行检索，重复多次以后，会得到较好的关键词组合，从而获取满意的检索结果。

6. 检索必须找对地方

很多检索者喜欢利用搜索引擎，而且有些只会使用搜索引擎进行检索。实际上，许多实时的信息、专业程度较高的信息，利用搜索引擎是无法得到的。这是因为搜索引擎的信息有一定滞后性，专业程度较高的信息往往会有版权等方面限制。检索这些信息，往往需要到专业网站。

7. 选择合适的提问方式

应当根据检索需求来调整检索提问，扩大或缩小检索范围。当仅需要确切的答案时，应从最主要关键词检索，保证找到的文档和主题完全相关，这类检索通常称狭窄检索；当没有明确检索目标，仅有一些零散的背景知识时，应从最宽泛关键词检索，一旦发现有价值信息，可尽量利用它，以找出更多的信息，这类检索通常称为宽泛检索。狭窄检索的风险在于容易漏掉许多相关信息；宽泛检索的风险在于容易出现大量无效结果。

10.6.2　互联网检索技术

互联网检索技术种类繁多，最常用的主要有以下 4 种。

1. 布尔逻辑检索

布尔检索法是指利用布尔逻辑运算符连接各个检索词，然后由计算机进行相应逻辑运算，以找出所需信息的方法。在所有检索技术中，布尔逻辑检索使用面最广、使用频率最高。布尔逻辑运算符的作用是把检索词连接起来，构成一个逻辑检索式。常用的有 3 种。

（1）逻辑与

逻辑与“AND”或“ * ”表示。可用来表示其所连接的两个检索项的交叉部分，也即交集部分。如果用 AND 连接检索词 A 和检索词 B，则检索式为：A AND B（或 A * B）：表示检索结果为同时包含检索词 A 和检索词 B 的信息。

（2）逻辑或

逻辑或用“OR”或“ + ”表示。用于连接并列关系的检索词。用 OR 连接检索词 A 和检索词 B，则检索式为：A OR B（或 A + B）。表示检索结果为含有检索词 A、B 之一，或同时包括检索词 A 和检索词 B 的信息。

（3）逻辑非

逻辑非用“NOT”或“ - ”号表示。用于连接排除关系的检索词，即排除不需要的和影响检索结果的概念。用 NOT 连接检索词 A 和检索词 B，检索式为：A NOT B（或 A - B）。表示检索结果为含有检索词 A 而不含检索词 B 的信息。

2. 截词检索

截词检索就是用截断的词的一个局部进行的检索，并认为凡满足这个词局部中的所有字符（串）的信息，都为命中信息。截词检索也是一种常用的检索技术，是防止漏检的有效工具，尤其在西文检索中，更是广泛应用。截词技术可以作为扩大检索范围的手段，具有方便用户、增强检索效果的特点，但一定要合理使用，否则会造成误检。按截词的位置来分，截词可有后截词、前截词、中截词 3 种类型，其中最常见的为后截词。

截词可分为有限截词（即一个截词符只代表一个字符）和无限截词（一个截词符可代表多个字符）。不同的检索系统所用的截词符不同，但常用的有“?”、“ $ ”、“ * ”等，一般而言，“?”表示一个字符，但在无限截词中也可表示一个字符串；“ * ”表示一个字符串；“ $ ”常用于前截断，表示与该词根具有相同含义的词，如 $manage 可以表示 management、manager 等。

3. 限制检索

限制检索是通过限制检索范围，达到优化检索结果的方法，多于搜索引擎和某些专业检索系统。限制检索的方式有多种，如字段检索、使用限制符、采用限制检索命令等。如“host：www. edu. cn”指只查找中国教育和科研计算机网服务器上的信息。

4. 位置检索

位置检索常用于文献信息检索，其中联机检索系统应用最为广泛。它要求检索词以用户所规定的相对位置出现，例如使两个（或多个）检索词相连（可以此表示词组）或相邻，或同在一个字段或子字段中等，从而使检索出的文献更确切地符合用户要求，提高查准率。

不同的联机检索系统所使用的位置算符的种类和功能有时不完全相同。常用的位置算符有以下 8 种。

①（W）算符（WITH）：表示两个检索词相连，词序不能颠倒，中间不得插入其他词、字母或代码，但允许有空格或标点符号，也可用（）表示。

②（*n*W）算符（*n*WORD）：表示两个检索词中间可插入 *n* 个词，但它们之间的顺序不可颠倒。

③（N）算符（NEAR）：表示两个检索词必须相连，不得插入其他词，但词序可以颠倒。

④（*n*N）算符（*n*NEAR）：表示两个检索词中间可以插入 *n* 个词，且词序可以颠倒。

⑤（F）算符（FIELD）：表示两个检索词必须同时出现在同一个字段内，但两词的词序和中间插入的词数不限。

⑥（S）算符（SUBFIELD）：表示两个检索词必须出现在同一个子字段中，但两词的词序和插入的词数不限。

⑦（C）算符（CITATION）：表示两个检索词必须出现在同一记录中，但两词的词序和所在的字段不限。

⑧（L）算符（LINK）：表示两个检索词之间存在从属关系或限制关系，如果其中一个为一级主题词，另一个就为二级主题词。

随着互联网的普及，电子商务得到了前所未有的发展，网络营销已逐渐走入千家万户，这种大好形势为网络营销技术的迅速发展奠定了基础。随着商务活动规模的进一步扩大以及技术研究的进一步深入，新的技术形式、应用模式将不断出现，将网络营销推上一个高峰。

复习思考题

1. TCP/IP 包括哪些主要协议？这些协议具有什么功能？
2. 互联网有哪些接入方式？试描述这些接入方式的特点、优势以及不足。
3. 通过地理范围划分，可以把网络分为哪几种类型？
4. 常见的网络拓扑结构有哪几种？各自有什么优缺点？
5. 网络营销平台主要有哪 3 种模式？试描述这 3 种模式的业务流程。
6. 企业在经营过程中对无序化的信息进行归类和整理最常用的技术包括哪些？这些技术有什么特点？
7. 密码技术在电子商务中的典型应用包括哪些？它们各有什么典型算法？
8. 试描述 PKI 的基本构成。
9. 试描述防火墙的防护机制和关键技术。
10. 计算机病毒有什么特性，可分为哪些类型？你对计算机病毒防治有何建议？
11. 目前最主要的电子支付协议包括哪些？其业务流程是什么？
12. 互联网信息检索技术包括哪些？

第 11 章　网络营销常用工具

【本章要点】

➢ E-mail 营销

➢ 搜索引擎营销

➢ Web2. 0 营销

➢ 无线营销

➢ 即时通信营销

网络营销活动的开展是以互联网技术为基础的。开展网络营销活动需要借助一定的网络营销工具。网络营销工具有多种，本章主要介绍 E-mail 营销、搜索引擎营销、Web 2. 0 营销、无线营销和及时通信等常用营销工具。

11. 1　E-mail 营销

11. 1. 1　E-mail 营销的原理和分类

电子邮件营销是网络营销手法中最古老的一种，可以说电子邮件营销比绝大部分网站推广和网络营销手法都要老。

所谓 E-mail 营销，就是根据 E-mail 高效、快捷、受众范围广、成本低廉的特点，以 E-mail为网络营销工具，利用 E-mail 向目标用户传递有价值的企业营销信息的一种网络营销方法。

1. E-mail 营销的起源

在 E-mail 普遍应用之前，新闻组（Newsgroup）是人们进行信息交流的主要方式，实际上这也是 E-mail 诞生的摇篮。1994 年 4 月 12 日，两位从事移民签证咨询服务的律师 Laurence Canter 和 Martha Siegel 夫妇，把一封“绿卡抽奖”的广告信件发到了他们可以发现的每个新闻组，当时引起了轩然大波，被视为“邮件炸弹”，这就是著名的“律师事件”。

同年，Internet. Com 公司的创始人 Robert Rasich 对电子邮件营销进行了比较系统的研究。在《未经许可的电子邮件》一文中提到，通过互联网成功将信息以低廉的费用传送给数千万消费者的方式方法称为“用户付费的促销”，因为用户接受和自己无关的电子邮件要花费上网时间和上网费用，而邮件发送者不需要支付太多的费用。这种“用户付费的促销”对用户是不公平的。

因此，普遍的观点是，E-mail 营销诞生于 1994 年，不仅是因为两个律师的杰作，而且是因为对于 E-mail 营销的研究让人们对此举有系统了解和认可。而将 E-mail 营销概念进一步推向成熟的，是“许可证营销”理论的诞生。

“许可证营销”理论是由营销专家 Seth Godin 在《许可证营销》一书中最早进行系统的研究，这一概念一经提出就受到网络营销人员的普遍关注并得到广泛的应用。许可 E-mail

营销的有效性也几经被许多企业的时间所证实。

2. E-mail 营销的定义

按照 Seth Godin 的定义，许可营销的原理其实很简单，也就是企业在推广其产品和服务的时候，是得到顾客的“许可”。得到顾客的许可之后，通过 E-mail 的方式向顾客发送产品或服务信息，因此，许可营销也就是许可 E-mail 营销。许可营销可以将目标邮件定位于那些许可接收信息或已经表示兴趣的个人身上，从而有助于避免大量的邮件泛滥和对隐私的威胁。许可营销具有明显的优势，比如可以减少邮件对用户的滋扰、增加潜在客户定位的准确度、增强与客户的关系和品牌忠诚度等。

许可营销的主要方法是通过邮件列表、新闻邮件、电子刊物等形式，在向用户提供有价值信息的同时附带一定数量的商业广告。例如，在申请某项网络服务或注册成为会员时，询问“是否希望收到本公司不定期发送的最新产品信息”，或者给出一个列表让用户选择希望收到的信息。

《E-mail 营销》一书中，对 E-mail 营销是这样定义的：E-mail 营销是在用户事先许可的前提下，通过电子邮件的方式向目标用户传递有价值信息的一种网络营销手段。

这里关于 E-mail 营销的定义中强调了 3 个基本因素：基于用户许可；通过电子邮件传递信息；信息对用户是有价值的。3 个因素缺少一个，都不能称之为有效地 E-mail 营销。

3. E-mail 营销的类型

（1）按照是否获得用户许可分类

E-mail 营销可以分为许可 E-mail 营销（Permission E-mail Marketing，PEM）和未经许可的 E-mail（垃圾邮件）营销（Unsolicited Commercial E-mail，UCE）。正规的 E-mail 营销都是基于用户许可的，如无特别说明，本书所讲的 E-mail 营销均指 PEM。

（2）按照 E-mail 地址的所有权分类

用户的 E-mail 地址是企业重要的营销资源，根据对用户 E-mail 地址的所有形式，可以将 E-mail 营销分为内部 E-mail 营销（内部列表）和外部 E-mail 营销（外部列表）。内部列表是企业利用一定方式所获取的用户自愿注册的资料来开展的 E-mail 营销；外部列表是指企业自行向潜在用户发送推广信息，或者通过专业服务商开展的 E-mail 营销，自己并不使用用户的 E-mail 地址资料，也无需管理维护这些用户资料。

（3）按照营销计划分类

根据企业的营销计划，可以分为临时性的 E-mail 营销和长期的 E-mail 营销。前者包括不定期的产品促销、市场调查、节假日问候、新产品通知等；长期的 E-mail 营销通常以企业内部注册会员资料为基础，主要表现为新闻邮件、电子杂志、顾客服务等各种形式的邮件列表，这种列表的作用要比临时性的 E-mail 营销更持久，其作用更多地表现在顾客关系、顾客服务、企业品牌等方面。

（4）按照 E-mail 营销的功能分类

根据 E-mail 营销的功能，可分为顾客关系 E-mail 营销、顾客服务 E-mail 营销、在线调查 E-mail 营销、产品促销 E-mail 营销等。

4. E-mail 营销的特点

（1）成本低

传统的媒体价格昂贵，如俄罗斯国营电视台在黄金时间每秒的价格为 2.5 万美元，国内一些发行量比较大的报纸一个版面也需要几十万元人民币。而每封电子邮件的成本只不过几分钱，这对于企业降低成本，提升竞争力非常有帮助。通过电子邮箱进行企业产品的宣传，可以为企业节省大量的广告支出、店面资金和人工成本。调查表明，网上促销的成本是直邮促销的 1/3，传统广告的 1/8，但效果却增加了一倍以上。

（2）到达率高

在广告研究中，到达率是指不同的个人（家庭）在特定时间中暴露于某一媒体广告排期表下的人数，并以此来计算费用和效率。但是在报刊、电视等媒体上的广告，其受众不一定去看这些媒体，或者看这些媒体但不一定看广告。所以这种广告的到达率是要打折扣的。而电子邮件普及率高，使用率高，只要获得了电子邮件地址就可以将信息准确地送达消费者。

（3）覆盖范围广

由于互联网无可比拟的广泛互联性，电子邮件已经覆盖了世界 179 个国家和地区，以传播简单的文本信息这种普遍而又可靠的方式把互联网上的每一位用户紧密联系在一起，无国界的邮政系统使电子邮件营销也无国界限制。

（4）互动性强

以其他媒体为载体的营销活动基本上是单向的，而电子邮件营销活动是双向的，互动性很强，而且电子邮件的反馈率比较高。此外，由于获得了消费者的联系地址，还可以对消费者进行跟踪，经常向消费者提供企业各种信息，从而使企业有可能获得产品销售的回头客。

（5）提供个性化的服务

在市场营销中，个性化的服务是消费者期盼的一种优质服务，也是企业追求的目标。电子邮件营销则很容易使企业开展个性化服务。例如，惠普公司经常发送个性化的跟踪邮件，向惠普产品的购买者提供各种服务或产品的建议，以增加惠普公司的产品销量。

11.1.2　许可 E-mail 营销实施

1. 开展 E-mail 营销的基本条件

开展 E-mail 营销需要一定的条件，尤其内部列表 E-mail 营销，是网络营销的一项长期任务，在许可营销的实践中，企业最关心的问题是：许可 E-mail 营销是怎么实现的呢？获得用户许可的方式有很多，如用户为获得某些服务而注册为会员，或者用户主动订阅的新闻邮件、电子刊物等，也就是说，许可营销是以向用户提供一定有价值的信息或服务为前提。可见，开展 E-mail 营销需要解决 3 个基本问题：向哪些用户发送电子邮件、发送什么内容的电子邮件，如何发送这些邮件。

这里将这 3 个基本问题进一步归纳为 E-mail 营销的 3 大基础。

（1）E-mail 营销的技术基础

从技术上保证用户加入、退出邮件列表，并实现对用户资料的管理，邮件发送和效果跟踪等功能。

（2）用户的 E-mail 地址资源

在用户自愿加入邮件列表的前提下，获得足够多的用户 E-mail 地址资源，是 E-mail 营销发挥作用的必要条件。

（3）E-mail 营销的内容

营销信息是通过电子邮件向用户发送的，邮件的内容对用户有价值才能引起用户的关注，有效的内容设计是 E-mail 营销发挥作用的基本前提。

当这些基础条件具备之后，才能开展真正意义上的 E-mail 营销，E-mail 营销的效果才能逐步表现出来。

2. 邮件列表的获取

根据许可 E-mail 营销所应用的用户电子邮件地址资源的所有形式，可以分为内部列表 E-mail 营销和外部列表 E-mail 营销，或简称内部列表和外部列表。内部列表也就是通常所说的邮件列表，是利用网站的注册用户资料开展 E-mail 营销的方式，常见的形式如新闻邮件、会员通信、电子刊物等。外部列表 E-mail 营销则是利用专业服务商的用户电子邮件地址来开展 E-mail 营销，也就是以电子邮件广告的形式向服务商的用户发送信息。许可 E-mail 营销是网络营销方法体系中相对独立的一种，既可以与其他网络营销方法相结合，也可以独立应用。

邮件列表意味着在线生意的一切，建立一个可以反复发送信息的列表是取得成功的关键，下面是建立邮件列表的 8 个基本资源。

① 现有客户。

现有客户是可充分利用的最好的资源。对于所有生意来说最困难的事情就是寻找新顾客，不仅代价昂贵、花费时间、而且要争取信任，但是，向对你感到满意的顾客再次销售就会容易得多，只要你的产品或服务价格公道、质量又好，你的客户就会继续信任你并且向你购买，事实上，他们宁可向你购买。忠诚的顾客基础是你生意上最好的朋友。

② 其他业务的顾客。

通过合作人担保的邮件建立顾客。通过其他相关的、非竞争性的业务发送个性化的 E-mail也是一种很好的办法，通过互惠的交换，在其他公司向其顾客发送的邮件中加入介绍你的产品或服务的信息。

③ 网站的访问者。

通过网站上的表单，建立潜在顾客列表是最有力的手段，有 4 种主要策略鼓励访问者自愿加入你的邮件列表：邀请人们订阅新闻邮件；发送新的产品或服务信息；提供免费的、无版权问题的咨询；请求访问者把网站推荐给他们的朋友和同事。

④ 广告。

无论利用在线广告或者非在线广告，都要留下 E-mail 地址，以鼓励人们通过 E-mail 联系。通过把顾客和潜在顾客的 E-mail 地址收集到自己的邮箱中来，这样便可以建立一个可通过 E-mail 联系的可靠的潜在顾客列表。这种 E-mail“关系”使得你能够通过电子邮件向顾客介绍最新的产品或服务。

⑤ 在报刊上发布新闻。

报刊杂志提供的新闻具有较高的有效性，可以利用下面的方法建立自己的 E-mail 列表：在报刊上发表人们必须通过 E-mail 才可以接收的免费报告，或者可以通过 E-mail 发送的产品；发表一些可能引起读者共鸣的话题，在读者回应的过程中收集其姓名和 E-mail 地址。

⑥ 推荐。

当有潜在顾客与你联系索取免费报告时，请求他向自己认为可能感兴趣的朋友推荐这份报告。这有点类似于上面第 2 条所列举的担保性的邮件。

当有被推荐的人加入时，发一封个性化的邮件向其解释：你是由你的朋友（给出名字）推荐来的，你的朋友请求给你发一份免费报告。为保证他们不介意将其加入邮件列表，可在邮件结尾加上这样的信息：“为证实这封邮件已经发给收信人，请回复这封邮件，并在主题栏写上‘THANKS’，以让我们确信这份报告已经发发到了正确的地址，我们已经履行了对(朋友的名字）的许诺。”

如果收件人没有对这份报告给予回复，那么，为了不引起反感，假定他们以后对你的信息没有兴趣，不要再继续给他们发送邮件。

⑦ 直接回应邮件。

给潜在客户通过邮政系统邮寄 E-mail 地址，对利用 E-mail 回应邮件者给予额外的奖励，告诉他们订单很快就会处理完毕，如果利用 E-mail 回应，将获得一定的奖励。

目的就是把昂贵的潜在顾客的邮寄费用转化为廉价的 E-mail 地址列表，利用 E-mail 可以联系到的人越多，费用就减少得越多（利润就越高)。

⑧ 会员组织。

为了共同目的在一起工作的人们是最好的潜在顾客的 E-mail 列表。如果潜在顾客属于一个协会、一个俱乐部、一个学校或者其他组织，总之是因为具有某种共同兴趣或原因而形成的一个群体，通过会员组织的新闻或公告宣传对会员的特别优惠——只允许通过 E-mail 与你联系。

11.1.3 E-mail 营销的效果评价和控制

E-mail 营销效果评价是对营销活动的总结，也是 E-mail 营销活动的重要内容之一。无论是采用内部列表开展 E-mail 营销，还是选择专业 E-mail 营销服务商的服务，无论是作为企业网络营销策略的一个组成部分，还是作为单独的一项网络营销方案来进行，都需要用一定的指标来评价其效果，因为哪个企业都希望投入的营销资源可以获得“看得见”的效果。

与 E-mail 营销相关的评价指标很多，如送达率、开信率、回应率、转化率等，但目前在实际中并没有非常完善的 E-mail 营销指标评价体系，也没有公认的测量方法，但考虑到某些指标可以在一定程度上反映出 E-mail 营销的效果，这里将有关的指标罗列出来，以供在某些方面参考。按照 E-mail 营销的过程将这些指标分为 4 类，每一类中有 1 个或者若干个指标。这 4 类指标分别介绍如下。

① 获取用户资源阶段的评价指标：有效用户总数、用户增长率、用户退出率等。

② 邮件信息传递评价指标：送达率、退信率。

③ 用户对信息接受过程的指标：开信率、阅读率、删除率等。

④ 用户回应评价指标：直接带来的收益、点击率、转化率、转信率等。

与 E-mail 营销相关的评价指标远超过 4 项，但在实际工作中对 E-mail 营销进行准确的评价仍然有困难，有时甚至无所适从。例如，电子邮件回应率（如点击率）作为常用的一项评价标准，其他形式的网络广告和传统的直邮广告也一直用回应率来评价效果，许多广告主对 E-mail 营销也希望用这一指标。但是，回应率并不能完全反应出电子邮件营销的实际效果，因为除了产生直接反应之外，利用 E-mail 还可以有其他方面的作用。例如，E-mail 关系营销有助于公司和顾客保持联系，并影响其对公司的产品或服务的印象，顾客没有点击 E-mail 并不意味着不会增加将来购买的可能性，同时也有可能增加品牌忠诚度。因此，对 E-mail 营销效果的评价最好采用综合的方法，既要对可以量化的指标进行评价，又要关注 E-mail 营销所具有的潜在价值，如对增强整体竞争优势方面的价值、对顾客关系和顾客服务的价值、在行业内所产生的影响等方面。

11.1.4　E-mail 营销的禁忌

1．避免无目标投递

不加区分地采用群发的形式向大量陌生邮件地址投递广告，不但收效甚微，而且变为垃圾邮件，损害了公司形象。这种拉网式的营销方式产出比严重失衡，不可取。而且，把产品信息发送给“错误”的人不但不会为企业带来任何销售，其结果还会严重误导对自己营销邮件功效的正确判断。邮件营销的目标对象越准确，效果越好。企业在开展邮件营销之前，应尽可能地缩小预客户范围，研究可能的预客户，将其缩小成很可能、极可能的客户，了解他们的真正需求。

2．发送频率过于频繁

不要向同一个邮件地址发送多封同样内容的信件，当对方直接或者间接的拒绝接受E-mail的时候，绝对不可以再向对方发送广告信件，要尊重客户。研究表明，同样内容的邮件，每个月发送 2 ~ 3 次为宜。过于频繁的邮件“轰炸”，会让人厌烦，如果一周重复发送几封同样的邮件，肯定会被列入“黑名单”，这样，你便永远失去了那些潜在客户。

3．邮件没有主题或主题不明确

电子邮件的主题是收件人最早可以看到的信息，邮件内容是否能引人注意，主题起到相当重要的作用。邮件主题应言简意赅，以便收件人决定是否继续阅读邮件内容。

4．隐藏发件人姓名

这种邮件给人的感觉是发件人在做什么见不得人的事情，否则，正常的商务活动为什么害怕漏出自己的真面目呢？这样的邮件，其内容的可信度有多高呢？还有一些邮件，把发件人写成“美国总统”、“你的朋友”、“漂亮女孩”等不一而足。其实，无论怎样伪装，你的发件地址还是会被对方方便地查出来。各大企业开展网络营销活动需要以诚信为本。

5．邮件内容繁杂

邮件宣传不同于报纸杂志等印刷品广告，篇幅越大越能彰显企业的实力和气魄。电子邮件应力求内容简洁，客户时间宝贵，在看邮件的时候多是走马观花，所以需用最简单的内容表达出诉求点，充分吸引客户的兴趣，如有必要，可以给出一个关于详细内容的链接（URL），收件人如果有兴趣，会主动点击你链接的内容，否则，内容再多也没有价值。而且，对于那些免费邮箱的使用者来说，因为有空间容量限制，太大的邮件肯定是被删除的首选对象。

根据专家经验，每封邮件大小不宜超过7KB。在发送前一定要仔细检查邮件内容，语句通顺，没有错别字，并且信件一定附上签名、电话号码等联系方式，以免消费者需要咨询时，不知如何联络。

6．邮件内容采用附件形式

有些发件人为图省事，将一个甚至多个不同格式的文件作为附件插入邮件内容，自己省事了，却给收件人带来很大麻烦。

由于每人所用的操作系统、应用软件会有所不同，附件内容未必可以被收件人打开。即使有同样的应用软件，打开附件毕竟是件麻烦的事，尤其对于用户不感兴趣的内容。所以，最好采用纯文本格式的文档，把内容尽量安排在邮件的正文部分，除非插入图片、声音等资料，请不要使用附件。

7. 邮件格式混乱

虽然电子邮件没有统一的格式，但作为一封商业函件，至少应该参考普通商务信件的格式，包括对收件人的称呼、邮件正文、发件人签名等因素。我们时常可以见到这样的电子邮件，“我公司是生产 xxx 的企业，质量上乘，价格优惠，欢迎选购”。这样的邮件虽然内容精减，但是对收件人不够尊重。

8. 不及时回复邮件

评价邮件营销成效的标志之一是顾客反应率，有客户回应，当然是件好事，理应及时回复发件人。潜在客户发出关于产品询问的邮件，一定会急切地等待回音，如果不能及时回应，说不定早就成了竞争对手的客户。营销人员在收到客户邮件的时候，要养成顺手回复的习惯，即使是“谢谢，来信已经收到”也会起到良好的沟通效果。通常应该在一个工作日之内回复客户，如果碰到比较复杂的问题，要一段时间才能准确答复客户，也要简单回复一下，说明情况。实在没有时间回复，可以采用自动回复的方式。

11.2　搜索引擎营销

伴随着我国信息化进程不断加快而来的搜索引擎用户大规模的增长，及搜索引擎对网络信息资源的整合入口功能逐步展现，搜索引擎营销（SEM，Search Engine Marketing）被视为投资回报率最高的营销方式之一，搜索引擎营销也逐渐成为广告营销的重要理念。特别是 2007 年后，越来越多的大品牌广告开始在中国搜索引擎上投放广告，标志着中国搜索引擎营销行业进入到一个新纪元。

11.2.1　搜索引擎营销概述

1. 搜索引擎营销定义

搜索引擎营销，也就是基于搜索引擎平台的网络营销，利用人们对搜索引擎的依赖和使用习惯，在人们检索信息的时候尽可能将营销信息传递给目标客户。用户使用搜索引擎时输入的检索词能表达用户对这一主题的关注。这种关注就是企业运用搜索引擎营销挖掘潜在客户的根本原因。搜索引擎营销追求最高的性价比，以最小的投入，获最大的来自搜索引擎的访问量，并产生商业价值。搜索引擎营销正日益成为企业网络营销的首选方法。

搜索营销的最主要工作是扩大搜索引擎在营销业务中的比重，通过对网站进行搜索优化，更多地挖掘企业的潜在客户，帮助企业实现更高的转化率。

利用搜索引擎工具可以实现 4 个层次的营销目标。

① 被搜索引擎收录。

② 在搜索结果中排名靠前。

③ 增加用户的点击（点进）率。

④ 将浏览者转化为顾客。

在这 4 个层次中，前 3 个可以理解为搜索引擎营销的过程，而只有将浏览者转化为顾客才是最终目的。在一般的搜索引擎优化中，通过设计网页标题、META 标签中的描述标签、关键词标签等，通常可以实现前两个初级目标（如果付费登录，当然直接就可以实现这个目标了，甚至不需要考虑网站优化问题）。实现高层次的目标，还需要进一步对搜索引擎进行优化设计，或者说，设计从整体上对搜索引擎友好的网站。

2. 搜索引擎营销流程

（1）商业分析

明确网站要达到何种商业目的。SEM 属于营销的范畴，所以 SEM 要和商业目的挂钩。确定了目的才能给 SEM 一个明确的方向。之后，要根据分析的结果构造适合搜索引擎检索的信息源。网站的内容是搜索引擎检索的基础，同时也是用户通过搜索引擎链接，获取更具体信息的信息源，因此，要做到网站构建对搜索引擎和用户使用都是友好的。

（2）市场调查

在确定目的后，就要弄清目标客户是如何搜索到网站的，具体包括调查常用关键词，挖掘尚未被竞争对手意识到的性价比高的关键词，应该怎样做搜索引擎广告，哪些网站最值得争取链接到本网站。还有调查竞争对手的一些 SEM 操作的信息。

（3）搜索引擎优化

搜索引擎优化是 SEM 的前提。网站建设完成，如果没有被搜索引擎收录，用户便无法通过搜索引擎发现网站中的信息，自然就不能起到网络营销信息传递的目的。因此，针对搜索引擎优化网站，让更多的网页被搜索引擎收录，是搜索引擎营销的基本任务之一。

在此阶段要找准关键词。针对很少有人查找的关键词进行优化完全是浪费时间。有了合适的关键词，就可以对网页的 URL 、TITLE 、META 标签、正文标题、正文内容、ALT 标签、链接进行优化。对于那些有框架、FLASH 动画、用数据库动态生成页面的网站还需要做进一步的工作。

（4）实施链接策略

实施链接策略也叫做外部优化。搜索引擎会根据外链（指向本企业网站的链接）的重要程度来判断网站的重要程度。也就是根据指向您的网站的重要程度来判断您的网站的重要程度。虽然外链的数量越多越好，但质量却更为重要。高质量的外部链接对网站的 PR 提升有很大的好处。实施链接策略以确保您的网站深度互联到互联网中。

（5）提交到搜索引擎

网站被优化后，就可以提交到搜索引擎了。有数千个搜索引擎，其中真正重要的只有很少一部分。这些搜索引擎为其他搜索引擎、门户网站、公司网站提供搜索结果，关键是要在这些搜索引擎上有好的排名。虽然这些搜索引擎中有一些允许用软件自动提交新的网站，但是在越来越多的情况下，手工提交才有可能保证提交成功。所有主要的目录都要求细致地手工提交。

（6）搜索引擎收费服务

搜索引擎越来越多地引入付费收录、付费排名、点击收费的经营模式。不采用这些收费服务将使你失去一半的浏览者。这些收费服务的优点是结果明确，见效迅速。搜索引擎的免费收录通常要花 6 ~ 10 个星期，目录根据您选择的类别不同，可能要花 6 个月以上的时间。使用收费服务能更快见效。

网站/网页仅仅被搜索引擎收录还不够，还要让企业信息出现在搜索结果中靠前的位置。这就是通过搜索引擎付费排名所要达到的结果。因为搜索引擎通常会反馈大量与关键词相关的结果，如果企业信息出现的位置很靠后，那么被用户发现的机会就会大大降低，搜索引擎营销的效果也就无法体现。

（7）管理搜索引擎营销

SEM 的策略是要随着网站的流量来进行不断调整的，因此在 SEM 实施中，就要做好

SEM 的跟踪服务，可以根据服务器日志分析访问者来自于哪些搜索引擎，用的何种关键词，相应调整网页代码和内容，计算点击收费广告的投资收益率，评价其效果好坏。同时也要计算竞价服务的性价比，适当地调整关键词来使 SEM 达到最高的收益。

3. 搜索引擎营销的特点

与其他网络营销方法相比较，搜索引擎营销具有自身的一些特点，充分地了解这些特点可以更有效地利用搜索引擎开展网络营销。

（1）搜索引擎营销方法与企业网站密不可分

企业网站推广是搜索引擎营销的主要目的之一，因此，专业的企业网站的建立是企业有效地开展搜索引擎营销的主要依托，企业网站的专业性以及搜索引擎的友好性会对搜索引擎营销的效果产生直接的影响。

（2）搜索引擎营销是一种用户主导的网络营销

使用搜索引擎检索信息的行为是由用户主动发生的，用户检索什么信息或服务，也完全是根据自己的需要和意愿决定的，而且用户在搜索结果中选择那些信息，也是有自己的偏好和判断，并不受其他因素的影响，因此，搜索引擎营销是由用户所主导的，营销活动本身对用户的影响被减少到了最低的限度。

（3）搜索引擎营销可以实现较高程度的定位

网络营销的主要特点之一，是可以对用户行为进行准确分析并实现高程度定位，尤其是在搜索结果页面的关键词广告，完全可以实现与用户所检索的关键词高度相关，从而提高营销信息被关注的程度，最终达到提高网络营销效果的目的。

（4）搜索引擎营销的效果主要表现为营销网站访问量的增加

以企业网站推广为目的的搜索引擎营销的主要任务是提高网站的访问量，至于访问量的增加，最终是否能转化为收益的增加，还取决于其他一些因素，这是搜索引擎营销活动所无法决定的。

（5）搜索引擎营销需要适应网络服务环境的发展变化

搜索引擎营销是在具体的网络环境下对搜索引擎的具体应用，因此对搜索引擎的工作原理和服务模式等网络环境的依赖性较高。当搜索引擎的检索方式和服务模式改变时，搜索引擎营销也应该做出相应的改变，搜索引擎营销应保持与网络营销服务环境的协调一致。

11. 2. 2　搜索引擎的基本类型和工作原理

从搜索引擎的工作原理来区分，搜索引擎有两种基本类型：一类是纯技术型的全文检索搜索引擎，即机器人式搜索引擎；另一类称为分类目录型搜索引擎，简称分类目录。

技术性搜索引擎（尤其是第二代搜索引擎）以超链接分析为基础，因此收录网站的原则与手工进行的分类目录截然不同，如果一个新网站被其他已经被搜索引擎收录的网站链接，即使自己不提交给搜索引擎，网站也可以被搜索引擎收录，而且搜索引擎收录的不仅是网站首页，同时所有符合收录条件的网页都可以被收录，这样就大大增加了网站通过搜索引擎被用户检索到的机会。因此，对于分类目录型搜索引擎来说，技术型搜索引擎的网络营销价值更高，而且搜索引擎营销的方式也更多，如搜索引擎优化、关键词广告、竞价排名、基于网页内容定位的广告等。同时，由于技术型搜索引擎对网站链接比较重视，网站除了自身的建设之外，还需要通过与其他网站建立链接关系以提高在搜索引擎排名中的优势，这种情况表明，网络营销与网络环境之间相协调更加重要。

11.2.3　搜索引擎营销的方法

搜索引擎营销的基本方法有 5 种。

1. 搜索引擎登录

所谓搜索引擎登录，是指企业出于扩大宣传的目的，将自己网站提交到搜索引擎，让相关的产品和服务信息进入到搜索引擎数据库，以增加与潜在客户通过互联网建立联系的机会。搜索引擎登录页面如图 11-1 所示，国内外比较有名的登录地址如图 11-2 所示。

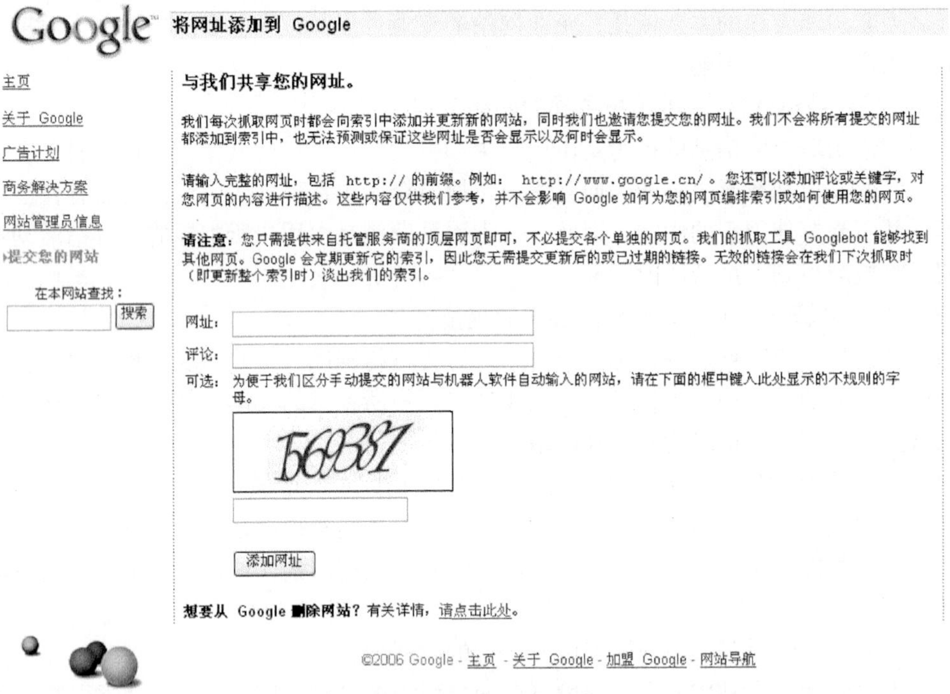

图 11-1　Google 的网站登录页面

搜索引擎登录分为免费与付费两种。

（1）免费登录

这是最传统的网站推广手段。目前绝大多数搜索引擎都还保留有此功能。但是搜索引擎也明确表示对于免费的网站登录，搜索引擎并不一定会收录，同时，即便是被收录，及时性也不能够保证。对于搜索引擎营销而言，免费登录的营销方式已经在逐步退出。

（2）付费登录

类似于免费登录，只不过是当网站缴纳一定的费用之后才可以获得被收录的资格。一些搜索引擎提供的固定排名服务也是建立在收费登录的基础上的。此种搜索引擎营销与网站设计及制作水平没有太大关系，主要取决于费用，只要缴费一般都能被及时收录。同时也可根据需要，付费调整网站在搜索结果中的排名。

2. 搜索引擎优化

搜索引擎优化即 SEO（Search Engine optimization），是指通过对网站结构和网站内容等基本要素的优化设计，提高网站对搜索引擎的友好性，使得网站中尽可能多地网页被搜索引

Google 网站登录：
http://www.google.com/intl/zh-CN/add_url.html
百度网站登录：
http://www.baidu.com/search/url_submit.html
雅虎网站登录：
http://site.yahoo.com.cn/feedback.html
　　如何向雅虎提交我的网
　　http://search.help.cn.yahoo.com/h4_4.html
Alexa 网站登录　：
http://www.alexa.com/site/help/webmasters
MSN 网站登录　：
http://search.msn.com.cn/docs/submit.aspx
Google 网页目录：
http://directory.google.com/Top/World/Chinese_Simplified/
hao123 网址之家：
http://post.baidu.com/f?kw=hao123
中国搜索：
http://ads.zhongsou.com/register/page.jsp
天网搜索：
http://home.tianwang.com/denglu.htm

图 11-2　国内主要搜索引擎登录地址

擎收录，并且在搜索结果中获得好的自然排名优势，从而通过搜索引擎的自然检索获得更好的营销效果。

搜索引擎优化的目的是提高网站的搜索引擎友好性，从而提高网站被搜索引擎收录的机会以及提高其在搜索引擎中的排名，进而增加网站被搜索引擎呈献给用户的机会。通过这个目的来引导用户点击网站，提高网站的访问量，之后进一步通过将访问量的增加转化为网站效益的增加，从而达到网络营销的最终目的。

SEO 主要可以分为网站内部优化和网站外部优化。从网站内部出发，对网站的基本要素进行适当地调整（如网站结构、网页结构、关键字分布、链接布置等）。如果经过调整后，网站在搜索引擎的表现达到了我们预期的效果，则内部优化工作基本完成。否则，我们需要反复地对网站进行调整，直至达到预期效果。

外部优化工作主要是围绕增强外部链接关系而展开的，此项工作必须贯彻优化的全过程。常用于增加外部链接的方法有交换友情链接、登录分类目录、发布链接诱饵等。

一个搜索引擎友好的网站，应该方便搜索引擎检索信息，并且返回的检索信息让用户看起来有吸引力，这样才能达到搜索引擎营销的目的。也就是说，搜索引擎优化的着眼点不能只是考虑搜索引擎的排名规则如何，更重要的是要为用户获取信息和服务提供方便，搜索引擎优化的最高目标是为了用户，而不是为了搜索引擎。搜索引擎优化的最高境界是忘记搜索引擎优化。

大量的实践经验证实，通过对网站基本要素的优化设计才能真正达到搜索引擎优化综合效果的最大化，不仅仅是获得个别关键词检索结果好的排名，而是对网页中出现的大量相关关键词都可以达到好的排名效果，因为用户检索的行为是非常分散的，而且大部分用户利用多个关键词组合进行检索，仅靠少数几个关键词排名并不能获得好的网站推广效果。

可见，真正的搜索引擎优化重视的是网站建设基本要素的专业性设计，让其适合用户获取信息，同时也适合搜索引擎检索信息。网站优化的出发点和最终目的对用户以及搜索引擎都是一样的，都是为了给用户获取网站的信息提供方便，所以从根本上说，“优化”既是对搜索引擎的优化，也是对用户的优化。经过网站基本要素优化设计，才能为网站的搜索引擎优化奠定基础，在后期的网站运营推广过程中，无论希望对哪个关键词进行重点推广，都可以轻易实现，不需要借助于任何作弊或者不规范的手段。

搜索引擎优化的主要内容如下。

（1）网站结构

除非是大型的网站，中小型网站更适合扁平化的结构。扁平化的网站对网站的发展有积极的推进作用，让浏览者更易了解并找到网站深层的内容。

（2）网站导航

网站导航要清晰明了，易于搜索引擎的爬行程序进行索引收录，最好能制作出清晰表明网站结构的网站地图。

（3）页面结构

综合考虑用户体验及搜索引擎友好性，对网页进行适当地调整。

（4）页面内容

标题要包含关键词，但不必罗列过多。页面的内容量要适量，合理的页面容量会提高网页的显示速度，增加对搜索引擎程序的友好程度。控制关键词的密度，杜绝大量堆砌关键词的行为。一般来说，2% ~8% 就比较好。

（5）代码优化

URL 优化，主要是 URL 各组成部分的命名及组合，对于动态网站实现 URL 重写以及 HTML/CSS 语法正确性的检查、垃圾代码清理以及头部优化等。

（6）链接策略

链接策略包括内部链接规划、死链接检查，建立高质量、高相关性外部链接关系，从而进一步提高网站的知名度及权重。

3. 竞价排名

竞价排名由百度在国内首推，现在已被大多数搜索引擎所使用。搜索引擎竞价排名是指由用户（通常为企业）通过竞价为自己的网站或产品网页出资购买关键字排名，按照付费最高者排名靠前的原则，对购买了同一关键词的网站根据用户出价的多少由高到低排列在该关键词的搜索结果中。竞价排名一般采取按点击收费的方式。目前，关键词竞价排名成为一些企业利用搜索引擎营销的重要方式。

搜索引擎竞价排名具有以下功能。

（1）包容网络信息，提供便捷全面的资讯服务

多元化是许多商业组织的经营模式，在这种情况下，很多企业都提供多种产品或服务，即使是同一种产品，也往往有多种名称，竞价排名不限制用户注册的“产品关键字”数量，通过注册大量“产品关键字”，企业的每一种产品都有机会被潜在客户发现，从而最大限度

地得到潜在客户的访问，获得最好的推广效果，比如，一个礼品销售店，在以往的宣传中店主只能让人们了解到它只是一个销售生日礼品的商店，但参加竞价排名后，人们可以了解到它更多的产品和服务（如生日宴会设计、鲜花店连锁等），从而使自己的商业服务内容呈现出多样化。

（2）资源整合，信息高效流通

竞价排名通常是联合了众多知名网站，共同提供服务。例如，百度搜索竞价排名服务，联盟包括了中国所有的主流门户网站，只要投入极少的资金，用户的网站就会占据中国所有大流量网站的搜索结果前列的黄金位置。这些网站不仅包括雅虎、搜狐、网易、新浪、腾讯等人们可以想象得到的所有大牌网站，也包括上海热线、21cn 等地方强势网络媒体。竞价排名这种服务模式有效实现了网络资源的充分利用与合理配置，是一种优质高效的经营模式。

（3）商业模式灵活，交易成本低

竞价排名按照为客户带来的访问量付费，任何参加竞价排名的用户，都可以灵活地控制自己的成本预算，随时按照自己的监测效果来调整竞价产品关键字的价格。先进的成本控制措施，使得用户的每一分钱都会物有所值，真正为用户带来良好的效益。所以，从成本控制的角度来看，竞价排名也有自己独特的优势和发展潜力，从而具备了更广阔的发展前景。

（4）信息分类处理，提升信息有效价值

竞价排名的服务模式，是让用户注册属于自己的产品关键字（即产品或服务的具体名称），当用户通过搜索引擎寻找相应产品信息时，该网站将出现在搜索结果的醒目位置，成为客户首选。这是真正的点对点广告投放，不浪费一分钱广告费，让商品找到买家，让买家找到自己想买的产品，针对性极强。很显然，能够为客户提升价值是许多经营者的策略选择和努力方向，搜索引擎竞价排名这种先天的优势，必然使它在商业实践中获得更多机会与选择。

搜索引擎优化排名服务的组织实施基本上包括以下步骤。

（1）科学合理地选择关键字

为了使客户的网站得到较高的搜索引擎排名，首先要根据客户的网站和潜在客户来分析该企业要使用的关键词。通常使用专业、权威的关键词数据库（该数据库两个月更新一次），来分析和客户的产品或者服务相关的关键词。通过关键词分析，可以确定一系列关键词。潜在客户正是使用这些关键词，来搜索客户所提供的产品和服务的。然后分析这些关键词在主要的搜索引擎上的竞争激烈程度，并确定能为客户带来潜在客户的关键词，然后根据所要优化的关键词对客户的网站做出相应地调整。

如某干燥设备公司，由于“干燥、干燥设备、干燥机”等关键词的价格现在都比较高，而具体的产品名称关键字如“喷雾干燥设备”等关键词的价格都比较低，所以可以采取如下策略进行：干燥设备是面向制药、化工、食品加工等行业的高科技产品，在这些行业中的潜在客户，完全清楚他需要的干燥类设备的具体名称或是型号。他们在通过搜索引擎寻找干燥设备供应商时，会直接输入相关产品的名称关键字，因此在选择关键词时，可以直接选择“喷雾干燥设备”作为关键词。

（2）客户的竞争对手分析

在搜索引擎上，有些关键词的竞争异常激烈。通常需要对客户的竞争对手网站进行全面分析，主要分析因素包括：有哪些网站链接到竞争对手的网站、竞争对手网站设计、竞争对手的合作伙伴、我们客户的网站的主要竞争对手、竞争对手网站的历史、竞争对手网站有多少页面被搜索引擎收录、竞争对手网站链接到了哪些网站、竞争对手拥有的其他域名和网站。

（3）分析客户网站与流量

网络营销必然以客户的网站或电子商务平台为依托，所以在搜索引擎竞价排名实施的过程中，进行客户网站设计并对其流量进行科学评估是非常有必要的。通过分析客户的网站，可以确定客户的网站上对搜索引擎推广不利的因素，并对客户提出相应的修改建议。通过分析客户网站的 Logo 文件，可以确定客户网站的流量，并可以对关键词进行有效地补充。这种知己知彼的研究分析可以保证后期工作顺利进行，也使前期努力有所收获。

（4）进行财务预算与控制

搜索引擎竞价排名按你网站的实际被点击量计费，购买多少关键词、搜索排名前后等都由用户决定。为了帮助用户控制推广费用，百度还为用户设置了每日最高消费限定的功能。当用户在百度的消费额当天达到你设定的限额时，所有的关键词将暂时搁置。企业可以根据需要，灵活控制推广力度和投入。

4. 关键词广告

关键词广告是付费搜索引擎营销的另一种形式，自 2002 年之后在网络广告领域出尽风头，尽管网络广告总体收入状况比 2001 年度有一定下滑，但关键词检索市场却一枝独秀，成为引人注目的新型网络广告形式。

关键词广告也就是当用户利用某一关键词进行检索时，在检索结果页面会展示与关键词相关的广告内容。与竞价排名不同的是，关键词广告并不在自然检索结果的前部出现，而是出现在检索结果页面的特定部位（一般为页面的右边）。Google 的关键词广告称为 AdWords，2003 年开通了中文关键词广告业务，广告客户可以自助投放关键词广告，整个过程高度智能化。

与一般的 Banner 广告相比，关键词检索有 3 个方面的优势：第一，在关键词检索页面投放广告具有较高的定位程度；第二，用户可以根据需要通过更换关键词等方式对广告效果进行控制，比一般网页上的静态广告更换要方便得多；第三，这种关键词检索的广告形式通常以 CPC（按点击付费）模式定价，大大减少了无效浏览所要付出的代价，比一般网络广告按显示次数或者显示时间来收费更有吸引力。

在实际应用中，Baidu 的关键词广告“火爆地带”是一种非常有效的搜索引擎营销方式。百度火爆地带是一种针对特定关键词的网络推广方式，按时间段固定付费，出现在百度网页搜索结果第一页的右侧，不同位置价格不同。企业购买了火爆地带关键词后，就会被主动查找这些关键词的用户找到，给企业带来更多的商业机会（如图 11-3 所示）。

除了传统的广告，现在出现了针对某些特点关键词的“品牌营销”。搜索引擎会针对特定关键词在搜索结果首屏用 2/3 的版面展示品牌及产品。整合文字、图片、视频等多种展现结果的创新搜索模式，极大地提升了网民搜索体验面，从而也很好地彰显了品牌（如图 11-4 所示）。

5. 内容定向广告

网页内容定位广告（Content-Targeted Advertising）是关键词广告搜索引擎营销模式的进一步延伸。广告载体不仅仅是搜索引擎搜索结果的网页，也延伸到这种服务的合作伙伴的网页。

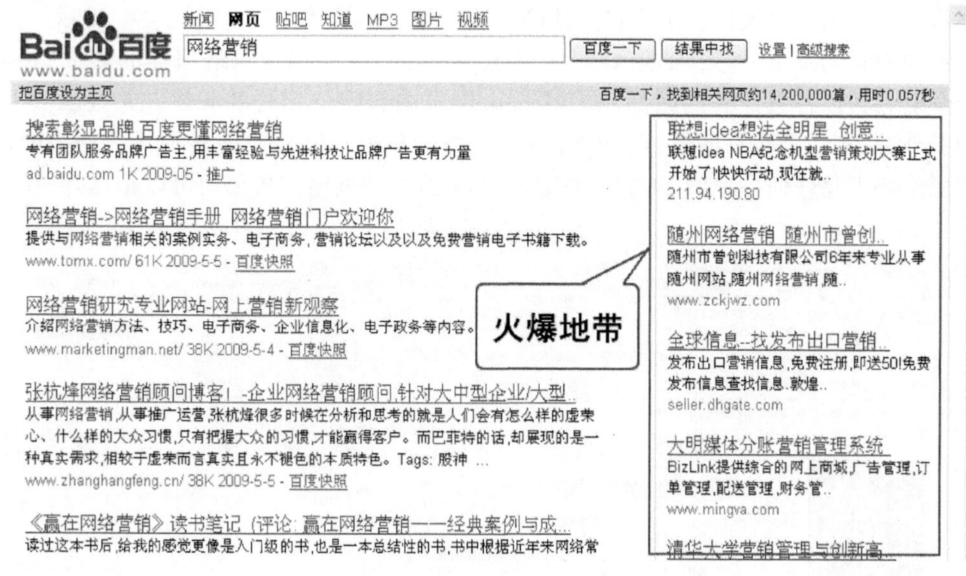

图 11-3　Baidu 针对“网络营销”一词的关键词广告

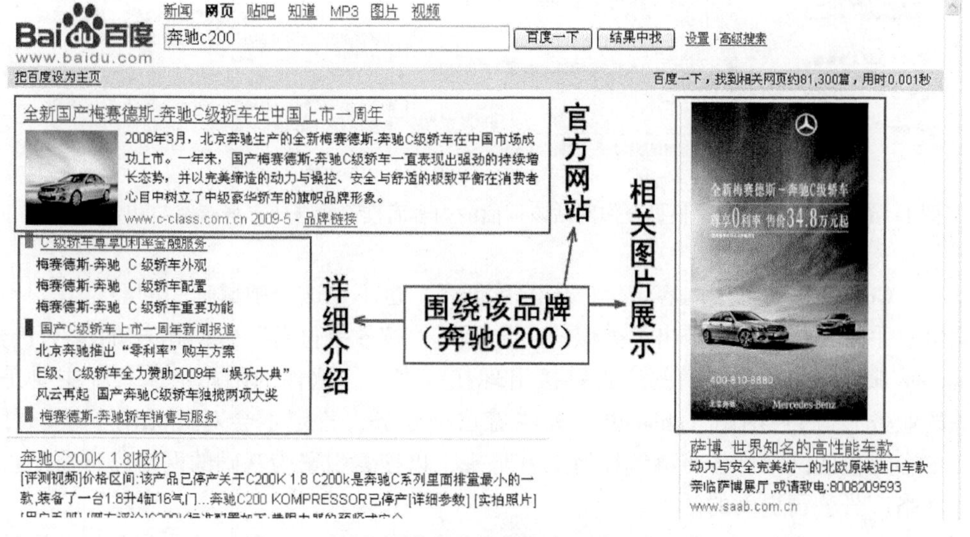

图 11-4　特定关键词的品牌营销

搜索引擎 Google 从 2003 年 3 月 12 日开始正式推出按内容定位的广告（如图 11-5 所示）。按照 Google 的说明，这项服务是将通过关键词检索定位的广告显示在 Google 之外的相关网站上。它可以在网站的内容网页上展示相关性较高的 Google 广告，并且这些广告不会过分夸张醒目。由于所展示的广告同网站上查找的内容相关，因此，网页内容广告不仅会为带来经济效益，还能够得到内容的充实。

例如，当用户在 Google 的合作伙伴 Howstuffworks. com 网站上浏览有关 DVD 工作原理的网页时，在网页的左边会出现一个赞助商的关键词检索链接广告区域，出现有关 DVD 的网站介绍和链接，这些广告内容是不断更新的。

值得关注的是，网页内容定位的网络广告可以做到的并不仅仅是将关键词检索广告增加一种显示方式。由于大大拓展了广告投放的空间，增加了被用户浏览的机会，实际上已经超出了关键词检索的基本形态，如果 Google 愿意，他可以采用像亚马逊那样的会员制营销模式，让全世界数以百万计的网站都成为 Google 网页内容定位广告的载体。并且因为 Google 目前拥有全球 30 亿个网页的数据检索资料，自然清楚哪些网页应该显示什么相关的广告，这种资源优势不是任何一家像 24/7 和 DoubleClick 这样的网络广告公司可以相提并论的。

图 11-5　Google AdSense 根据合作网站该页面的内容而推荐的与“市场营销”相关的广告

其实，Google 并不是按内容定位广告的首创者，也不是这个领域唯一的经营者。不仅其主要竞争对手 Overture 已经推出了类似的广告形式“按效果付费”（Overture 的这项 Pay-For-Performance 服务可以将赞助商的广告链接出现在许多合作伙伴的网站上，其中主要是与搜索有关的业务），门户网站 Yahoo 也在关注着这项业务，肯定不会对此无动于衷。可以预见，按内容定位的网络广告将继续保持上升势头，以搜索引擎为基础的网络广告将呈现出比传统的网络广告公司更大的活力。

网页内容定向广告中非常重要的一个问题就是要对网站进行很好地定位分析。网站定位分析主要涉及 3 个方面的问题：① 网站的性质；② 所属领域；③ 用户群。这些问题的答案确定之后，接下要做的第一件事情，就是将这个笼统概括的“定位”拆细。定位拆细最好方法是“关键字”法。一个领域的关键字一般较为明确，扩大关键字范围的方法有：① 用户调查，让用户任意写本领域的关键字，然后统计出现频率；② 研究同类网站，同类网站的频道名、栏目名都是同行所认定的“关键词”，同时可通过软件对同类网站的文章进行词频分析，找出出现频率最高的前 1000 个（字）词；③ 在本网站即将发布的典型文章中筛选。当网站定位“具体”为几百个关键字之后，这个“定位”就变成了摸得着、看得见的网站内容模型。此时，就可以在还没有网站内容的时候，对网站内容进行先行分类了。切勿直接对笼统、概括的网站定位进行“概念到概念”分类，那一定是没有依据的分类。有了几百个筛选而来的关键字，分类就变成具体的可操作、可完成、可评价的工作。通过确定内容定位可以实现高效的网络营销效果，具有很强的针对性。

搜索引擎的特点决定了搜索引擎营销是网络营销最重要的一种应用。随着搜索引擎技术的不断发展，必然会出现更多新的搜索引擎营销的方式和方法。

11.3　Web 2.0（网络社区）营销

Web 2.0 的概念提出于 2004 年，经过几年的发展，Web 2.0 已经形成了一种新型的互联网模型，已经将互联网带入了社会化网络阶段。在此之前，互联网信息传递已经经过了一对一（20 世纪 80 年代~20 世纪 90 年代初期）和一对多传递（20 世纪 90 年代初期至中期）信息交流的阶段。

Web 2.0 与 Web 1.0 的典型应用（如表 11-1 所示）的区别说明了两类互联网服务具有各自独特的特征，而用列举实例，而不是概念性的描述，也反映了对 Web 2.0 定性描述尚缺乏统一的标准。

表 11-1　　Web2.0 与 Web1.0 应用范围

Web 1.0	Web 2.0
Double Click	Google AdSense
Ofoto	Filckr
Akamai	BitTorrent
MP3. com	Napster
Britannica Online	Wikipedia
Personal websites	Blogging
Evite	Upcoming. org and EVDB
Domain name speculation	Search engine optimization
Page view	Cost per click
Screen scraping	Web services
Publishing	Participation
Content management systems	Wikis
Directories（taxonomy）	Tagging（“folksonomy”）
Stickiness	Syndication

Source：www. oreillynet. com，2005. 9

© 2008. 1 iResearch Inc.　　www. iresearch. com. cn

Web 2.0 是对未来经济运营模式可能产生深远影响的理念。互联网 1.0 时代改变了以往信息传播的间隔，人们可以通过互联网了解到以往无法有效获取的信息，电子邮件、即时通信工具、BBS 大大扩大了人们进行交流和沟通的范围，进而也影响了身处这一时代的各类企业和个人的行为方式，协同模式开始在社会中出现。

在 Web 2.0 时代，在协同合作的基础上，更加强调了分享。协同合作的成功建立在合作方能否进一步分享各自拥有的信息，这种分享应该是毫无保留的。目前，已经有一些成功的案例是建立在人们之间充分的信息共享的基础上的。所以，Web2.0 对未来经济的影响将会非常深远。

从市场营销的角度来看，Web 2.0 意味着 3 个方面的内容：一种创新的媒介形式、一个集中的社群环境，一种全新营销理念。它与传统营销、传统的网络营销有本质区别（如图 11-6 所示）。

	传统营销	传统网络营销	Web 2.0 营销
信息传播方向	单向性	一定程度的双向性	互动性更强
营销效果感受	无法知道真正的营销效果	有一些方法，但大都延伸自传统营销手段	能够做到更精确、实现个性化、定制化营销
营销效果监测手段	访谈、街头问卷抽样调查等	采用了互联网调查的方式，但还没有完全取得突破	监测手段更多，也更加复杂
广告计费模式	按时间来收费	以按时间来收费为主	出现更多的计费方式
广告投放渠道	以电视、报纸、杂志的大众媒体为主	开始关注互联网媒体、但仍以图片广告为主	社区、博客、视频、RSS 为新兴的广告投放场所

© 2008.1 iResearch Inc. www.iresearch.com.cn

图 11-6 传统营销、网络营销、Web 2.0 营销区别

（1）一种创新的媒介形式

作为一种全新的媒体工具，和传统的 Web 1.0 不同，Web 2.0 改变了网络浏览信息获取的方式，RSS 信息聚合技术的出现，使网络使用者可以非常便捷地获取到相关主题的内容信息。像《纽约时报》和《华尔街日报》这类传统媒体的网站，现在都已经开始借助聚合技术把新内容推送给用户。

相对 Web 2.0 而言，Web 1.0 发展的主旋律还处于对传统媒体的模仿阶段，无数的风险投资商和创业者似乎忽略了网民的参与意识，将互联网演变成一个热闹的大看场，直接将个体网民弱化为观众和用户，处于核心地位的网民成了少有参与行为的旁观者。

而以 Blog、RSS 和 SNS 等为代表的 Web 2.0，使互联网用户改变了旁观者的地位。在 Web 2.0 时代，突出的不是纯技术，而是参与和互动。它与以往门户网站相比，面对的是相对少但却更加细分的人群。传统的门户网站经营者依靠庞大的编辑体系组织内容，以吸引更多用户，几乎将所有的东西一网打尽，而 Web 2.0 市场定位非常清晰，对特定的用户群，有着自己核心的业务。

（2）一个集中的社群环境

早在 2004 年 10 月旧金山举行的首届 Web 2.0 大会上就有专家指出：对开展网络营销的企业来说，创建一些资讯丰富的社群或与之合作将是成功的关键。

作为一个新兴的社群环境，Web 2.0 使得具有特殊个人喜好或者共同用户体验的顾客群

体可以通过虚拟社群的形式，建立起某种经常性的联系。当网络社群的参与者分享个人喜好或者共同体验，并通过网络跟帖或发表新帖表述意见时，浏览信息所获得的用户体验可以得到提高。这种用户体验分享的方式，达到的效果已不仅仅是单个的累加，而是几何级数的增长。

（3）一套全新的营销理念

所有对于 Web 2.0 项目的投资，都是基于一个非常理想的观念：利用互联网的力量引诱人们聚到一起来创造内容、分享专业知识，通过社会互动来寻求平衡。Web 2.0 的出现使得企业比以往任何时候都要在乎消费者切身感受及切切实实的利益。

更加专注的态度，更加个性化的服务。作为一种全新的经营理念和服务态度，Web2.0 非常注重可用性和用户体验，要求营销工作人员提供区别于传统服务的创新态度，更加注重表达个性化的体验，设计个性化的操作功能以及简洁友好的界面，不断激发用户产生强烈的互联意愿。

Web 1.0 时代中电子邮件、即时通信工具更多地是被看做是一种通信工具，而门户、搜索引擎、BBS 更多地被看做是一种网络媒体。在 Web 2.0 时代，各种新应用也将逐渐划分出两大阵营，媒体型 2.0 应用与工具型 2.0 应用。

目前，表现出媒体性质的 2.0 应用有博客、视频分享、网络社区等，表现出工具型 2.0 应用的有 API、Widget、RSS 集成等，而不论是哪一类工具，最终都建立在对网络用户行为和关系的深度挖掘。单独的 Web 2.0 也许在未来会因为过于单薄而无法获得爆发式增长，如何实现有效地融合是各类 Web 2.0 企业共同探讨的问题，未来的商业价值存在于这种融合中（如图 11-7 所示）。

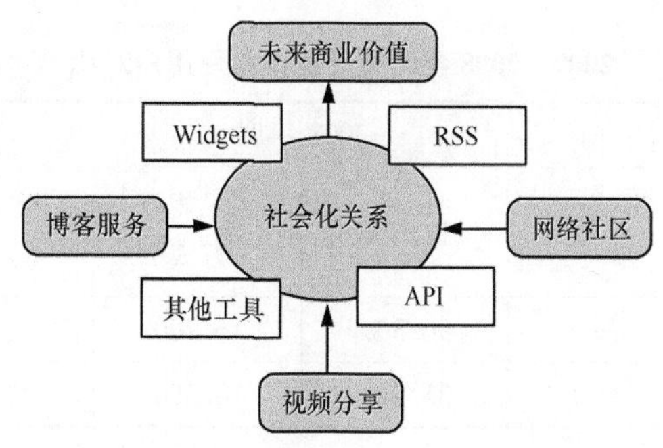

图 11-7　Web 2.0 商业价值

11.3.1　博客（Blog）营销

博客（Blog）营销目前为止没有明确的定义，简单来说就是利用博客这种网络服务应用形式开展网络营销。因语言原因，博客在中国有着很多解释，可以指代博客服务或产品、也可以指代博客用户，也可以指代编写博客的动作，本书以博客产品或服务为解释。从应用上来讲，博客是一个新型的个人互联网出版工具，是网站应用的一种新方式，是一个信息的发布、知识交流的传播平台。它是一种表达个人思想、网络链接、内容按时间顺序不断更新的出版方式。

博客产品指的是网络中专门为网民编写个人日志的服务器空间，主要分为两大类：一类是如新浪、搜狐等基于 Web 页面式的博客产品，这类服务使用门槛较低，只需用户注册便可立即使用；另一类需要用户使用专门的博客软件，这类产品的个性化服务更多、更强，但对用户的要求更高。

博客这种网络日记的内容通常是公开的，自己可以发表自己的网络日记，也可以阅读别人的网络日记，因此可以理解为一种个人思想、观点、知识等在互联网上的共享。由此可见，博客具有知识性、自主性、共享性等基本特征，正是博客这种性质决定了博客营销是一种基于个人知识资源（包括思想、体验等表现形式）的网络信息传递形式。因此，开展博客营销的基础问题是对某个领域知识的掌握、学习和有效利用，并通过对知识的传播达到营销信息传递的目的。

与博客营销相关的概念还有企业博客、营销博客等，这些也都是从博客具体应用的角度来描述，主要区别那些以个人兴趣、私人生活等为内容的个人博客。其实无论叫企业博客也好还是营销博客也好，一般来说博客都是个人行为（当然也不排除有某个公司集体写作同一博客主题的可能），只不过在写作内容和出发点方面有所区别：企业博客或者营销博客具有明确的企业营销目的，博客文章中或多或少会带有企业营销的色彩。

根据 CNNIC 数据显示，2008 年博客用户规模持续快速发展，截至 2008 年 12 月底，在中国 2.98 亿网民中，拥有博客的网民比例达到 54.3%，用户规模为 1.62 亿人（如表 11-2 所示）。在用户规模增长的同时，中国博客的活跃度也有所提高，半年内更新过博客的比重较 2007 年底提高了 11.7%。博客数量的增长带来了用户聚集的规模效应。博客频道在各类型网站中成为标准配置，其中 SNS 元素的加入对博客用户的增长起到了推动作用。博客的影响力进一步加强。根据这些数据，可以看到博客庞大的读者群为企业开展博客营销提供了潜力巨大的消费市场，同时也可以看出博客营销的必要性和前景。

表 11-2　　2007～2008 年网络社区类应用用户对比

	2007 年底		2008 年底		变化	
	使用率	网民规模（万人）	使用率	网民规模（万人）	增长量（万人）	增长率
拥有博客	—	—	54.3%	16,200	—	—
更新博客	23.5%	4,900	35.2%	10,500	5,600	114.3%

（1）博客营销的特点

① 博客是一个信息发布和传递的工具。在信息发布方面，博客与其他工具有一定相似的地方，即博客所发挥的同样是传递网络营销信息的作用，这是认识博客营销的基础。网络营销信息传递实际上也是整个网络营销活动的基础。

② 博客文章的内容题材和发布方式更为灵活。博客文章内容题材和形式多样，因而更容易受到用户的欢迎。此外，专业的博客网站用户数量大，有价值的文章通常更容易迅速获得大量用户的关注，从而在推广效率方面要高过一般的企业网站。

③ 博客传播具有更大的自主性，并且无需直接费用。在博客中，具有共同目标的个人或群组可以自行对文章进行分类、整理，博客中的所有内容主题分类鲜明，不会受其他无关信息的干扰，针对性较强。

④ 博客信息量大，表现形式灵活。博客文章的信息发布与供求信息发布是完全不同的

表现形式，博客文章的信息量可大可小，完全取决于对某个问题描写的需要，博客文章并不是简单的广告信息，实际上单纯的广告信息发布在博客网站上也起不到宣传的效果，所以博客文章写作与一般的商品信息发布是不同的，在一定意义上可以说是一种公关方式，只是这种公关方式完全是有企业自行操作的，而无需借助于公关公司和其他媒体。

⑤ 博客文章显得更正式，可信度更高。博客文章很容易被搜索引擎收录和检索，这样使得博客文章具有长期被用户发现和阅读的机会，一般论坛的文章读者数量通常比较少，而且很难持久，几天后可能已经被人忘记。博客营销与传统论坛营销相比的优势非常明显。

（2）博客营销的应用

博客营销的操作方式与传统营销有所区别，而且其易操作性以及最初的低成本使得博客营销具有非常大的可实施性。博客营销的基本形式可归纳为 3 种：利用第三方博客平台、自建博客平台或在网站上开设博客频道、借助名人博客。下面以如何利用第三方博客平台的博客文章发布功能，开展网络营销活动为例，介绍博客营销的操作方式。

① 选择博客托管平台、开设博客账号。

营销人员在将产品推入市场前，通常会做一个市场调查，确定目标顾客及目标顾客的特征。同样的，中小企业在博客营销之前也要先有个目标定位，根据客户群的特点选择适合本企业的博客营销平台，并获得发布博客文章的资格。一般来说，应选择访问量比较大以及知名度较高的博客托管网站，如新浪博客、搜狐博客、天涯博客等，对于某一领域的专业博客网站，则应在考虑其访问量的同时还要考虑其在该领域的影响力，影响力较高的网站，其博客内容的可信度也相应较高。如果必要，也可能选择在多个博客托管网站进行注册。

② 制订一个中长期博客营销计划。

博客营销不是走一步算一步的事情，中小企业刚刚开始博客营销的时候，首先要制订一个中长期的计划，有了计划，才明确知道前进的方向。这一计划的主要内容包括从事博客写作的人员计划、每个人的写作领域选择（其中肯定要有一个领域是关于企业产品的）、博客文章的发布周期以及发布数量等。由于博客写作内容有较大的灵活性和随意性，因此博客营销计划实际上并不是一个严格的“企业营销文章发布时刻表”，而是从一个较长时期来评价博客营销工作的一个参考。从内容上来讲，也要注意发布一些对企业情况的介绍，一些较专业的文章以及必需的企业产品信息。

③ 建合适的博客环境，坚持博客写作。

无论一个人还是一个博客团队，要保证发挥博客营销的长期价值，就需要坚持不懈地写作，一个企业的一两个博客偶尔发表几篇企业新闻或者博客文章是不足以达到博客营销的目的的。因此，如果真正将博客营销纳入到企业营销战略体系中，企业应该创建合适的博客环境，坚持不懈地时常更新博客内容，这里采用合理的激励机制是很有必要的。另一方面，一个中小企业要想在所处的行业中有所发展，那它就必须要比大型企业更加关注本行业，同时也应该对行业现象有自己独特的视角，这些思维可以在企业博客上逐步体现出来。内容不妨从这几个方面展开：原创和转载的行业新闻；独到的行业评论，能引起可以正面提高知名度的争议评论；客户关系处理；行业技术交流探讨。

④ 综合利用博客资源与其他营销资源。

博客营销归根到底是为实现企业的战略目标服务的，博客营销并不是独立的，它只是企业营销活动的一个组成部分。企业应将博客文章的内容与企业网站的内容、策略及其他媒体资源相互结合，以产生良好的互动反应。

⑤ 与博客圈互动。

博客的传播效用体现在博客圈的互动上。互动之一，要注意在自身博客上多设置外链接。外链接可以向读者显示博主感兴趣的食物，外链接的博客水平越高，读者及其他博友就越重视本博客。互动之二，要在其他博客上留言。建立利益同盟是企业或个人成功地经营博客的关键。在利益同盟中留言，是让这些博主及他们的读者注意到本企业，并使他们对本博客感兴趣的有效方法。读者们发现新博客的一种方式就是通过共同的链接，如果可以参与其中便能获得更多的流量，就能与其他博友及他们的读者建立联系。如此，扩大了博客的影响范围，增强了博客营销的效果。

11.3.2 内容聚合（RSS）营销

RSS 是一种描述和同步网站内容的格式，是目前使用最广泛的 XML 应用。RSS 搭建了信息迅速传播的一个技术平台，使得每个人都成为潜在的信息提供者。发布一个 RSS 文件后，这个 RSS Feed 中包含的信息就能直接被其他站点调用，而且由于这些数据都是标准的 XML 格式，所以也能在其他的终端和服务中使用。目前，RSS 应用已经非常普遍，从个人博客（Blog）栏目、企业站点到世界级的门户都提供基于 RSS 的服务，如 IBM 公司站点的中文新闻 RSS ，Yahoo 站点的，微软 MSDN 站点的等。

（1）RSS 的联合（Syndication）和聚合（Aggregation）

发布一个 RSS 文件（一般称为 RSS Feed）后，这个 RSS Feed 中包含的信息就能直接被其他站点调用，而且由于这些数据都是标准的 XML 格式，所以也能在其他的终端和服务中使用，如 PDA、手机、邮件列表等。而且一个网站联盟（比如专门讨论旅游的网站系列）也能通过互相调用彼此的 RSS Feed，自动的显示网站联盟中其他站点上的最新信息，这就叫做 RSS 的联合。这种联合就导致一个站点的内容更新越及时、RSS Feed 被调用得越多，该站点的知名度就会越高，从而形成一种良性循环。

而所谓 RSS 聚合，就是通过软件工具的方法从网络上搜集各种 RSS Feed 并在一个界面中提供给读者进行阅读。这些软件可以是在线的 Web 工具，也可以是下载到客户端安装的工具。

（2）RSS 作为网络营销工具的优点

对于营销者来说，RSS 的优势有：① RSS 的使用率不断提高；② RSS 的送达率几乎 100%；③ RSS 信息的点击率比较高；④ 从营销成本来看，购买 RSS 广告展示的成本比较低。

对于用户来说，RSS 有 3 个主要的优势：① 用户可以只订阅他们想要的信息，从而避免任何垃圾信息的传入；② 用户逐步对新闻源进行筛选，这样就可以只收到特定的信息；③ 用户可以使用各种方法来阅读 RSS 新闻种子——通过他们的网络浏览器、电子邮件客户端、桌面、线聚合网站或者移动和手持设备。这种可以任意选择接受信息方式的自由意味着用户掌握了管理权，使得 RSS 新闻种子的受众成为更加精准的电子邮件营销目标受众。

（3）RSS 营销的策略

RSS 是一种较以往任何一种网络信息传播方式都不同的全新手段，早在 2005 年，RSS 营销便已进入网络营销研究人员的视线中。但即使到现在，RSS 营销都还没有进入到成熟期，对如何做好 RSS 营销还没有统一的认识。现提供以下几方面以供参考。

① 规划自己的 RSS 营销战略。RSS 营销战略是企业提供一切 RSS 服务的前提，如根据

自己的要求规划或定义 RSS 的职能是什么，如何与其他营销策略相结合，如何定义 RSS 在企业整合营销中的定位。

② 提供丰富多彩的内容，吸引用户订阅。电子邮件让企业在互联网的 1.0 时代，能够以一种主动的方式向企业用户定期或不定期地发送企业相关信息。尽管 RSS 与电子邮件相比，在信息传递形式和接受方式上并没有太多本质的区别，但 RSS 在及时性上更胜一筹，而通过标准化的格式，又使得 RSS 能够得到更为广泛的应用。

在如今 RSS 发布的信息量与人们对信息的消化量的矛盾还没有得到较好解决的时候，企业能否持续地提供有价值的信息，是决定了用户能否订阅该企业 RSS 的重要前提之一。因此，这也就要求在 Web 2.0 的企业，要比先前提供更多、更有价值的信息，否则，即使用上了 RSS，也无法实现广泛的传播效果。

③ 与专业的 RSS 相关服务商合作，优化 RSS Feed。这就要求提供 RSS 内容输出服务的企业应该保证 RSS Feed 在任何环境下都能正常工作，因此，需要与专业的 RSS 相关服务商合作，让他们提供诸如 RSS Feed 优化、RSS Feed 分析等服务。

企业还需要考虑需要对哪些 RSS 流量进行观察、是否向用户提供定制化或个性化的 RSS 订阅服务等。这点也可以从第三方研究咨询机构获得某些数据。

④ 利用自己或外部的尽可能多的渠道推广自己的 RSS。创建一个 RSS 描述页，如 RSS 是什么？访问者使用 RSS 的好处是什么？哪里有免费的 RSS 订阅器？怎样订阅 RSS Feed？为什么要订阅？并在这个页面里放上所有 RSS Feed 的链接，并加上橙色按钮；利用所有的资源，推广这个描述页。

在外部推广渠道上，将 RSS Feed 提交到恰当的搜索引擎或分类目录中。更新网上内容后，Ping 一下 RSS 聚合网站，让他们索引新的内容。

⑤ RSS 也是重要的企业商业情报获取渠道。通过收集和观察竞争对手提供的 RSS Feed，企业可以在第一时间获得竞争对手的最新信息。也可以通过搜索引擎订阅一些关键词，了解到与这些关键词匹配的最新资讯。此外，也可以对这些信息在网络上发生的时间、地点、频率等进行深入分析，从中获得表面上难以发现的情报。当然，这也要求企业具有相应的反竞争情报的机制，这一机制通常需要在规划 RSS 营销战略时，便开始重视起来。

(4) RSS 的订阅过程及影响订阅成功率的关键因素

相对于邮件列表的许可确认手续，RSS 订阅过程非常简单，只要用户愿意，并且具备了 RSS 订阅的基本条件即可（比如已经安装了客户端 RSS 阅读器，或者注册了网络版的 WEB RSS 订阅服务）。

经历了 RSS 订阅之后，几乎无需多少思考就可以得出这样的结论：影响用户订阅一个网站 RSS 新闻的关键因素，是网站内容对用户的吸引力。此外，当然还有用户的阅读习惯因素，如果不习惯于 RSS 阅读方式则另当别论。RSS 营销成功的基础是向用户传递有价值的信息。因此，可以断言，RSS 营销必然依赖于高质量的网站内容策略，这也充分说明，网络营销应该充分重视网站内容经营策略。

采用电子邮件方式订阅转而采用 RSS 方式订阅，信息的速度更快，从以前每周接收一次变成现在每天接收几次，而且接收信息更稳定了，不再担心收不到。而作为网站管理者，也不必每周耗费精力去选取精华文章和设计制作电子邮件了，RSS 就是随着网站内容更新而更新的，更不需要花费群发电子邮件的时间和服务器资源，只要保持服务器稳定即可。同时，由于在 RSS 中也能插入 Banner 广告和关键字广告，所以并不担心阅读者订阅了 RSS 就会忽略了对网站广告的关注。相反，由于 RSS 的格式和排版相对 HTML 网页单一，里面的广告更容易引起阅读者的点击兴趣。

从以上我们可以看出，RSS 相比电子邮件列表在网络营销中的应用优点是显而易见的：第一，订户可随时在客户端决定订阅和退订，不担心会受到垃圾信息的滋扰；第二，信息可随着网站的更新而即时主动发送给订户，并且不需要另外花费制作和发送成本；第三，只要网站服务器稳定，所发送的信息就绝对不会丢失。

当然，我们也发现了目前 RSS 在网络营销的应用中存在的一些问题：第一，对 RSS 有所了解的人并不多，不如电子邮件那般普及，因此必须向订户提供比较详尽的使用教程以及解答疑难；第二，RSS 的标准较多，目前有 RSS 0.90、RSS 0.91、RSS 0.92、RSS 1.0、RSS 2.0、ATOM 等，因此我们只能选取最为流行和较多软件支持的 RSS 2.0；第三，RSS 的聚合软件对各种 RSS 的兼容性不高，例如新浪的 RSS 聚合器除了新浪自己的 RSS 之外就无法订阅羊城网友周刊以及新华网等大多数的 RSS 服务，所以对于中国人而言，我们还是比较推荐上海玉珀电子科技有限公司开发的看天下新闻资讯阅读器，该软件的兼容性十分强，几乎还未发现有未能订阅的 RSS（除非那个 RSS 的 XML 格式有问题）；第四，由于在 RSS 不能添加任何的脚本语言，使得统计订阅人数比较困难，只能通过一些特别的技术方法，分析 RSS 的下载次数多少，来估计订户数量。

11.3.3 社交网络（SNS）营销

SNS，全称 Social Networking Services，即社会性网络服务，专指旨在帮助人们建立社会性网络的互联网应用服务。1967 年，哈佛大学的心理学教授 Stanley Milgram（1933～1984）创立了六度分割理论，简单地说：你和任何一个陌生人之间所间隔的人不会超过 6 个，也就是说，最多通过 6 个人你就能够认识任何一个陌生人。SNS 的出现和发展与六度分割理论是分不开的。

（1）SNS 的特点

① 个性化。如同社会是由作为个体的人组成一样，SNS 的基本构成也是展示在网络空间中的人。在任何一个 SNS 系统中，你均有可以自己定制的很多元素，包括页面效果、隐私策略等。除此之外，还有很多自己发布的内容，如日志、图片、活动事件等。这些个性化构成了一个使用者主体在 SNS 网站上的个人形象，这个形象是使用者在使用 SNS 进行关系网络构建的基础，也是 SNS 网站开办者重要的数据资源基础。

② 网络关系化。SNS 的特色决定使用者在网站上的核心目的就是进行社交，无论哪种 SNS：基于校园的、基于社会的和基于商务的，均是以此作为 SNS 的主线模块进行设计的，这种在线的关系营销可能为使用者带来巨大的利益。SNS 的社会化关系网络中，每一个用户都是一个结点，节点之间的连线则说明了用户之间的好友关系，通常 SNS 站点会要求用户为这条线加一个标注，来说明他们之间的关系类型，例如同学、同事、朋友、网友、亲人等。

③ 社会影响化。SNS 的网络关系化决定了人在其中是社会的一个元素。这种关系决定了人在其中的交互性，每个使用者都会在其中影响其他使用者，同时也会被其他使用者所影响，这种从众效应为 SNS 上面的营销活动奠定了社会基础。

④ 群组化。群组化特色来源于“150 法则”，150 法则脱胎于从欧洲发源的“赫特兄弟会”，这是一个自给自足的农民自发组织，他们有一个不成文的严格规定：每当聚居人数超

过 150 人，就将其分成两个群体再各自发展。因此，150 逐渐成为人们普遍公认的"我们可以与之保持社交关系的人数最大值"。同样，在 SNS 系统中的用户，并非一窝蜂的聚集在一起，他们之间有着强烈的群组倾向。在 SNS 中，SNS 网站的运营者经常以"网络"和"群组"来划分，前者是基于地域/学校/公司的硬性划分，后者是基于兴趣爱好的软性划分。社会学所证明的人的趋向性，使得 SNS 的使用者往往会倾向于选择其好友选择的商品或服务。

SNS 系统中，用户所提供的个性化信息包含了其对于商品的选择倾向信息，它可能包括，喜爱的影片，喜爱的歌手专辑，购买的商品等，这种信息最终将由 SNS 系统进行数据分析和挖掘之后，展示在用户的个性化页面上，甚至展示在用户的好友登录后所看到的信息页，这种特性决定了 SNS 营销更具有针对性。

例如：在 SNS 中，存在很多的兴趣群组，如掌上游戏机爱好者、乒乓球爱好者等，那么作为一家游戏娱乐产品公司，就可以在掌上游戏机爱好者这样的群组中投放广告，由于该群组的页面访问者绝大多数为广告的预期受众，这样的广告转换率（即广告产生的购买行为者与页面浏览者的比率）会非常高，广告费用也达到了效用最大化。

赞助相关群组主要是企业为了建立其在线口碑而进行的商务行为。一个企业可以赞助其产品目标客户广泛存在的群组，组织群组活动，并提供奖品，以这样的行为建立起在线形象和口碑，最终促进浏览者的购买率。

表 11-3 所示为将这种广告方式和传统的站点页面展示广告的一个对比。

表 11-3　　SNS 中广告方式和传统的站点页面展示广告对比

	SNS 中的广告	传统页面广告
用户针对性	强	弱
用户传递性	强	无
转化率	高	低
深度数据挖掘	可行，难度小	可行，难度大

（2）SNS 的新营销赢利模式

① 虚拟礼品。虚拟礼品是典型的在 SNS 中的虚拟化实物服务，它允许 SNS 的使用者通过付费购买虚拟的礼品，并将其"赠送"给某个好友，在被赠送方的页面上，会显示其收到的礼品。应该说，这种出售虚拟化实物赢利的方式并非在 SNS 中最先出现，国内的腾讯公司将虚拟形象整合到其产品 QQ 中，建立了 QQ 秀这一产品。该产品并无任何实物，然而却构成了其互联网增值服务收入的一大部分。

② 特定展示位。例如，FaceBook"飞页"提供了可以由用户购买的显示在左侧导航栏下侧的小块广告，5 美元可以购买 2500 次展示，只出现在其指定的高校相关页面上，每所高校另有集中展示。这非常类似于在大学校园常见的在布告栏张贴的小广告。

③ 网络口碑营销。口碑营销是在 Web2.0 被强化的一种网络营销理念，口碑是没有商业目的人际口头交流的关于品牌、产品、服务的信息或看法（Ardnt，1967）。口碑传播在消费者信息收集、评价及购买决策过程中发挥着重要的作用。口碑经常被消费者看做是最重要的和使用最频繁的外部信息来源。口碑营销也一直是企业青睐的营销策略。

SNS 类网站的特点决定了其可以提供良好的口碑营销基础，一方面，企业可以通过选定特定精确范围的用户，撰写相关的产品体验日志来进行宣传；同时也可以根据其所撰写的日志，结合各个用户的关系，进行营销的分析，从而对市场策略的制定进行指导。

SNS 网站的价值就体现在以关系网络为王。在传统传媒理论中，经常提到的就是“内容为王”，也就是内容是媒体的核心竞争力。但是对于 SNS 网站来说，如何构建一张巨大的人际关系网络，同时把这个网络管理起来，这就是其商业价值的核心所在。

所以对于 SNS 营销，传统的 Banner、产品植入等形式的网络广告只是其广告价值的一小部分，而其核心价值就是在于人与人之间的关系链条上，如何把营销信息渗透到用户的人际关系网络中，并且引导其蔓延扩散就是其核心价值所在了。

11.3.4 维基（Wiki）营销

维基译自英文 Wiki，这一词源于夏威夷语的“wee kee wee kee”，原意为“快点快点”。它其实是一种新技术，一种超文本系统。这种超文本系统支持面向社群的协作式写作，同时也包括一组支持这种写作的辅助工具。这是多人协作的写作工具，而参与创作的人，也被称为维客。

在维基页面上，每个人都可浏览、创建、更改文本，系统可以对不同版本内容进行有效控制管理，所有的修改记录都会保存下来，不但可事后查验，也能追踪、回复至本来面目。同一维基网站的写作者自然构成了一个社群，维基系统为这个社群提供简单的交流工具。用简单的话来解释，维基就是人人都可以参与编写的百科全书。目前最有名的 Wiki 站点就是维基百科（www. Wikipedia. com）。2006 年国内最大的搜索引擎服务商百度推出类似的服务——百度百科。除了上述百科全书式的 Wiki，还有很多组织内部的或针对某些特定人群、特定主题的 Wiki 系统。

（1）Wiki 的特点

① 主题明确。Wiki 站点一般都有着一个严格的共同关注。Wiki 的主题一般是明确的、坚定的。Wiki 站点的内容要求有高度的相关性。有其确定的主旨，任何写作者和参与者都应当严肃地遵从。Wiki 的协作是针对同一主题作外延式和内涵式的扩展，将同一个问题谈得很充分、很深入。

② 知识百科。Wiki 非常适合于做一种“All about something”的知识分享型的站点。个性化在这里并不重要，信息的完整性和充分性以及权威性才是真正的目标。Wiki 由于其技术实现和含义的交织和复杂性，如果你漫无主题地去发挥，最终连建立者自己都会很快地迷失。

③ 协同工作。Wiki 使用最多也最合适的就是去共同进行文档的写作或者文章/书籍的写作。特别是与技术相关的（尤以与程序开发相关的）FAQ，更多的也是更合适地以 Wiki 来展现。

（2）Wiki 的电子商务应用

Wiki 的商务应用并不是简单地网络广告模式，Wiki 站点的经营者需要从 Wiki 服务的特点出发，切不可以为网络广告是当前互联网赢利手段中的绝大多数来源，便摒弃 Wiki 服务的本质。

在 Wiki 系统中，用户在遵照 Wiki 系统条目编制规定的前提下，主动自愿地提供自己对产品或服务的看法，并通过群体智慧的力量，丰富产品或服务的可阅读性，如消费者推荐产品具体性能等。而当有更多的人参与其中时，这种效果会更加明显。

维客搜索引擎较通用搜索引擎有其独特优势，如在搜索质量上较通用搜索更高，没有那么多垃圾信息；更细致的标签分类，能够方便搜索用户查找信息；面对有较高质量内容的 Wiki，通用搜索引擎对 Wiki 的重视度较高等。

传统电子商务只是解决了用户查找商品信息、缩小买家与卖家沟通距离的问题，但还没有解决用户面对琳琅满目的商品或服务时，需要做出正确选择的问题。因此，与具有高质量内容的 Wiki 系统协作，并通过 Wiki 搜索引擎，将 Wiki 系统与电子商务系统相结合，成为一种必然的趋势，两者的结合恰恰能够解决上述问题。

（3）Wiki 营销的优势

企业级的 Wiki 营销，其优势主要表现在以下几点。

① 高效的协同工作工具。企业员工可以通过 Wiki 系统一起交流思想、共同完成项目、监督项目执行等，保证公司群体智慧在公司内部甚至外部得到充分发挥。

② 企业构建一个针对普通用户的 Wiki 系统时，其也就将那些原本看似普通的用户的意见纳入到企业整个运作流程中：用户的意见首先被网站管理员看到并整理提交到相关人员；产品设计人员获得用户意见并认真研究后，与技术人员讨论实施可行性；产品制造人员将用户的意见反映到最终产品上；最后，用户得到了其满意的商品。

③ 用户对企业网站的黏性。对一些本不具有较高网络曝光率的传统企业来说，企业网站常常并不能吸引用户访问，而 Wiki 系统鼓励访问者参与到企业产品提供的整个流程中，增加了对用户的吸引力。而 Wiki 网络社区氛围的强化，又能弱化用户原本对企业网站呆板的印象。

④ 用户对企业 Wiki 的内容贡献，增加了企业 Wiki 内容在百度、Google 等通用搜索引擎中的索引量以及曝光率，对企业网站的 SEO，也有非常大的帮助。

11.3.5　网络视频营销

“网络视频营销”指的是企业将各种视频短片以各种形式放到互联网上，达到一定宣传目的的营销手段。网络视频广告的形式类似于电视视频短片，平台却在互联网上。“视频”与“互联网”的结合，让这种创新营销形式具备了两者的优点：它既具有电视短片的种种特征，例如感染力强、形式内容多样、肆意创意等，又具有互联网营销的优势，例如互动性、主动传播性、传播速度快、成本低廉等。可以说，网络视频营销，是将电视广告与互联网营销两者优势集于一身。

网络视频不仅是传统电视在互联网上的延伸，而且还具有与传统电视差异显著的新特征。网络视频的核心特征是用户自主性，具体体现在广播方式、便携性、频道资源、节目落地区域范围等各个方面（如表 11-4 所示）。

表 11-4　　传统电视与网络视频比较

	传统电视	网络视频
传播方式	单向传播	双向互动
终端普及	非常高	高
终端使用频率	逐步减少	逐步增多
终端拥有性质	多人共用为主	个人私用为主

续表

	传统电视	网络视频
终端便携性	低	高
频道数量	有限	无限
节目内容落地区域	局限性大	局限性小
内容点播	不可以	可以
画面质量	高	一般
流畅度	高	较高

（1）网络视频服务分类

网络视频服务按照目前运营商提供的相关观看方式，可以划分为以下 4 种形式。

① 视频直播。视频直播是对节目内容进行实时采集压缩传输，在网络上实现对节目内容的同步播放。

② 在线点播。基于网络的在线视频点播一般采用流媒体播放技术，即用户不必将所观看的视频节目完全下载到本地即可观看，而是将视频节目以流数据的形式用编解码器在线播放，要传输不间断高质视频的流数据只有在宽带环境下才可实现。

③ 视频轮播。视频轮播是按照规定时间，对既定的一组视频节目（电影、电视剧、体育娱乐视频等）进行循环播放，本质是视频点播的一种形式，一般多为客户端视频播放软件所采用。

④ 视频搜索。视频搜索是通过搜索技术将视频内容进行聚合、分类，并通过技术手法在每个视频内容中提取数秒关键帧，以供用户在未打开视频内容时可以提前观看。视频搜索改变了用户获取视频内容的方式和浏览习惯，用户通过视频搜索引擎可以更精准地找到目标内容，并通过关键帧进行进一步筛选。

（2）网络视频营销的优势

① 成本低廉。与电视媒体相比低廉的费用是让许多公司开始尝试网络视频广告的一个重要原因。投放电视广告，投入总以几十万甚至上千万计，而几千块钱就可以发布一支网络视频短片。甚至，一个好创意，几个员工，就可以做一个好短片，免费放到视频网站上进行传播。

低廉的价格带来的却非常高的性价比。根据 Burst Media 公司完成的研究结果表明，56.3%的在线视频观众可以记起视频里的广告内容。一支流传甚广的视频可以让公司以极小的成本获得极大的曝光。也正因为如此，虽然互联网视频广告的影响力越来越大，但是公司为此付出的资金却不会有多大增长。“在线视频广告的支出对于电视广告而言可以算是九牛之一毛，而且这种情况起码会持续 10 年。”

在这种情况下，那些准备削减广告预算的公司必定会向视频营销求援。有一个典型案例：英国饮料制造商 Britvic 公司削减了百维可（Tango）牌果味饮料的电视广告预算，转而投奔了互联网。他们设计了一个恶搞索尼公司最新液晶电视广告的视频，其中巧妙地放入了自己的产品。在投放互联网后，这个恶搞视频被大肆转载，宣传效果出人意料，Tango 饮料也成了青年们的潮流饮品。

② 目标精准。与传统营销方式的一个最大不同是，网络营销能够比较精确地找到企业想找的那群潜在消费者。作为网络营销最新兴的方式，网络视频营销则是更精准地发挥了这

一特性。

在视频分享网站上，一般都有“群（Group）”的设置。这是在网络上有着相同视频兴趣倾向的网民的集合。广告商在特定的群投放产品，例如广告商在汽车群投放视频广告，或者在这个群征集作品，就能取得不错的效果。

从这个角度来讲，在企业选择过程中，网络视频公司平台价值的测定就与传统媒体不同。在电视媒体中，更多的观众、更高的收视率意味着更多的广告收入、更多的利润；视频网站则不然，观众的数量并不一定意味着更多的广告收入，有时候小数量的观众要比数量众多的观众更有价值——如果这些小数量的观众是更明确的潜在用户（比如共同的兴趣爱好、相似的教育背景、较高的收入等）。

③ 推送 & 互动。网络营销具有互动性，这一点也被视频营销所继承。YouTube 编者和读者之间的回复便很好地证明了这一点：用户利用文字视频可新建对发布者的回复，也可以就回复进行回复，另外，观看者的回复也为该节目造势，有较高争议率的节目点击率也往往高调飙升。与此同时，网友还会把他们认为有趣的节目转贴在自己博客或者其他论坛中，让视频广告进行主动性的“病毒式传播”，让宣传片大范围传播出去，而不费企业任何推广费用和精力。这一优势是电视广告不具备的。

与其他互联网营销形式相比，视频感染力更强，因此引起网友的主动传播性也更强。

④ 传播快速。视频营销的这个特性已经在诸多案例中显露无疑。列举一个联想视频营销的例子：现代的电子产品功能越来越多，导致的直接结果就是产品说明书越来越厚。将说明书里那些生硬的、技术化的文字用形象、搞笑的视频内容来表达，更容易让消费者接受。土豆网与联想合作推出的种子视频，轻松实现了这一功能。从 2008 年 10 起，土豆网与联想合作，开始分期上传与联想的新产品——ideapadY430 有关的种子视频，并在广告位上推出，《胖熊与瘦猴》的系列故事。

⑤ 效果可测。在种种叙述在线视频营销的语句中，可以看到大量的数字：“网络搜索集团评出几大视频网站——YouTube、MSN Video、YahooVideo、AOL Video、iFilm，这些网站的访问量是美国 5 大广播电视网网站访问量的两倍，且用户在前者的停留时间达 12 分钟/次，长于后者的 8 分钟/次。”这段视频短片，被点击 3000 万次，转载 5000 次并附有 2400 条评论。种种数字让企业视频营销的“每一笔费用都可以找出花在了哪里”。收集网友的评论，也可以总结这次视频广告的得失，大大提高效果监测率。

（3）网络视频营销方式

① 贴片广告。贴片广告指在视频的片头片尾或插片播放以及背景广告等。这种网络视频营销方式是电视广告的延伸，其背后的运营逻辑依然是媒介的二次售卖原理。在电视阶段，由于观众不能选择电视中的内容，所以这种模式在电视领域收效显著。而在网络视频时代网友们具备了更多自主性：网友鼠标轻点就能快进快退，甚至可以轻松复制比特流。针对新的网络应用，传统的广告方式也需做出相应的调整和创新。

美国视频网站 Videoegg 做出了有益的尝试，它在视频末尾提供了一个名为“指示器”（ticker）的可点击的透明广告选择模块。当用户点击它时，正在观看的视频会暂停，而一个新的屏幕会打开，用户可观看相应的广告片。如果用户不点击这个广告，视频就会为你显示下一个视频的预览片段。这种技术可以提升 5% ~8% 的点击率，千人成本却是 10 美元，传统贴片广告的千人到达成本要达到 20 ~50 美元。

微软新近研发了一种视频广告的新模式：对视频内容中出现的物体进行标注和索引，一旦用户在观看视频的时候，对画面中某个物体感兴趣，则可以通过点击该物体来激发相应的视频广告。这种方式从实验室走向现实后，应该会为网络视频营销带来巨大变革。

② 视频病毒营销。视频病毒营销是另一种重要的网络视频营销模式。在现实的各种媒体环境下，视频病毒营销的发生原理可以概括成“内容即媒介”。好的视频能够不依赖需要购买的媒介渠道，靠无法阻挡的魅力俘获无数网友作为传播的中转站，以病毒扩散的方式蔓延，甚至对传统媒体产生影响。当然，前提是自己的病毒视频有很强的“感染力”。尽管好的病毒视频可遇不可求，但是我们还是需要在进行视频创意时，尽力使广告更加“可口化”、“可乐化”、软性化，更好地吸引消费者眼球。

③ UGC 模式。UGC 是“User Generated Content”的缩写，中文可译为“用户生产内容”。在 Web 2.0 时代，真正的创意高人或许将不是广告公司中打扮个性、两眼熬得通红的天才 Creative，而会是隐藏在长尾中的无数草根。利用网友们的脑细胞来做创意驱动，进行一场全民头脑风暴是一个不错的主意。2006 年百事打造了“百事我创 · 周杰伦广告创意征集活动”。百事公司利用网络和其他方式接受人们的广告策划，然后把所有投稿放置在网上经由网友们票选，最终《贸易起源篇》广告脚本以 335447 的最高得票数获胜。不仅如此，广告中的两名配角也由全体网民推荐并投票产生。

显然 UGC 模式超越了普通的单向度浏览模式，让用户与品牌高度的互动，将品牌传递方式提升到用户参与创造的高度，增加了品牌粘性，深化了广告效果。更有 ViTrue 推出“品牌视频社区”的广告类型，为品牌建立广告社区，鼓励用户为他们喜欢的品牌制作视频广告。Holotof 则推出“广告创意”网络平台，用户可以提交推销他们的创意，而客户可以从中选用最好的创意。

11.4 无线营销

手机与电视、计算机屏幕并称为人类认识世界的第三个屏幕，而且这第三个屏幕在数量上已经成为第一了。据工业和信息化部的统计数据显示，截至 2009 年 2 月底，我国手机用户已达 6.5978 亿，而电视用户约为 3.5 亿，互联网用户约为 3 亿。鉴于手机的用户数及移动便携式的特点，手机将成为直复营销的最完美的工具之一，而基于手机的移动营销将成为营销领域的新天地。

无线营销指的是主要通过以手机为平台，直接地向受众发布定向的或精准的即时信息，这种定向或精准发布功能的实现，依赖于在强大的数据库的支持之下，它以一种与受众产生互动的方式来达到市场营销的目的。无线营销有时也可称为手机营销或移动营销。

“无线营销”本质仍旧是“营销”，但是对“网络营销”的“无线”延伸，从而带来了“无线营销”可以给市场营销创造“无限”应用的第二个概念，即所谓的“A 的立方（A3）”的概念。具体而言就是“无线营销”使人们可以在任何时间（Any time）、任何地点（Any where）、做任何事情（Any thing）。这也是未来“无线营销”将给人们的学习、生活和工作带来翻天覆地变化的关键之处。

11.4.1 无线营销的优势

（1）受众广

中国现在有 6 亿多的手机用户，从无线互联网的角度来讲现在有 1.6 亿的手机网民，从这两个数字可以看到，庞大的受众基础无疑是无线广告的第一个优势。

（2）到达率高

再熟悉不过的 CCTV 的《新闻联播》收视率为 45.1%，最好的全国性报纸《参考消息》的阅读率为 2.4%，最好的全国性杂志《读者》阅读率是 13.0%，而无线广告到达率却为 100%。

（3）定点投放

无线媒体依托的庞大的广告受众数据库能满足客户从各种不同的人群中筛选不同的受众的需求，传播不同的广告。

（4）多次传播

受众接触到一个优惠的信息之后可以传递给他的朋友，可以让他的朋友也分享这种优惠，这就是第 4 个优势 *N* 次传播。

（5）互动交流

可以通过其他媒体，比如说电视、报纸、杂志等与手机媒体、与无线广告结合起来，激发手机用户的参与性，让他们拿起手机与广告主进行互动，与商家进行互动。

（6）及时高效

与电视广告、杂志广告、报纸广告从制作到发布周期非常长相比，无线广告的制作周期短，甚至可以做到即时投放。此外，无线广告还可以根据广告主定制的时间准点投放。

（7）基于位置的服务

移动通信网能获取和提供移动终端的位置信息，结合地理位置信息的营销将会取得意想不到的效果。

11.4.2　无线营销的模式

（1）短信/彩信营销

短信推送：随着手机普及，短信成为新的随时随地随身的媒体，企业可以通过短信群发的方式将营销信息快捷、大范围推送到潜在目标用户的移动终端上。对企业来说，短信媒体是目标更集中、反馈率更强大的渠道。它发布灵活，费用实惠。这种直接的方式通常能实现精确定位，可将营销信息直接发送到有需求有能力消费的目标手机用户。

短信回执：短信回执业务是指主叫用户收到的对于其所发送短信已经到达的确认回复。短信回执分为主叫短信回执和别叫短信回执。可以通过在短信回执中加入个性化的定制内容以用于企业宣传和客户服务。

短信签名档：与互联网上个性化签名档相似，用户设置自己的个性化签名信息，如个性化语句、宣传口号、ASCII 图形等，在发送短信时签名信息将自动附于短信内容之后。对企业用户：可以宣传企业产品、塑造企业形象。

（2）二维码技术

二维码技术指利用手机的拍照功能，获取包含特定信息的二维条码图像，并通过手机用户端软件进行解码，触发短信输入、手机上网、名片识读、拨打电话等多种关联操作。对用户：提供快速输入手段，利用摄像头拍摄，自动识别后即可直接进入业务入口，拨打电话、发送短信或上网等操作，也可在名片等方面应用方便商务交流；对企业：企业可方便地将自己的广告编写成二维条码，方便用户获取广告信息，不再需要烦杂的记录名称、电话、网址等，另外可以将优惠券、兑换券等以二维码的形式发送给用户，用户将收到的二维码通过手机展示或者通过二维码识别器识读后即可享受相关权益。

（3）集团彩铃

集团彩铃是根据企业用户要求设计制作铃音，并将其设置在企业成员的手机上，以达到为企业用户进行统一形象宣传或产品服务宣传的效果。企业员工使用同样的集团铃音来替代普通回铃音，为企业进行统一形象宣传或产品服务宣传。这种方式相对比较被动，受众面相对低些，但是对于树立企业的统一形象有一定的帮助，同时也有利于企业文化的形成。

（4）人工信息服务

基于便民生活信息和企业宣传信息两个纬度，为个人用户提供“衣食住行”实用便民信息查询和新业务定制（帮助用户更换彩铃等）等服务；为企业用户提供信息发布、更新和查询服务，打造移动人工信息服务门户。与中国电信的 114 对应，中国移动的 12580 要想突围必须考虑移动定位技术等方面的使用。例如通过手机接入到 12580，就可以明确自己的地理位置等信息。

（5）无线互联网（WAP/3G）营销

WAP，也就是手机上网，已经成为越来越多的移动一族的选择。WAP 将互联网的便利服务和丰富资源引入到移动电话等无线终端中，打破了计算机在地域和空间上给人们的限制。WAP 站点具有强大的互动性，带有注册、下载等需要用户参与互动形式的内容，积淀了 WAP 媒体的营销特性。广告主通过 WAP 能够拿到受众手机号码、UA 等信息，进而可以有效地进行受众细分和定位。在国内 WAP 媒体中，以移动梦网、3G 门户、空中网为代表的站点，是最受广告主青睐的网站。此外，移动梦网依托于移动电信运营商的支持，在市场中具有较大的影响力，目标市场主要以高端人群为主。而相比之下，独立 WAP 网站内容更丰富，也更有特色，其覆盖人群以白领人士和学生等为主。

目前，WAP 网络营销应用还主要集中在互联网企业上面，是各类网站开拓新功能、新阵地，寻找新业务的重要领域。对于传统企业而言，WAP 还很不普及，然而 WAP 的广大用户市场值得传统企业参与到 WAP 营销中来。

与互联网营销类似，企业开展 WAP 网络营销，也需要建设自己的 WAP 网站或者投放 WAP 站点广告。制作一个企业 WAP 网站，可以从以下几个方面入手。

① 企业宣传。WAP 上的企业宣传很能体现文字功底：既要简单明了，又要突出企业的核心竞争力。一般说来，企业的成立时间、规模、联系方式、主营业务等，是访问者了解一个企业的首要内容，特别是企业的联系方式，可重点予以单列，以方便查阅和联系。

② 产品展示。企业在 WAP 网站上，需要表现的重点仍然是产品展示。移动客户访问企业的 WAP 网站往往是有备而来，想了解某个产品的详细参数或价格。所以企业在 WAP 上的产品展示，可选择企业的主要产品，对其各类参数或价格加以详细说明。同时，对于企业的新产品信息，也可以适当地加以介绍。

③ 客户服务。对于企业的客户服务而言，可能 WAP 网站比传统网站会更有效。客户服务包括客户咨询与投诉两个方面，通过企业的 WAP 客户服务平台，无论何时何地，客户均能通过手机对企业进行咨询或投诉，而企业对于客户的咨询或投诉能够快速响应，与客户建立起一对一的联系。

11.4.3 WAP 网络营销的发展趋势

WAP 搜索引擎将大行其道。目前，WAP 网站还不是很多，涉及的类别也很有限，主要集中在互联网运营商的 WAP 领域业务延伸。但 WAP 网站发展的速度很快，一些企业已经开始了自己的 WAP 网站建设和 WAP 网络营销工作。面对即将出现的 WAP 网站大潮，目前还没有真正的 WAP 搜索引擎，用来搜索 WAP 世界的网站信息，仅有一些目录式的 WAP 网站导航，这对于普通网民访问 WAP 网站造成了阻碍。

需求意味着商机，真正的 WAP 搜索引擎必将崭露头角。移动网民通过手机的 WAP 搜索，获得相关 WAP 网站内的信息，并直达所需的 WAP 网站，这使得网民参与互联网的速度更快，效率更高，企业开展 WAP 网络营销的效果也必将很好地得到体现。

WAP 中文域名将出现。手机 WAP 上网输入网址十分烦琐。手机屏幕小，按键少，要输入一串字母加符号并非容易的事情，这对于 WAP 网站的推广造成了不大不小的一个障碍。如果能在 WAP 浏览器上输入中文即可访问 WAP 网站呢，实现 WAP“中文域名”将极大地便利 WAP 的使用。随着技术的发展，作为地址栏搜索的 WAP“中文域名”产品必将出现，并成为移动互联网用户进入 WAP 世界的主要工具选择。

Yahoo！的无线广告运作模式

2006 年 10 月，Yahoo！宣布将在美国和英国市场推出针对其移动广告的付费搜索广告服务。手机终端用户可以点击所显示的广告而登录至广告主的 WAP 网站或某一着陆页以了解更多关于广告主的情况。

在移动图片广告方面。2006 年 11 月 Yahoo！宣布将在美国率先进行移动图片广告的测试。用户可以点击移动终端上的交互式广告以获得更多详细的信息或直接拨打广告主留下的电话。移动图片广告将显示在屏幕的顶端，尺寸大小为 150×21 像素。

Yahoo！在无线广告领域采用了 Google 所没有涉及的图片广告领域。在收费模式上，Yahoo！采用了按点击付费和按效果付费两种形式，为广告主带来更多的选择。

11.5　即时通信（IM）营销

即时通信（Instant Messaging，IM），是一种使人们能在网上识别在线用户并与他们实时交换消息的技术，被认为比电子邮件和聊天室更具有自发性。由于具有方便、快捷、低成本、高效率、高私密性、使用简单、功能丰富等特点，即时通信工具理所当然地成为了个人用户、企业用户最好的通信手段之一，甚至在某些层面已经超越了传统的电话。有数据表明，IM 工具的使用已经超过了电子邮件的使用，成为仅次于网站浏览器的第二大互联网应用工具。

早期的 IM 只是个人用户之间信息传递的工具，而现在随着 IM 工具在商务领域内的普及使得 IM 营销也日益成为不容忽视的话题。最新调查显示，IM 已经成为人们工作上沟通业务的主要方式，有 50% 的受调查者认为每天使用 IM 工具目的是方便工作交流，49% 的受调查者在业务往来中经常使用 IM 工具，包括更便捷地交换文件和沟通信息。

11.5.1　IM 对企业营销的意义

（1）使用即时通信工具与顾客产生关联

与顾客产生关联，在竞争性市场中，顾客具有动态性。顾客忠诚度是变化的，他们会转移到其他企业。要提高顾客的忠诚度，赢得长期而稳定的市场，重要的营销策略是通过某些有效的方式在业务、需求等方面与顾客建立关联，形成一种互助、互求、互需的关系，把顾客与企业联系在一起，由此大大减少了顾客流失的可能性。特别是企业对其营销与消费市场营销完全不同，更需要靠关联来维系。

（2）使用即时通信工具提高企业反应速度

即时通信工具，特别是企业即时通信工具，以其强大的文字、语音、视频和短信功能，成为企业内部的沟通和企业外部的联系实时交流的咨询中心。从企业内部来说，企业内部之间的信息交流主要表现为企业各部门的信息沟通以及各部门间的协调管理等方面，比如营销部门与产品开发部门之间的信息沟通，公司会议等都属于企业内部的信息交流。即时通信工具的使用使企业内部的沟通更加方便，最大限度地提高企业内部各个部门的协调工作能力，使企业管理实现扁平化，在提高工作效率的同时大大节省企业用于内部交流的通信费用。从企业外部而言，它可以实现实时性的点到点、点到面的无缝连接，从而架起企业与企业之间，企业与客户之间一条方便、快捷和准确的“虚拟渠道”，从而提升企业面对迅速变化的市场做出反应的速度。

11.5.2　即时通信工具的分类

（1）通用性即时通信工具

以QQ、msn、skype等为代表，这类IM应用范围广，使用人数多，并且捆绑服务较多，如邮箱、博客等，由于应用人数多，使得用户之间建立的好友关系组成一张庞大的关系网，用户对其依赖性较大，就如很多专业用户不舍得放弃使用QQ的主要原因就是由于不能放弃多年来建立的QQ好友以及有好友关系建立的关系网。通用性即时通信工具属于网络营销利益主体外第三方运营商提供的服务，具有寡头垄断地位，进入门槛高，后来者难以与已经成熟的市场主导者抗衡。

（2）专用型即时通信工具

以阿里旺旺、慧聪发发、移动飞信、联通超信、电信灵信等为代表，这类即时通信工具的主要特点是，应用于专门的平台和客户群体，如阿里旺旺主要应用阿里巴巴及淘宝、口碑等阿里公司下属网站，移动飞信则限于移动用户之间，这类IM与固有平台结合比较紧密，拥有相对稳定用户群体，在功能方面专用性、特殊性较强，但由于应用人数主要是自身平台的使用者，所以在应用范围、用户总量方面有一定限制。应用于有稳定客户群体和专业平台，并且有相当实力的大企业。

（3）嵌入式即时通信工具

如53客服等在线客服软件，这里即时通信工具主要特点是嵌入网页中，并且不需要安装客户端软件，直接通过浏览器就能实现沟通，这里软件适合企业网站的使用，配备特定的客服人员对用户需求进行满足，是传统客服、客服热线功能的延伸和拓展，较多应用于中小企业。

从各类IM的特点，可以看出其隐含的价值，通用性即时通信工具有利于经营和积累营销关系网，专用型即时通信工具有利于激发有效需求和为交易实现提供功能性服务，嵌入式即时通信工具对中小企业保持与客户良好的关系起到关键的作用。

11.5.3　IM营销的模式

从即时通信平台营销功能开发上来说，目前已经走过了3个阶段（如图11-8所示）。

第一个阶段是以广告传播为核心的阶段。在这个阶段，企业通过即时通信平台发布文

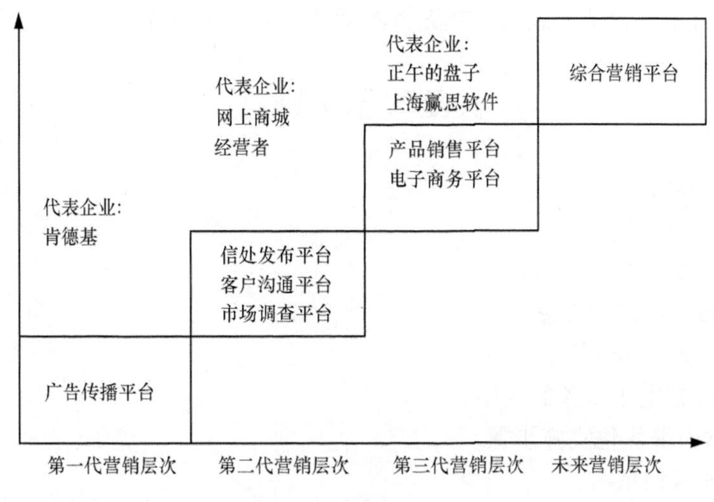

图 11-8　营销层次阶段

本、视频广告信息，借助于即时通信平台的高覆盖率和庞大的用户规模，将产品、服务、品牌广而告之。有的企业不仅仅将广告停留在粗浅的硬性广告上，还进一步将产品、品牌形象与即时通信工具进行完美地结合，寄希望于通过潜移默化的形式与使用群体建立情感、心理的连接，提高产品销售收入以及品牌好感度和忠诚度。在这个平台上，企业可以利用“病毒式营销”，在短暂的时间内快速地、爆炸式地传递给成千上万的消费者，负载着某厂商品牌或产品信息的网络头像、聊天对话框、聊天界面皮肤、人物表情道具、传情图片被广泛传播给成几何级数增长的人群，营造了一个极佳的互动体验平台。

即时通信平台之上营销功能开发的第二个阶段实际上与第一个阶段是交叉进行的。在个人用户通过即时通信工具沟通交流同时，商人、销售人员与客户之间同样进行着业务的沟通洽谈。阿里巴巴推出的阿里旺旺就是这样一个平台。

2007 年 1 月，阿里旺旺同时在线数已突破百万，成为即时通信行业仅次于腾讯和 MSN 的季军。根据阿里软件给出的数据显示，阿里软件总注册用户数已突破 2000 万。来自赛迪咨询的互联网分析师则对记者表示：“阿里旺旺用户的需求非常特别，它的用户首选的需求是做生意，是买卖东西，第二步才是即时通信。”阿里旺旺从本质上说是一个垂直型即时通信工具。根据阿里软件公布的运营数据分析，阿里旺旺每位用户平均每天创造 615 元交易额，成为所有即时通信中用户含金量最高的一个。

群是即时通信平台营销创新开发的主要方向之一。由于群的产生来自于具有同样或相似地区特征、年龄特征、思想特征、行为特征、消费特征的即时通信使用者，这样的群体自然是传统产品和服务绝佳的营销平台。互联网网民尤其是青少年群体有着趋同购物的特征，在企业纷纷追求精准营销的市场状态下，群的营销功能也正被竞相开发着。

企业可以自行组建一定数量的群，通过吸引对自己产品和服务有兴趣的使用者加入或者吸引现有客户加入，无疑可以建立一条低成本、快捷方便、良好高效的信息发布或者信息反馈的渠道。

即时通信平台直接成为产品销售平台，即电子商务平台是第三个阶段。即时通信平台可以捆绑电子支付，就可以在其上形成真正的涵盖信息流、资金流的电子商务。总之，即时通信平台几乎可以集合互联网所有的营销应用，是 21 世纪当之无愧的最伟大的营销平台。

即时通信平台正向营销人展示着其无穷的营销魅力，等待着营销人的挖掘和创造。

复习思考题

1．什么叫博客营销？
2．什么叫无线营销？
3．什么叫搜索引擎营销？
4．简述 E-mail 营销的禁忌。
5．简述 Web 2.0 的特征。
6．简述 Wiki 在电子商务的应用。
7．简述搜索引擎优化实施步骤。
8．简述 RSS 营销策略。

参考文献

[1] 孙锐. 网络营销——网商成功之道 [M]. 北京：电子工业出版社，2011.

[2] 斯特劳斯，弗罗斯特著，时启亮，孙相云，刘芯愈译. 网络营销（第5版）[M]. 北京：中国人民大学出版社，2010.

[3] 商玮，段建. 网络营销 [M]. 北京：清华大学出版社，2012.

[4] 陈志浩. 网络营销 [M]. 武汉：华中科技大学出版社，2010.

[5] 杨路明. 网络营销 [M]. 北京：机械工业出版社，2011.

[6] 胡革. 网络营销——工具+理论+实战 [M]. 北京：清华大学出版社，2010.

[7] 姜旭平. 网络营销 [M]. 北京：中国人民大学出版社，2011.

[8] 王宏伟. 网络营销 [M]. 北京大学出版社，2010.

[9] 张卫东. 网络营销 [M]：策划与管理. 北京：电子工业出版社，2012.

[10] 李玉清，方成民. 网络营销（第2版）[M]. 北京：北京交通大学出版社，2012.

[11] 杜明汉. 市场营销知识 [M]. 北京：中国财政经济出版社，2002.

[12] 孙秉申. 企业市场营销实务 [M]. 北京：地震出版社，1999.

[13] 范明明. 市场营销学 [M]. 北京：科学出版社，2004.

[14] 彭纯宪. 网络营销 [M]. 北京：高等教育出版社，2003.

[15] 刘光峰，等. 实战网络营销——理论与实践 [M]. 北京：清华大学出版社，2000.

[16] 瞿鹏志. 网络营销（第2版）[M]. 北京：高等教育出版社，2004.

[17] 钱旭潮，汪群. 网络营销与管理 [M]. 北京：北京大学出版社，2002.

[18] 尚晓春. 网络营销策划 [M]. 南京：东南大学出版社，2002.

[19] 祖强，李宇红. 网络营销 [M]. 北京：清华大学出版社，2004.

[20] 田宁. 电子商务技术员基础与应用技术 [M]. 北京：清华大学出版社，2007.

[21] 姜旭平. 网络整合营销传播.（第2版）[M]. 北京：清华大学出版社，2007.

[22] 黄敏学. 网络营销（第2版）[M]. 武汉：武汉大学出版社，2007.

[23] 郭笑文. 网络营销 [M]. 北京：机械工业出版社，2006.

[24] 孙熙安. 网络营销 [M]. 北京：人民邮电出版社，2007.

[25] 孔伟成. 网络营销的理论与实践 [M]. 北京：电子工业出版社，2008.

[26] 潘维琴. 网络营销 [M]. 北京：机械工业出版社，2006.

[27] 李纲，等. 网络营销教程 [M]. 武汉：武汉大学出版社，2005.

[28] 昝辉. 网络营销实战密码——策略·技巧·案例 [M]. 北京：电子工业出版社，2009.

[29] 冯英健. 网络营销基础与实践（第3版）[M]. 北京：清华大学出版社，2007.

[30] 冯英健. 网络营销基础与实践 [M]. 北京：清华大学出版社，2004.

[31] 梅绍祖，等. 网络营销 [M]. 北京：人民邮电出版社，2001.

[32] 钱东人，等. 网络营销 [M]. 北京：高等教育出版社，2004.

[33] 王耀球，等. 网络营销 [M]. 北京：北京交通大学出版社，2004.

[34] 张卫东. 网络营销理论与实务 [M]. 北京：电子工业出版社，2005.

[35] 卢泰宏. 消费者行为学 [M]. 北京：电子工业出版社，2006.

[36] 沈美莉. 网络营销与策划 [M]. 北京：人民邮电出版社，2007.

[37] 褚福灵. 网络营销与策划 [M]. 北京：经济科学出版社，2007.

[38] 朱迪·斯特劳斯. 电子营销（第二版）[M]. 北京：社会科学文献出版社，2003.

[39] 胡国胜，郑克俊. 网络营销与安全实训指导 [M]. 北京：清华大学出版社，2007.

[40] 金晓岚，刘晓. 网络营销 [M]. 北京：中华工商联合出版社，2006.

[41] 瞿彭志. 网络营销 [M]. 北京：高等教育出版社，2004.

[42] 王钊. 电子商务技术教程 [M]. 合肥：合肥工业大学出版社，2004.

[43] 符绍宏. 因特网信息资源检索及利用 [M]. 第2版. 北京：清华大学出版社，2005.

[44] 成倞媛. 网路营销 [M]. 成都：西南财经大学出版社，2008.

[45] 黄亮新. 网站策划九步走 [M]. 北京：电子工业出版社，2008.

[46] 冯丽云. 现代市场营销学 [M]. 北京：经济管理出版社，2004.

[47] 邵兵家. 电子商务概论 [M]. 北京：高等教育出版社，2006.

[48] 杨坚贞. 网络广告学 [M]. 北京：电子工业出版社，2007.

[49] [美] 约叔华·格罗斯尼克尔，奥利弗·拉斯金著，王君玮译. 在线市场营销调查手册 [M]. 上海：人民出版社，2004.

[50] [美] 萨蒂普·克里希纳默西著. 李北平，肖爽，李文耀，田少平译. 电子商务管理课文和案例 [M]. 北京：大学出版社，2004.

[51] [美] 菲利普·科特勒著，梅汝和，梅清豪，周安柱译. 营销管理 [M]. 北京：中国人民大学出版社，2001.

[52] 屈正庚. 基于电子商务中的数据挖掘技术研究 [J]. 电子设计工程，2009，(03)：37～39.

[53] 梁辰. 基于聚类的数据挖掘技术在电子商务 CRM 中的应用研究 [J]. 电脑与电信，2008，(06)：92～95.

[54] 周祥，等. 基于 Web 的数据挖掘技术研究及其在电子商务中的应用 [J]. 电脑知识与技术，2005，(32)：18～20.

[55] 莫笛. 电子商务营销平台研究与设计 [D]. 杭州：浙江大学出版社，2008.

[56] 蔡黔鹰，杨燕萍. 企业管理采用 Intranet 技术分析 [J]. 商场现代化，2008，(2)：63～64.

[57] 杨鸿章. 网络化营销系统研究 [D]. 天津：天津大学出版社，2004.